DIREITO ELEITORAL

www.editorasaraiva.com.br/direito
Visite nossa página

Clever Vasconcelos
Marco Antonio da Silva

DIREITO ELEITORAL

2ª edição
2020

saraiva jur

saraiva EDUCAÇÃO | saraiva jur

Av. Paulista, 901, 3º andar
Bela Vista – São Paulo – SP – CEP: 01311-100

SAC | sac.sets@somoseducacao.com.br

DADOS INTERNACIONAIS DE CATALOGAÇÃO NA PUBLICAÇÃO (CIP)
ANGÉLICA ILACQUA CRB-8/7057

Vasconcelos, Clever
Direito eleitoral / Clever Vasconcelos, Marco Antonio da Silva. – 2. ed. – São Paulo: Saraiva Educação, 2020.
416 p.

Bibliografia
ISBN 978-65-5559-105-7 (impresso)

1. Direito eleitoral – Brasil. I. Título. II. Silva, Marco Antonio da.

20-0403 CDD 342
CDU 342.8(81)

Índice para catálogo sistemático:
1. Direito eleitoral : Brasil

Direção executiva Flávia Alves Bravin
Direção editorial Renata Pascual Müller
Gerência de projetos e produção editorial Fernando Penteado

Planejamento Josiane de Araujo Rodrigues

Novos projetos Sérgio Lopes de Carvalho
Dalila Costa de Oliveira

Edição Clarissa Boraschi Maria (coord.)
Iris Ferrão

Produção editorial Verônica Pivisan Reis

Arte e digital Mônica Landi (coord.)
Camilla Felix Cianelli Chaves
Claudirene de Moura Santos Silva
Deborah Mattos
Guilherme H. M. Salvador
Tiago Dela Rosa

Projetos e serviços editoriais Daniela Maria Chaves Carvalho
Kelli Priscila Pinto
Laura Paraíso Buldrini Filogônio
Marília Cordeiro
Nicoly Wasconcelos Razuk

Projeto gráfico Claudirene de Moura Santos Silva
Diagramação Adriana Aguiar Santoro
Revisão Juliana Bormio
Capa Bruno Ortega
Produção gráfica Marli Rampim
Sergio Luiz Pereira Lopes
Impressão e acabamento Edições Loyola

Data de fechamento da edição: 20-7-2020

Dúvidas? Acesse www.editorasaraiva.com.br/direito

CL 606698 CAE 733258

“Aperfeiçoa-te na arte de escutar, só
quem ouviu o rio pode ouvir o mar.”

Altino Caixeta de Castro (Leão de Formosa)

Agradecimentos

Meus agradecimentos à SaraivaJur e aos seus competentes e atenciosos profissionais, cujo apoio foi primordial para viabilizar a produção desta obra. Ao meu querido Ministério Público, que integro por mais de duas décadas, instituição que me ensinou a arte de fazer justiça. Também agradeço aos meus alunos de graduação e pós-graduação, nessa longa caminhada de magistério especializado. Da mesma forma, a homanagem se estende ao nobre coautor, Marco Antonio da Silva, brilhante professor, advogado eleitoralista e, acima de tudo, amigo de todas as horas, com uma vasta experiência na vida pública. Meu eterno tributo à minha esposa, Maristela, e nossas maravilhosas filhas, Luiza e Letícia, pela compreensão, apoio e o sempre carinho. Deus, obrigado por tudo.

Clever Vasconcelos

Ao meu estimado Professor, Dr. Lenio Luiz Streck, pela preciosa oportunidade de ser seu discípulo (UNISINOS). Cada conversa é uma inspiradora e reflexiva aula magna!

Ao querido Professor, Dr. Ricardo dos Santos Castilho, meu orientador no curso de Doutorado em Direito (FADISP), minha gratidão!

À advogada Layanne Cazelato, minha assistente pessoal no escritório, por suprir minhas ausências colaborando com a cotidiana e dura atividade advocatícia a fim de desonerar meu tempo para que seja dedicado aos estudos.

Aos meus pais – Avelino e Suely – e ao meu amado filho, Davi. Com todo o meu amor!

Marco Antonio da Silva

Prefácio

É com enorme satisfação que prefacio o presente livro dos professores Clever Vasconcelos e Marco Antonio da Silva sobre o Direito Eleitoral, já na sua segunda edição. Os autores aliam estudo teórico de excelência com a atuação prática nos processos da Justiça Eleitoral brasileira, o primeiro atuando como Promotor de Justiça e o segundo na advocacia eleitoral, ambos com muito destaque.

Clever Vasconcelos, além de brilhante carreira no Ministério Público paulista, é Coordenador da Pós-Graduação em Direito Eleitoral do Damásio Educacional, prestigiosa instituição de ensino. Também é autor de trabalhos sobre Direito Constitucional, inclusive autor do *Curso de Direito Constitucional*, livro cuja aceitação pela comunidade jurídica faz com que 7 edições já tenham sido publicadas.

Marco Antonio da Silva, advogado militante e respeitado na área eleitoral, exerceu diversos cargos na administração pública paulista, sendo Secretário de Estado da Habitação e Presidente do Conselho de Administração da Cetesb – Companhia Ambiental do Estado de São Paulo, dentre outros também de enorme relevância. Professor da Escola Superior da Advocacia de São Paulo e do Damásio Educacional.

Esta breve menção ao currículo dos autores demonstraria por si só a importância e relevância da presente obra, fruto de árdua pesquisa e labor autêntico daqueles que desejam ensinar aos alunos e discutir as questões mais relevantes a respeito dos temas tratados neste livro. No entanto, a análise da própria obra faz com que reconheçamos e afirmemos sua imprescindibilidade a todos aqueles que se debruçam sobre o Direito Eleitoral e o Direito Constitucional.

Destacamos a extensa análise sobre os princípios jurídicos aplicáveis, que norteiam o estudo e apresentam o caminho a ser percorrido na interpretação dos textos legais e da jurisprudência eleitoral, a análise da Democracia e dos regimes de governo que encontram atualidade no momento vivido por nosso país, e o estudo dos Direitos Políticos, Partidos Políticos e Sistemas Eleitorais, que são de conhecimento obrigatório aos alunos e profissionais da área.

A obra ainda estuda com a extensão necessária a campanha eleitoral e a prestação de contas, a propaganda e o abuso dos poderes que influenciam negativamente as eleições. Temas atuais e relevantes das ações e seu processo, pertinentes à área eleitoral. O livro abrange também o estudo dos crimes eleitorais, efetivando a completude dos temas tratados sobre o Direito Eleitoral.

Por tudo, o presente trabalho é um verdadeiro compêndio do Direito Eleitoral. Os alunos e profissionais da área encontrarão vasto material para estudo e reflexão, tão relevantes, sobretudo para nossa Democracia Constitucional estabelecida na Constituição Federal de 1988, ainda recente na história do país e que amadurece com todas as dificuldades que a complexidade social e econômica da nossa realidade contemporânea traz.

A cidadania brasileira, conceituada como um dos fundamentos do Estado Democrático de Direito, conforme o artigo 1º, inciso II, da Constituição Federal, reclama aprofundamento jurídico para que a garantia de direitos não seja apenas uma formalidade, mas passe a contar com efetivação que atenda as pessoas em suas vidas cotidianas. Este trabalho busca essa efetivação de direitos.

Como vimos, este trabalho realiza o Direito como um instrumento de transformação social, apontando caminhos e soluções para graves problemas de nosso país, integrando diversos institutos jurídicos e propondo modificações imprescindíveis para que alcancemos uma sociedade mais justa e igualitária.

Tenho a convicção de que este livro merece leitura atenta e análise pormenorizada, para que se estabeleça o debate sobre suas propostas e se aprofunde o conhecimento de tão urgentes questões.

Gianpaolo Poggio Smanio

Diretor da Faculdade de Direito da Universidade Presbiteriana Mackenzie.

Procurador de Justiça do Ministério Público do Estado de São Paulo, exerceu a Procuradoria-Geral de Justiça do Estado de São Paulo nos biênios 2016/2018 e 2018/2020.

Apresentação

O Direito Eleitoral é uma disciplina que surge em destaque no estudo jurídico moderno, especialmente diante das diversas alterações surgidas nos últimos anos, que modificaram sobremaneira as regras das eleições proporcionais e majoritárias, tanto no que toca às campanhas, mas também em todos os caminhos do processo eleitoral. É imprescindível que os destinatários desta obra tenham a segurança de lidar com esses assuntos da forma mais segura possível, o que tornou a obra um trabalho a favorecer o seu leitor, a ponto de dar todo suporte necessário para o desempenho de cada finalidade específica, pois procuramos analisar ponto a ponto cada detalhe do Direito Eleitoral, inclusive o texto da Emenda Constitucional n. 107/2020, que trouxe a eleição extraordinária em face da pandemia do novo coronavírus.

Os Autores

Sumário

capítulo 1

História do direito eleitoral e da justiça eleitoral

1.1 O DIREITO ELEITORAL E A JUSTIÇA ELEITORAL NO BRASIL: BREVE RELATO

A história do direito eleitoral, quando contada, deve remeter, necessariamente, a duas normas de elevada importância. A Lei dos Círculos (Dec. n. 842/1855) e a Lei Saraiva (Lei n. 3.029/1881), que, inclusive, instituiu o título de eleitor obrigatório, pois, anteriormente, ocorriam eleições em dois graus: título de qualificação e o diploma de eleitor geral.

Com a Lei dos Círculos, ainda no período Imperial, foram previstas as primeiras incompatibilidades que, desde aquela época, recaíram sobre os juízes de direito. Tais incompatibilidades foram, posteriormente, ampliadas pela Lei Saraiva, da lavra do eminente jurista Rui Barbosa. Outras normas se mostraram relevantes nesse processo, como, por exemplo, a Lei do Terço (Dec. n. 1.082/1860).

Referidas leis, seguindo o exemplo britânico, afastaram os magistrados das disputas e do processo político/eleitoral justamente para que estes assumissem papel de neutralidade para que, posteriormente, lhe fossem atribuídas competências para conhecer e julgar os conflitos eleitorais.

O direito eleitoral pode ser enfrentado historicamente em três grandes períodos: (i) colonial; (ii) imperial; e (iii) republicano.

No período colonial destacam-se as eleições locais reguladas pelas Ordenações do Reino. Estas eleições, que eram indiretas, concentravam-se, praticamente, em regiões litorâneas. Após, em 1822 houve a instituição do Conselho de Procuradores Gerais das Províncias, dilatando a estrutura política colonial. Nesse período o voto não era universal, adotando-se, assim, o critério censitário.

No período imperial inúmeras inovações foram instituídas, tais como: instituição da Assembleia Geral; do voto por procuração, que posteriormente foi abolido pelo Dec. n. 157/1842; do voto distrital; atribuiu-se à Justiça Comum competência para julgar acerca da validade de eleições locais; instituiu-se o alistamento eleitoral, entre tantas outras inovações fruto de verdadeira formação do processo e da estrutura eleitoral do novo Estado.

No entanto, foi com a República que o direito eleitoral e a Justiça Eleitoral que conhecemos começaram a ser formatados. O primeiro Código Eleitoral brasileiro data de 1932, tendo introduzido no sistema jurídico a previsão do voto secreto e direto; a criação da Justiça Eleitoral e do seu poder regulamentador; bem como atribuindo à mulher a qualidade de eleitora.

Em razão da Constituição de 1934, a Justiça Eleitoral foi incorporada como órgão do Poder Judiciário Nacional. O segundo Código Eleitoral data de 1935, mas em virtude do Estado Novo houve a extinção da Justiça Eleitoral, sendo recriada com o Terceiro Código Eleitoral datado de 1945. A Constituição de 1946 atribuiu novamente *status* constitucional à Justiça Eleitoral.

O quarto Código Eleitoral brasileiro data de 1950, sendo que o quinto e atual Código Eleitoral foi instituído pela Lei n. 4.737, de 15 de julho de 1965, aprovada pelo Congresso Nacional, nos termos do art. 4º, *caput*, do Ato Institucional de 9 de abril de 1964, após sanção do Senhor Presidente da República General Humberto de Alencar Castello Branco.

Desde então, diversas modificações ocorreram até a promulgação da Constituição Federal de 1988 que, efetivamente, consolidou a Democracia em nossa República, com o fortalecimento da Justiça Eleitoral, dos partidos políticos e dos direitos políticos.

1.2 CONCEITO DE DIREITO ELEITORAL EM NOSSA CONSTITUIÇÃO

O direito eleitoral é o ramo do direito público que regula o processo de legitimação do cidadão ao posto de governante, bem como o exercício regular dos direitos políticos em geral. Em outras palavras, o direito eleitoral regulamenta as atividades políticas desde o alistamento do eleitor junto à Justiça Eleitoral, passando pelo processo eleitoral que se inicia com o prazo de estabelecimento de domicílio eleitoral e filiação partidária e termina na data das diplomações dos eleitos. Regulamenta, outrossim, elementos necessários para o exercício pleno da democracia, tais como o instituto da eleição e as atividades dos Partidos Políticos. Visa o Direito Eleitoral dar efetividade ao princípio constitucional e democrático da soberania popular – art. 1º, parágrafo único, da Constituição Federal.

Para Joel J. Cândido:

> Embora não seja fácil conceituar qualquer disciplina jurídica, pode-se dizer que o Direito Eleitoral é o ramo do Direito Público que trata de institutos relacionados com os direitos políticos e das eleições, em todas as suas fases, como forma de escolha dos titulares dos mandatos eletivos e das instituições do Estado (CÂNDIDO, 2010, p. 26).

Segundo José Jairo Gomes:

> Direito Eleitoral é ramo do Direito Público cujo objeto são os institutos, as normas e os procedimentos regularizadores dos direitos políticos. Normatiza o exercício do sufrágio com vistas à concretização da soberania popular, à validação da ocupação de cargos políticos e à legitimação do Exercício do Poder Estatal (GOMES, 2018, p. 29).

1.3 FONTES DO DIREITO ELEITORAL BRASILEIRO

A expressão jurídica "fontes do direito" diz respeito à origem, ao nascedouro, de determinado ramo jurídico ou, melhor dizendo, das normas jurídicas e proposições jurídicas que compõem um ou mais ramos do direito – ordenamento jurídico. Nas palavras de Miguel Reale "[...] indispensável empregarmos o termo *fonte do direito* para indicar apenas os processos de produção de normas jurídicas" (REALE, 2002, p. 139).

Neste momento, não cabe o estudo do que se denomina Teoria do Direito, mas essa dimensão de fonte é fruto de uma visão positivista que predomina no direito brasileiro.

No caso do direito eleitoral, suas fontes decorrem diretamente do processo legislativo, sendo estas complementadas, quando couber, por decisões emanadas dos tribunais eleitorais eleitorais – ainda mais em um país de forte tendência positivista jurisprudencialista geradora de realismos jurídicos e ativismos –, pela doutrina e pelos Estatutos dos Partidos Políticos.

A doutrina classifica as fontes do direito em: (i) formais e materiais; (ii) históricas; e (iii) diretas e indiretas.

As fontes materiais estão relacionadas com fatores sociais que contribuem para a formulação do Direito, tais como: política, moral, economia, religião etc., ao passo que as fontes históricas são documentos jurídicos que em razão da relevância histórica na formação do direito continuam servindo como base, por exemplo, o Código de Hamurábi. As fontes formais são as que estudaremos, sendo estas subdivididas em diretas e indiretas. Vejamos:

São **fontes diretas**: (i) a Constituição Federal; (ii) as leis eleitorais; e (iii) as Resoluções do Tribunal Superior Eleitoral – TSE.

No que toca às leis eleitorais, importante salientar que são de competência privativa da União (art. 22, I, da CF). Destacam-se, entre elas, o Código Eleitoral (Lei n. 4.737/65) que foi recepcionado pela Constituição Federal de 1988 em parte; a Lei das Inelegibilidades (Lei Complementar n. 64/90); a Lei das Eleições (Lei n. 9.504/97); e a Lei dos Partidos Políticos (Lei n. 9.096/95). É certo afirmar que ao longo dos anos várias "reformas eleitorais" foram denotando mudanças nos referidos dispositivos normativos, que serão analisadas nesta obra de maneira global.

Os tribunais não guardam, ao menos tipicamente, competência legislativa. As Resoluções do Tribunal Superior Eleitoral, editadas com fundamento no art. 23, IX, do Código Eleitoral, configuram delegação legislativa para a prática de ato administrativo regulamentador. Segundo o comando legal, fica o Tribunal Superior Eleitoral autorizado a "expedir as instruções que julgar conveniente à execução deste Código".

Some-se a isso a proposição jurídica adotada no *caput* do art. 105 da Lei das Eleições, a saber:

> Art. 105. Até o dia 5 de março do ano da eleição, o Tribunal Superior Eleitoral, atendendo ao caráter regulamentar e sem restringir direitos ou estabelecer sanções distintas das previstas nesta Lei, poderá expedir todas as instruções necessárias para sua fiel execução, ouvidos, previamente, em audiência pública, os delegados ou representantes dos partidos políticos. (Redação dada pela Lei n. 12.034, de 2009).

No que toca às **fontes indiretas**, estas são: (i) a doutrina; (ii) a jurisprudência; e (iii) os estatutos partidários devidamente registrados perante a Justiça Eleitoral.

Verifica-se, portanto, que no âmbito do direito eleitoral aplica-se a doutrina da prevalência da fonte formal, em que pese a atuação dos Tribunais Eleitorais, sobretudo do Tribunal Superior Eleitoral – TSE, tenha relevância ímpar, uma vez que atuam rotineiramente de forma ativista criando verdadeiro realismo jurídico, decidindo, muitas vezes, contra a própria textualidade e, por vezes, contra a literalidade das disposições normativas prescritas na legislação. É por esse motivo que nesta edição optamos por realizar o início do estudo do positivismo jurisprudencialista voltado ao direito eleitoral.

Certamente, o ativismo do Poder Judiciário por meio de uma visão positivista de discricionariedade que dominou o senso comum dos juristas brasileiros ocasiona, em última análise, grave fissura no sistema democrático. Neste sentido, a aplicação do direito eleitoral por magistrados – que deveria contribuir para a garantia da estabildiade democrática –, por vezes sobrepõe a vontade de uma juristocracia em detrimento da vontade emanada da democracia representativa, isto é, do parlamento.

capítulo 2

Princípios jurídicos

2.1 A QUESTÃO DAS REGRAS E PRINCÍPIOS JURÍDICOS

Na primeira edição desta obra, iniciamos este tópico com a seguinte indagação: Princípios são valores fundamentais de um sistema normativo? Pretendendo evitar qualquer confusão acadêmica, desde logo afirmamos que princípios jurídicos não são valores, muito menos interesses. Há na doutrina brasileira forte tendência a tal confusão.

Princípios são normas jurídicas, são padrões normativos. E valores não são normas jurídicas, razão pela qual não podem ser a mesma coisa/objeto ou tratados como se fossem.

Para compreender melhor a temática, é necessário ter em mente a categorização das normas jurídicas. Adotamos a classificação das normas jurídicas em duas espécies, a saber: a) *as regras jurídicas* e b) *os princípios jurídicos*[1].

É necessário, desde logo, compreender que regras e princípios jurídicos não são diferenciáveis estruturalmente, conforme grande parte da doutrina e professores acabam por ensinar de forma equivocada.

---

1 Na primeira edição desta obra, além dos princípios e regras também citamos os postulados. Contudo, aprofundando o estudo da Teoria e da Filosofia do Direito optamos por excluí-los, uma vez que não apresentam normatividade, mas estão afetos a uma espécia de metafísica. Tal assunto pode ser mais bem compreendido com o estudo específico da Teoria do Direito.

Para Ronald Dworkin[2], a distinção entre regras jurídicas e princípios jurídicos está no campo lógico, não no âmbito estrutural. Dworkin atribui aos princípios a característica de padrões.

Ocorre que as regras são padrões descritivos que levam a um determinado resultado específico, estão vinculadas a uma ideia de "tudo ou nada" quando contraditórias entre si – uma delas não pode ser válida –, observando um método de resolução de antinomia fundado em critérios de hierarquia, especialidade ou cronologia. Ao passo que princípios são padrões que, isoladamente considerados, ao menos por coerência, não indicam um resultado específico. É possível, contudo, haver antagonismo entre eles sem ocorrer a contestação de validade, podendo, portanto, prevalecer qualquer deles segundo as circunstâncias do caso concreto ou mesmo segundo a abstração de casos sem partes – como nas generalidades de controle de constitucionalidade concentrado. Desta forma, já em Dworkin havia a ideia da força relativa dos princípios jurídicos.

Porém, essa força relativa afirmada por Dworkin não se confunde com as equivocadas práticas da ponderação aplicadas no Brasil – nem mesmo com a teoria da ponderação de Robert Alexy. Isso porque, havendo a aplicação segundo a coerência e integridade, não há colisão de princípios, quando há é porque foram mal interpretados. Some-se a isso que mesmo a teoria da ponderação alexyana foi incorporada erroneamente no direito brasileiro, na medida em que não se aplica a sofisticada fórmula desenvolvida pelo autor alemão, mas uma simplificação no sentido de realizar uma espécie de sopesamento que, deveras, trata-se de uma vulgata discricionária para justificar, mediante álibi teórico, mera escolha – arbitrariedade – do "intérprete" que se apropria da significação do direito. Atividade nítidamente antidemocrática.

A distinção lógica entre regras jurídicas e princípios jurídicos está no campo da problematização do funcionamento destes padrões. Isso porque muitas ve-

---

2 Ronald Dworkin, jurista norte-americano dos mais renomados, tornou-se internacionalmente conhecido e reconhecido em razão de suas críticas ao positivismo jurídico. Seus debates teóricos com o renomado professor H.L.A. Hart, do qual foi aluno e posteriormente seu sucessor na *Chair of Jurisprudence* na Universidade de Oxford, ficaram registrados na história da Teoria do Direito do Século XX. Caracterizou-se pelo combate a discricionariedade judicial típica do positivismo jurídico, bem como por defender decisões por princípios de forma a manter a integridade do direito.

zes uma proposição jurídica pode deixar dúvida acerca de sua natureza (principiológica ou de regra jurídica). Nesse sentido, Dworkin afirma que: "*Às vezes, regras e princípios podem desempenhar papéis bastante semelhantes e a diferença entre eles reduz-se quase a uma questão de forma*" (DWORKIN, 2010, p. 44).

A regra sempre será textual, enquanto o princípio poderá ser implícito. Aliás, Dworkin inicia seu estudo acerca dos princípios com base em princípios implícitos. Mas é relevante anotar que no Brasil os princípios são costumeiramente textuais e, portanto, explícitos, ainda que hodiernamente soframos com a "praga" do pamprincipiologismo (SETRECK, 2017, p. 149).

Conforme ensina José Joaquim Gomes Canotilho: "*Entre nós, os princípios fundamentais relativos ao sistema eleitoral não foram deixados à liberdade de conformação do legislador. Eles são direito constitucional formal*" (CANOTILHO, 2003, p. 309, grifo do autor).

Adotamos, como referência teórica dentro de uma dimensão da crítica hermenêutica do direito, a lição do professor Lenio Streck. Vejamos:

> No plano hermenêutico, a pré-compreensão, enquanto condição de possibilidade, fragiliza a distinção semântica-estrutural entre regras e princípios. Sob um olhar hermenêutico, tanto regras como princípios são parâmetros interpretativos. São normas jurídicas. Operam no código lícito-ilícito. Assim, busco diferenciar (não distinguir/cindir) regras e princípios, compreendendo que as regras são resultado da leitura dos textos normativos, de modo que compartilham da porosidade e ambiguidade inerentes aos signos linguísticos, ao passo que os princípios consubstanciam a institucionalização do mundo prático do Direito. É possível dizer que o princípio institui a regra, no sentido de que regras e princípios possuem caráter deontológico, porém, isoladamente, não se prestam para a adequada resolução das controvérsias jurídicas surgidas no tecido social. Uma regra só pode ser aplicada a partir de um ou mais princípios, e um princípio sempre será aplicado por meio de uma regra (STRECK, 2020, p. 69).

Eneida Desiree Salgado, em sua tese de doutorado em direito do Estado, apresentou um rol de princípios qualificados por serem princípios constitucionais estruturantes do direito eleitoral. A autora afirma existirem os seguintes princípios estruturantes: (a) princípio constitucional da autenticidade eleitoral;

(b) princípio constitucional da liberdade para o exercício do mandato; (c) princípio constitucional da necessária participação das minorias no debate político e nas instituições políticas; (d) princípio constitucional da máxima igualdade na disputa eleitoral; e (e) princípio constitucional da legalidade específica em matéria eleitoral (SALGADO, 2010).

2.2 PRINCÍPIO DA AUTENTICIDADE ELEITORAL

Do **princípio da autenticidade eleitoral** decorrem diversas regras jurídicas, como as condições de elegibilidade e as causas de inelegibilidade. Tal princípio, conforme explica a autora, está relacionado com o corpo eleitoral, isto é, com os nacionais admitidos a votar (cidadão), bem como com a averiguação da lisura, higidez e legalidade das eleições.

2.3 PRINCÍPIO DA LIBERDADE DE VOTO

A Justiça Eleitoral é o Poder responsável por prezar pela efetividade do princípio da autenticidade, sobretudo porque é sua missão organizar as eleições e zelar por sua legitimidade. Neste contexto, demonstra-se relevante a veracidade do escrutínio, a liberdade do voto e da eleição de mandatários constituindo-se na fidedignidade da representação política. O princípio da autenticidade, em nosso entendimento, absorve o que grande parte da doutrina denomina como **princípio da liberdade do voto.**

2.4 PRINCÍPIO CONSTITUCIONAL DA LIBERDADE PARA O EXERCÍCIO DO MANDATO

No que toca ao **princípio constitucional da liberdade para o exercício do mandato** há em nosso sistema jurídico a vedação do denominado mandato imperativo, isto é, o mandato político não possui a limitação do mandato regulado pelo direito privado, mas é verdadeira "procuração com poderes gerais" concedida pelo corpo eleitoral havendo, portanto, ampla liberdade para o exercício do mandato. Por essa razão, o mandato político não pode ser revogado, possuindo termo inicial e final.

No caso do Brasil, não há identificação entre o eleitor e o eleito, sendo que o mandatário pode votar, inclusive, contrariamente aos interesses de seu eleitorado. Aliás, é empiricamente constatável que os eleitores pouco influenciam no desenvolvimento dos mandatos políticos.

2.5 PRINCÍPIO DA NECESSÁRIA PARTICIPAÇÃO DAS MINORIAS NO DEBATE POLÍTICO

O **princípio da necessária participação das minorias no debate político** expressa a inconstitucionalidade do sistema eleitoral distrital, pretendido por muitos. Em síntese, referido princípio preceitua que qualquer mecanismo adotado com a finalidade de inviabilizar a eleição de representantes das minorias afronta a Constituição Federal, que almeja o pluralismo político.

Contudo, a doutrina não é pacífica ao afirmar a inconstitucionalidade do sistema distrital. A maior crítica a este sistema é o fato de que subdividir Estados-membros e Municípios em distritos eleitorais adotando, por consequência, o sistema majoritário alijaria qualquer representação política das minorias que hoje são representadas em razão do sistema proporcional. Assevera-se que Democracia não é sinônimo de maioria.

Não podemos olvidar que, de certa forma, nosso sistema já é distrital. Isto é, nas eleições gerais o Distrito é a circunscrição estadual, ao passo que, nas eleições municipais o distrito é a circunscrição municipal. É o chamado "distritão". O que se pretende é subdividir ainda mais os distritos já existentes e transformar as eleições proporcionais em majoritárias para que haja maior economicidade no processo eleitoral, bem como vínculo de proximidade entre eleitor e eleito, para que os interesses da comunidade sejam de fato correspondidos.

Outro fundamento relevante é a frustração do eleitor ao compreender que no sistema proporcional é possível confiar seu voto a determinado candidato e que sua votação nominal insuficiente está colaborando para eleger outro candidato, muitas vezes desconhecido do eleitor que depositou seu voto. Da mesma forma, uma celebridade indesajada por muitos eleitores conscientes, mas eleita em razão de "voto de protesto" circunstancial, pode acabar colaborando para eleger um candidato sem qualquer representatividade. No primeiro caso, há a popular denominação de "candidatos escadas", colocados na chapa apenas para ajudar na votação total do partido polico, ao passo que o segundo caso denomina-se popularmente de "candidatos puxadores de voto".

Alternativa para essa questão é apresentada pela doutrina sob a denominação "sistema distrital misto", que compreende a convivência dos sistemas proporcional e majoritário para o Poder Legislativo, sendo metade das cadeiras preenchidas pelo sistema proporcional e a outra metade pelo sistema majoritário.

No âmbito do Poder Legislativo da União, a Câmara dos Deputados submete-se ao sistema proporcional, ao passo que o Senado da República se submete ao sistema majoritário, pois, ao contrário do primeiro, representa os Estados-membros da federação, não o cidadão.

A discussão da cláusula de desempenho, também conhecida como cláusula de barreira, já declarada inconstitucional pelo Supremo Tribunal Federal quando criada mediante Lei, é alcançada por este princípio jurídico. Referida cláusula retornou ao sistema normativo brasileiro por meio da Emenda Constitucional n. 97.

O objetivo da cláusula de barreira ou de desempenho é limitar a existência de número não razoável de partidos políticos, pois eram criados especialmente para a administração de verbas públicas e em razão da ausência de democracia interna nas agremiações partidárias.

2.6 PRINCÍPIOS CONSTITUCIONAIS DA MÁXIMA IGUALDADE NA DISPUTA ELEITORAL E DA NEUTRALIDADE ESTATAL

O **princípio constitucional da máxima igualdade na disputa eleitoral** é norma estruturante de nosso sistema constitucional. É extraído dos princípios republicano e da igualdade, devendo ser exteriorizado e entendido como a imposição da existência de padrões para ocorrer igualdade de chances nas disputas eleitorais. Sendo assim, o Estado – e a legislação – deve facilitar que candidatos e partidos políticos possam disputar as eleições de forma não fictícia, havendo, assim, verdadeira concorrência pelo poder dando ao eleitor reais opções de escolha. Ou seja, as disputas eleitorais não podem ser apenas formais, isto é, vulgatas para fornecimento de álibi retórico de legitimidade de uma Democracia Formal.

Tal princípio visa inviabilizar discriminações devendo o Estado agir para que todo cidadão possua iguais condições de exercício de cidadania plena, construindo assim o esperado equilíbrio do Poder Político. Dessa forma, há aqui a outra face. Trata-se do **princípio da neutralidade estatal**, que consagra o dever do Estado de se abster do uso de seu poder administrativo em benefício de determinado candidato visando desequilibrar a disputa eleitoral.

No Brasil, é comum em diversos Municípios a existência de políticos ou famílias de políticos que comandam os destinos da comunidade por décadas, fruto do domínio econômico e das desigualdades sociais que inviabilizam surgir novas lideranças que possibilitem a alternância do Poder. Sendo assim, o princípio da máxima igualdade na disputa eleitoral deve ser concretizado para que não haja predominância pessoal ou familiar, garantindo, assim, eleições com efetiva disputa.

É verificável a inexistência da plena concretização da igualdade de chances, uma vez que determinados políticos possuem relevante influência sobre: mídias sociais (concessionárias de TVs, Rádios, jornais etc.); empresas com forte impacto econômico; a estrutura administrativa do Estado e, em alguns casos, infelizmente, sobre o próprio Judiciário. Contudo, a Constituição Federal apresentou avanços para minimizar a interferência descabida no processo eleitoral, tais como: a inelegibilidade por parentesco dos titulares do Poder Executivo (art. 14, § 7º, CF) e a desincompatibilização deste quando pretende disputar outro mandato que não a reeleição, havendo, portanto, a necessidade da renúncia (art. 14, § 6º, CF).

Na discussão quanto à inconstitucionalidade da ausência da desincompatibilização nos casos de reeleição ao Poder Executivo, o Supremo Tribunal Federal afastou, em sede de ação direta de inconstitucionalidade, a extensão interpretativa do art. 14, § 6º, da Constituição Federal, que alguns queriam impor a própria reeleição.

A legislação eleitoral aperfeiçoa-se no sentido de diminuir as desigualdades. Desenvolve-se no sentido de propiciar maior igualdade de chances aos candidatos e aos Partidos Políticos nas disputas eleitorais. Apenas para exemplificar, a proibição das doações empresariais evidentemente beneficia os candidatos mais desconhecidos e menos influentes, que jamais conseguiriam patrocínios de grandes empresas, a exemplo de construtoras, empresas de transportes coletivos, de coleta de lixo, entre outras que prestam serviços ao Governo.

É sabido que, em muitos casos, as empresas colaboravam com políticos já titulares de mandatos visando facilidades em licitações, aditamentos contratuais, realinhamentos de preços, entre outras vantagens. A corrupção também é fato presente, conforme as evidências e provas apresentadas por inúmeras operações da Polícia Federal, provas estas validadas pelo Poder Judiciário.

A nova dinâmica é duplamente benéfica ao Estado brasileiro. Uma porque diminuirá as desigualdades nas disputas eleitorais; duas porque diminuirá o nível de irregularidades cometidas na administração pública em troca de recursos para campanhas eleitorais.

Contudo, necessário lançar crítica grave. É que o financiamento público das campanhas eleitorais fortaleceu os dirigentes partidários, pois estes administram a verba. Desta forma, a ausência de democracia interna nos partidos políticos fez com que a maior parte das verbas sejam endereçadas aos apadrinhados dos mandatários dos partidos políticos. Melhor seria que a regra eleitoral determinasse um mínimo a ser destinado a cada candidato devidamente registrado.

Sendo o trabalho da doutrina doutrinar e, portanto, realizar verdadeiro constrangimento epistêmico, entendemos que os critérios para distribuição das verbas inerentes ao Fundo Especial de Financiamento de Campanha devem estar discriminados nos Estatutos dos Partidos Políticos para que, no momento da filiação, cada pretenso filiado ou mesmo pré-candidato tenha a previsibilidade do funcionamento do financiamento eleitoral. Jaz aqui uma dimensão inegável do **princípio da segurança jurídica**.

No mesmo sentido, haveria maior transparência com o dinheiro público, controle social e institucional sobre as verbas públicas, bem como possibilitaria valorar moralmente – na linguagem intersubjetiva da população – cada agremiação partidária.

2.7 OUTROS PRINCÍPIOS JURÍDICOS APLICÁVEIS

2.7.1 Princípio da soberania popular

O **princípio da soberania popular**, como verdadeiro nascedouro do direito eleitoral, está insculpido no art. 1º, parágrafo único, da Constituição Federal. É fundamento que inaugura a existência do direito eleitoral, uma vez que se o poder não emanasse do Povo e não fosse exercido por meio de representantes eleitos de nada serviria este relevante ramo do direito. É no direito eleitoral, em razão do princípio constitucional da soberania popular, que a vontade do povo é nitidamente percebida, sendo que nos outros ramos jurídicos a vontade popular aparece por ficção segundo a tese de que a lei ou a vontade do representante traduz por presunção a vontade geral do povo.

2.7.2 Princípio republicano

O **princípio republicano** garante que o comando da coisa pública está sob a responsabilidade de cidadãos eleitos pela comunidade política (Povo). Com exceção dos membros do Poder Judiciário, que são investidos por meio de aprovação em concursos públicos ou nomeações, conforme dispõe a Constituição. Apresenta ainda a necessidade da alternância do Poder, exigindo a fixação, por meio de regras jurídicas, de prazos para a duração dos mandatos políticos.

2.7.3 Princípio da lisura das eleições

O **princípio da lisura das eleições** pretende garantir a liberdade na formação da convicção política do eleitor e a conservação da higidez do processo eleitoral, ou seja, a inocorrência de condutas ilícitas que pretendam desequilibrar o processo eleitoral e macular o resultado com o êxito daquele que não seria o naturalmente eleito. Portanto, é necessário combater o que denominamos de poluição do processo eleitoral.

2.7.4 Princípio da celeridade

A relevância do **princípio da celeridade** é incontestável, pois este princípio determina que as ações eleitorais devem tramitar de forma a proporcionar decisões rápidas. Impõe, portanto, um outro padrão de prestação jurisdicional. Isso porque os mandatos eletivos possuem termo inicial e final e caso as decisões não sejam tomadas oportunamente o processo judicial eleitoral perderá o seu objeto e, mais do que isso, permitirá, por exemplo, que uma pessoa ilegítima governe.

Se determinado candidato a prefeito foi eleito com base na “compra de votos”, a Justiça Eleitoral rapidamente deve cassar o seu diploma, pois sua atuação no Poder Executivo é ilegítima. Sendo assim, não é desejável pensar em um processo que dure quatro ou cinco anos, pois o mandato político é fixado em quatro anos pela Constituição – em regra –, razão pela qual o prazo desarrazoado de tramitação processual acarretará permissão tácita para que uma pessoa ilegitimamente eleita governe os concidadãos.

Durante o período eleitoral, por exemplo, as intimações dos advogados não ocorrem mediante o *Diário Oficial*, como de costume, mas via mural eletrônico, facsímile, ou mesmo em audiência ou sessão do Tribunal Eleitoral. Da mesma forma, comunicados autorizados por lei poderão ser veiculados no *sítio* eletrônico do Poder Judiciário Eleitoral, bem como candidatos são intimados por facsímile.

Nesse sentido, o art. 94 da Lei das Eleições:

> Art. 94. Os feitos eleitorais, no período entre o registro das candidaturas até cinco dias após a realização do segundo turno das eleições, terão prioridade para a participação do Ministério Público e dos Juízes de todas as Justiças e instâncias, ressalvados os processos de habeas corpus e mandado de segurança.
>
> [...]
>
> § 4º Os advogados dos candidatos ou dos partidos e coligações serão notificados para os feitos de que trata esta Lei com antecedência mínima de vinte e quatro horas, ainda que por fax, telex ou telegrama.
>
> § 5º Nos Tribunais Eleitorais, os advogados dos candidatos ou dos partidos e coligações serão intimados para os feitos que não versem sobre a cassação do registro ou do diploma de que trata esta Lei por meio da publicação de edital eletrônico publicado na página do respectivo Tribunal na internet, iniciando-se a contagem do prazo no dia seguinte ao da divulgação. (Incluído pela Lei n. 13.165, de 2015)

No mesmo sentido o art. 96-A da Lei das Eleições:

> Art. 96-A. Durante o período eleitoral, as intimações via fac-símile encaminhadas pela Justiça Eleitoral a candidato deverão ser exclusivamente realizadas na linha telefônica por ele previamente cadastrada, por ocasião do preenchimento do requerimento de registro de candidatura. (Incluído pela Lei n. 12.034, de 2009)
>
> Parágrafo único. O prazo de cumprimento da determinação prevista no *caput* é de quarenta e oito horas, a contar do recebimento do fac-símile.

Em sede de jurisdição eleitoral, considera-se razoável o prazo de 1 (um) ano a duração de processo judicial que pretenda a desconstituição de mandato eletivo, conforme dispõe o art. 97-A da Lei n. 9.504/97. Havendo inobservância da razoabilidade estabelecida, nos termos do art. 97-A, § 2º, do mesmo diploma legal, poderá, sem prejuízo de representação ao Conselho Nacional de Justiça, o candidato, partido ou coligação representar à autoridade judiciária perante o Tribunal Regional Eleitoral ou ao Tribunal Superior Eleitoral, conforme o caso.

2.7.5 Princípio da preclusão instantânea

Do princípio da celeridade decorre o **princípio da preclusão instantânea**, que impõe a obrigatoriedade da atuação processual adequada e imediata, sob pena de perda do direito de praticar o ato processual.

2.7.6 Princípio da igualdade do voto

O **princípio da igualdade do voto** revela o princípio da igualdade no exercício dos direitos políticos, isto é, cada cidadão, independentemente de sua classe social, religião, ideologia, representa exatamente um voto. Entende-se que a exteriorização do poder político do cidadão ocorre de forma igualitária. No entanto, é necessário rever a disparidade do "peso" do voto entre os eleitores dos diversos Estados-membros de nossa federação. Isso porque proporcionalmente o voto de um eleitor no Acre é mais efetivo do que um voto de um eleitor em São Paulo, já que é necessário um número extremamente menor de eleitores para eleger um deputado federal naquele Estado-membro. Não guarda proporção real o mínimo e máximo de cadeiras apresentadas pela Constituição Federal quando as dividiu pelo número de estados-membros. É uma distorção que deve ser reparada, uma vez que os deputados federais representam o Povo, não a unidade federada.

2.7.7 Princípio da liberdade de formação da opinião

O **princípio da liberdade de formação da opinião** objetiva impedir a manipulação da formação da convicção do corpo eleitoral, mediante notícias e pesquisas que visam unicamente a desinformação. Dessa forma, a lei eleitoral (Lei n. 9.504/97) regula com especial atenção as atividades de formulação e divulgação de pesquisas eleitorais, para que estas interfiram minimamente na vontade popular.

2.7.8 Princípio da imediaticidade do voto e a questão das listas

O **princípio da imediaticidade do voto** prescreve o voto direto do eleitor ao candidato, sendo previsto no art. 60, § 4º, II, da Constituição Federal, como cláusula pétrea. O eleitor vota diretamente no candidato de sua preferência ao Poder Executivo, bem como no candidato de sua preferência ao Poder Legislativo, em razão da adoção do critério de lista aberta para este último. Isto é, em que pese o partido político apresente à Justiça Eleitoral a lista de seus candidatos aprovados em suas convenções, o eleitor tem a faculdade de votar em qualquer deles em razão do número da legenda seguido dos números que os partidos registraram cada candidato, ao contrário do que ocorreria no critério da lista fechada. Vejamos:

Lista aberta = N. do partido + complemento numérico do candidato, sendo um dígito para o Senado, dois dígitos para a Câmara dos Deputados, três dígitos para Assembleias Legislativas e Câmara dos Vereadores. Com essa lógica, o eleitor pode identificar na lista o candidato de sua preferência e votar no número que o identifica na urna.

Lista fechada = O eleitor vota na legenda do partido (número ao qual o partido é registrado, por exemplo: PSB 40, PT 13, PL 22 etc.), sem o complemento de qualquer outro número. Dessa forma, o candidato não consegue individualizar o seu voto, sendo este destinado ao Partido Político e, por sua vez, será eleito o candidato que estiver melhor posicionado na lista preordenada que o Partido Político registrar junto à Justiça Eleitoral.

2.7.9 Princípio da legalidade específica em matéria eleitoral e a questão das Resoluções e Instruções do TSE

O **princípio da legalidade específica em matéria eleitoral** causa grande polêmica, em razão do excesso de atuação administrativa por parte do Tribunal Superior Eleitoral. Os poderes típicos e atípicos estão descritos na Constituição, sendo que o Presidente da República pode legislar quando edita medidas provisórias ou leis delegadas; o Legislativo julga quando desconstitui, por exemplo, o mandato do Presidente da República em razão de cometimento de crime de responsabilidade; o Judiciário legisla quando formula seus regimentos internos possibilitando, inclusive, criação de recursos não previstos em Lei. Contudo, todas essas atividades estão expressamente previstas na Constituição Federal.

Fato é que o poder regulamentador do Tribunal Superior Eleitoral, quando expede suas resoluções e instruções, não possui previsão na Constituição da República, mas em Lei. Sendo assim, grande parte da doutrina entende que as resoluções do Tribunal Superior Eleitoral, quando extrapola a nítida atuação administrativa de regular o funcionamento administrativo da Justiça Eleitoral e procedimental das eleições, são inconstitucionais. A doutrina é firme neste entendimento.

Afirma Eneida Desiree Salgado:

> A atuação do Tribunal Superior Eleitoral em matéria de resoluções, se admitida (inobstante sua inconstitucionalidade), deve se subordinar à ação de função regulamentar de maneira estrita: aquela em que não há espaço para discricionariedade qualquer, mas apenas se deve desdobrar, especificar o que a lei determina de modo genérico. Dessa forma, as resoluções eleitorais devem se restringir a esclarecer datas, competências e procedimentos para a eleição específica que será disputada, facilitando a compreensão da legislação eleitoral. Apenas isso (SALGADO, 2010, p. 305).

E continua:

> Mas dois são os instrumentos pelos quais a Justiça Eleitoral vem, inconstitucionalmente e antidemocraticamente, inovando a ordem jurídica brasileira: as resoluções e as consultas. Nenhuma delas têm previsão constitucional, ambas derivam do Código Eleitoral – Lei n. 4.737/65 (SALGADO, 2010, p. 305).

Além de as resoluções recorrentemente inovarem, o que é inconstitucional, deve-se anotar, ainda, que elas podem ser editadas pelo Tribunal Superior Eleitoral até 5 de março do ano da eleição, não observando o princípio da anualidade eleitoral, motivo pelo qual fica clarividente seu mero caráter regulamentar que rotineiramente é desvirtuado em nítido desvio de finalidade.

De outro lado, seguindo a lógica apresentada o poder geral regulamentador das Leis por parte da Presidência da República, constitucionalmente previsto, não está manietado pelas resoluções do Tribunal Superior Eleitoral, em que pese o costume já tenha praticamente imposto a inércia à Presidência. Porém, entendemos juridicamente possível a regulamentação das leis eleitorais por meio de Decretos Presidenciais. É fato que tal assertiva pode gerar outros questionamentos, em especial quanto à eventual benefício do Presidente ou de seu Partido, por exemplo, mas nos limitamos à integridade jurídica do sistema constitucional.

2.7.10 Princípio ou regra da anualidade eleitoral?

O art. 16 da Constituição da República prescreve o que a doutrina majoritária denomina de **princípio da anualidade eleitoral**. Segundo este princípio a Lei que altera o processo eleitoral, independentemente da data de sua publicação, só terá eficácia para as eleições que ocorrem após um ano da data de sua vigência. Pacificou-se que o processo eleitoral tem início na data limite para a filiação partidária e definição de domicílio eleitoral, momento em que de fato o cidadão possui a verdadeira limitação temporal para que possa participar ou não das eleições como candidato. Por outro lado, as normas que não alterarem as regras relativas ao processo eleitoral poderão ser aplicadas independentemente da data da vigência. Para tanto, tais normas não podem alterar direitos, garantias e deveres.

Contudo, em nosso entendimento, o art. 16 da Constituição da República constitui-se em proposição jurídica e, portanto, uma **regra constitucional**, não um princípio. Isso porque define com exatição o resultado pretendido, bem como cria uma situação de cumprimento desse resultado. Para melhor compreensão, revisitar o tópico 2.1. desta obra.

A questão da distinção entre regra constitucional e princípio constitucional ganha especial relevância neste ano de 2020, em razão do reconhecimento jurídico por atos do Poder Público quanto à pandemia ocasionada pela Covid-19 e a eventual impossibilidade material de realização das eleições em datas constitucionalmente previstas. Isto é, se fosse regra, não haveria a possibilidade nem mesmo de alteração da Constituição Federal por meio de Projeto de Emenda Constitucional, ao passo que, configurando um princípio jurídico, há maior possibilidade jurídica de alteração de datas sem, no entanto, configurar fraude interpretativa à textualidade clarividente da Constituição. Ou, em outras palavras, sem violar a normatividade constitucional alegando cumprir a própria constituição em nítida atividade ativista, discricionária, subjetiva e solipsista e inconstitucional que vem notabilizando membros e órgãos do Poder Judiciário.

2.7.11 Princípio da Unicidade

O **princípio da unicidade** é aquele em razão do qual o eleitor interessado em disputar cargo eletivo só pode pretender um registro de candidatura em cada eleição, unicamente para determinado cargo. Deverá respeitá-lo desde o registro até o fim do processo eleitoral, exceto se ocorrer substituição, desistência, renúncia ou morte.

2.7.12 Princípio da fidelidade partidária, justa causa para a desfiliação e a ocorrência de fraude quanto à expulsão

O **princípio da fidelidade partidária** está previsto na Constituição e foi regulado, durante anos, por resolução do Tribunal Superior Eleitoral em razão da inércia legislativa do Congresso Nacional. No entanto, a Lei n. 13.165/2015, que alterou a Lei dos Partidos Políticos, regulamentou com legitimidade constitucional a então controversa questão da fidelidade partidária.

Some-se a isso o posicionamento do Supremo Tribunal Federal no sentido de que mandatos obtidos pelo critério majoritário não se submetem ao princípio da fidelidade partidária, pois nesses casos há importância normativa relativamente maior do princípio da soberania popular. Nesse sentido, a **Súmula-TSE 67: "A perda do mandato em razão da desfiliação partidária não se aplica aos candidatos eleitos pelo sistema majoritário"**.

Políticos eleitos só podem deixar suas agremiações partidárias sem o risco de perda do mandato eletivo caso fique comprovado, mediante processo judicial, as seguintes causas justificadoras insertas na Lei n. 9.096/95:

> Art. 22-A. Perderá o mandato o detentor de cargo eletivo que se desfiliar, sem justa causa, do partido pelo qual foi eleito.
>
> Parágrafo único. Consideram-se justa causa para a desfiliação partidária somente as seguintes hipóteses:
>
> I – mudança substancial ou desvio reiterado do programa partidário;
>
> II – grave discriminação política pessoal; e
>
> III – mudança de partido efetuada durante o período de trinta dias que antecede o prazo de filiação exigido em lei para concorrer à eleição, majoritária ou proporcional, ao término do mandato vigente.

Exemplo disso é a recente decisão do Tribunal Superior Eleitoral ao julgar a ação declaratória de justa causa para desfiliação partidária – PET 0600599-17 (*PJe*) –, com pedido de manutenção de mandato, ajuizada em face do Partido Liberal (PL), e de autoria da Deputada Federal Lauriete Malta, eleita em 2018 pelo Estado-membro do Espírito Santo. Referida decisão foi tomada na sessão plenária de 5 de maio de 2020 e, no caso em questão, o Tribunal verificou a incidência do art. 22-A, parágrafo único, II, da Lei n. 9.096/95, em razão da ocorrência de grave discriminação pessoal por parte do Diretório Nacional do Partido Liberal.

Entendemos que as causas justificadoras são aplicáveis, tão somente, ao político eleito ou ao que assumiu definitivamente o mandato, em razão da suplência.

Isso porque não guarda lógica com o sistema jurídico o suplente que esteja no exercício do mandato temporariamente, em razão de licença do titular eleito, seja por motivo de saúde, seja em razão de investidura em cargo no executivo, desfiliar-se do partido político e permanecer com o mandato que, notadamente, não possui com *animus* de permanência.

Sendo assim, havendo desfiliação do suplente que esteja temporariamente no exercício de mandato deverá ser convocado o suplente imediato.

Some-se a isso o fato de o eleito, a qualquer momento, desejar retornar ao exercício do mandato eletivo, o que não seria possível, caso fosse lícito ao suplente portar o mandato que não lhe pertence ao novo partido que se filiar.

Outro raciocínio violaria os princípios da segurança jurídica, da soberania popular, da autenticidade do voto, da imediatidade do voto e a titularidade do mandato por parte do partido político.

No caso de mudança de partido efetuada durante o período de trinta dias que antecede o prazo de filiação exigido em lei para concorrer à eleição, majoritária ou proporcional, ao término do mandato vigente, entendemos ser nítida autorização legislativa formal, pois não se vislumbra qualquer motivação do ponto de vista material, estando satisfeita a regra jurídica com mero ato de vontade, ainda que injustificado, no período prescrito em lei.

Também não perderá o mandato o político eleito por partido que não atingiu a cláusula de desempenho (cláusula de barreira), ficando a ele facultada a possibilidade de filiação a outro partido que a tenha atingido. Neste caso, a própria Constituição Federal, em seu art. 17, § 5º, em razão da nova redação atribuída pela Emenda Constitucional n. 97, excepciona o princípio da fidelidade partidária.

Por derradeiro, cabe anotar que, apesar da inexistência de previsão legal ou constitucional, a jurisprudência do Tribunal Superior Eleitoral é consolidada no sentido de que é incabível a propositura de ação de perda de cargo eletivo por desfiliação partidária se o partido político expulsar o mandatário da legenda.

Nesta hipótese, não haveria o desligamento voluntário da agremiação por parte do eleito, mas a imposição da agremiação.

Contudo, é necessário observar eventual fraude no processo de expulsão. Imaginemos um Deputado (estadual ou federal) expulso pelo Diretório Municipal de um determinado partido político, na calada da noite, sem a observância das formalidades previstas no Estatuto do próprio Partido, tais como: prazos defensivos, pareceres da comissão de ética, intimações e publicações de atos, dentre outros. Imaginemos, ainda, que o presidente desse citado diretório municipal é uma assessor do próprio Deputado expulso. Some-se a isso a inexistência de recurso administrativo por parte do Deputado direcionado à instância superior do partido político. Neste hipotético caso, os órgãos diretivos superiores – Diretórios Regional ou Nacional – poderão, comprovada a fraude interna e providenciando ato *interna corporis* para anulação desse tipo de decisão irregular, perseguir o mandato eletivo junto à Justiça Eleitoral.

2.7.13 Princípio da candidatura aparente

Segundo o **princípio da candidatura aparente**, o padrão estabelecido de pré-candidatura ocasiona o ônus de coerência e integridade das condutas durante o período de pré-campanha. Desta forma, o pré-candidato poderá ser responsabilizado por suas condutas ilícitas, bem como o Poder Judiciário deverá ter tolerância acentuada com as críticas sociais veiculadas pelos indivíduos em geral com relação ao (pré)candidato, uma vez que sua aparência de vida pública relativiza não só sua privacidade, mas também o expõe a opiniões e críticas em dimensões política, profissional ou mesmo pessoal, e a democracia exige tolerância por parte de quem está ou pretende entrar para a vida política.

Imaginemos um determinado servidor público estatutário que necessite licenciar-se em um determinado prazo para concorrer ao mandato de Prefeito. Ocorre que este hipotético servidor público já é vereador e acumula o exercício da vereança com sua função pública originária, por exemplo, um delegado de polícia. Neste hipotético cenário, nosso personagem, que aparece nas pesquisas como pré-candidato a Prefeito, posiciona-se publicamente como tal, seus assessores e correligionários o declaram pré-candidato a Prefeito, assim como dirigentes de seu partido afirmam que ele é pré-candidato a tal cargo. Imaginemos, ainda, que o partido deste pré-candidato não tenha qualquer outro interessado ao mandato de

Prefeito, sendo que não há qualquer manifestação pública de qualquer outro filiado ao partido político, o que demonstra a inexistência de concorrência em futura convenção para homologação de candidaturas. O indicado pré-candidato em momento algum desmente sua pretensão de candidatar-se ao mandato de Prefeito, mas na vida prática requer sua licença de forma remunerada por seis meses à Diretoria do Departamento de Polícia, alegando concorrer a reeleição para renovar seu mandato de vereador. Mas, chegada a convenção partidária, ou mesmo antes dela, permanece agindo como se candidato a Prefeito fosse. Com isso, beneficia-se de licença remunerada por prazo maior do que o devido, já que, se desde o início afirmasse no documento público em que solicitou a licença que seria candidato a Prefeito sua licença não poderia ter sido requerida naquele momento. Nesta situação, sendo servidor público e agindo com nítida má-fé ao querer benefício financeiro e de disponibilidade ao ser escolhido em convenção candidato a Prefeito – já que ninguém é escolhido sem antes colocar seu nome à disposição da sigla partidária –, estará consumada a má-fé e entendemos possível a impugnação de sua candidatura em razão de verdadeira fraude que, para além da responsabilidade eleitoral, configura ato de improbidade administrativa e infração funcional.

Nesse exemplo, o princípio da candidatura aparente excluirá qualquer responsabilidade dos indivíduos que criticarem publicamente a conduta do (pré) candidato, ainda que nela haja acentuada crítica no âmbito da existência de uma má-fé objetiva. Isso porque a conduta de pedir licença para candidatar-se ao mandato de vereador é incompatível com a conduta pública de pré-candidatura a Prefeito, motivo pelo qual é moralmente/socialmente reprovável o doloso ato de manipulação da convicção do corpo eleitoral.

Da mesma sorte, tal princípio autorizará, por exemplo, impugnações de pesquisas no período de pré-campanha que, mesmo com a existência de documento – pedido formal de licença endereçado a autoridade superior – declarando que a candidatura tratar-se-á da vereança, insistir em constar o nome do sujeito como (pré)candidato a Prefeito. Isso porque estaria caracterizada nítida má-fé ao sobrepor ao documento assinado suposições propositais a criar especulação tendente a confundir não só o eleitor, mas a própria formatação das chapas proporcionais dos diversos partidos políticos que são influenciados pelos prefeituráveis. Ou seja, caracterizada a mentira, é necessário haver represália ou, ao menos, garantir a exclusão de qualquer ilicitude daqueles que no uso do direito de expressão política realizarem denúncias quanto aos fatos de forma pública em meios de comunicação e mídias sociais em geral. Isso porque o processo político ocorre não em uma linguagem privada, mas em uma linguagem pública e intersubjetiva.

Trata-se de estratégia política antidemocrática e violadora das normas do jogo, em especial dos princípios da candidatura aparente, bem como da liberdade de formação da opinião, na medida em que o então (pré)candidato objetiva a manipulação da formação da convicção do corpo eleitoral, mediante notícias e pesquisas fomentadoras de desinformação que podem atingir a lisura das eleições, uma espécie de fraude mental dos eleitores que passam a acreditar e realizar juízos irreais. O jogo político deve ter como limitação a seriedade do processo democrático, não podendo ser jogado no campo da fraude.

Ainda que se diga que tais condutas são anteriores à data do registro de candidatura, é mister saber que inúmeras outras condutas anteriores à mesma data podem ser objeto de punição. Isso porque não serão apenas os poucos dias de propaganda eleitoral que definirão a eleição. Com a diminuição dos prazos de propaganda eleitoral, de filiação e de domicílio eleitoral, é necessário dar maior importância aos acontecimentos ocorridos no período de pré-campanha, sob pena de as eleições transformarem-se em eventos meramente formais.

capítulo 3

Regimes de governo e espécies de Democracia

3.1 REGIMES DE GOVERNO

Regime de governo ou forma de governo é em síntese a forma pela qual se organiza e funciona o Poder Político do Estado. Sendo assim, não se confunde com Formas de Estado (Federal, Confederado ou Unitário) ou mesmo com sistema de governo (presidencialista ou parlamentarista).

Deveras, no decorrer da história muitas foram as classificações denominadas pelas mais brilhantes mentes. De Aristóteles a Maquiavel. Contudo, estudar de forma exauriente este tema não é o objetivo, motivo pelo qual faremos rápido panorama acerca da temática visando chegar ao regime democrático, que é o regime em que se fundamenta o direito eleitoral brasileiro.

Sem dúvida, a classificação mais clássica é a de Aristóteles que, em seu tempo, afirmava serem as formas de governo divididas em monarquia, aristocracia e democracia, sendo a monarquia o governo de única pessoa que atua fora dos limites legais e dentro de suas vontades/desejos pessoais; a aristocracia designa o governo de poucos, dos melhores, dos mais capazes, das elites; e, por fim, a democracia que na visão aristotélica representava os ideais de liberdade e de igualdade.

Para Aristóteles, governos puros são aqueles impulsionados pelo bem comum, ao passo que governos impuros são os impulsionados pelo interesse individual do governante, independentemente do critério quantitativo de governo, isto é, se o povo é governado por um ou por alguns.

Já para Maquiavel, as formas de governo são Monarquia e República, sendo a primeira também classificada sob o critério quantitativo singular, ao passo que, a segunda sob o critério plural. Quanto à República, Maquiavel a subdivide em República aristocrática/oligárquica e República democrática.

Montesquieu classifica as formas de governo em Monarquia, República e Despotismo. Muitas foram as classificações no decorrer da história variando segundo os critérios adotados, havendo outras classificações, tais como de governo pelo consentimento e de governo por coação.

Diversas são as distinções entre as formas de governo. No caso da Monarquia, por exemplo, suas principais características são: a vitaliciedade, hereditariedade e a irresponsabilidade do Monarca. Ao passo que, a República – especialmente a democrática – é o regime que a ela (monarquia) se contrapõe. Na República não verificamos a hereditariedade, mesmo na República aristocrática e, quando democrática, não verificamos a vitaliciedade e a irresponsabilidade do governante, sendo fundamento da democracia a alternância de governantes e a sua responsabilidade pessoal pelos atos que pratica.

Podemos observar a fonte de Poder segundo o critério da ordenação espacial vertical que ensina Norberto Bobbio. Na monarquia o poder político é descensional, ou seja, recai do monarca sobre o povo. De outro lado, na República o poder é ascensional, emanando do povo para o Presidente (BOBBIO, 1986, p. 90).

Particularmente, entendemos a Democracia contemporaneamente como uma qualidade que se sobrepõe à própria República, podendo atingir até mesmo Estados Monárquicos, pois atualmente muitas monarquias são denominadas Monarquias Constitucionais, isto é, nem mesmo o Poder Real é absoluto.

Sendo assim, hodiernamente é importante dizer que a República se contrapõe à Monarquia, mas originalmente a ideia era de contraposição à monarquia tida como absoluta, como a de Luís XIV, a quem se atribui a história frase: "L' État c' est moi" (em português: "O Estado sou Eu"). No caso das monarquias constitucionais esses excessos não estão presentes na vida política do Estado.

3.2 DEMOCRACIA DIRETA, SEMIDIRETA E INDIRETA

Existem governos que podem ser denominados **monocracia** – governo de uma só pessoa – seja república, monarquia ou déspota. Assim como podemos encontrar nos Estados a **Democracia** – governo do povo –, originária na Grécia Antiga, ainda que desta democracia tenha-se retirado apenas uma ideia, pois não é similar à democracia contemporânea.

No Brasil, vige desde 1988 o regime de governo democrático, regime em que todo o poder emana do povo, conforme se verifica do art. 1º, parágrafo único, da Constituição da República.

A democracia é classicamente subdividida em direta, indireta e semidireta. Na democracia direta, o povo delibera em Assembleias, sem necessidade de representantes/intermediários, como ocorria na Grécia Antiga. Contudo, importante lembrar que apenas o cidadão – indivíduo que integra o povo em razão de seus direitos políticos – é que participava das Assembleias, mas essa qualidade de cidadão recaía sobre poucos, excluindo-se escravos e mulheres, por exemplo.

A democracia indireta ou representativa caracteriza-se formalmente pela eleição de representantes, outorgando-lhes poderes, mandatos eletivos, deliberativos acerca da vontade do Povo. Neste caso, o Povo – corpo eleitoral – transfere poderes aos seus representantes eleitos, sendo a eleição apenas um instrumento – instituto – jurídico formal para esta finalidade.

A República Federativa do Brasil adotou, quando da promulgação da Constituição Federal de 1988, o regime da democracia semidireta, conforme proposições do art. 1º, parágrafo único, e do art. 14.

A democracia semidireta ou participativa é a junção da participação direta exercida por meio do voto, plebiscito, referendo, iniciativa popular e ação popular, com a participação indireta que é exercida por meio dos representantes eleitos. No que toca à representação, existe mútuo consentimento estabelecido entre o corpo eleitoral que delega poderes constituindo mandatos eletivos para que o cidadão eleito – mandatário – represente a vontade geral.

Seja qual for a variante do regime democrático, é mister asseverar que a Democracia, como regime de organização político-social, está sujeita à Constituição do Estado, bem como às suas Leis, para que fundamentada a vontade geral da cidadania proporcione bem-estar social. Mas, na mesma medida, o Estado de Direito é também normatizado pelo princípio democrático, motivo pelo qual juízes não podem agir discricionariamente, não podem praticar ativismo, pois uma Juristocracia é inconstitucional.

O parágrafo único do art. 1º da Constituição Federal prescreve que "todo poder emana do povo, que o exerce por meio de representantes eleitos ou diretamente nos termos da Constituição".

Importante destacar que o texto Constitucional distingue titularidade de exercício de poder: o titular do poder é o povo, e o exercício desse poder se dá por meio de representantes eleitos.

A Constituição da República Federativa do Brasil estabelece, expressamente, no art. 60, § 4º, II, na qualidade de cláusula pétrea, ser o sufrágio universal (direito de todo cidadão que preenche os requisitos constitucionais de votar e ser votado sem distinção de classe social, sexo, graduação acadêmica etc.), o voto direto[1] (exercido pessoalmente e destinado diretamente ao candidato escolhido, isto é, sem intermediários) e o escrutínio secreto, sendo este o modo pelo qual o direito é exercido. Essa sistemática se dá em razão do regime político adotado pela República Federativa do Brasil, isto é, a democracia.

Ao fazer referência à democracia, José Joaquim Gomes Canotilho afirma:

> A democracia pode ser entendida fundamentalmente como forma ou técnica processual de selecção e destituição pacífica de dirigentes. A **fórmula de Popper** é a expressão mais sugestiva deste modo de conceber o princípio democrático: "A democracia nunca foi a soberania do povo, não o pode ser, não o deve ser". A justificação da democracia em termos negativos e basicamente procedimentais, pretende por em relevo que a essência da democracia consiste na estruturação de mecanismos de selecção dos governantes e, concomitantemente, de mecanismos de limitação prática do poder, visando criar, desenvolver e proteger *instituições* políticas adequadas e eficazes para um governo sem as tentações da tirania (CANOTILHO, p. 291, 2003, grifo do autor).

---

1 Importante anotar que o voto é personalíssimo, ou seja, não pode ser exercido por terceiros, nem mesmo por meio de procuração. Mas devemos anotar, ainda, que o voto não é em si obrigatório, isto é, após os 18 anos o alistamento eleitoral e o comparecimento ao local de votação são obrigatórios, isso porque o cidadão pode chegar à sessão eleitoral e, por exemplo, anular o seu voto. Conforme é sabido, o voto é, outrossim, facultativo aos analfabetos, maiores de 70 anos, maiores de 16 e menores de 18 anos; bem como não permitido para os menores de 16 anos, conscritos durante o período do serviço militar obrigatório e estrangeiros, salvo o português equiparado.

Aliás, a democracia não é senão outra coisa que o caminho que leva à liberdade[2].

O povo tornou-se elemento imprescindível ao Estado. Da mesma forma, é elemento essencial para a legitimação da representação.

Passou a ser o ponto de partida do direito eleitoral, seja ele nacional ou internacional, em especial quando se está sob a égide da Democracia embasada na doutrina da soberania popular. Segundo citada doutrina democrática, o povo exerce de fato e de direito, direta ou indiretamente, a soberania que outrora pertenceu ao Estado – pessoa jurídica de direito internacional – e que em tempos mais longínquos personificava-se no Monarca. Aliás, a origem etimológica do vernáculo "Democracia" significa, justamente, poder que emana do povo, ou seja, *demos* = povo e *kratos*= poder.

Gisela Gondin Ramos, ao comentar equívocos acerca do conteúdo semântico do vernáculo democracia, afirma:

> A deformação aparece de duas maneiras distintas. A primeira delas, que segundo podemos apurar é a mais comum, simplesmente desvia-se da forma original, registrando o étimo da palavra como resultado de demos + kratía, atribuindo a esta última o conceito de governo. Ocorre que kratía não existe nos dicionários gregos como palavra autônoma, mas apenas como derivação de kratos, esta sim independente. A segunda, mais simples e direta, embora não menos infiel no resultado, simplesmente traduz a palavra kratos como governo, o que não condiz com informações colhidas em dicionários gregos, segundo os quais kratos quer dizer poder (ou: domínio, autoridade, poderio, império). Nas mesmas fontes se colhe a informação de que o vocábulo demos corresponde tanto a palavra povo, como também à comunidade, à assembleia ou a distrito (RAMOS, 2012, p. 317).

Por essa razão, a citada professora, invocando o ínclito doutrinador Fábio Konder Comparato, afirma que: "a conhecida fórmula de Lincoln, de que a

---

2 Para os antigos – gregos – a liberdade era a possibilidade de participar das decisões tomadas pela comunidade. Ser livre era ser cidadão. A liberdade não tinha uma acepção individual, mas coletiva. Com os romanos teve início a fase de transição para a concepção de liberdade moderna, em uma acepção individual, em que a qualidade de cidadão foi alargada para aqueles que não eram nativos de Roma, isto é, para os estrangeiros e descendentes de escravos.

democracia é o governo do povo, pelo povo e em prol do povo, é totalmente falsa, porque soberania não pode ser confundida com governo" (RAMOS, 2012, p. 317).

Com a ascensão da democracia perante o Estado contemporâneo este passa a ser referência para a garantia das liberdades do cidadão.

Para Celso Lafer[3]:

> Existe a dimensão da liberdade como não impedimento, ou seja, como uma esfera de atividade do ser humano não controlado pelo Estado e pela sociedade, assim como a liberdade de participação nas deliberações coletivas, que está na raiz da democracia.

Para Norberto Bobbio:

> [...] mesmo para uma definição mínima de democracia, como é a que aceito, não bastam nem a atribuição a um elevado número de cidadãos do direito de participar direta ou indiretamente da tomada de decisões coletivas, nem a existência de regras de procedimento como a da maioria (ou, no limite, da unanimidade). É indispensável uma terceira condição: é preciso que aqueles que são chamados a decidir ou a eleger os que deverão decidir sejam colocados diante de alternativas reais e postos em condição de poder escolher entre uma e outra. Para que se realize esta condição é necessário que aos chamados a decidir sejam garantidos os assim denominados direitos de liberdade, de opinião, de expressão das próprias opiniões, de reunião, de associação etc. – os direitos à base dos quais nasceu o estado liberal e foi construída a doutrina do estado de direito em sentido forte, isto é, do estado que não apenas exerce o poder *sub lege*, mas o exerce dentro de limites derivados do reconhecimento constitucional dos direitos "invioláveis" do indivíduo. Seja qual for o fundamento filosófico destes direitos, eles são o pressuposto necessário para o correto funcionamento dos próprios mecanismos predominantemente procedimentais que caracterizam um regime democrático. As normas constitucionais que atribuem estes direitos não são exatamente regras do jogo: são regras preliminares que permitem o desenrolar do jogo (BOBBIO, 1986, p. 20).

---

3 Assertiva em artigo intitulado Variações sobre a justiça, publicado no jornal *O Estado de S. Paulo,* em 18 de novembro de 2012. Disponível em: <www.estadao.com.br/noticias/impressao,variacoes-sobre-a-justica,961646,0.htm>.

Com a democracia cria-se campo propício para a atuação do direito eleitoral.

3.3 SUFRÁGIO

O sufrágio é direito fundamental assegurado ao cidadão pela Constituição Federal. Sufrágio não é sinônimo de voto, mas aproxima-se do sentido de direitos políticos. O Sufrágio é o próprio direito público subjetivo que caracteriza a cidadania no sentido restrito, isto é, é o direito que o cidadão possui de participar da vida do Estado ou, mais popularmente, o direito de votar e ser votado.

No caso do Estado Democrático o sufrágio é igualitário e universal, isto é, todos nos termos da Constituição podem exercer os direitos políticos. Não pode haver no Brasil, portanto, sufrágio censitário (que pressupõe condição ou qualidade econômica do eleitor) ou o sufrágio capacitário (que pressupõe determinado grau ou capacidade intelectual do eleitor).

3.4 O VOTO

O voto é a manifestação/exercício do direito de sufrágio, sendo a expressão da decisão do cidadão no dia da eleição. A Constituição dispõe que o voto é praticado de forma direta, ou seja, sem intermediários (delegados), bem como em escrutínio secreto.

Trata-se de ato político na medida em que é expressão direta de uma decisão de poder, cujo o titular é o cidadão, indivíduo que coletivamente denomina-se povo. Nesse sentido, todo o poder emana do povo, conforme dispõe o art. 1º, parágrafo único, da Constituição Federal. Por outro lado, o voto também é ato jurídico, pois trata-se do exercício de direito fundamental subjetivo.

Em nosso sistema constitucional o voto é: (i) direto; (ii) igualitário (igual para todos); (iii) periódico; (iv) livre; (v) secreto; e (vi) personalíssimo, estando vedada sua prática por terceiro/procurador.

No sistema democrático o **voto nulo** e o **voto em branco** também são realidade. No caso, voto nulo é a manifestação de repulsa e inconformismo do eleitor que não está de acordo com nenhuma das candidaturas registradas, ao passo que o voto em branco é a manifestação de indiferença do eleitor.

3.5 O *IMPEACHMENT*

Impedimento. Trata-se do processo instaurado no Senado da República visando desconstituir o mandato do Presidente da República em razão de prática de crime de responsabilidade. Tais crimes, descritos no art. 85 da Constituição da República de 1988, são doutrinariamente classificados em: (i) infrações políticas; (ii) crimes funcionais.

Em âmbito federal, o processo de *impeachment* é regulado pela Lei Federal n. 1.079/50, que "define os crimes de responsabilidade e regula o respectivo processo de julgamento".

Nos âmbitos estaduais e municipais, os chefes dos Poderes Executivos também podem sofrer a desconstituição de seus mandatos em razão de crimes de responsabilidade.

A Lei Federal n. 1.079/50 dispõe, ainda, acerca do processo em face de Ministros de Estado, Ministros do Supremo Tribunal Federal e do Procurador-Geral da República.

O processo de *impeachment*, praticamente, objetiva o mesmo efeito da cassação, isto é, a desconstituição de um mandato eletivo. Porém, não é objeto da jurisdição eleitoral, mas do poder judicial atípico exercido pelo Poder Legislativo. Dessa forma, guardamos, tão somente, essas breves considerações.

Contudo, nesse contexto, mostra-se relevante a análise da liberdade dos parlamentares em face das orientações e determinações dos Partidos Políticos e das Lideranças Partidárias nas Casas Parlamentares.

Cumpre asseverar que não constitui ato de infidelidade partidária, mesmo de falta passível de repreensão, o ato de parlamentar, quando investido da jurisdição atípica durante do processo de *impeachment*, votar de forma contrária à orientação partidária. Isso porque, caso assim não fosse, estaríamos diante de grave violação aos princípios do devido processo legal, da ampla defesa e do contraditório, uma vez que os parlamentares – juízes de fato – não julgariam a causa, mas expressariam mera e automática posição partidária em desprezo ao processo constituído, tornando-o, desta forma, uma mera formalidade, isto é, uma ficção.

Não pode Partido Político fixar, como diretriz partidária, o voto vinculado à absolvição ou não do chefe do Poder Executivo, pois nesse contexto o Parlamentar não exerce função legislativa, mas judicante, que é incompatível com as orientações prévias e externas àqueles a quem compete o ato de julgar. Sendo assim, qualquer orientação partidária é nula de pleno direito.

Afirma Clèmerson Marlin Clève:

> Com este fundamento, mais uma vez, conclui-se estarem os parlamentares imunizados contra a aplicação de sanção por terem se abstido de votar conforme determinação, em diretriz, pela comissão executiva do partido. Mais do que abstenção, poderiam os parlamentares votar contra a acusação e nem assim poderiam, exercendo função de julgar, sofrer acusação de prática de conduta desviante por deslealdade ao partido (CLÈVE, 2012, p. 56).

3.6 INSTRUMENTOS DA DEMOCRACIA

São instrumentos do regime democrático: o voto, o plebiscito, o referendo, a iniciativa popular e a ação popular.

O **voto**, como já visto, é expressão de vontade do cidadão/eleitor com nítido caráter decisório, tendo em vista seus anseios, sua visão ideológica, religiosa, moral ou econômica ou, ainda, quais foram suas preferências pessoais, dentre outros fatores sociais.

Trata-se o **plebiscito** de consulta prévia, em que o povo expressa posição favorável ou desfavorável sobre determinada questão de natureza administrativa ou legislativa. Cabe, exclusivamente, ao Congresso Nacional autorizar a convocação de plebiscito conforme dispõe o art. 49, XV, da CF.

O **referendo** é a consulta objetivando colher manifestação popular, provocada por autorização privativa do Congresso Nacional (art. 49, XV, da CF), para que o povo ratifique ou rejeite ato governamental de natureza administrativa ou legislativa. Ao contrário do plebiscito, no caso do referendo primeiro há a decisão governamental e anteriormente à sua vigência o povo é chamado a deliberar.

A **iniciativa popular** é direito coletivo de petição concernente à apresentação de Projeto de Lei à Câmara dos Deputados. Está instituída pelo art. 14, III, da Constituição Federal, bem como regulada em âmbito estadual pelo art. 27, § 4º; em âmbito municipal pelo art. 29, XIII; e em âmbito nacional pelo art. 61, § 2º, todos da Constituição da República.

Em âmbito nacional o art. 61, § 2º, apresenta os seguintes requisitos: (i) subscrição de 1% do eleitorado nacional; (ii) distribuído em pelo menos cinco Estados; (iii) não menos de 0,3% do eleitorado de cada um dos Estados.

Em que pese não constar do art. 14 da Constituição Federal, não podemos deixar de considerar a **ação popular** como meio de exercício da soberania popular. Deveras, a ação popular é a forma judicial de exercício da soberania, fazendo uso do processo para concretizar a democracia.

Prerrogativa exclusiva do cidadão, em sentido estrito, a ação popular é instrumento de controle social e judicial dos atos do Poder Público. É prevista no art. 5º, LXXIII, da Constituição Federal e regulada pela Lei Federal n. 4.717, de 29 de junho de 1965, tendo como objetivo anular ato administrativo lesivo: (i) à moralidade administrativa; (ii) ao meio ambiente; (iii) ao patrimônio público ou de entidade de que o Estado participe; (iv) ao patrimônio histórico e cultural.

Para Paulo Hamilton Siqueira Jr.: "A ação popular é o instrumento de direito processual constitucional colocado à disposição do cidadão como meio para sua efetiva participação política e tem por finalidade a defesa da cidadania" (SIQUEIRA JR, 2012, p. 539).

capítulo 4

Direitos políticos

4.1 CONCEITO E NOÇÕES DE DIREITOS POLÍTICOS

Os direitos políticos formam a base do regime democrático, que, por sua vez, é pressuposto de uma república pós-moderna. São compreendidos de forma mais geral pelos direitos à liberdade, tais como: i) direito de opinião/expressão; ii) direito a sindicalizar-se; iii) direito de constituir associações; iv) direito de participação em conselhos; v) direito de reunião.

Não é conveniente desprezar a concepção geral dos direitos políticos, pois foi em razão do que hoje entendemos por direito de reunião que se iniciaram as grandes revoluções. Por outro lado, existem os direitos políticos *strito sensu* regulados pelo direito eleitoral e analisados nesta obra.

Em síntese, os direitos políticos são o conjunto de prerrogativas de direto público que atribui ao nacional a qualidade de cidadão, permitindo sua participação direta e indireta na formatação e organização da vontade do Estado, como meio de exercício da soberania popular.

O tema "direitos políticos" é dos mais importantes. Aliás, não se pode falar em Estado Democrático sem passar com o devido cuidado por esta temática. Os direitos políticos são fundamentais, pois compõem justamente o direito de participação na vida do Estado, no processo político/social.

Trata-se, verdadeiramente, da área do direito que regula a **soberania popular** prevista no art. 1º, parágrafo único, da *Lex Fundamentalis*: "todo poder emana do povo, que o exerce por meio de representantes eleitos ou diretamente, nos termos desta Constituição".

4.2 DIREITOS POLÍTICOS

A Constituição da República Federativa do Brasil estabelece, expressamente, no art. 60, § 4º, II, na condição de cláusula pétrea, ser o **sufrágio universal** (direito de todo cidadão que preenche os requisitos constitucionais de votar e ser votado sem distinção de classe social, religião, sexo, graduação acadêmica etc.); o voto direto[1] (exercido pessoalmente e destinado diretamente ao candidato escolhido, isto é, sem intermediários) e o escrutínio secreto, sendo este o modo pelo qual o direito é exercido. Essa sistemática se dá em razão do regime político adotado pela República Federativa do Brasil, isto é, a democracia.

Importante destacar, em razão da constante confusão, que o direito de sufrágio não se confunde com o voto. O voto é um dos instrumentos do sufrágio. Isso porque o direito de sufrágio é o próprio direito de interferir na vida e participar da vontade do Estado, indo, portanto, além do voto.

De um lado, o sufrágio abrange os direitos clássicos de votar e ser votado como instrumentos de democracia representativa; ao passo que, de outro, abrange a participação do cidadão na vida, organização e vontade estatal de forma direta, por meio de plebiscitos, referendos, projetos de lei de iniciativa popular, participação em conselho de sentença de Tribunal do Júri e do controle dos atos da administração por meio do ajuizamento de ações populares, bem como participação do cidadão em conselhos municipais, estaduais, distritais e federais. Entendemos, portanto, que o sufrágio é a manifestação do assentimento de uma determinada proposição política para participação do cidadão nos interesses e "vida" do Estado.

As diversas formas de participação no espaço político pelo cidadão ocorrem na conformidade não só da Constituição Federal, mas também da legislação

---

1 Importante anotar que o voto é personalíssimo, ou seja, não pode ser exercido por terceiros, nem mesmo por meio de procuração. Mas devemos anotar, ainda, que o voto não é em si obrigatório, isto é, após os 18 anos o alistamento eleitoral e o comparecimento ao local de votação são obrigatórios, isso porque o cidadão pode chegar à seção eleitoral e, por exemplo, anular o seu voto. Conforme é sabido, o voto é, outrossim, facultativo aos analfabetos, maiores de 70 anos, maiores de 16 e menores de 18 anos; bem como não permitido para os menores de 16 anos, estrangeiros e conscritos durante o período do serviço militar obrigatório.

infraconstitucional. Deveras, a Constituição Federal é a norma matriz, mas a própria Norma Fundamental não impôs ao sistema jurídico monopólio para si no que se refere a tal regulação. Assim, outras normas podem regulamentar o exercício dos direitos políticos.

Os direitos políticos não estão relacionados na Constituição em um rol exaustivo. É possível estabelecer outros direitos dessa natureza, por meio de Lei, embasando-se nos princípios de cidadania e da dignidade da pessoa humana para instituir outras formas de participação na "vida" do Estado, seja na definição, seja no controle dos atos de Estado ou de Governo.

Para Paulo Hamilton Siqueira Júnior:

> A cidadania credencia o cidadão a atuar na vida efetiva do Estado como partícipe da sociedade política. O cidadão passa a ser pessoa integrada na vida estatal. A cidadania transforma o indivíduo em elemento integrativo do Estado, na medida em que o legitima como sujeito político, reconhecendo o exercício de direitos em face do Estado (SIQUEIRA JR, 2009, p. 243).

Exemplo disso é a instituição de diversos conselhos municipais, estaduais e federais referentes a temas como da criança e adolescente, racial, saúde, idoso, segurança pública etc. Some-se a isso, apenas a título de exemplo, a Lei estadual do Rio Grande do Sul n. 11.179, de 25 de junho de 1998, e suas atualizações, que disciplina a consulta direta à população no que tange à destinação de verbas orçamentárias voltadas a investimentos de interesse regional. No mesmo passo, o art. 116, § 1º, da Lei Orgânica do Município de Porto Alegre que dispõe sobre participação popular na elaboração das leis orçamentárias.

José Afonso da Silva, que adota o pensamento clássico de direitos políticos, já relativiza, mesmo que de forma tênue, sua doutrina sobre o assunto:

> A Constituição emprega a expressão *direitos políticos* em seu sentido estrito, como conjunto de regras que regula os problemas eleitorais, quase como sinônimo de direito eleitoral. Em acepção um pouco mais ampla, contudo, deveria incluir também as normas sobre partidos políticos.

Dessa forma, visualiza-se um sistema de equilíbrio. Política e Direito apresentam-se como duas faces de uma mesma moeda na medida em que a política formula o direito, ao passo que, o direito estabelece a moldura de sua própria elaboração por meio da Constituição que, dada sua magnitude, não pode ser alterada por qualquer vontade política. Em outras palavras, a política releva as fontes materiais do Direito, mas após a produção do Direito este deve preservar sua autonomia frente aos predadores de sua normatividade jurídica, isto é, a própria política, a economia e a moral.

Importante destacar, no momento, que os direitos e deveres inerentes à cidadania não se limitam aos direitos políticos, mas estes só podem ser exercidos pelo cidadão. Isso quer dizer que mesmo ocorrendo a suspensão dos direitos políticos a cidadania *lato sensu* permanece.

Para a melhor compreensão são necessárias algumas distinções de natureza técnica.

Cidadão: é o nacional que goza dos direitos políticos tendo, portanto, o que se denomina de cidadania. Contudo, hodiernamente podemos apontar a existência da cidadania em duas dimensões distintas, bem como o cidadão pode ser classificado por graus de cidadania. Podemos falar em cidadania *stricto sensu*, isto é, a ideia clássica de cidadania que ainda encontra forte força doutrinária, a saber: o nacional, que pode votar e ser votado; bem como a cidadania *lato sensu*, que compreende os demais direitos de participação na vida social, acrescentando-se, outrossim, os direitos civis de participação na vida privada, como o de constituir o seu próprio negócio.

Some-se a isso a ideia de graus de cidadania, isso porque só podemos falar em cidadão pleno quanto àquele que está constitucionalmente habilitado a exercer qualquer mandato eletivo. Apenas para exemplificar, um jovem de 18 anos, apesar de estar no gozo de seus direitos políticos, não está no pleno gozo dos direitos políticos prescritos pela Constituição Federal. Não é por outra razão que, apesar de possuir a capacidade de votar, participar de plebiscitos, referendos, conselhos, ajuizar ações populares, referido jovem não pode ser votado para todos os cargos eletivos previstos na Constituição Federal. Sendo assim, a idade constitucional de 35 anos, a mínima trazida pela Constituição da República para o exercício, na data da posse, dos mandatos de Presidente da República, Vice-Presidente e Senador da República (art. 14, § 3º, VI, *a*), é o marco referencial para afirmarmos que uma pessoa está, de fato e de direito, habilitada ao pleno exercício do sufrágio.

Nacionalidade: é o vínculo jurídico-político que une o cidadão a um Estado. Pode ser primária, em razão de nascimento em seu território (*jus soli*) ou em razão de sua dinastia/ascendência (*jus sanguinis*). Referido vínculo jurídico-político pode ocorrer, também, de forma secundária em razão da naturalização. Contudo, o vínculo secundário faz nascer direitos políticos limitados, pois o naturalizado não poderá exercer determinados mandatos e funções públicas. Não é por outra razão que a Constituição da República apresenta rol com cargos, eletivos ou não, privativos de brasileiros natos, em seu art. 12, § 3º. Vejamos:

> Art. 12 [...]
>
> § 3º São privativos de brasileiro nato os cargos:
>
> I – de Presidente e Vice-Presidente da República;
>
> II – de Presidente da Câmara dos Deputados;
>
> III – de Presidente do Senado Federal;
>
> IV – de Ministro do Supremo Tribunal Federal;
>
> V – da carreira diplomática;
>
> VI – de oficial das Forças Armadas;
>
> VII – de Ministro de Estado da Defesa.

A Constituição Federal adotou como regra geral o critério do *jus soli* (art. 12, I, *a*), mas admite excepcionalmente que a nacionalidade primária seja adquirida pelo critério do *jus sanguinis*. Trata-se da chamada nacionalidade potestativa (depende da vontade), desde que sejam cumpridos requisitos insculpidos no art. 12, I, *a* e *b*, da CF.

No Brasil, a única forma de **aquisição da nacionalidade derivada é pela naturalização expressa**, conforme dispõe a Constituição Federal e a **Lei do Migrante**, que revogou o conhecido Estatuto do Estrangeiro. A naturalização destina-se ao estrangeiro (possui outra nacionalidade) e ao apátrida ou heimatlos (que não detém nenhuma nacionalidade).

4.3 PERDA E SUSPENSÃO DOS DIREITOS POLÍTICOS

Os direitos políticos negativos são compostos pelas causas de perda e suspensão a seguir estudadas.

A privação dos direitos políticos (perda e suspensão) é regulada pelo art. 15 da Constituição Federal, norma constitucional de eficácia plena e aplicabilidade imediata, como bem ressalta José Afonso da Silva (SILVA, 2014, p. 234). Vejamos o texto:

> Art. 15. É vedada a cassação de direitos políticos, cuja perda ou suspensão só se dará nos casos de:
> I – cancelamento da naturalização por sentença transitada em julgado;
> II – incapacidade civil absoluta;
> III – condenação criminal transitada em julgado, enquanto durarem seus efeitos;
> IV – recusa de cumprir obrigação a todos imposta ou prestação alternativa, nos termos do art. 5º, VIII;
> V – improbidade administrativa, nos termos do art. 37, § 4º.

Primeiramente, cumpre distinguir o que vem a ser cassação, perda e suspensão dos direitos políticos.

Conforme verificado no Texto Constitucional a **cassação dos direitos políticos** é expressamente vedada. A cassação ao qual se refere o art. 15 da Constituição remonta a ideia da cassação por autoridade. Ou seja, a cassação que ocorre por ato de império, em períodos em que o Estado Democrático não mais faz radiar luz e o período nebuloso de Governos Autoritários ou Totalitários passam a cassar, literalmente, os direitos políticos de opositores. No Brasil, assim como em tantos outros Estados, o instituto da cassação foi real e emblemático.

Importante destacar que a cassação a qual estamos a tratar não se confunde com as possibilidades de cassação, reguladas pela Constituição e leis eleitorais, com observância do devido processo legal, ampla defesa, contraditório e juízo natural, destinadas aos mandatos políticos. Assim, as hipóteses de cassação de mandatos (legislativo e executivo) são previstas de forma taxativa pela Constituição, sem importar, contudo, a perda dos direitos políticos, mas tão somente a suspensão.

As hipóteses constitucionais de cassação de mandatos estão previstas nos arts. 52, parágrafo único, 55, 85 e 86 da Constituição Federal. Sempre lembrando que as Constituições Estaduais, bem como as Leis Orgânicas dos Municípios também definem hipóteses e procedimentos nos respectivos níveis federativos. Some-se a isso, o que dispõe o art. 1º, I, *b* e *c*, da Lei Complementar n. 64/90.

Feitos os devidos apontamentos quanto ao instituto da cassação, seguimos o estudo sobre as causas de privação dos direitos políticos. Tais causas diferenciam-se das inelegibilidades, pois estendem-se não só à capacidade eleitoral passiva (direito de ser votado), mas atingem o direito de sufrágio como um todo.

A perda dos direitos políticos é a privação de tais direitos, em regra irreversível, ao passo que a suspensão se trata de privação temporária previamente estabelecida.

José Afonso da Silva assevera:

> O cidadão pode, excepcionalmente, ser privado dos direitos políticos, definitiva ou temporariamente, o que importará, como efeito imediato, a perda da cidadania política. Deixa, imediatamente, de ser eleitor, se já o era, ou torna-se inalistável como tal – com o quê, por consequência, fica privado da elegibilidade e de todos os direitos fundamentais na qualidade de eleitor (SILVA, 2014, p. 234).

Ao falar em cidadania política, o que a princípio parece redundância, José Afonso da Silva refere-se ao que definimos como cidadania *stricto senso*.

Suspensos os direitos políticos outorgados ao nacional pela ordem jurídica, este continua com a qualidade de cidadão, mas com seu direito de exercício da cidadania, em seu sentido estrito, suspenso temporariamente.

Nesse sentido, é o magistério de Paulo Hamilton Siqueira Júnior:

> O termo cidadania traz a ideia de participação na vida do Estado, que se exterioriza precipuamente pelo exercício dos direitos políticos. Com o advento da Constituição Federal de 1988 surge o Estado Democrático e Social de Direito, que exige uma participação mais efetiva do povo na vida e nos problemas do Estado. O cidadão é aquele que participa dos negócios do Estado. Dessa forma, a cidadania ganha um sentido mais amplo do que o simples exercício do voto (SIQUEIRA JR., 2009, p. 239).

Por essa razão, não deve ser considerado exercício de direitos políticos o exercício de cargo, emprego ou função pública, pois estes são regulados não pelo direito político/constitucional, mas sim pelo direito público/administrativo, no sentido de que os agentes públicos que não são agentes políticos (Mandatários, Ministros de Estado, Secretários de Estado, Secretários Municipais, Magistrados, Membros do Ministério Público) praticam atos de administração, não atos de Estado ou de Governo.

Nas palavras de Pinto Ferreira:

> O simples exercício de cargo ou função pública de natureza administrativa não é direito político, e sim direito público. Público, veja-se bem,

> mas não político [...]. Por isso é que Pimenta Bueno classifica em sua obra as diversas espécies de direitos políticos, como o direito de voto, de elegibilidade, de ser membro do poder judicial, o direito de ter exercício no poder executivo ou administrativo, etc. Mas o poder administrativo a que Pimenta Bueno se refere é o da administração política (Presidentes de províncias, por exemplo), mas não dos empregados administrativos comuns, que podem ser exercidos pelo cidadão de um modo geral, sem que a suspensão dos direitos políticos importe na suspensão do emprego administrativo, em cujo exercício pode permanecer o cidadão, mesmo com a suspensão dos seus direitos políticos (FERREIRA, 1968, p. 56-61).

No mesmo diapasão é a doutrina de Teori Albino Zavascki:

> Em outras palavras: o exercício de cargo público de natureza profissional, diferentemente do que ocorre com os cargos de natureza política, não se interrompe por suspensão dos direitos políticos (ZAVASCKI, 1994, p. 118-127).

A evolução do entendimento do tema possibilita o estudo de sua incidência em relação ao espaço da vida privada. Isto é, há exercício de direitos políticos na vida privada, assim como pode não haver tal exercício na vida pública.

Conforme Tiago de Menezes Conceição:

> Enfim, seja porque caíram as fronteiras rígidas entre público e privado, ou por força da dimensão objetiva dos direitos políticos fundamentais, seja pela importância da opinião pública no processo político, ou, ainda, pela tese da co-originariedade dos direitos civis e políticos somada ao fato de que os direitos civis básicos ressalvam de qualquer intervenção estatal um espaço da vida privada, é possível afirmar que há exercício de direitos políticos entre particulares (CONCEIÇÃO, 2012, p. 142).

São três as causas de suspensão de direitos políticos:

Incapacidade civil absoluta: A incapacidade é matéria atinente ao direito civil.

Condenação criminal transitada em julgado, enquanto durarem seus efeitos: A suspensão dos direitos políticos em razão de condenação criminal transitada em julgada é efeito automático da condenação definitiva, razão pela qual desnecessária declaração da suspensão no texto da decisão judicial. Nem mesmo eventual *sursis* poderá suspender a suspensão dos direitos políticos. Isso porque a suspensão dos direitos políticos é pena restritiva de direitos, não sendo aplicada a ela os efeitos da suspensão condicional da pena, conforme art. 80 do Código Penal. Com o trânsito em julgado a autoridade judicial competente comunicará o Juízo Eleitoral da Zona ao qual o condenado é alistado para que proceda as anotações de praxe no cadastro eleitoral.

Embora o entendimento clássico de que a condenação criminal transitada em julgada suspende automaticamente os direitos políticos e, por consequência, impede o exercício de mandato, entendimento este reafirmado inclusive no caso "Mensalão" (AP 470), o Supremo Tribunal Federal, recentemente, proferiu decisões que acabaram por causar espanto aos operadores do direito, sendo que não se pode mais afirmar, com certeza, ser automática a suspensão, ao menos nos casos de Parlamentares Federais (Deputados Federais e Senadores da República).

Isso se deu em razão dos julgamentos que envolveram o Senador Ivo Cassol e o Deputado Federal Natan Donadon. Em síntese, no caso do Senador (AP 565, rel. Min. Cármen Lúcia), a Corte Constitucional alterou o seu entendimento, em razão dos votos dos Ministros Teori Zavascki e Roberto Barroso, e entendeu que a suspensão não é automática, pois exercendo mandato parlamentar dependeria de deliberação da casa a qual o parlamentar é vinculado, no caso o Senado Federal. Contudo, o mesmo Ministro Roberto Barroso, em caso semelhante (MS 32.326, rel. Min. Roberto Barroso), concedeu liminar em mandado de segurança contra ato da Câmara dos Deputados que manteve o mandato do deputado federal Natan Donadon, mesmo ante sua condenação criminal (MENDES, 2014, p. 741).

Não há necessidade, segundo a Súmula 9 do TSE[2], de reabilitação criminal. Extinta a pena cessará a suspensão dos direitos políticos, cabendo ao interessado comprovar a cessação da causa suspensiva junto ao cartório eleitoral e requerer novamente sua inscrição, conforme dispõe o art. 81 do Código Eleitoral.

Tratando-se das espécies de crimes apontadas no art. 1º, I, *e*, da LC n. 64/90 o cidadão permanecerá inelegível por **oito anos** após o cumprimento da pena, em razão da redação dada pela Lei da Ficha Limpa – Lei Complementar n. 135/2010. Sobreleve-se que, no caso, a inelegibilidade ocorrerá não em razão de

---

[2] Súmula 9 TSE: "A suspensão de direitos políticos decorrente de condenação criminal transitada em julgado cessa com o cumprimento ou a extinção da pena, independendo de reabilitação ou de prova de reparação dos danos".

condenação transitada em julgado, mas em razão de delito definido em lei complementar à Constituição. Vejamos:

> e) os que forem condenados, em decisão transitada em julgado ou proferida por órgão judicial colegiado, desde a condenação até o transcurso do prazo de 8 (oito) anos após o cumprimento da pena, pelos crimes:
>
> 1. contra a economia popular, a fé pública, a administração pública e o patrimônio público;
>
> 2. contra o patrimônio privado, o sistema financeiro, o mercado de capitais e os previstos na lei que regula a falência;
>
> 3. contra o meio ambiente e a saúde pública;
>
> 4. eleitorais, para os quais a lei comine pena privativa de liberdade;
>
> 5. de abuso de autoridade, nos casos em que houver condenação à perda do cargo ou à inabilitação para o exercício de função pública;
>
> 6. de lavagem ou ocultação de bens, direitos e valores;
>
> 7. de tráfico de entorpecentes e drogas afins, racismo, tortura, terrorismo e hediondos;
>
> 8. de redução à condição análoga à de escravo;
>
> 9. contra a vida e a dignidade sexual; e
>
> 10. praticados por organização criminosa, quadrilha ou bando.

Importante anotar que a conversão da pena privativa de liberdade em pena restritiva de direitos não afasta a incidência das causas de inelegibilidades previstas na alínea *e* do inciso I do art. 1º da Lei Complementar n. 64/60, conforme Ac. TSE, de 14-2-2013, no AgR-REsp 36.440.

Nesse contexto, cumpre trazer à baila as Súmulas editadas pelo TSE acerca dessa temática:

> **Súmula-TSE 59**
>
> O reconhecimento da prescrição da pretensão executória pela Justiça Comum não afasta a inelegibilidade prevista no **art. 1º, I, *e*, da LC n. 64/90,** porquanto não extingue os efeitos secundários da condenação.
>
> **Súmula-TSE 60**
>
> O prazo da causa de inelegibilidade prevista no **art. 1º, I, *e*, da LC n. 64/90** deve ser contado a partir da data em que ocorrida a prescrição da pretensão executória e não do momento da sua declaração judicial.

Súmula-TSE 61

O prazo concernente à hipótese de inelegibilidade prevista no **art. 1º, I, *e*, da LC n. 64/90** projeta-se por oito anos após o cumprimento da pena, seja ela **privativa de liberdade, restritiva de direito ou multa.**

Improbidade administrativa, nos termos do art. 37, § 4º, CF: Pela primeira vez, em nossa história constitucional, atos de improbidade são elencados como causa de suspensão dos direitos políticos. Afirma o Texto Constitucional: "Os atos de improbidade administrativa importarão a suspensão dos direitos políticos, a perda da função pública, a indisponibilidade dos bens e o ressarcimento ao erário, na forma e gradação previstas em lei, sem prejuízo da ação penal cabível".

Trata-se de norma constitucional regulamentada pela Lei de Improbidade Administrativa – Lei n. 8.429/92 –, bem como pela Lei da Ficha Limpa, que alterou a Lei Complementar de Inelegibilidades – LC n. 64/90. Assim, a extensão constitucional foi limitada pelas normas complementares, uma vez que a ideia, a primeira vista, da extensão normativa do Texto Constitucional é a de que qualquer ato de improbidade levaria à suspensão dos direitos políticos, o que não é verdade. É necessário que o ato de improbidade ocorra dolosamente, causando enriquecimento ilícito e dano ao erário.

São causas de perda de direitos políticos:

Cancelamento da naturalização por sentença transitada em julgado: O cancelamento da naturalização, por qualquer que seja o motivo, acarreta perda automática dos direitos políticos, justamente por provocar a ausência da cidadania.

A perda da nacionalidade brasileira nata: Em que pese não constar do rol constitucional, sendo a nacionalidade pressuposto lógico normativo à própria aquisição/existência dos direitos políticos, sua extinção evidentemente acarreta a perda dos direitos políticos dela decorrentes. É uma razão lógica/jurídica indissociável. O não brasileiro não possui direitos políticos no território do Estado brasileiro. Sendo assim, o nacional que perder a nacionalidade brasileira porque optou por outra nacionalidade não mais exercerá os direitos políticos na República Federativa do Brasil. Essa hipótese não alcança casos de mais de uma nacionalidade, desde que mantida a nacionalidade brasileira.

Recusa de cumprir obrigação a todos imposta ou prestação alternativa, nos termos do art. 5º, VIII, CF: A perda dos direitos políticos em razão do descumprimento de dever com o país ocorre somente se houver a recusa de cumprir prestação alternativa fixada em lei. É o caso, por exemplo, de escusa de consciência (liberdade de crença religiosa ou convicção filosófica) para não servir às forças armadas.

Caberá ao Poder Judiciário, com exclusividade, aplicar a suspensão ou perda dos direitos políticos.

No que toca à eventual **reaquisição dos direitos políticos perdidos** temos duas hipóteses: (a) cancelada a naturalização por sentença transitada em julgado, apenas havendo a desconstituição da decisão em razão de ação rescisória, o que, como é sabido, trata-se de hipótese rara; (b) no caso da recusa de cumprimento de obrigação imposta a todos os brasileiros, bem como de cumprimento da prestação alternativa (art. 5º, VIII, CF) poderá, caso haja superveniente arrependimento, regularizar sua situação junto às Forças Armadas e, posteriormente, invocar o art. 4º, § 2º, da Lei n. 8.239/91, que prevê essa reaquisição. Citada Lei Federal Regulamenta o art. 143, §§ 1º e 2º, da Constituição Federal, que dispõem sobre a prestação de serviço alternativo ao serviço militar obrigatório.

4.4 ALISTAMENTO E VOTO

O núcleo dos direitos políticos é o direito de votar e de ser votado (**direito de sufrágio**), que pressupõe o direito-dever de alistamento eleitoral.

O **alistamento** é a primeira etapa do processo eleitoral. É o ato pelo qual determinada pessoa, preenchendo os requisitos legais, habilita-se perante a Justiça Eleitoral como eleitor. Está previsto na Constituição Federal, em seu art. 14, § 1º e seguintes, e regulamentado pelo Código Eleitoral, pela Lei n. 9.504/97 e pela Resolução TSE n. 21.538/2003. É ato obrigacional que constitui a inscrição do eleitor perante a Justiça Eleitoral, outorgando-lhe a prerrogativa de pertencer ao corpo de eleitores.

Com a inscrição eleitoral, o nacional ganha o *status* de Cidadão e, portanto, além de integrar a coletividade denominada Nação (coletivo de nacionais), passa a integrar, igualmente, outra espécie de coletividade denominada Povo (coletivo de cidadão).

No que toca ao requerimento de alistamento, é importante anotar que: "O Requerimento de Alistamento Eleitoral contemplará campo para indicação do nome social e identidade de gênero", conforme dispõe o art. 3º da Resolução TSE n. 23.562/2018.

São inalistáveis, ou seja, não podem fazer parte do corpo de eleitores: (a) os menores de 16 anos; (b) os que não saibam exprimir-se na língua nacional (art. 5º, II, do CE); (c) os conscritos, durante o período militar obrigatório (art. 14, § 2º, da CF); (d) os que estejam privados dos direitos políticos (suspensão ou perda dos direitos políticos); (e) os estrangeiros (art. 14, § 2º, da CF), salvo os portugueses residentes no Brasil há mais de 3 anos, mesmo sem naturalização, por força do Dec. n. 3.927/2001 que aprovou o Tratado da Amizade.

Nesse sentido, é relevante a disposição do art. 17 do Tratado de Amizade, Cooperação e Consulta entre a República Federativa do Brasil e a República Portuguesa, promulgado pelo Decreto Presidencial n. 3.927, de 19 de setembro de 2001. Vejamos:

> Artigo 17
>
> 1. O gozo de direitos políticos por brasileiros em Portugal e por portugueses no Brasil só será reconhecido aos que tiverem três anos de residência habitual e depende de requerimento à autoridade competente.
>
> 2. A igualdade quanto aos direitos políticos não abrange as pessoas que, no Estado da nacionalidade, houverem sido privadas de direitos equivalentes.
>
> 3. O gozo de direitos políticos no Estado de residência importa na suspensão do exercício dos mesmos direitos no Estado da nacionalidade.

Por outro lado, o alistamento é obrigatório para os brasileiros que têm entre 18 e 70 anos de idade, ao passo que é facultativo para: (a) o analfabeto; (b) os que tenham entre os 16 e 18 anos (até a data do pleito); (c) os que tenham mais de 70 anos (art. 6º, I, *b*, do CE); (d) os inválidos (art. 6º, I, *a*, do CE); e (e) os que se encontrem fora do País (art. 6º, I, *c*, do CE).

Sobreleve-se, que os enfermos, os que se encontrem fora do seu domicílio, ou os funcionários civis ou militares em serviço no dia das eleições, estão apenas dispensados do dever de votar, e não do alistamento, conforme preceitua o art. 6º, II, do Código Eleitoral.

O **deficiente** é obrigado a se alistar e a votar, não obstante a possibilidade de dispensa desses deveres, nos termos da Resolução TSE n. 21.920/2004. Por essa razão, o art. 1º, parágrafo único, da referida resolução dispõe: "não estará sujeita a sanção a pessoa portadora de deficiência que torne impossível ou demasiadamente oneroso o cumprimento das obrigações eleitorais, relativas ao alistamento e ao exercício do voto" (Processo Administrativo TSE n. 18.483/ES, rel. Min. Gilmar Mendes). No mais, nos termos do art. 76 da Lei n. 13.146 de 2015 que dispõe sobre o Estatuto da Pessoa com Deficiência, o poder público deverá garantir todos os direitos políticos e a oportunidade de exercê-los em igualdade de condições com as demais pessoas.

Acerca do **voto em trânsito** destacam-se o art. 225 e seguintes do Código Eleitoral. Conforme art. 233-A do Código Eleitoral (com redação dada pela Lei n. 13.165, de 2015), "aos eleitores em trânsito no território nacional é assegurado o direito de votar para Presidente da República, Governador, Senador, Deputado Federal, Deputado Estadual e Deputado Distrital em urnas especialmente instaladas nas capitais e nos Municípios com mais de cem mil eleitores". Para tal fim, devem ser observadas as seguintes mudanças trazidas pela Lei da "Reforma Eleitoral":

> I – o eleitor deverá habilitar-se perante a Justiça Eleitoral no período de até quarenta e cinco dias da data marcada para a eleição, indicando o local em que pretende votar;
>
> II – aos eleitores que se encontrarem fora da unidade da Federação de seu domicílio eleitoral somente é assegurado o direito à habilitação para votar em trânsito nas eleições para Presidente da República;
>
> III – os eleitores que se encontrarem em trânsito dentro da unidade da Federação de seu domicílio eleitoral poderão votar nas eleições para Presidente da República, Governador, Senador, Deputado Federal, Deputado Estadual e Deputado Distrital.
>
> § 2º Os membros das Forças Armadas, os integrantes dos órgãos de segurança pública a que se refere o art. 144 da Constituição Federal, bem como os integrantes das guardas municipais mencionados no § 8º do mesmo art. 144, poderão votar em trânsito se estiverem em serviço por ocasião das eleições.
>
> § 3º As chefias ou comandos dos órgãos a que estiverem subordinados os eleitores mencionados no § 2º enviarão obrigatoriamente à Justiça Eleitoral, em até quarenta e cinco dias da data das eleições, a listagem dos que estarão em serviço no dia da eleição com indicação das seções eleitorais de origem e destino.

> § 4º Os eleitores mencionados no § 2º, uma vez habilitados na forma do § 3º, serão cadastrados e votarão nas seções eleitorais indicadas nas listagens mencionadas no § 3º independentemente do número de eleitores do Município.

O **voto no exterior** é obrigatório para os que possuem domicílio eleitoral no exterior apenas nas eleições para Presidente e Vice-Presidente da República. Já para os cidadãos que residem no exterior, mas mantêm domicílio eleitoral em município brasileiro, o voto é obrigatório em todas as eleições, cabendo justificar suas ausências às urnas enquanto estiverem fora do país.

No que tange aos **presos provisórios** e aos **adolescentes internados**, eles têm o direito de votar, uma vez que seus direitos políticos não estão suspensos, estando os procedimentos estabelecidos na Resolução do TSE n. 23.219/2010.

No caso do **índio**, a Lei n. 6.001/71 (Estatuto do Índio) estabelece que ele pode se alistar desde que: (a) seja capaz de exprimir-se na língua nacional; (b) seja portador de documento, podendo ser o registro administrativo da Funai.

Some-se à questão os ensinamentos trazidos por Gilmar Mendes:

> Questão igualmente interessante apreciada pelo TSE (Resolução n. 20.806, de 15-5-2001, Relator Garcia Vieira) diz respeito à exigência de comprovação de quitação do serviço militar para fins de alistamento dos indígenas. Ante a lacuna na legislação, o Tribunal, acompanhando voto do Ministro Nelson Jobim, considerou que somente em relação aos índios integrados (excluídos os isolados e os em vias de integração) seria exigível a referida comprovação, uma vez que as juntas de alistamento militar inscrevem, obrigatoriamente, somente os índios comprovadamente integrados (MENDES, 2014, p. 704).

A inscrição eleitoral é realizada a requerimento do nacional e destina-se ao Juiz Eleitoral da zona ao qual o interessado possui o seu domicílio eleitoral. Após a submissão do requerimento poderá ocorrer: (a) deferimento, cabendo recurso pelo Ministério Público Eleitoral, ou por qualquer delegado de partido, no prazo de 10 dias contados da colocação da listagem à disposição das agremiações partidárias; (b) indeferimento, cabendo recurso pelo Ministério Público Eleitoral ou do alistando/interessado no prazo de 5 dias, também contados da colocação da listagem à disposição dos partidos; (c) diligências.

Nenhum requerimento de inscrição eleitoral ou de transferência será recebido dentro dos 150 dias anteriores à data da eleição, conforme preceitua o art. 91, *caput*, da Lei n. 9.504/97, sendo que os trabalhos de alistamento nas Zonas Eleitorais só reiniciarão após o término dos trabalhos das Juntas Eleitorais, conforme dispõe o art. 70 do Código Eleitoral.

Conforme regra do art. 7º do Código Eleitoral, o eleitor que deixar de votar e não justificar perante o juiz eleitoral até 30 (trinta) dias após a realização da eleição "incorrerá na multa de 3 (três) a 10 (dez) por cento sobre o salário mínimo da região, imposta pelo juiz eleitoral e cobrada na forma prevista no art. 367 do Código Eleitoral".

Não havendo a prova de que votou na última eleição, pagou a respectiva multa ou de que se justificou devidamente, o eleitor não poderá (art. 7º, § 1º, CE):

> I – inscrever-se em concurso ou prova para cargo ou função pública, investir-se ou empossar-se neles;
>
> II – receber vencimentos, remuneração, salário ou proventos de função ou emprego público, autárquico ou para estatal, bem como fundações governamentais, empresas, institutos e sociedades de qualquer natureza, mantidas ou subvencionadas pelo governo ou que exerçam serviço público delegado, correspondentes ao segundo mês subsequente ao da eleição;
>
> III – participar de concorrência pública ou administrativa da União, dos Estados, dos Territórios, do Distrito Federal ou dos Municípios, ou das respectivas autarquias;
>
> IV – obter empréstimos nas autarquias, sociedades de economia mista, caixas econômicas federais ou estaduais, nos institutos e caixas de previdência social, bem como em qualquer estabelecimento de crédito mantido pelo governo, ou de cuja administração este participe, e com essas entidades celebrar contratos;
>
> V – obter passaporte ou carteira de identidade;
>
> VI – renovar matrícula em estabelecimento de ensino oficial ou fiscalizado pelo governo;
>
> VII – praticar qualquer ato para o qual se exija quitação do serviço militar ou imposto de renda.

Convém destacar que, nos termos do § 4º do art. 7º, supramencionado, a regra disposta no inciso V do § 1º não se aplica ao eleitor no exterior que requeira novo passaporte para identificação e retorno ao Brasil, conforme inclusão feita pela Lei n. 13.165, de 2015.

Ademais, apesar de questão transitória, importa anotar que, em razão da Medida Provisória n. 958/2020, conforme redação do seu art. 1º, II, até 30 de setembro de 2020, as instituições financeiras públicas, inclusive as suas subsidiárias, ficam dispensadas de observar, em suas contratações e renegociações de operações de crédito realizadas diretamente ou por meio de agentes financeiros, a vedação insculpida no inciso IV do § 1º do art. 7º da Código Eleitoral. Tal medida se deu por necessidade social de estabelecimento de normas jurídicas voltadas à facilitação do acesso ao crédito e mitigação dos impactos econômicos decorrentes da pandemia de coronavírus (Covid-19).

4.5 ALISTAMENTO E CADASTRO ELEITORAL: A QUESTÃO DO NOME SOCIAL E DA IDENTIDADE DE GÊNERO

Em 22 de março de 2018, o Tribunal Superior Eleitoral editou a Resolução TSE n. 23.562/2018, alterando disposições da Resolução TSE n. 21.538, de 14 de outubro de 2003, para inclusão do nome social no cadastro e atualização do modelo de título eleitoral.

De forma ativista – progressista –, o Tribunal Superior Eleitoral, justificando-se no princípio da dignidade humana, bem como em um direito à felicidade, passou a debater questão referente à expressão "cada sexo", mencionada no art. 10, § 3º, da Lei das Eleições (Lei n. 9.504/97), segundo a qual cada partido ou coligação preencherá o mínimo de 30% e o máximo de 70% para candidaturas de cada sexo.

Concluiu o Tribunal Superior Eleitoral que a expressão – cada sexo – refere-se ao gênero, e não ao sexo biológico do indivíduo, razão pela qual homens e mulheres transexuais e travestis podem ser contabilizados nas respectivas cotas de candidatura masculina e feminina, desde que figurem como tal nos requerimentos de alistamento eleitoral. Contudo, o nome social não poderá ser ridículo ou atentar contra o pudor.

Nesse sentido, ganha relevância social a Resolução TSE n. 23.562/2018 ao incluir os arts 9º-A, 9º-B, 9º-C e 9º-D na redação da Resolução TSE n. 21.538, de 14 de outubro de 2003, que dispõe sobre o alistamento e serviços eleitorais mediante processamento eletrônico de dados, a regularização de situação de eleitor, a administração e a manutenção do cadastro eleitoral, o sistema de alistamento eleitoral, a revisão do eleitorado dentre outras relevantes questões. Vejamos:

> Art. 9º-A. A pessoa travesti ou transexual poderá, por ocasião do alistamento ou de atualização de seus dados no cadastro eleitoral, se registrar com seu nome social e respectiva identidade de gênero.
>
> § 1º Considera-se nome social a designação pela qual a pessoa travesti ou transexual se identifica e é socialmente reconhecida.
>
> § 2º Considera-se identidade de gênero a dimensão da identidade de uma pessoa que diz respeito à forma como se relaciona com as representações de masculinidade e feminilidade e como isso se traduz em sua prática social, sem guardar necessária relação com o sexo biológico atribuído no nascimento.
>
> § 3º O nome social não poderá ser ridículo ou atentar contra o pudor.
>
> Art. 9º-B. O nome social constará do título de eleitor impresso ou digital.
>
> Art.9º-C. O nome social e a identidade de gênero constarão do cadastro eleitoral em campos próprios, preservados os dados do registro civil.
>
> **Art. 9º-D. A JUSTIÇA ELEITORAL RESTRINGIRÁ A DIVULGAÇÃO DE NOME CIVIL DISSONANTE DA IDENTIDADE DE GÊNERO DECLARADA NO ALISTAMENTO OU NA ATUALIZAÇÃO DO CADASTRO ELEITORAL.**

4.6 CANCELAMENTO E REVISÃO DA INSCRIÇÃO ELEITORAL

Cancelamento é a suspensão provisória ou definitiva do direito de votar. Ocorrendo o cancelamento do título, a segunda etapa é a exclusão do registro eleitoral, ficando impedido de votar e ser votado, ajuizar ação popular, dentre outras práticas da vida política restrita a quem detém o direito de sufrágio.

As causas de cancelamento são apresentadas em rol taxativo previsto no art. 71 do Código Eleitoral.

São causas de cancelamento: (a) os que não saibam se exprimir na língua nacional (art. 5º, II, CE); (b) a suspensão ou a perda dos direitos políticos (art. 15 da CF); (c) a pluralidade de inscrição (inscrito em mais de uma zona eleitoral simultaneamente); (d) o falecimento do eleitor; (e) deixar de votar em 3 (três) eleições consecutivas, salvo se justificou ou pagou a multa.

Em que pese o art. 5º, I, do Código Eleitoral estabelecer ser inalistável o analfabeto, referido dispositivo não foi recepcionado pela Constituição Federal de 1988 (Ac.-TSE n. 23.291/2004), uma vez que o art. 14, § 1º, II, *a*, da Constituição estabelece que o alistamento eleitoral é facultativo aos analfabetos.

Sobreleve-se, no entanto, que o analfabeto, apesar de alistável é inelegível, isto é, pode votar (capacidade eleitoral ativa), porém não pode ser votado (capacidade eleitoral passiva). Trata-se de mandamento constitucional previsto no art. 14, § 4º, da Constituição. Sobre o tema decidiu o Tribunal Superior Eleitoral no Ac.TSE, de 21-8-2012, no AgR-REsp 424.839:

> A inelegibilidade dos analfabetos é de legalidade estrita, vedada a interpretação extensiva, devendo ser exigido apenas que o candidato saiba ler e escrever, minimamente, de modo que se possa evidenciar eventual incapacidade absoluta de incompreensão e expressão da língua (Ac. TSE, de 21-8-2012, no AgR-REsp 424.839).

Isso ocorre justamente porque a Constituição definiu o sufrágio como universal, isto é, todos, nos termos da Constituição, podem exercer os direitos políticos. Não pode haver no Brasil, portanto, sufrágio censitário (que pressupõe condição ou qualidade econômica do eleitor) ou, no caso em discussão, o sufrágio capacitário (que pressupõe determinado grau ou capacidade intelectual do eleitor).

Do mesmo modo, a norma contida no art. 5º, II, CE ("os que não saibam se exprimir na língua nacional") não foi recepcionada pela CF/88, conforme Resolução do TSE n. 23.274/2010.

O cancelamento do alistamento poderá ser determinado *ex officio* (por iniciativa do Juiz Eleitoral) ou a requerimento de Delegado de Partido Político ou de qualquer eleitor, conforme dispõe o art. 71, § 1º, do Código Eleitoral.

A Constituição da República prevê, tão somente, os casos de suspensão ou a perda dos direitos políticos, vedando expressamente a sua cassação, conforme dispõe o art. 15, *caput*. Vejamos:

> Art. 15. É vedada a cassação de direitos políticos, cuja perda ou suspensão só se dará nos casos de:

I – cancelamento da naturalização por sentença transitada em julgado;

II – incapacidade civil absoluta;

III – condenação criminal transitada em julgado, enquanto durarem seus efeitos;

IV – recusa de cumprir obrigação a todos imposta ou prestação alternativa, nos termos do art. 5º, VIII;

V – improbidade administrativa, nos termos do art. 37, § 4º.

O art. 77 do Código Eleitoral regula o processo de exclusão do eleitor, sendo necessária a observância dos princípios do contraditório e da ampla defesa. Inexistindo a causa de cancelamento, o interessado poderá, fazendo a devida comprovação, solicitar novo alistamento.

Enquanto perdurar o processo de cancelamento, o eleitor poderá votar normalmente, observado o que dispõe o art. 72, parágrafo único, do Código Eleitoral.

Tratando-se de cancelamento de inscrição, o instituto da revisão do eleitorado (correição) ganha destaque. É hipótese de cancelamento coletivo de inscrições eleitorais em razão de fraude no alistamento de determinada zona eleitoral ou município.

A correição ou revisão do eleitorado é regulada pelo art. 71, § 4º, do Código Eleitoral, que dispõe:

> § 4º Quando houver denúncia fundamentada de fraude no alistamento de uma zona ou município, o Tribunal Regional poderá determinar a realização de correição e, provada a fraude em proporção comprometedora, ordenará a revisão do eleitorado obedecidas as Instruções do Tribunal Superior e as recomendações que, subsidiariamente, baixar, com o cancelamento de ofício das inscrições correspondentes aos títulos que não forem apresentados à revisão (Incluído pela Lei n. 4.961, de 4-5-1966).

Os casos de revisão e de correição são regulados pela Lei n. 9.504/97 e pela Resolução TSE n. 21.538/2003, nos arts. 58 a 76. Já a Resolução TSE n. 21.372/2003 "estabelece rotina para realização de correições nas zonas eleitorais do país".

Importante destacar que não será realizada correição em ano eleitoral, salvo situações excepcionais e mediante prévia autorização do Tribunal Superior Eleitoral.

O art. 58 da Resolução TSE n. 21. 538/2003 preceitua:

Art. 58. Quando houver denúncia fundamentada de fraude no alistamento de uma zona ou município, o Tribunal Regional Eleitoral poderá determinar a realização de correição e, provada a fraude em proporção comprometedora, ordenará, comunicando a decisão ao Tribunal Superior Eleitoral, a revisão do eleitorado, obedecidas as instruções contidas nesta resolução e as recomendações que subsidiariamente baixar, com o cancelamento de ofício das inscrições correspondentes aos títulos que não forem apresentados à revisão (Código Eleitoral, art. 71, § 4º).

§ 1º O Tribunal Superior Eleitoral determinará, de ofício, a revisão ou correição das zonas eleitorais sempre que:

Res.-TSE ns. 20.472/1999, 21.490/2003, 22.021/2005 e 22.586/2007, dentre outras: necessidade de preenchimento cumulativo dos três requisitos.

I – o total de transferências de eleitores ocorridas no ano em curso seja dez por cento superior ao do ano anterior;

II – o eleitorado for superior ao dobro da população entre dez e quinze anos, somada à de idade superior a setenta anos do território daquele município;

III – o eleitorado for superior a sessenta e cinco por cento da população projetada para aquele ano pelo Instituto Brasileiro de Geografia e Estatística (IBGE) (Lei n. 9.504/97, art. 92).

Res.-TSE ns. 20.472/1999 e 21.490/2003: revisão quando o eleitorado for superior a 80% da população. Res.-TSE ns. 21.490/2003: nos municípios em que a relação eleitorado/população for superior a 65% e menor ou igual a 80%, o cumprimento do disposto neste artigo se dá por meio da correição ordinária anual prevista na Res.-TSE n. 21.372/2003.

§ 2º Não será realizada revisão de eleitorado em ano eleitoral, salvo em situações excepcionais, quando autorizada pelo Tribunal Superior Eleitoral.

4.7 CONDIÇÕES DE ELEGIBILIDADE

Para que determinado cidadão possa ser alçado a um mandato político necessita, primeiramente, ter a denominada **capacidade eleitoral passiva**, também chamada de direito público político subjetivo passivo. A capacidade eleitoral passiva nada mais é do que o direito de ser votado, ou seja, a possibilidade de concorrer a um mandato eletivo.

Para o exercício do direito de concorrer a um mandato (direito de ser votado) o pleiteante a condição de candidato (pré-candidato) deve preencher todas as **condições de elegibilidade** inerentes ao cargo ao qual se candidatará, bem como não incidir em nenhuma causa de inelegibilidade, seja constitucional, seja infraconstitucional. Essas causas impeditivas (causas de inelegibilidade) também são conhecidas como direitos políticos negativos.

Assim, elegibilidade é instituto jurídico composto pelo conjunto de requisitos constitucionais mínimos necessários para o exercício do mandato político. A Constituição estabelece os requisitos básicos no art. 14, § 3º. Vejamos:

a) **nacionalidade brasileira:** brasileiros natos ou naturalizados, bem como portugueses, com residência permanente no Brasil e preenchidos os requisitos da reciprocidade previstos no art. 12, § 1º, CF, podem alistar-se como eleitores e pretender candidatura. Sendo assim, os estrangeiros não possuem capacidade eleitoral passiva. Contudo, a Constituição estabelece cargos privativos aos brasileiros natos, motivo pelo qual mesmo naturalizados ou portugueses não poderão ocupá-los. Tais cargos estão previstos no art. 12, § 3º, da Constituição;

b) **pleno exercício dos direitos políticos:** não pode ter ocorrido a perda ou estar vigorando a suspensão, por qualquer causa, de seus direitos políticos;

c) **alistamento eleitoral:** o nacional ou português equiparado deve estar inscrito junto à Justiça Eleitoral;

d) **domicílio eleitoral na circunscrição:** o pleiteante deverá estar domiciliado pelo menos seis meses antes da eleição na circunscrição que pretenda concorrer. Assim, se pretende ser vereador, deverá estar domiciliado eleitoralmente no respectivo Município ao menos seis meses antes da data da eleição. Da mesma forma, caso pretenda ser deputado, deve estar domiciliado no Estado-membro ao qual será candidato ao menos seis meses antes da eleição, e assim sucessivamente. Importante lembrar que o domicílio eleitoral não se confunde com o domicílio civil, estabelecido no art. 70 do Código Civil. O domicílio eleitoral, definido pelo art. 42 do Código Eleitoral, é mais flexível, abrangendo o local em que o interessado possui vínculos políticos, sociais, patrimoniais e negociais, conforme firme jurisprudência do Tribunal Superior Eleitoral. Na prática, é, portanto, neste domicílio que o cidadão deve estar alistado;

e) **filiação partidária:** o cidadão que pretende ser candidato deverá estar filiado a um Partido Político ao menos seis meses antes da data da eleição, salvo se o estatuto do partido político exigir prazo superior. Observe-se, ademais, que, ocorrendo fusão ou incorporação de partidos, será considerada para efeitos de filiação partidária a data em que o candidato se filiou no partido de origem;

f) **idade mínima:** a idade mínima constitucional (art. 14, § 3º, VI, CF) exigida para cada cargo eletivo é verificada tendo por referência a data da posse, salvo quando fixada em 18 anos (vereador), hipótese que será aferida na data limite inerente ao pedido de registro de candidatura à Justiça Eleitoral (até 15 de agosto do ano da eleição), conforme dispõe o art. 11, § 2º, da Lei n. 9.504/97. São elas: 35 anos – Presidente, Vice-Presidente da República e Senador; 30 anos – Governador e Vice-Governador de Estado e do Distrito Federal; 21 anos – Deputado Federal, Estadual ou Distrital, Prefeito e Vice-Prefeito; 18 anos para Vereador.

O art. 11, § 1º, da Lei n. 9.504/97 (Lei das Eleições) exige, outrossim, que o pedido de registro seja instruído com determinados documentos, sob pena de não exercer o direito de concorrer, em razão do indeferimento do pedido de registro de candidatura. Tais documentos são **requisitos formais de registrabilidade**. Vejamos:

> Art. 11. Os partidos e coligações solicitarão à Justiça Eleitoral o registro de seus candidatos até as dezenove horas do dia 15 de agosto do ano em que se realizarem as eleições. (Redação dada pela Lei n. 13.165, de 2015)
>
> § 1º O pedido de registro deve ser instruído com os seguintes documentos:
>
> I – cópia da ata a que se refere o art. 8º;
>
> II – autorização do candidato, por escrito;
>
> III – prova de filiação partidária;
>
> IV – declaração de bens, assinada pelo candidato;

V – cópia do título eleitoral ou certidão, fornecida pelo cartório eleitoral, de que o candidato é eleitor na circunscrição ou requereu sua inscrição ou transferência de domicílio no prazo previsto no art. 9º;

VI – certidão de quitação eleitoral;

VII – certidões criminais fornecidas pelos órgãos de distribuição da Justiça Eleitoral, Federal e Estadual;

VIII – fotografia do candidato, nas dimensões estabelecidas em instrução da Justiça Eleitoral, para efeito do disposto no § 1º do art. 59.

IX – propostas defendidas pelo candidato a Prefeito, a Governador de Estado e a Presidente da República. (Incluído pela Lei n. 12.034, de 2009)

O **militar da ativa** que exerce carreira militar possui condição especial de elegibilidade, estando excepcionado da exigência da filiação partidária, uma vez que a Constituição Federal impossibilita sua filiação. Assim, não se aplica a obrigatoriedade de estar filiado antes das eleições (art. 14, § 3º, V, da CF). São militares os membros das Forças Armadas (art. 142, § 3º, da CF), membros das Polícias Militares e Corpos de Bombeiros Militares (art. 42, § 1º, da CF) dos Estados-Membros e do Distrito Federal.

Para os militares da ativa, portanto, não se exige prévia filiação partidária, bastando sua escolha em convenção partidária para a realização do registro de candidatura. Os conscritos, jovens que estão servindo em razão da obrigatoriedade do serviço militar, são inelegíveis.

No entanto, necessário observar o afastamento ou agregação, conforme dispõe o Estatuto dos Militares – Lei n. 6.880/80.

O **indígena integrado** está obrigado ao serviço militar e somente com a comprovação de quitação torna-se elegível. Entende-se por indígena integrado aquele não mais tutelado e que goze de capacidade civil plena. A respeito disso, *vide* Resolução TSE n. 20.806/2001.

Ocorre que, em razão de consulta, mediante ofício, formulada pelo Juiz Eleitoral da 36ª Zona Eleitoral do Amazonas, a fim de que o Tribunal Superior Eleitoral se manifestasse quanto à recepção, pela Constituição Federal de 1988, do art. 5º, inciso II, do Código Eleitoral, houve inovação normativa.

O produto deste contexto foi a Resolução TSE n. 23.274/2010, que definiu de maneira concreta a interpretação no sentido de ser vedado impor qualquer empecilho ao alistamento eleitoral que não esteja previsto na Constituição, por caracterizar restrição indevida a direito político. Falou o óbivio. Desta forma, assentou a inexigibilidade de fluência da língua pátria para que o indígena ainda sob tutela e o brasileiro em geral possam proceder o alistamento eleitoral. Nesse sentido, restou declarada a não recepção do art. 5º, inciso II, do Código Eleitoral pela Constituição Federal de 1988.

A **candidatura de réu preso** é possível, em prestígio ao princípio constitucional da presunção de inocência. Os direitos políticos só serão suspensos após condenação criminal com trânsito em julgado, salvo condenações que gerem inelegibilidades em razão de espécies delituosas apontadas na Lei da Ficha Limpa.

Relevante anotar que os procedimentos acerca de instalação de seções eleitorais especiais em estabelecimentos penais e em unidades de internação de adolescentes estão dispostos na Resolução TSE n. 23.219/2010. Ausente o trânsito em julgado da condeção penal (ou infracional), é necessário que os presos provisórios e os adolescentes internados tenham assegurado o direito de voto.

Por fim, para ser elegível o cidadão necessita ser **indicado em convenção partidária**, bem como **desincompatibilizar-se** de função ou cargo/emprego público caso o exerça na circunscrição territorial na qual disputará a eleição.

Para ser candidato é preciso ser indicado pela convenção do partido (disputa intrapartidária de filiados que pretendem a indicação do partido para concorrerem a mandatos). Comprovada a indicação pela convenção, ou pelo Diretório Partidário (em razão de delegação da Convenção), o partido político apresentará a respectiva ata à Justiça Eleitoral.

No que toca à **desincompatibilização ou afastamento** deve o pré-candidato se desincompatibilizar da função, cargo ou emprego público que exerce, para que não tenha condições melhores de competitividade, seja em razão da visibilidade, seja em razão da possibilidade de prestar benefícios ou manter contato direto indesejável com o eleitor. Assim, só será elegível o servidor público, e os equiparados, para concorrer a determinados cargos, se respeitar os períodos de desincompatibilização.

Com a desincompatibilização o servidor público afasta-se voluntariamente, pelo prazo exigido pela legislação eleitoral, de sua função, emprego ou cargo público objetivando participar do processo eleitoral. Sendo assim, com a desincompatibilização afasta-se a restrição à capacidade eleitoral passiva.

A desincompatibilização pode ser temporária ou definitiva. Será temporária em razão de licença requerida pelo servidor público com a finalidade de concorrer a determinado mandato político, ao passo que, será definitiva quando houver renúncia ao mandato em exercício, para concorrer a outro, bem como quando houver a exoneração do servidor ou, ainda, pela aposentadoria. Na maior parte das vezes, a exoneração está relacionada aos servidores ocupantes de funções, cargos ou empregos públicos de livre provimento e a licença aos servidores de carreira.

Os prazos de desincompatibilização são variados, a depender da função, cargo ou emprego público e estão previstos na Constituição Federal e na Lei Complementar n. 64/90.

Marcos Ramayana assevera:

> Se um pré-candidato não se afasta e este fato não é alegado no seu pedido de registro, a questão simplesmente ficará preclusa de argumentação (decairá o direito de invocar-se esta causa de inelegibilidade infraconstitucional). Assim, poderá o inelegível exercer o mandato eletivo, não sendo o caso de ajuizamento de AIME contra a diplomação, porque a matéria não é considerada de natureza constitucional, incidindo o disposto no art. 259, parágrafo único do CE (RAMAYANA, 2009, p. 193).

Não ocorrerá preclusão caso seja prevista a desincompatibilização pela Constituição ou, ainda, a causa de inelegibilidade ou de elegibilidade não atendida seja constitucional. Da mesma forma, se o fato que gerou a inelegibilidade for superveniente ao registro da candidatura, a exemplo de determinada condenação criminal com trânsito em julgado entre a data do registro e a data de realização da eleição. Deve-se observar as mudanças fáticas e jurídicas que afastam a inelegibilidade, nos termos do art. 11, § 10, do Código Eleitoral.

A desincompatibilização deve ocorrer de direito (mediante a licença ou exoneração) e de fato (o servidor não poderá exercer suas funções). O termo inicial é a data do pedido da desincompatibilização, sendo o prazo contado de forma sequencial e sem interrupção. A contagem do prazo é regressiva, tendo como marco referencial o dia do primeiro turno das eleições.

É importante anotar, ainda, que o pré-candidato, observando não só o princípio da boa-fé, mas todo o sistema principiológico, não deve fraudar o entendimento do eleitor fazendo uso de subterfúgios no momento da solicitação da desincompatibilização. Nestes casos, deve-se aplicar o **princípio da candidatura aparente**.

4.8 FILIAÇÃO PARTIDÁRIA

Os Partidos Políticos são pessoas jurídicas de direito privado que exercem o *munus publico* de intermediar a relação de ascensão do cidadão ao Poder em relação ao Estado. Eles também exercem uma função de crítica ao realismo social, de fomento de ideias, agregação de pessoas, bem como de controle de constitucionalidade das normas jurídicas nos termos previstos nas Constituições Federal e estaduais.

Sendo assim, qualquer cidadão que pretenda exercer mandato político deve estar, inevitavelmente, filiado (inscrito) ao Partido Político.

Em outras palavras, a filiação partidária é vínculo jurídico que há entre cidadão e Partido Político, configurando condição de elegibilidade constitucionalmente prevista em norma originária, conforme prescreve o art. 14, § 3º, V, da Constituição da República de 1988.

Tanto os Partidos Políticos como a Justiça Eleitoral mantêm banco de dados que listam os filiados às agremiações partidárias. As filiações são regidas pela Lei dos Partidos Políticos (art. 16 e seguintes da Lei n. 9.096/95) e pelos Estatutos Partidários.

A Lei dos Partidos Políticos, em seu art. 20, disciplina a faculdade de estabelecimento, nos estatutos partidários, de prazos de filiação partidária superiores ao previsto em Lei, com vistas a candidatura a cargos eletivos. Porém, o parágrafo único do mesmo dispositivo legal veda sua alteração no ano das eleições.

A Lei n. 13.877, de 2019, inseriu na Lei dos Partidos Políticos sensível alteração quanto aos mecanismos de filiação partidária que, doravante, passa a ser comunicado automática e imediatamente ao juízo eleitoral a partir da inserção dos dados do filiando. Tais dados são inseridos no sistema *on line* da Justiça Eleitoral por meio dos presidentes de diretórios ou comissões provisórias, ou por outrem por eles designados[3].

---

3 No sistema/dinâmica anterior, na segunda semana dos meses de abril e outubro de cada ano, o partido, por seus órgãos de direção municipais, regionais ou nacional,

Caso a direção partidária se omita, culposa (desídia) ou dolosamente (má-fé), em informar a filiação de determinado cidadão à Justiça Eleitoral é possível que o filiado prejudicado requeira diretamente ao Juízo Eleitoral a inclusão de seu nome e dados no rol de filiados, conforme previsto no art. 19, § 2º, da Lei n. 9.096/95.

Neste contexto, destaca-se a Súmula 20 do Tribunal Superior Eleitoral, conforme dispõe o verbete: "A falta do nome do filiado ao partido político na lista por este encaminhada à Justiça Eleitoral, nos termos do art. 19 da Lei n. 9.096/95, pode ser suprida por outros elementos de prova de oportuna filiação". Apesar de a súmula ter sido editada em razão da dinâmica anterior, é plenamente compatível com a atual. Referida prova de filiação é justamente o documento entregue pelo partido, eventual impressão de protocolo e deferimento retirada do *site* da agremiação ou encaminhada ao eleitor por outra forma – e-mail, por exemplo, – caso a filiação tenha ocorrido por meio eletrônico.

Havendo duplicidade ou pluralidade de filiações partidárias, a Justiça Eleitoral deverá manter a filiação mais recente e determinar o cancelamento das demais, nos termos da legislação em vigor.

Para desligar-se do partido político, o filiado deverá comunicar de forma escrita ao órgão de direção municipal e ao Juiz Eleitoral da Zona em que for inscrito, observando-se o prazo de dois dias para produção dos necessários efeitos jurídicos, nos termos do parágrafo único do art. 21 da Lei dos Partidos Políticos. Contudo, eventual filiação em partido diverso ocasionará a desfiliação automática do então filiado ao partido anterior. É o que dispõe sistemática disposição dos arts. 21 e 22, V, parágra único, ambos da Lei dos Partidos Políticos.

De fato, no Brasil ainda não há a cultura da fidelidade partidária, seja pela ausência de ideologia partidária clara, seja pelos chamados partidos de aluguel, seja pelo exclusivo interesse no coeficiente partidário por parte dos que pretendem ser candidatos sem qualquer vida ou militância partidária, ou mesmo em razão dos curtos períodos democráticos que não permitiram o desenvolvimento

---

deveria remeter, aos juízes eleitorais, para arquivamento, publicação e cumprimento dos prazos de filiação partidária para efeito de candidatura a cargos eletivos, a relação dos nomes de todos os seus filiados, da qual constará a data de filiação, o número dos títulos eleitorais e das seções em que estão inscritos. Tal dinâmica resta superada em razão da Lei n. 13.877 de 2019, que será aplicada nas eleições municipais de 2020.

da cultura partidária. Some-se a isso, conforme o sabido realismo fático, as promessas e vantagens ofertadas por parte de dirigentes partidários ou mandatários visando instigar os interesses pessoais do filiado sobrepondo estes a um projeto sério de poder. Isso ocorre, em especial, no perído destinado a formular as chapas de candidatos aos parlamentos.

O prazo legal de filiação para habilitar-se na disputa eleitoral é de seis meses anteriores a data das eleições, sem prejuízo do mesmo período de seis meses do domicílio eleitoral na circunscrição que pretenda concorrer.

Outra questão interessante, e que merece destaque, são as **candidaturas avulsas**, ou seja, sem a filiação obrigatória a partido político com pelos menos seis meses de antecedência às eleições ou mesmo sem o referido prazo. A questão é saber se a candidatura avulsa é admissível em nosso ordenamento jurídico.

Sobre o tema, sabe-se que a norma que mantém a obrigatoriedade de filiação partidária é constitucional, mas o Pacto de São José da Costa Rica – Convenção Interamericana de Direitos Humanos, que foi assinada pelo Brasil em 1969 e ratificada internamente com força de lei ordinária apenas em 1992, em seu art. 23, item 2, não obriga à filiação partidária como condição de elegibilidade.

Pois bem, o STF já tinha decidido que o referido Pacto de São José é norma de conteúdo constitucional, apesar de sua aparência de fluidez ordinária, o que se chamou de "supralegalidade". Mas será isso suficiente para sustentar a possibilidade jurídica de candidaturas avulsas, desaparecendo a obrigatoriedade de filiação partidária?

De fato, a última reforma eleitoral de 2017, especialmente na Lei n. 13.488/2017, que alterou os termos do art. 11 da Lei das Eleições, proíbe a candidatura avulsa. Contudo, percebemos que a questão não é de cunho legal, mas sim constitucional. Portanto, o ponto fundamental da questão é saber se as condições de elegibilidade previstas na Constituição Federal continuam ou não íntegras.

Em uma análise sob a ótica da teoria do direito, à qual pertence o estudo das antinomias, podemos afirmar que o Pacto de São José da Costa Rica é norma infraconstitucional, ao passo que a filiação partidária como condição de elegibilidade é norma constitucional originária, isto é, sequer sujeita a controle de constitucionalidade. Desta forma, o conflito normativo não é sequer aparente.

Deveras, o que existe são grupos de interesses que contam com a simpatia de membros do Poder Judiciário no sentido da liberação das candidaturas avulsas. São o denominados "Ativistas". Colocam suas vontades e interesses pessoais de forma a predominar sobre a normatividade do texto constitucional. É necessário combater o solipsismo e os sobressaltos individuais justificados por condutas "iluministas", de forma a dizer que são o paradigmas da moralidade, da justiça, da única visão do que é certo.

Sendo assim, necessário será emenda constitucional para o estabelecimento de candidatura avulsa, ao menos em uma análise seguindo os fundamentos da teoria geral do direito, preservando a autonomia do direito sobre a política, a econonomia, a moral e aos interesses de grupos.

O Direito não é e não pode ser o que os tribunais dizem. O Direito é, pois, é dotado de autonomia! E os tribunais estão vinculados a cumpri-lo, assim como qualquer pessoa em território nacional. Os desejos e ideologias podem ser utilizados no âmbito da crítica, do constrangimento moral, mas nunca para modificar o Direito sem que haja modificação da Constituição pelo Poder Constituinte (Emenda Constitucional).

A doutrina jurídica deve combater o Ativismo Judicial, fruto da dita teoria da discricionariedade judicial – teoria do professor inglês Herbert Hart –, que acaba por servir de álibi teórico a arbitrariedades em nome de um Direito inexistente, queremos dizer, o decisionismo repristinando, assim, a ideia da Escola do Direito Livre[4] e a doutrina de Kelsen. A prática do decisionismo é antidemocrática e a doutrina precisa denunciar isso. Não existe um direito paralelo ou alternativo. Os juízes não são mais "escravos da Lei" ou "boca da lei" (positivismo exegético), mas também não podem ser donos dela (neoconstitucionalismo, juízes dos princípios).

Para melhor compreensão, recomendamos a leitura do capítulo 14 desta obra.

---

[4] O ápice da subjetividade (em oposição ao objetivismo formalista-textualista) ocorreu com a denominada "Escola do Direito Livre", fundada pelo francês Gény François, tendo como obra fundante o "Método de interpretação e fontes no direito positivo privado". Segundo esta escola, também denominada movimento em razão de certa deficiência pela ausência de uma teoria comum, a ideologia e concepções pessoais de mundo do juiz (política, religião, sociologia, economia, moral etc) sobrepunham-se a visão compartilhada em uma linguagem pública do direito, permitindo, inclusive, decisões *contra legem*.

4.9 FILIAÇÃO ESPECIAL E A ELEGIBILIDADE DO MILITAR

Militares são os membros das Forças Armadas, isto é, aqueles que integram o Exército, Marinha e Aeronáutica. Dessa forma, os militares conscritos (recrutados/alistados às Forças Armadas) não podem manter vida partidária, sendo, portanto, inelegíveis perante a Justiça Eleitoral.

Estando, portanto, o Militar da ativa proibido de possuir filiação partidária, o Tribunal Superior Eleitoral adotou entendimento de que ao Militar resta dispensada a filiação prévia a Partido Político, sendo necessário, tão somente, que a Convenção Partidária o tenha escolhido como candidato do Partido Político e que a Comissão Executiva promova o pedido de registro de sua candidatura (TSE, Res. n. 21.787/2004).

No que toca às demais condições de elegibilidade o Tribunal Superior Eleitoral adotou o entendimento de que o Militar deve preenchê-las, inclusive a permanência no domicílio eleitoral por prazo igual ou superior a 6 (seis) meses, independentemente se o militar está sujeito a inúmeras transferências, conforme o REspe 22.378/MG – 13-9-2012.

O Militar, a partir do deferimento de sua candidatura, será afastado definitivamente de sua atividade caso conte com menos de 10 (dez) anos de serviço, sendo automaticamente desligado das Forças Armadas, ao passo que, caso conte com mais de 10 (dez) anos de atividade militar será agregado pela autoridade superior e, caso eleito, passará automaticamente, no ato da diplomação, para a inatividade, conforme dispõe o art. 14, § 8º, da Constituição Federal.

O agregado é o Militar que, apesar de permanecer na Corporação, deixa de ocupar posto na escala hierárquica. Caso não seja eleito, o Militar agregado reassumirá o seu posto.

Os militares na reserva não são alcançados pela proibição da filiação partidária, razão pela qual devem observar o prazo de 6 (seis) meses imposto pela Lei n. 13.165/2015.

4.10 CAUSAS DE INELEGIBILIDADE

A inelegibilidade é a impossibilidade jurídica do exercício da capacidade eleitoral passiva (direito de ser votado), em nada se confundindo com a perda da capacidade eleitoral ativa (direito de votar). Deveras, quando há a restrição de ambas as capacidades eleitorais estamos nos deparando com situação de perda ou suspensão dos direitos políticos e não de mera inelegibilidade.

A Constituição Federal apresenta, em seu próprio texto normativo, casos de inelegibilidades. Contudo, o seu art. 14, § 9º, atribui a Lei Complementar regulamentar, estabelecendo, assim, "outros casos de inelegibilidade e os prazos de sua cessação, a fim de proteger a probidade administrativa e a moralidade para o exercício do mandato, considerada a vida pregressa do candidato, e a normalidade e legitimidade das eleições contra a influência do poder econômico ou o abuso do exercício de função, cargo ou emprego na administração direta ou indireta".

Em razão disso, a Lei Complementar n. 64/1990 é a denominada "Lei das Inelegibilidades". Referida norma foi alterada de forma substancial pela Lei Complementar n. 135/2010, denominada "Lei da Ficha Limpa".

Com a edição da "Lei da Ficha Limpa" buscou-se, ainda mais, o comportamento ético na vida política, em nítido prestígio ao princípio da moralidade. Anteriormente à edição da Lei Complementar n. 135/2010 houve a tentativa da Associação dos Magistrados Brasileiros junto ao Supremo Tribunal Federal, por meio de Ação de Descumprimento de Preceito Fundamental (ADPF 144), de filtrar a concorrência aos mandatos políticos, observando processos judiciais aos quais candidatos estariam posicionados no polo passivo. Contudo, a ação foi julgada improcedente.

Em razão da necessidade de maior inserção de comportamentos éticos na vida pública houve a edição da "Lei da Ficha Limpa", que possui como espírito facultar apenas as "boas pessoas, assim consideradas aquelas cujos antecedentes as recomendam, concorrer aos cargos eletivos" (TRESP, Proc. 3581-45.2010.6.26.0000, rel. Des. Alceu Pendeado Navarro).

A Constitucionalidade da "Lei da Ficha Limpa" foi colocada em dúvida, mas o Supremo Tribunal Federal assentou sua compatibilidade com a Norma Fundamental ao acolher as Ações Declaratórias de Constitucionalidade ns. 29 e 30, bem como ao julgar improcedente a Ação Direta de Inconstitucionalidade n. 4.578.

Neste contexto, deve-se destacar a retroatividade da norma[5], conforme decidido pelo STF, por 6x5 no RE n. 929.670. É fato que a retroatividade não é efeito jurídico aceitável, sendo, portanto, rebatizada, para melhor legitimação jurídica – álibi teórico –, de efeito imediato da Lei, na medida em que se considera não apenas o fato pretérito, mas os requisitos atuais para o registro de candidatura.

Feitas as considerações quanto ao art. 14, § 9º, da Constituição, bem como das Normas Complementares 64/1990 e 135/2010, verifica-se que as inelegibilidades podem ser de ordem constitucional ou infraconstitucional.

As **inelegibilidades constitucionais** estão previstas no art. 14, §§ 4º a 7º, da CF, e não se submetem a preclusão. De outro lado, estão as **inelegibilidades infraconstitucionais** previstas na Lei Complementar n. 64/1990 (Lei das Inelegibilidades), que sofreu profunda alteração em razão da Lei da Ficha Limpa – LC n. 135/2010. As inelegibilidades previstas na Lei estão sujeitas a eventual preclusão, de modo que se não forem arguidas tempestivamente serão ineficazes.

Já a inelegibilidade decorrente de **fato superveniente** ao deferimento do registro de candidatura, mas incidente anteriormente à data da Eleição, poderá ser arguida no recurso contra diplomação.

As inelegibilidades podem ser classificadas, ainda, em duas dimensões, ou seja, absolutas ou relativas. As **absolutas** são as vedações gerais, que abrangem todo o território nacional independentemente do cargo/mandato político em disputa. No caso, são absolutamente inelegíveis os inalistáveis e os analfabetos.

As **Inelegibilidades Relativas** dividem-se em diversas causas, não são genéricas como as inelegibilidades absolutas. Em razão da especificidade devem ser verificadas com extremo cuidado.

Inelegibilidade relativa por motivo funcional é a restrição atribuída ao cidadão por motivo de desempenho de mandato eletivo.

Inelegibilidade instituída pelo art. 14, § 5º, CF para concorrer ao mesmo cargo executivo. A Constituição preceitua que o titular do mandato executivo ou

[5] O problema do Direito Intertemporal, em especial a questão da retroatividade da lei, é temática que merece estudo em obra específica. Desta forma, fica recomendado o livro *Novo direito intertemporal brasileiro:* da retroatividade das leis civis: problemas de direito intertemporal no Código Civil – doutrina e jurisprudência, de 2014, da editora Saraiva, de autoria do Professor Mário Luiz Delgado.

aquele que tiver sucedido (substituição definitivamente) ou substituído (substituição temporária) no curso do mandato poderá ser reeleito para um único mandato imediatamente subsequente. Trata-se, aqui, do efeito reflexo da denominada reelegibilidade.

Tratando do instituto da reeleição (reelegibilidade) por força da Emenda Constitucional n. 16/97, assevera José Jairo Gomes:

> [...] os chefes do Poder Executivo, ou quem os houver sucedido ou substituído, poderão renovar seus mandatos para um único período subsequente. Vencido o segundo mandato, tornam-se inelegíveis para o mesmo cargo no período sucessivo. Frise-se que a inelegibilidade ocorre para o terceiro mandato *consecutivo*, de sorte que a mesma pessoa não está proibida de ser mandatária por três, quatro ou cinco vezes, desde que não haja sucessividade a partir do segundo mandato (GOMES, 2018, p. 220).

Para que não haja fraude a intenção do constituinte o titular de mandato no Poder Executivo, se já reeleito, mesmo que renuncie antes do término do mandato para qual foi reeleito, não poderá concorrer novamente a um terceiro mandato. Da mesma forma, não poderá ser admitido como Vice quando do registro da Chapa que concorrerá à sucessão, pois estaria em condição jurídica de sucessor do futuro titular da chefia do Poder Executivo o que poderia ocasionar um terceiro mandato político consecutivo.

A interrupção do ciclo eletivo, isto é, sendo o mandatário reeleito e deixando de participar da eleição subsequente ao seu segundo mandato, lhe será lícito participar de outro pleito, considerando-se como eleição e sendo franquiado ao político mais uma reeleição. Neste sentido, é comum em alguns Municípios e Estados da Federação a ocorrência do mandato intercalado que se caracteriza pela eleição e reeleição de um político que, inelegível para o terceiro mandato elege um sucessor para exercício de único mandato permitindo, assim, seu retorno posteriormente.

Essa é a vontade da Constituição quando normatiza no art. 14, § 5º, que: "O Presidente da República, os Governadores de Estado e do Distrito Federal, os Prefeitos e quem os houver sucedido ou substituído no curso dos mandatos poderão ser reeleitos para um único período subsequente".

Verifica-se que o Constituinte fez uso da expressão "único período subsequente", ou seja, trouxe a vedação das reeleições sucessivas. Caso quisesse impedir futuros mandatos após o político já reeleito o Constituinte teria feito uso da expressão "único período", deixando de limitar a vedação tão somente ao período subsequente.

Importante consignar que as regras inerentes ao instituto da reeleição não são aplicáveis aos mandatos parlamentares.

Ademais, caso pretenda concorrer a mandato distinto do qual é titular o Chefe do Poder Executivo, de qualquer dos entes da Federação, deve renunciar ao mandato que exerce no prazo de até seis meses antes do pleito. A renúncia é a desincompatibilização definitiva imposta pelo art. 14, § 6º, da Constituição. De outro lado, ao Vice é lícito candidatar-se a outro mandato, sem prévia desincompatibilização, desde que nos seis meses que antecedem a eleição que irá disputar não tenha sucedido ou substituído o titular do Poder Executivo (art. 1º, § 2º, da LC n. 64/90).

Os Magistrados e membros do Ministério Público e do Tribunal de Contas não podem manter qualquer participação político-partidária quando do exercício de suas funções, motivo pelo qual havendo a pretensão de filiação partidária deverão aposentar-se ou exonerar-se do cargo público até seis meses antes da eleição. Salvo situações excepcionais, como o Promotor de Justiça que ingressou na carreira do Ministério Público antes da vigência da Constituição Federal de 1988.

Outro caso é a **inelegibilidade relativa por motivo de parentesco (laços sanguíneos) ou casamento** (art. 14, § 7º, CF). Também denominada **inelegibilidade reflexa** pois não é resultante de condição pessoal do candidato, mas de laços de parentesco, visando evitar a utilização da "máquina" do governo para ajudar candidatos que possuam ligação de sangue com mandatários.

Dessa forma, a Constituição tornou inelegíveis, no território de atuação do titular, o cônjuge e os parentes consanguíneos ou afins, até o segundo grau ou por adoção, do Presidente da República, dos Governadores, dos Prefeitos e de seus sucessores e substitutos, dentro dos seis meses anteriores ao pleito, salvo se já titular de mandado eletivo e candidato à reeleição.

Essa regra somente atinge a candidatura dentro do mesmo território de atuação do titular, fora deste é perfeitamente possível a candidatura para qualquer cargo, mesmo que não haja desincompatibilização do chefe do executivo.

A jurisprudência do Tribunal Superior Eleitoral assentou que o cônjuge do chefe do Poder Executivo é elegível para o mesmo cargo do titular quando este for elegível.

De forma unânime, o Tribunal Superior Eleitoral entende que "a **união estável**, para efeitos eleitorais, atrai a incidência da inelegibilidade prevista no art. 14, par. 7º, da CF" (REspe 23.487), ressalvando que "o mero **namoro** não se enquadra nesta hipótese" (REspe 24.672), e ainda esclarece que "o relacionamento afetivo passível de reflexos na elegibilidade do candidato é aquele de natureza estável, ainda que não lhe atribua conotações próprias do Direito Civil, em face da diversidade de tratamento de tal situação na esfera do Direito Eleitoral" (REspe 23.471/AL).

Eventual rompimento do casamento ou mesmo da união estável, conforme redação da Súmula Vinculante 18 do STF, não afasta a incidência da **inelegibilidade reflexa**.

A união estável pode ser tanto de **homossexuais**, como de **heterossexuais**, conforme aponta a seguinte decisão: "Os sujeitos de uma relação estável homossexual, à semelhança do que ocorre com os de relação estável, de concubinato e de casamento, submetem-se à regra de inelegibilidade prevista no art. 14, par. 7º, da CF" (REspe 24.564/PA).

Ainda que ocorra **separação** no curso do mandato, e mesmo que neste período tenha o ex-cônjuge passado a manter união estável com terceira pessoa, somente será elegível caso o titular se desincompatibilize do cargo seis meses antes do pleito, nos termos do REspe 22.169/GO, rel. Carlos Mário da Silva Velloso. Sobre o assunto, o próprio TSE já emitiu orientação correlata na Súmula 6, exigindo renúncia ou afastamento definitivo do cargo.

Na mesma toada existem outras inelegibilidades previstas na LC n. 64/90 (Lei de Inelegibilidades). O art. 1º apresenta diversos casos de inelegibilidade. Em seu inciso I, as situações que levam à inelegibilidade vão da alínea *a* a alínea *q*, sendo que os demais incisos apresentam casos de inelegibilidades inerentes a mandatos específicos.

A denominada "Lei da Ficha Limpa" (LC n. 135/2010) trouxe profunda modificação às tipificações e sanções já instituídas pela LC n. 64/90. Entre elas, destaca-se o aumento dos períodos de inelegibilidades anteriormente prescritos. Apenas para exemplificar, os casos de perda de mandato (desconstituição de mandato), em razão de falta de decoro acarretava inelegibilidade pelo lapso temporal de 3 (três) anos. Com a vigência da "Lei da Ficha Limpa" os períodos de inelegibilidade nesses casos foram ampliados para o período remanescente do mandato somado dos 8 (oito) anos subsequentes ao término do mandato para qual o político tenha sido eleito.

Sendo assim, imprescindível a leitura analítica do art. 1º da LC n. 64/90, com a redação modificada pela LC n. 135/2010, em razão das diversas hipóteses de inelegibilidades infraconstitucionais.

As inelegibilidades apresentadas no inciso I do art. 1º da LC n. 64/90 são classificadas como inelegibilidades legais absolutas, com exceção das inelegibilidades transcritas da própria Constituição, como é o caso da alínea *a*, que se trata de inelegibilidade constitucional. Ao passo que, as inelegibilidades apresentadas nos incisos II, III, IV, V,VI e VII, são classificadas como inelegibilidades legais relativas.

Vamos aqui elencar de forma esquematizada todas as inelegibilidades previstas na LC n. 64/90, por itens, a fim de facilitar o entendimento de cada uma de suas respectivas aplicações.

Comecemos com as **inelegibilidades para qualquer cargo**:

a) os inalistáveis e os analfabetos;

b) os membros do Congresso Nacional, das Assembleias Legislativas, da Câmara Legislativa e das Câmaras Municipais, que hajam perdido os respectivos mandatos por infringência do disposto nos incisos I e II do art. 55 da CF, dos dispositivos equivalentes sobre perda de mandato das Constituições Estaduais e Leis Orgânicas dos Municípios e do Distrito Federal, para as eleições que se realizarem durante o período remanescente do mandato para o qual foram eleitos e nos oito anos subsequentes ao término da legislatura;

c) o Governador e o Vice-Governador de Estado e do Distrito Federal e o Prefeito e o Vice-Prefeito que perderem seus cargos eletivos por infringência a dispositivo da Constituição Estadual, da Lei Orgânica do Distrito Federal ou da Lei Orgânica do Município, para as eleições que se realizarem durante o período remanescente e nos 8 (oito) anos subsequentes ao término do mandato para o qual tenham sido eleitos;

d) os que tenham contra sua pessoa representação julgada procedente pela Justiça Eleitoral, em decisão transitada em julgado ou proferida por órgão colegiado, em processo de apuração de abuso do poder econômico ou político, para a eleição na qual concorrem ou tenham sido diplomados, bem como para as que se realizarem nos 8 (oito) anos seguintes;

e) os que forem condenados, em decisão transitada em julgado ou proferida por órgão judicial colegiado, desde a condenação até o transcurso do prazo de 8 (oito) anos após o cumprimento da pena, pelos crimes:

1. contra a economia popular, a fé pública, a administração pública e o patrimônio público;

2. contra o patrimônio privado, o sistema financeiro, o mercado de capitais e os previstos na lei que regula a falência;

3. contra o meio ambiente e a saúde pública;

4. eleitorais, para os quais a lei comine pena privativa de liberdade;

5. de abuso de autoridade, nos casos em que houver condenação à perda do cargo ou à inabilitação para o exercício de função pública;

6. de lavagem ou ocultação de bens, direitos e valores;

7. de tráfico de entorpecentes e drogas afins, racismo, tortura, terrorismo e hediondos;

8. de redução à condição análoga à de escravo;

9. contra a vida e a dignidade sexual; e

10. praticados por organização criminosa, quadrilha ou bando;

f) os que forem declarados indignos do oficialato, ou com ele incompatíveis, pelo prazo de 8 (oito) anos;

g) os que tiverem suas contas relativas ao exercício de cargos ou funções públicas rejeitadas por irregularidade insanável que configure ato doloso de improbidade administrativa, e por decisão irrecorrível do órgão competente, salvo se esta houver sido suspensa ou anulada pelo Poder Judiciário, para as eleições que se realizarem nos 8 (oito) anos seguintes, contados a partir da data da decisão, aplicando-se o disposto no inciso II do art. 71 da CF, a todos os ordenadores de despesa, sem exclusão de mandatários que houverem agido nessa condição;

h) os detentores de cargo na administração pública direta, indireta ou fundacional, que beneficiarem a si ou a terceiros, pelo abuso do poder econômico ou político, que forem condenados em decisão transitada em julgado ou proferida por órgão judicial colegiado, para a eleição na qual concorrem ou tenham sido diplomados, bem como para as que se realizarem nos 8 (oito) anos seguintes;

i) os que, em estabelecimentos de crédito, financiamento ou seguro, que tenham sido ou estejam sendo objeto de processo de liquidação judicial ou extrajudicial, hajam exercido, nos 12 (doze) meses anteriores à respectiva decretação, cargo ou função de direção, administração ou representação, enquanto não forem exonerados de qualquer responsabilidade;

j) os que forem condenados, em decisão transitada em julgado ou proferida por órgão colegiado da Justiça Eleitoral, por corrupção eleitoral, por captação ilícita de sufrágio, por doação, captação ou gastos ilícitos de recursos de campanha ou por conduta vedada aos agentes públicos em campanhas eleitorais que impliquem cassação do registro ou do diploma, pelo prazo de 8 (oito) anos a contar da eleição;

k) o Presidente da República, o Governador de Estado e do Distrito Federal, o Prefeito, os membros do Congresso Nacional, das Assembleias Legislativas, da Câmara Legislativa, das Câmaras Municipais, que renunciarem a seus mandatos desde o oferecimento de representação ou petição capaz de autorizar a abertura de processo por infringência a dispositivo da Constituição Federal, da Constituição Estadual, da Lei Orgânica do Distrito Federal ou da Lei Orgânica do Município, para as eleições que se realizarem durante o período remanescente do mandato para o qual foram eleitos e nos 8 (oito) anos subsequentes ao término da legislatura;

l) os que forem condenados à suspensão dos direitos políticos, em decisão transitada em julgado ou proferida por órgão judicial colegiado, por ato doloso de improbidade administrativa que importe lesão ao patrimônio público e enriquecimento ilícito, desde a condenação ou o trânsito em julgado até o transcurso do prazo de 8 (oito) anos após o cumprimento da pena;

m) os que forem excluídos do exercício da profissão, por decisão sancionatória do órgão profissional competente, em decorrência de infração ético-profissional, pelo prazo de 8 (oito) anos, salvo se o ato houver sido anulado ou suspenso pelo Poder Judiciário;

n) os que forem condenados, em decisão transitada em julgado ou proferida por órgão judicial colegiado, em razão de terem desfeito ou simulado desfazer vínculo conjugal ou de união estável para evitar caracterização de inelegibilidade, pelo prazo de 8 (oito) anos após a decisão que reconhecer a fraude;

o) os que forem demitidos do serviço público em decorrência de processo administrativo ou judicial, pelo prazo de 8 (oito) anos, contado da decisão, salvo se o ato houver sido suspenso ou anulado pelo Poder Judiciário;

p) a pessoa física e os dirigentes de pessoas jurídicas responsáveis por doações eleitorais tidas por ilegais por decisão transitada em julgado ou proferida por órgão colegiado da Justiça Eleitoral, pelo prazo de 8 (oito) anos após a decisão;

q) os magistrados e os membros do Ministério Público que forem aposentados compulsoriamente por decisão sancionatória, que tenham perdido o cargo por sentença ou que tenham pedido exoneração ou aposentadoria voluntária na pendência de processo administrativo disciplinar, pelo prazo de 8 (oito) anos.

As **inelegibilidades para cargos específicos.**

Para **Presidente e Vice-Presidente da República**:

a) até 6 (seis) meses depois de afastados definitivamente de seus cargos e funções:

   1. os Ministros de Estado:

   2. os chefes dos órgãos de assessoramento direto, civil e militar, da Presidência da República;

   3. o chefe do órgão de assessoramento de informações da Presidência da República;

   4. o chefe do Estado-Maior das Forças Armadas;

   5. o Advogado Geral da União e o Consultor Geral da República;

6. os chefes do Estado-Maior da Marinha, do Exército e da Aeronáutica;

7. os Comandantes do Exército, Marinha e Aeronáutica;

8. os Magistrados;

9. os Presidentes, Diretores e Superintendentes de autarquias, empresas públicas, sociedades de economia mista e fundações públicas e as mantidas pelo poder público;

10. os Governadores de Estado, do Distrito Federal e de Territórios;

11. os Interventores Federais;

12. os Secretários de Estado;

13. os Prefeitos Municipais;

14. os membros do Tribunal de Contas da União, dos Estados e do Distrito Federal;

15. o Diretor Geral do Departamento de Polícia Federal;

16. os Secretários Gerais, os Secretários-Executivos, os Secretários Nacionais, os Secretários Federais dos Ministérios e as pessoas que ocupem cargos equivalentes;

b) os que tenham exercido, nos 6 (seis) meses anteriores à eleição, nos Estados, no Distrito Federal, Territórios e em qualquer dos poderes da União, cargo ou função, de nomeação pelo Presidente da República, sujeito à aprovação prévia do Senado Federal;

c) hipótese foi vetada;

d) os que, até 6 (seis) meses antes da eleição, tiverem competência ou interesse, direta, indireta ou eventual, no lançamento, arrecadação ou fiscalização de impostos, taxas e contribuições de caráter obrigatório, inclusive parafiscais, ou para aplicar multas relacionadas com essas atividades;

e) os que, até 6 (seis) meses antes da eleição, tenham exercido cargo ou função de direção, administração ou representação nas empresas da administração indireta, quando, pelo âmbito e natureza de suas atividades, possam tais empresas influir na economia nacional;

f) os que, detendo o controle de empresas ou grupo de empresas que atuem no Brasil, nas condições monopolísticas previstas no parágrafo único do art. 5º da lei citada na alínea anterior, não apresentarem à Justiça Eleitoral, até 6 (seis) meses antes do pleito, a prova de que fizeram cessar o abuso apurado, do poder econômico, ou de que transferiram, por força regular, o controle de referidas empresas ou grupo de empresas;

g) os que tenham, dentro dos 4 (quatro) meses anteriores ao pleito, ocupado cargo ou função de direção, administração ou representação em entidades representativas de classe, mantidas, total ou parcialmente, por contribuições impostas pelo poder Público ou com recursos arrecadados e repassados pela Previdência Social;

h) os que, até 6 (seis) meses depois de afastados das funções, tenham exercido cargo de Presidente, Diretor ou Superintendente de sociedades com objetivos exclusivos de operações financeiras e façam publicamente apelo à poupança e ao crédito, inclusive por meio de cooperativas e da empresa ou estabelecimentos que gozem, sob qualquer forma, de vantagens asseguradas pelo poder público, salvo se decorrentes de contratos que obedeçam a cláusulas uniformes;

i) os que, dentro de 6 (seis) meses anteriores ao pleito, hajam exercido cargo ou função de direção, administração ou representação em pessoa jurídica ou em empresa que mantenha contrato de execução de obras, de prestação de serviços ou de fornecimento de bens com órgão do Poder Público ou sob seu controle, salvo no caso de contrato que obedeça a cláusulas uniformes;

j) os que, membros do Ministério Público, não se tenham afastado das suas funções até 6 (seis) meses anteriores ao pleito;

k) os que, servidores públicos, estatutários ou não,»dos órgãos ou entidades da Administração direta ou indireta da União, dos Estados, do Distrito Federal, dos Municípios e dos Territórios, inclusive das fundações mantidas pelo Poder Público, não se afastarem até 3 (três) meses anteriores ao pleito, garantido o direito à percepção dos seus vencimentos integrais.

Para **Governador e Vice-Governador de Estado e do Distrito Federal:**

a) os inelegíveis para os cargos de Presidente e Vice-Presidente da República especificados na alínea "*a*" do inciso II deste artigo e, no tocante às demais alíneas, quando se tratar de repartição pública, associação ou empresas que operem no território do Estado ou do Distrito Federal, observados os mesmos prazos;

b) até 6 (seis) meses depois de afastados definitivamente de seus cargos ou funções:

1. os chefes dos Gabinetes Civil e Militar do Governador do Estado ou do Distrito Federal;

2. os comandantes do Distrito Naval, Região Militar e Zona Aérea;

3. os diretores de órgãos estaduais ou sociedades de assistência aos Municípios;

4. os secretários da administração municipal ou membros de órgãos congêneres.

Para **Prefeito e Vice-Prefeito**:

a) no que lhes for aplicável, por identidade de situações, os inelegíveis para os cargos de Presidente e Vice-Presidente da República, Governador e Vice-Governador de Estado e do Distrito Federal, observado o prazo de 4 (quatro) meses para a desincompatibilização;

b) os membros do Ministério Público e Defensoria Pública em exercício na Comarca, nos 4 (quatro) meses anteriores ao pleito, sem prejuízo dos vencimentos integrais;

c) as autoridades policiais, civis ou militares, com exercício no Município, nos 4 (quatro) meses anteriores ao pleito.

Para o **Senado Federal**:

a) os inelegíveis para os cargos de Presidente e Vice-Presidente da República já especificados na alínea *a* do item específico e, no tocante às demais alíneas, quando se tratar de repartição pública, associação ou empresa que opere no território do Estado, observados os mesmos prazos;

b) em cada Estado e no Distrito Federal, os inelegíveis para os cargos de Governador e Vice-Governador, nas mesmas condições estabelecidas, observados os mesmos prazos.

Para a **Câmara dos Deputados, Assembleia Legislativa e Câmara Legislativa**:

a) no que lhes for aplicável, por identidade de situações, os inelegíveis para o Senado Federal, nas mesmas condições estabelecidas, observados os mesmos prazos.

Para a **Câmara Municipal**:

a) no que lhes for aplicável, por identidade de situações, os inelegíveis para o Senado Federal e para a Câmara dos Deputados, observado o prazo de 6 (seis) meses para a desincompatibilização;

b) em cada Município, os inelegíveis para os cargos de Prefeito e Vice-Prefeito, observado o prazo de 6 (seis) meses para a desincompatibilização.

Pois bem, foram as hipóteses acima tratadas pela LC n. 64/90 e que mereceram amplo destaque com a finalidade do leitor estar ciente das hipóteses de inelegibilidades infraconstitucionais.

4.11 INFORMATIVOS E SÚMULAS CORRELATOS

Inelegibilidade

802/STF – Eleição suplementar e inelegibilidade.

As hipóteses de inelegibilidade previstas no art. 14, § 7º, da CF, inclusive quanto ao prazo de seis meses, são aplicáveis às eleições suplementares.

Essa a conclusão do Plenário, que negou provimento a recurso extraordinário em que se alegava que, em caso de eleições suplementares, os referidos prazos deveriam ser mitigados. Na espécie, o marido da recorrente, então prefeito, tivera seu mandato cassado pela justiça eleitoral, em razão da prática de abuso do poder econômico. O Tribunal esclareceu que, na hipótese dos autos – eleições suplementares diante do afastamento por irregularidade de prefeito e em que sua esposa fosse candidata –, a questão da inelegibilidade reclamaria compreensão própria. Realçou que, conforme se observaria do § 7º do art. 14 da CF ("São inelegíveis, no território de jurisdição do titular, o cônjuge e os parentes consanguíneos ou afins, até o segundo grau ou por adoção, do Presidente da República, de Governador de Estado ou Território, do Distrito Federal, de Prefeito ou de quem os haja substituído dentro dos seis meses anteriores ao pleito, salvo se já titular de mandato eletivo e candidato à reeleição"), o caso seria de inelegibilidade e não de desincompatibilização. Portanto, não se trataria de providência a ser adotada pelo candidato a de desincompatibilizar-se para concorrer. RE 843455/DF, rel. Min. Teori Zavascki, 7-10-2015 (RE-843455) (*Informativo* 802, Plenário, Repercussão Geral). Eleição suplementar e inelegibilidade – 2. A Corte consignou que, como a perda do mandato de prefeito se dera em menos de seis meses do pleito complementar, a desincompatibilização no prazo fixado no § 7º do art. 14 da CF constituiria uma condição inalcançável para a recorrente, mesmo que ela desejasse. Entretanto, a questão em análise não diria respeito à desincompatibilização da esposa candidata, já que ela não exercera o cargo do qual devesse, ela própria, desincompatibilizar-se. A hipótese seria de inelegibilidade e, nessa condição, deveria ser considerada para todos os efeitos. Salientou que o § 7º do art. 14 da CF teria o desiderato ético, político e social de prevenir possível apoderamento familiar dos mandatos eletivos, inclusive com utilização indevida da estrutura administrativa. Trataria, portanto, de hipótese constitucional de inelegibilidade e, assim, insuscetível de mitigação em favor dos seus destinatários. A par disso, a orientação da Corte seria a de compreender os §§ 5º, 6º e 7º do art. 14 da CF na sua perspectiva sistemática e teleológica, especialmente em face da introdução, em nosso sistema, do instituto da reeleição. Nessa perspectiva, nas hipóteses em que a reeleição de um dos cônjuges fosse constitucionalmente autorizada, a inelegibilidade do outro soaria incongruente. Em razão disso, o STF firmara entendimento no sentido de que quem pudesse se reeleger poderia ser sucedido pelo cônjuge, e assim, ao contrário, quem não pudesse se reeleger não poderia por ele ser sucedido. Nessa linha, cumpriria dar atenção, não tanto à circunstância da irredutibilidade do prazo constitucional de seis meses da suposta desincompatibilização, mas sim à condição de reelegibilidade do prefeito cassado. Não haveria dúvida, por conseguinte, que o cônjuge da recorrente tornara-se irreelegível, seja para a eleição complementar, seja para novo pleito (LC n. 64/90, art. 1º, I, *c*). RE 843455/DF, rel. Min. Teori Zavascki, 7-10-2015 (RE-843455) (*Informativo* 802, Plenário, Repercussão Geral).

01/TSE/2016 – Tomada de contas especial e inelegibilidade.

O Plenário do Tribunal Superior Eleitoral, por maioria, assentou que a **decisão de procedência em tomada de contas especial somente atrai a inelegibilidade prevista no art. 1º, I, *g*, da Lei Complementar n. 64/1990 se demonstrado o dolo na conduta do gestor público.** O art. 1º, I, *g*, da Lei Complementar n. 64/1990 dispõe: os que tiverem suas contas relativas ao exercício de cargos ou funções públicas rejeitadas por irregularidade insanável que configure ato doloso de improbidade administrativa, e por decisão irrecorrível do órgão competente, salvo se esta houver sido suspensa ou anulada pelo Poder Judiciário, para as eleições que se realizarem nos 8 (oito) anos seguintes, contados a partir da data da decisão, aplicando-se o disposto no inciso II do art. 71 da Constituição Federal, a todos os ordenadores de despesa, sem exclusão de mandatários que houverem agido nessa condição; Na hipótese vertente, o Tribunal Regional Eleitoral do Ceará, ao julgar procedente impugnação proposta pelo Ministério Público Eleitoral, indeferiu registro da candidatura de candidato ao cargo de deputado estadual, por entender configurada a causa de inelegibilidade prevista na alínea g do inciso I do art. 1º da Lei Complementar n. 64/1990, ante a decisão do Tribunal Municipal de Contas do estado que julgou parcialmente procedente tomada de contas especial do fundo municipal de educação administrado pelo candidato. Entretanto, o Plenário deste Tribunal afastou a inelegibilidade, ao argumento de faltar a demonstração do dolo nas falhas detectadas pelo Tribunal de Contas. Destacou que, na espécie, foi aplicada ao ex-gestor apenas multa no valor de R$ 266,00 (duzentos e sessenta e seis reais), sem qualquer imputação de débito ou indicativo de dano ao Erário. Enfatizou que as irregularidades tipificadas pela Lei de Responsabilidade Fiscal possuem natureza insanável e caracterizam atos dolosos de improbidade administrativa, porquanto configuram a mais grave ofensa que o gestor pode praticar. Contudo, ponderou que, em alguns casos, a infração aos comandos legais pode revelar apenas situação culposa, insuficiente para a configuração da inelegibilidade da alínea g em análise. Rememorou posicionamento deste Tribunal proferido no julgamento do AgR-REspe 631-95/RN no sentido de que a insanabilidade dos vícios ensejadores da rejeição das contas, para fins de inelegibilidade, decorre de atos de má-fé e marcados por desvio de valores ou benefício pessoal. O Tribunal, por maioria, proveu o recurso para deferir o registro de candidatura, nos termos do voto do relator. Recurso Ordinário 884-67, Fortaleza/CE, rel. Min. Henrique Neves, em 25-2-2016.

13/TSE /2016 – Autorização de pagamento irregular de remuneração a vereadores e causa de inelegibilidade da alínea *g* do inciso I do art. 1º da Lei Complementar n. 64/1990.

O Plenário do Tribunal Superior Eleitoral reafirmou entendimento de que a rejeição de contas de gestor público que autorizou pagamento de remuneração a vereadores acima do limite previsto na Constituição da República, ainda que amparado por lei municipal, configura a inelegibilidade prevista no art. 1º, inciso I, alínea *g*, da Lei Complementar n. 64/1990. O relator ressaltou que é competência da Justiça Eleitoral verificar se a falha ou a irregularidade constatada pelo órgão de contas caracteriza vício insanável que possa configurar ato doloso de improbidade. Destacou ainda ser suficiente, para enquadramento na alínea *g*, a identificação do dolo genérico caracterizado pela simples vontade de praticar a conduta que enseja a irregularidade insanável. Esclareceu que eventual devolução integral ou parcial do valor recebido indevidamente não tem o condão de afastar a incidência da inelegibilidade. Por fim, rememorou que a jurisprudência deste Tribunal firmou as seguintes premissas para a verificação da inelegibilidade prevista na alínea g: (i) decisão do órgão competente; (ii) decisão irrecorrível no âmbito administrativo; (iii) desaprovação devido à irregularidade insanável; (iv) irregularidade que configure ato doloso de improbidade administrativa; (v) prazo de oito anos contados da decisão não exaurido; (vi) decisão não suspensa ou anulada pelo Poder Judiciário. O Tribunal, por unanimidade, deu provimento ao recurso especial eleitoral, para indeferir o registro de candidatura de Marco Antonio Marchi ao cargo de prefeito do Município de Itupeva/SP, nos termos do voto do relator. Recurso Especial Eleitoral 104-03, Itupeva/SP, rel. Min. Henrique Neves da Silva, em 3-11-2016.

14/TSE/2016 – Demissão de servidor público, anulação do ato punitivo pela própria administração e inelegibilidade prevista na da alínea o do inciso I do art. 1º da LC n. 64/1990.

O Plenário do Tribunal Superior Eleitoral, por unanimidade, assentou que **a inelegibilidade prevista na alínea o do inciso I do art. 1º da Lei das Inelegibilidades não incide quando houver anulação, pela administração pública, de demissão cominada a pretenso candidato outrora servidor público.** Na espécie, o pretenso candidato tinha contra si penalidade disciplinar de demissão proferida há cerca de quatro anos, cominada após transcurso de processo administrativo. Por isso, postulou perante a administração municipal, antes de efetivar seu registro de candidatura, a anulação do ato demissório, a qual foi acolhida. O Tribunal Regional Eleitoral indeferiu o registro do candidato por incurso na inelegibilidade prevista na referida alínea *o*, ressaltando a inexistência de provimento judicial que suspendesse ou anulasse a penalidade administrativa a ele imputada. A alínea o do inciso I do art. 1º da LC n. 64/1990 disciplina que os que forem demitidos do serviço público em decorrência de processo administrativo ou judicial são inelegíveis pelo prazo de oito anos contado da decisão, salvo se o ato houver sido suspenso ou anulado pelo Poder Judiciário. O Ministro Luiz Fux, relator, enfatizou inicialmente que a norma legal afasta da disputa eleitoral aquele que foi penalizado administrativamente pela prática de ato dotado de relevante gravidade a ensejar seu desligamento do ofício público. Asseverou caber à Justiça Eleitoral, nessa hipótese, verificar a existência de ato demissório decorrente de processo judicial ou administrativo, bem como a suspensão ou anulação, pelo Poder Judiciário, do pronunciamento que implicou a demissão. De outro lado, frisou que os atos decisórios proferidos pela administração pública estão sujeitos a controle de legalidade realizado pelo próprio ente público para assegurar a observância da lei e dos princípios impostos pelo ordenamento jurídico, sendo possível a prolação de eventuais decisões corretivas, por força do exercício do poder-dever da administração. Afirmou ainda que referida prerrogativa seria aplicável aos atos disciplinares, razão pela qual as decisões anulatórias de demissão emitidas pela administração devem ser consideradas pela Justiça Eleitoral para fins de afastar a aplicação da inelegibilidade referida na alínea o do inciso I do art. 1º da LC n. 64/1990. O Tribunal, por unanimidade, deu provimento ao recurso especial eleitoral, para deferir o registro de candidatura de Emerson Fernandes Alvino Panta ao cargo de prefeito nas eleições de 2016, nos termos do voto do relator. Recurso Especial Eleitoral 388-12, Santa Rita/PB, rel. Min. Luiz Fux, julgado em 6-12-2016.

15/TSE/2016 – Eventual substituição do chefe do Poder Executivo Municipal não faz incidir a inelegibilidade prevista no art. 14, § 5º, da Constituição da República.

O Plenário do Tribunal Superior Eleitoral, por maioria, reafirmou jurisprudência de que **eventual substituição** do chefe do Poder Executivo Municipal pelo respectivo vice ou pelo presidente do órgão legislativo (em caso de dupla vacância) no curso do mandato, mas fora do período de seis meses anteriores às eleições, **não configura exercício efetivo de mandato para efeito de reeleição.** Na espécie, candidato ao cargo de prefeito teve seu registro de candidatura impugnado com base na inelegibilidade prevista no art. 14, § 5º, da Constituição da República, em razão de ter exercido interinamente o cargo de chefe do Poder Executivo enquanto era presidente da Câmara Legislativa Municipal. O art. 14, § 5º, da Constituição da República assim dispõe: § 5º O presidente da República, os governadores de estado e do Distrito Federal, os prefeitos e quem os houver sucedido, ou substituído no curso dos mandatos poderão ser reeleitos para um único período subsequente. O Ministro Gilmar Mendes, redator para o acórdão, enfatizou que, segundo a jurisprudência desta Corte, eventual substituição do chefe do Poder Executivo pelo respectivo vice no curso do mandato, fora do período de seis meses anteriores ao pleito, não configura desempenho de mandato autônomo do cargo de prefeito. Defendeu a distinção entre os termos substituição e sucessão para fins de incidência da inelegibilidade prevista no aludido dispositivo constitucional, na medida em que a substituição tem sempre o caráter provisório e pressupõe o retorno do titular ao cargo, enquanto a sucessão tem contornos de definitividade e implica a titularização do mandato pelo vice. Dessa forma, a sucessão qualifica-se como exercício de um primeiro mandato, admitindo-se ao sucessor a faculdade de pleitear apenas uma nova eleição subsequente. Afirmou, por fim, que tanto o vice-prefeito quanto o presidente da Câmara Municipal, quando não substituírem o titular nos seis meses anteriores ao pleito, poderão candidatar-se ao cargo de prefeito e, se eleitos, almejar a reeleição. O Ministro Luiz Fux, ao acompanhar a divergência, esclareceu que a inelegibilidade a que se refere o art. 14, § 5º, da CF deve ser equacionada com a hipótese de desincompatibilização estabelecida no § 6º do mencionado artigo, segundo o qual os chefes do Poder Executivo, para concorrerem a outros cargos, devem renunciar ao respectivo mandato até seis meses antes das eleições. Afirmou que eventual substituição do chefe do Poder Executivo pelo respectivo vice ou pelo presidente do órgão legislativo (em caso de dupla vacância) no curso do mandato, mas fora do período de seis meses anteriores às eleições, não tem o condão de configurar exercício efetivo de mandato para efeito de reeleição. Vencida a Ministra Luciana Lóssio, relatora, por entender que, uma vez exercida a titularidade do mandato, a título precário ou permanente, seria facultada ao titular a candidatura para o mesmo cargo apenas por um período subsequente e vedada nova eleição imediata, o que configuraria um terceiro mandato consecutivo, em expresso ultraje ao § 5º do art. 14 da Constituição da República. O Tribunal, por maioria, negou provimento ao recurso especial eleitoral, para deferir o registro de candidatura, nos termos do voto do Ministro Gilmar Mendes, que redigirá o acórdão, vencida a Ministra Luciana Lóssio (relatora). Recurso Especial Eleitoral 109-75, Itabirito/MG, rel. Min. Luciana Lóssio, julgado em 14-12-2016.

15/TSE/2016 – Conversão de pena privativa de liberdade em restritiva de direito não afasta a incidência da inelegibilidade prevista na alínea e do inciso I do art. 1º da LC n. 64/1990.

O Plenário do Tribunal Superior Eleitoral, por maioria, manteve jurisprudência de que a **conversão de pena privativa de liberdade em restritiva de direito não elide a incidência da inelegibilidade prevista na alínea e do inciso I do art. 1º da Lei Complementar n. 64/1990.** No caso, foi interposto recurso especial contra o deferimento do registro de candidato ao cargo de prefeito condenado por crime de resistência qualificada (CP, art. 329, § 1º), o qual teve a pena privativa de liberdade convertida em restritiva de direitos, nos termos do art. 44 do Código Penal. O Ministro Henrique Neves, ao acompanhar a divergência aberta pela Ministra Rosa Weber, esclareceu que o crime de resistência qualificada se enquadra como típico crime contra a administração pública, especificado no item 1 da alínea e do inciso I do art. 1º da LC n. 64/1990, dispositivo cuja constitucionalidade foi reconhecida pelo Supremo Tribunal Federal por ocasião do julgamento da ADC n. 29. Reafirmou o posicionamento adotado no AgR-REspe 364-40, no sentido de que a adoção da pena restritiva de direitos não é, por si só, suficiente à descaracterização da referida hipótese de inelegibilidade, que advém da condenação criminal decidida por órgão colegiado, e não da espécie de sanção imposta ao condenado. Vencidos os Ministros Gilmar Mendes, Napoleão Nunes Maia Filho e Luciana Lóssio (relatora), que votaram pela releitura da regra estabelecida no art. 1º, I, *e*, da LC n. 64/1990, por entenderem que os crimes apenados com sanções restritivas de direito não poderiam ser considerados para efeito de aferição da mencionada inelegibilidade, em razão da desproporcionalidade entre a sanção imposta na esfera penal e a incidência da inelegibilidade pelo período de oito anos. O Tribunal, por maioria, deu provimento ao recurso especial eleitoral, nos termos do voto da Ministra Rosa Weber, que redigirá o acórdão, vencidos a Ministra Luciana Lóssio (relatora) e os ministros Napoleão Nunes Maia Filho e

Gilmar Mendes (presidente). Recurso Especial Eleitoral 75-86, Abelardo Luz/SC, rel. Min. Luciana Lóssio, julgado em 19-12-2016.

01/TSE/2016 – Condenação pela prática de crime previsto na Lei de Ação Civil Pública e inaplicabilidade do art. 1º, inciso I, alínea *e*, item 1, da Lei Complementar n. 64/1990.

O Plenário do Tribunal Superior Eleitoral, por maioria, entendeu que **o crime tipificado no art. 10 da Lei n. 7.347/1985 não enseja a inelegibilidade prevista no art. 1º, inciso I, alínea *e*, item 1, da Lei Complementar n. 64/1990.** Na espécie, trata-se de recurso eleitoral interposto de deferimento do registro de candidatura de vereador condenado pelo crime previsto no art. 10 da Lei n. 7.347/1985. A Lei n. 7.347/1985, que trata da ação civil pública, criminaliza a conduta de recusar, retardar ou omitir dados indispensáveis à propositura da ação, nos seguintes termos: Art. 10. Constitui crime, punido com pena de reclusão de 1 (um) a 3 (três) anos, mais multa de 10 (dez) a 1.000 (mil) Obrigações Reajustáveis do Tesouro Nacional (ORTN), a recusa, o retardamento ou a omissão de dados técnicos indispensáveis à propositura da ação civil, quando requisitados pelo Ministério Público. O Tribunal Regional Eleitoral de origem, por maioria, afastou a incidência da inelegibilidade elencada no art. 1º, inciso I, alínea *e*, da LC n. 64/1990, ao argumento de não ser possível a aplicação da Lei da Ficha Limpa a fatos pretéritos a sua entrada em vigor. O Ministério Público Eleitoral recorreu, defendendo a plena aplicação da referida lei e o enquadramento do crime tipificado no art. 10 da Lei n. 7.347/1985 como crime contra a administração pública, conquanto não tipificado no Código Penal no título destinado a esses tipos penais. A Ministra Luciana Lóssio, relatora, rememorou o julgamento do REspe 75-86/SC, no qual se manteve a jurisprudência deste Tribunal pela aplicabilidade da LC n. 135/2010 a fatos pretéritos a sua vigência, particularmente quanto à alínea e do inciso I do art. 1º da Lei de Inelegibilidade. Afirmou que a regra da inelegibilidade prevista no art. 1º, inciso I, alínea *e*, item 1, da LC n. 64/1990 alcança tipos penais disciplinados no Título XI do Código Penal e nas leis extravagantes. No entanto, destacou que a norma é taxativa ao prever, para ensejo da inelegibilidade, a condenação em crime contra a administração pública, cujas hipóteses devem ser interpretadas restritivamente, ante o reflexo no direito fundamental à elegibilidade. Ressaltou que o delito capitulado no art. 10 da Lei n. 7.347/1985, apesar de afetar interesse da administração, não pode ser comparado com o crime de desobediência previsto no art. 330 do Código Penal, constante do rol de crimes contra a administração pública, na medida em que tem como sujeito passivo o particular. Vencidos o Ministro Henrique Neves da Silva e o Ministro Herman Benjamin. O Ministro Henrique Neves entendeu que o crime tipificado no art. 10 da Lei n. 7.347/1985 é crime contra a administração da justiça e, por conseguinte, crime contra a administração pública, ensejando a incidência da inelegibilidade prevista no art. 1º, inciso I, alínea *e*, item 1, da Lei Complementar n. 64/1990. O Tribunal, por maioria, negou provimento ao recurso especial eleitoral, nos termos do voto da relatora. Recurso Especial Eleitoral 207-35, Criciúma/SC, rel. Min. Luciana Lóssio, julgado em 9-2-2017.

12/TSE/2016 – Condenação por improbidade administrativa e incidência da alínea l do inciso I do art. 1º da Lei Complementar n. 64/1990.

O Plenário do Tribunal Superior Eleitoral reafirmou o entendimento de que, **para configurar a inelegibilidade prevista na alínea l do inciso I do art. 1º da Lei Complementar n. 64/1990, é necessária a condenação por ato doloso de improbidade administrativa que implique, concomitantemente, lesão ao Erário e enriquecimento ilícito.** O referido dispositivo dispõe que são inelegíveis os que forem condenados à suspensão dos direitos políticos, em decisão transitada em julgado ou proferida por órgão judicial colegiado, por ato doloso de improbidade administrativa que importe lesão ao patrimônio público e enriquecimento ilícito, desde a condenação ou o trânsito em julgado até o transcurso do prazo de oito anos após o cumprimento da pena. A Ministra Luciana Lóssio, relatora, ressaltou a clareza da norma no ponto em que exige, para a incidência da causa de inelegibilidade, a condenação por ato doloso de improbidade administrativa que importe lesão ao patrimônio público e enriquecimento ilícito. O Ministro Herman Benjamin, embora tenha acompanhado a relatora, sugeriu que, para as futuras eleições, esse dispositivo seja interpretado teleológica e sistematicamente, considerando os valores éticos e jurídicos que o fundamentam, e não apenas com base em método gramatical. Nesse sentido, propugnou que se passasse a entender pela inexigibilidade da cumulação de lesão ao Erário e enriquecimento ilícito para enquadramento da referida alínea *l*, tese endossada pelo Ministro Napoleão Nunes Maia Filho e pela Ministra Rosa Weber. Resistente à adoção prospectiva dessa tese, o Ministro Luiz Fux ressaltou que o Supremo Tribunal Federal, ao declarar a constitucionalidade da Lei Complementar n. 135/2010, destacou o valor aditivo emanado da redação do referido dispositivo, máxime com o uso pelo legislador da conjunção e na sua redação. O Tribunal, por unanimidade, deu provimento ao recurso especial eleitoral para deferir o registro de candidatura. Recurso Especial Eleitoral 49-32, Quatá/SP, rel. Min. Luciana Lóssio, em 18-10-2016.

02/TSE/2017 – Inelegibilidade descrita no art. 1º, inciso I, alínea *l*, da Lei Complementar n. 64/1990 e hipóteses de incidência.

O Plenário do Tribunal Superior Eleitoral, por maioria, entendeu que **a inelegibilidade prevista no art. 1º, inciso I, alínea *l*, somente incide mediante condenação por improbidade administrativa transitada em julgado ou proferida por órgão colegiado que tenha analisado o mérito da demanda.** Na espécie, o candidato fora condenado em ação de improbidade, contra a qual interpôs recurso de apelação, que veio a ser julgado deserto no Tribunal de Justiça. Em razão do não conhecimento da apelação, o candidato apresentou novo recurso, que ainda está pendente de julgamento no Superior Tribunal de Justiça. Considerando essa circunstância, o Tribunal Regional Eleitoral manteve o indeferimento do registro de candidatura por entender que a decisão colegiada que reconheceu a deserção do recurso era suficiente para atrair a inelegibilidade referida no art. 1º, inciso I, alínea *l*, da LC n. 64/1990, que assim dispõe: Art. 1º São inelegíveis: I – para qualquer cargo: [...] *l*) os que forem condenados à suspensão dos direitos políticos, em decisão transitada em julgado ou proferida por órgão judicial colegiado, por ato doloso de improbidade administrativa que importe lesão ao patrimônio público e enriquecimento ilícito, desde a condenação ou o trânsito em julgado até o transcurso do prazo de 8 (oito) anos após o cumprimento da pena; [...]. O Ministro Napoleão Nunes Maia Filho, relator, esclareceu que um dos pontos da controvérsia se cinge a verificar a ocorrência do trânsito em julgado da sentença condenatória, considerando que não se conhecera da apelação interposta e o recurso que buscava reformar o juízo de admissibilidade ainda pende de julgamento. O relator entendeu que a ausência de apreciação do recurso que, em tese, poderia alterar a conclusão quanto à inadmissibilidade da apelação, tida por deserta, denota a não ocorrência do trânsito em julgado, impedindo a aplicação da pena de suspensão dos direitos políticos, cominada apenas quando ocorre a coisa julgada (art. 20 da Lei n. 8.429/1992). Por outro lado, o ministro salientou que a decisão colegiada prevista na alínea *l*, apta a ensejar inelegibilidade do condenado, é aquela em que há inequívoca análise do mérito da ação de improbidade administrativa, com vistas a confirmar ou reformar as conclusões do juízo singular, o que não seria o caso da hipótese em análise. Destacou também que eventual demora no pronunciamento da decisão de mérito em fase recursal constitui obstáculo ao exercício de jurisdição, o que não pode afetar desfavoravelmente a parte, ensejando a imposição precoce de reprimendas jurídicas ante a ausência de definitividade na prestação jurisdicional. Ficaram vencidos os Ministros Herman Benjamin e Edson Fachin e a Ministra Rosa Weber por entenderem que a LC n. 64/1990, ao prever a decisão colegiada condenatória como atrativa de elegibilidade, não exige expressamente o exame do mérito, motivo pelo qual o acórdão colegiado condenatório, ainda que não adentre o mérito, faz incidir a inelegibilidade prevista na referida alínea l. O Tribunal, por maioria, deu provimento ao recurso especial para deferir o registro da candidatura de Edson Gomes, nos termos do voto do relator. Recurso Especial Eleitoral 148-83, Ilha Solteira/SP, rel. Min. Napoleão Nunes Maia Filho, julgado em 23-2-2017.

05/TSE/2017 – A inelegibilidade prevista no art. 1º, inciso I, alínea *l*, da Lei Complementar n. 64/1990 retroage para alcançar condenação já transitada em julgado.

O Plenário do Tribunal Superior Eleitoral, por unanimidade, reafirmou posicionamento de que **a inelegibilidade prevista no art. 1º, inciso I, alínea *l*, da Lei Complementar n. 64/1990 com redação conferida pela Lei Complementar n. 135/2010, retroage para alcançar condenação já transitada em julgado à época da sua entrada em vigor.** Na espécie, candidato a mandato eletivo teve registro de candidatura indeferido com base no referido dispositivo legal em decorrência de condenação por improbidade administrativa, transitada em julgado em abril de 2008, na qual foi determinada a suspensão dos seus direitos políticos pelo período de cinco anos. O recorrente alegou que a sua condenação já estaria acobertada pelo manto da coisa julgada desde 2008, devendo-se afastar a incidência da causa de inelegibilidade da alínea l com a redação dada pela LC n. 135/2010. A Ministra Luciana Lóssio (relatora) asseverou o entendimento pacífico deste Tribunal de que a inelegibilidade prevista na alínea *l* retroage para alcançar condenação transitada em julgado, ainda que anterior a 2010, quando ocorreu a alteração do dispositivo. Ressaltou, ainda, não ser aplicável o entendimento prolatado pelo Supremo Tribunal Federal em recentes decisões acerca da aplicação retroativa da inelegibilidade prevista na alínea *d* em razão de a norma desse dispositivo ser diversa daquela constante da alínea *l*. Dessa forma, concluiu-se que a inelegibilidade prevista na alínea l alcança as condenações transitadas em julgado antes da entrada em vigor da sua nova redação. O Tribunal, por unanimidade, negou provimento ao recurso especial eleitoral, para manter o indeferimento do registro de candidatura, nos termos do voto da relatora. Recurso Especial Eleitoral 130-21, Rio Votorantim/SP, rel. Min. Luciana Lóssio, julgado em 20-4-2017.

05/TSE/2017 – A inelegibilidade prevista no art. 1º, inciso II, alínea *d*, da Lei Complementar n. 64/1990 somente é aplicada aos agentes fiscais de tributos.

O Plenário do Tribunal Superior Eleitoral, por unanimidade, reafirmou o entendimento de que a norma de desincompatibilização dos servidores públicos atuantes na esfera fiscal que desejem concorrer a cargo eletivo deve ser observada apenas pelos ocupantes do cargo de agente fiscal de tributos. Na espécie, o recurso especial foi interposto por candidato servidor público ocupante do cargo de fiscal de postura municipal que teve o seu registro indeferido em decorrência de não se ter desincompatibilizado no período legal anterior ao pleito, previsto no art. 1º, inciso II, alínea *d*, da Lei Complementar n. 64/1990. Esse dispositivo prevê que se devem desincompatibilizar, até seis meses antes do pleito, os que exercerem cargo com "competência ou interesse, direta, indireta ou eventual, no lançamento, arrecadação ou fiscalização de impostos, taxas e contribuições de caráter obrigatório, inclusive parafiscais, ou para aplicar multas relacionadas com essas atividades". O Ministro Herman Benjamin (relator) relembrou que, para as eleições de 2016, esta Corte Superior reconheceu que a hipótese de desincompatibilização em debate alcança apenas os agentes fiscais de tributos (REspe 235-98/TO, redator designado Ministro Napoleão Nunes Maia Filho, sessão de 13-12-2016). Naquele julgado, o Tribunal assentou que a norma disciplinadora dos prazos de desincompatibilização de cargos, empregos ou funções públicas deve ser interpretada à luz do princípio da razoabilidade, de tal sorte que as oportunidades de concorrência democrática às eleições sejam ampliadas, e não restringidas. O Tribunal, por unanimidade, deu provimento ao recurso especial eleitoral, para deferir o registro de candidatura ao cargo de vereador por Ponto Belo/ES nas Eleições 2016, determinando a comunicação, com urgência, da decisão ao Tribunal Regional Eleitoral do Espírito Santo, nos termos do voto do relator. Recurso Especial Eleitoral 126-67, Ponto Belo/ES, rel. Min. Herman Benjamin, julgado em 18-4-2017.

Súmulas

Inelegibilidade

- **Súmula Vinculante n. 18**

  A dissolução da sociedade ou do vínculo conjugal, no curso do mandato, não afasta a inelegibilidade prevista no § 7º do art. 14 da Constituição Federal.

- **Súmula-TSE n. 5**

  Serventuário de cartório, celetista, não se inclui na exigência do art. 1º, II, *l*, da LC n. 64/90.

- **Súmula-TSE n. 6**

  São inelegíveis para o cargo de Chefe do Executivo o cônjuge e os parentes, indicados no § 7º do art. 14 da Constituição Federal, do titular do mandato, salvo se este, reelegível, tenha falecido, renunciado ou se afastado definitivamente do cargo até seis meses antes do pleito.

- **Súmula-TSE n. 12**

  São inelegíveis, no município desmembrado, e ainda não instalado, o cônjuge e os parentes consanguíneos ou afins, até o segundo grau ou por adoção, do prefeito do município-mãe, ou de quem o tenha substituído, dentro dos seis meses anteriores ao pleito, salvo se já titular de mandato eletivo.

- **Súmula-TSE n. 13**

  Não é auto-aplicável o § 9º do art. 14 da Constituição, com a redação da Emenda Constitucional de Revisão n. 4/94.

- **Súmula-TSE n. 19**

  O prazo de inelegibilidade decorrente da condenação por abuso do poder econômico ou político tem início no dia da eleição em que este se verificou e finda no dia de igual número no oitavo ano seguinte (art. 22, XIV, da LC n. 64/90).

- **Súmula-TSE n. 41**

  Não cabe à Justiça Eleitoral decidir sobre o acerto ou desacerto das decisões proferidas por outros Órgãos do Judiciário ou dos Tribunais de Contas que configurem causa de inelegibilidade.

- **Súmula-TSE n. 43**

  As alterações fáticas ou jurídicas supervenientes ao registro que beneficiem o candidato, nos termos da parte final do art. 11, § 10, da Lei n. 9.504/97, também devem ser admitidas para as condições de elegibilidade.

- **Súmula-TSE n. 47**

  A inelegibilidade superveniente que autoriza a interposição de recurso contra expedição de diploma, fundado no art. 262 do Código Eleitoral, é aquela de índole constitucional ou, se infraconstitucional, superveniente ao registro de candidatura, e que surge até a data do pleito.

- **Súmula-TSE n. 59**

  O reconhecimento da prescrição da pretensão executória pela Justiça Comum não afasta a inelegibilidade prevista no art. 1º, I, *e*, da LC n. 64/90, porquanto não extingue os efeitos secundários da condenação.

- **Súmula-TSE n. 60**

  O prazo da causa de inelegibilidade prevista no art. 1º, I, *e*, da LC n. 64/90 deve ser contado a partir da data em que ocorrida a prescrição da pretensão executória e não do momento da sua declaração judicial.

- **Súmula-TSE n. 61**

  O prazo concernente à hipótese de inelegibilidade prevista no art. 1º, I, *e*, da LC n. 64/90 projeta-se por oito anos após o cumprimento da pena, seja ela privativa de liberdade, restritiva de direito ou multa.

- **Súmula-TSE n. 66**

  A incidência do § 2º do art. 26-C da LC n. 64/90 não acarreta o imediato indeferimento do registro ou o cancelamento do diploma, sendo necessário o exame da presença de todos os requisitos essenciais à configuração da inelegibilidade, observados os princípios do contraditório e da ampla defesa.

- **Súmula-TSE n. 69**

  Os prazos de inelegibilidade previstos nas alíneas *j* e *h* do inciso I do art. 1º da LC n. 64/90 têm termo inicial no dia do primeiro turno da eleição e termo final no dia de igual número no oitavo ano seguinte.

- **Súmula-TSE n. 70**

  O encerramento do prazo de inelegibilidade antes do dia da eleição constitui fato superveniente que afasta a inelegibilidade, nos termos do art. 11, § 10, da Lei n. 9.504/97.

Desincompatibilização

07/TSE/2017 – Contrato firmado com a administração pública e desincompatibilidade do dirigente.

O Plenário do Tribunal Superior Eleitoral, por maioria, assentou que não possui cláusulas uniformes o contrato entre a administração pública municipal e entidade hospitalar privada no qual há privilégio ao particular na estipulação dos termos contratuais, razão pela qual o administrador do ente particular deve se desincompatibilizar quatro meses antes do pleito, caso pretenda concorrer à chefia da prefeitura. Na espécie, o candidato eleito teve seu registro de candidatura indeferido pelo Tribunal Regional Eleitoral, em virtude de não se ter desincompatibilizado da administração de entidade hospitalar particular contratada da municipalidade, enquadrando-o na inelegibilidade prevista no art. 1º, II, i, e IV, a, da Lei Complementar n. 64/1990: Art. 1º São inelegíveis: [...] II – para Presidente e Vice-Presidente da República: [...] i) os que, dentro de 6 (seis) meses anteriores ao pleito, hajam exercido cargo ou função de direção, administração ou representação em pessoa jurídica ou em empresa que mantenha contrato de execução de obras, de prestação de serviços ou de fornecimento de bens com órgão do Poder Público ou sob seu controle, salvo no caso de contrato que obedeça a cláusulas uniformes; [...] IV – para Prefeito e Vice-Prefeito: a) no que lhes for aplicável, por identidade de situações, os inelegíveis para os cargos de Presidente e Vice-Presidente da República, Governador e Vice-Governador de Estado e do Distrito Federal, observado o prazo de 4 (quatro) meses para a desincompatibilização; [...]. Dessa decisão interpôs recurso especial. A Ministra Rosa Weber, relatora, destacou inicialmente que o contrato a ser considerado na análise da existência de cláusulas uniformes, para fins da inelegibilidade prevista no art. 1º, inciso II, alínea *i*, é o vigente à época do pleito, desconsideradas eventuais contratações anteriores. Salientou que o contrato celebrado entre o centro médico administrado pelo candidato e a prefeitura fora firmado mediante inexigibilidade de licitação, nos termos do art. 25, inciso II da Lei de Licitações, em razão da impossibilidade fática de competição entre fornecedores, o que descaracterizava a uniformidade das cláusulas estabelecidas. Demais disso, afirmou que, conforme assentado no acórdão regional, o dirigente da referida entidade detinha posição privilegiada na estipulação dos termos contratuais, máxime a essencialidade do serviço a ser prestado, qual seja, saúde, fato que não poderia ser revisto nesta instância especial. Nesse contexto, entendeu evidenciada a ausência de uniformidade das cláusulas contratuais e reconheceu a incidência da inelegibilidade prevista no art. 1º, II, i, e IV, a. Vencido o Ministro Napoleão Nunes que entendia haver cláusulas uniformes no contrato firmado entre a entidade privada administrada pelo candidato e a prefeitura. Recurso Especial Eleitoral 65-50, Nova Fátima/PR, rel. Min. Rosa Weber, julgado em 30-5-2017.

- **Súmula-TSE n. 54**

  A desincompatibilização de servidor público que possui cargo em comissão é de três meses antes do pleito e pressupõe a exoneração do cargo comissionado, e não apenas seu afastamento de fato.

capítulo 5

Partidos políticos

5.1 NATUREZA JURÍDICA

Os partidos políticos ocupam importante papel no regime democrático. Na democracia brasileira, é condição inafastável de elegibilidade a filiação a partido político, bem como desempenham, ou deveriam desempenhar, papel de doutrinação, defesa de direitos fundamentais e de controle de constitucionalidade junto aos Tribunais.

A melhor forma de expressar a democracia ideologicamente é por intermédio dos partidos políticos, nos quais ocorre a representação popular e o exercício do poder estatal com a atuação destes, que lutam e acreditam em ideais. Ao menos os partidos foram criados também com essa finalidade que, no Brasil, encontra-se distorcida.

No Brasil a lei expressamente classifica o partido político como pessoa jurídica de direito privado (art. 1º da Lei n. 9.096/95), por isso sua formação consolida-se na forma da lei civil mediante registro no Cartório das Pessoas Jurídicas da Capital (art. 8º).

> Art. 1º O partido político, pessoa jurídica de direito privado, destina-se a assegurar, no interesse do regime democrático, a autenticidade do sistema representativo a defender os direitos fundamentais definidos na Constituição Federal.

5.2 CONCEITO

Celso Ribeiro Bastos conceitua partido político como "uma organização de pessoas reunidas em torno de um mesmo programa político com a finalidade de assumir o poder e mantê-lo, ou ao menos, influenciar na gestão da coisa pública através de críticas e opiniões" (BASTOS, 1999, p. 275).

A regulação está prevista na Constituição Federal (art. 17) e na Lei dos Partidos Políticos (Lei n. 9.096/95).

Seus objetivos políticos devem respeitar a soberania nacional, o regime democrático, o pluripartidarismo e os direitos fundamentais da pessoa humana (art. 17 da CF).

5.3 CONSTITUIÇÃO DOS PARTIDOS POLÍTICOS

A Constituição Federal e a Lei n. 9.096/95 (Lei dos Partidos Políticos) asseguram a livre criação, fusão e extinção, que se dá em decorrência natural do seu regime democrático e do pluripartidarismo (que é a possibilidade de representação no programa político de todas as correntes políticas, desde que consigam um número mínimo de apoio popular).

O legislador atribuiu natureza de direito privado aos partidos políticos, devendo seu estatuto ser registrado no Serviço de Registro Civil de Pessoas Jurídicas do Distrito Federal, que é a capital do Brasil.

O processo de constituição dos partidos políticos ocorre da seguinte forma:

a) **Aquisição da personalidade jurídica na forma da lei civil:** por meio de requerimento de registro junto ao Cartório de Registro Civil das Pessoas Jurídicas da Capital Federal (art. 114, III, da Lei de Registros Públicos, c.c. arts. 7º e 8º da Lei n. 9.096/95).

O requerimento do registro do partido político deverá estar subscrito por seus fundadores, em número nunca inferior a 101 (cento e um), com domicílio eleitoral em, no mínimo, 1/3 dos Estados.

Adquirida a personalidade jurídica, o partido deve promover a obtenção do *apoiamento* mínimo de eleitores *não filiados a partido político*, correspondente a, pelo menos, 0,5% (cinco décimos por cento) dos votos dados na última eleição geral para a Câmara dos Deputados, não computados os votos em branco e os nulos, distribuídos por um terço, ou mais, dos Estados, com um mínimo de 0,1% (um décimo por cento) do eleitorado que haja votado em cada um deles, nos termos do art. 7º, § 1º, da Lei n. 9.096/95.

Deverá, ainda, elaborar seu programa e seu estatuto, nos termos dos arts. 14 e 15 da Lei n. 9.096/95, bem como eleger, conforme seu estatuto, os dirigentes nacionais provisórios e apresentar o requerimento com os devidos documentos assim listados:

I – Requerimento contendo o nome de cada dirigente provisório, constando o endereço destes na sede do partido na capital do Brasil;

II – Ata de fundação por meio de cópia autenticada;

III – Publicação do diário oficial com a publicação na íntegra do programa e estatuto;

IV – Relação com o nome de todos os fundadores do partido político, com a qualificação de cada membro fundador.

b) Registro na Justiça Eleitoral: adquirida a personalidade jurídica, seus dirigentes promoverão, por meio de requerimento, o registro do estatuto do partido junto ao Tribunal Superior Eleitoral que somente será admitido caso o partido tenha caráter nacional, considerando-se como tal, repisa-se, aquele que comprove, no período de dois anos, o apoiamento de eleitores não filiados a partido político, correspondente a, pelo menos, 0,5% (cinco décimos por cento) dos votos dados na última eleição geral para a Câmara dos Deputados, não computados os votos em branco e os nulos, distribuídos por um terço, ou mais, dos Estados, com um mínimo de 0,1% (um décimo por cento) do eleitorado que haja votado em cada um deles, nos termos do art. 7º , § 1º, da Lei n. 9.096/95.

Conforme José Jairo Gomes:

> o registro no TSE não significa interferência do Estado na organização e no funcionamento do partido. Já faz parte da história o tempo em que essas entidades eram convenientemente mantidas como apêndices do Estado. É esse registro que permite, por exemplo, que o partido participe do processo eleitoral, receba recursos do Fundo Partidário, tenha acesso gratuito ao rádio e televisão. É também ele que assegura a exclusividade

de sua denominação e sigla e de seus símbolos, vedando a utilização, por outras agremiações, de variações que venham a induzir a erro ou confusão" (GOMES, 2018, p. 135).

Tendo em vista que o registro é ato fundamental para que o partido político possa participar do processo eleitoral, assim, caso não venha a ser necessária nenhuma diligência, o registro acontecerá no prazo razoável de 30 dias. Apenas efetuamos um reparo: é que o acesso gratuito ao rádio e à televisão não mais existe, em razão da reforma eleitoral ocorrida em 2017 pelas Leis ns. 13.487/2017 e 13.488/2017, em que pese a possibilidade constitucional, bastando edição de nova lei para a reintrodução prática das propagandas partidárias nas concessionárias.

O ato do Tribunal Superior Eleitoral que analisa o pedido do registro partidário tem natureza meramente administrativa, não cabendo, dessa forma, a interposição de Recurso Extraordinário contra a decisão que indefere o pedido.

Somente poderá participar das eleições o partido político que até seis meses antes do pleito tenha registrado seu estatuto no TSE, conforme já analisado, mas também tenha, até a data da convenção, órgão de direção constituído na respectiva circunscrição. É a regra do art. 4º da Lei n. 9.504/97.

5.4 DIREITOS E GARANTIAS DOS PARTIDOS POLÍTICOS

Uma vez constituído e com o registro no TSE o partido político passam a gozar dos seguintes direitos e garantias:

a) recursos do fundo partidário e do fundo especial de financiamento de campanha (art. 17, § 3º, da CF, já com a nova redação da EC n. 97/2017). Fundo partidário, também chamado de Fundo Especial de Assistência Financeira aos Partidos Políticos, é constituído pelas multas aplicadas com base na legislação eleitoral, doações e dotações orçamentárias da União fundadas no número de eleitores (art. 38 da Lei n. 9.096/95). O fundo é depositado em estabelecimento bancário específico e é dividido da seguinte forma: 5% do total são divididos em partes iguais a todos os partidos que tenham registrado seus estatutos no TSE e 95% são distribuídos na proporção dos votos obtidos na última eleição geral para a Câmara dos Deputados (art. 41-A da Lei n. 9.096/95). Já Os recursos do Fundo Especial de Financiamento de Campanha (FEFC), para o primeiro turno das eleições, serão distribuídos entre os partidos políticos, obedecidos os seguintes critérios:

I – 2% (dois por cento), divididos igualitariamente entre todos os partidos com estatutos registrados no Tribunal Superior Eleitoral;

II – 35% (trinta e cinco por cento), divididos entre os partidos que tenham pelo menos um representante na Câmara dos Deputados, na proporção do percentual de votos por eles obtidos na última eleição geral para a Câmara dos Deputados;

III – 48% (quarenta e oito por cento), divididos entre os partidos, na proporção do número de representantes na Câmara dos Deputados, consideradas as legendas dos titulares;

IV – 15% (quinze por cento), divididos entre os partidos, na proporção do número de representantes no Senado Federal, consideradas as legendas dos titulares.

Portanto, são dois fundos distintos. O primeiro (partidário) para subsidiar a existência e funcionamento dos partidos políticos, e o segundo, especialmente criado pelo art. 16-D da Lei n. 9.504/97 (Lei das Eleições), a fomentar a questão do financiamento público de campanha, agora oficial no país.

Já existe ação no STF discutindo sua constitucionalidade, especialmente porque foi criado por lei, e não pela Constituição Federal, que, em tese, havia limitado à existência de apenas um fundo (partidário, no art. 17, § 3º, da CF) no organograma jurídico-legal brasileiro. Trata-se da ADI 5795, ajuizada pelo Partido Social Liberal – PSL, de relatoria da Ministra Rosa Weber, ainda sem julgamento do mérito no fechamento desta edição. Em síntese, o autor afirma que o art. 16-C, *caput* e inc. II, da Lei n. 9.504/97 (Lei das Eleições), com a redação atribuída pela Lei n. 13.487/2017, criou nova fonte de financiamento de campanhas eleitorais dos partidos políticos à revelia do texto constitucional, pois a Constituição Federal já prevê o fundo partidário. Em nosso entendimento, não há inconstitucionalidade, pois a lei possui autoridade normativa para criação de fundos de financiamento e a destinação a partido político, por si só, não encontra vedação constitucional. Até o momento não houve julgamento da questão.

b) com a criação da cláusula de barreira ou desempenho em razão da Emenda Constitucional (EC) n. 97/2017, o partido político que não atingir os requisitos mínimos estabelecidos na referida norma, não terão acesso ao fundo partidário (continuarão com acesso ao FECFC às campanhas), a partir das eleições de 2030, conforme os seguintes parâmetros e nos exatos termos da Emenda Constitucional n. 97/2017, que alterou o art. 17 da CF, a saber:

I – na legislatura seguinte às eleições de 2018:

a) obtiverem, nas eleições para a Câmara dos Deputados, no mínimo, 1,5% (um e meio por cento) dos votos válidos, distribuídos em pelo menos um terço das unidades da Federação, com um mínimo de 1% (um por cento) dos votos válidos em cada uma delas; ou
b) tiverem elegido pelo menos nove Deputados Federais distribuídos em pelo menos um terço das unidades da Federação;

II – na legislatura seguinte às eleições de 2022:

a) obtiverem, nas eleições para a Câmara dos Deputados, no mínimo, 2% (dois por cento) dos votos válidos, distribuídos em pelo menos um terço das unidades da Federação, com um mínimo de 1% (um por cento) dos votos válidos em cada uma delas; ou
b) tiverem elegido pelo menos onze Deputados Federais distribuídos em pelo menos um terço das unidades da Federação;

III – na legislatura seguinte às eleições de 2026:

a) obtiverem, nas eleições para a Câmara dos Deputados, no mínimo, 2,5% (dois e meio por cento) dos votos válidos, distribuídos em pelo menos um terço das unidades da Federação, com um mínimo de 1,5% (um e meio por cento) dos votos válidos em cada uma delas; ou
b) tiverem elegido pelo menos treze Deputados Federais distribuídos em pelo menos um terço das unidades da Federação.

IV – na legislatura seguinte às eleições de 2030:

a) obtiverem, nas eleições para a Câmara dos Deputados, no mínimo, 3% (três por cento) dos votos válidos, distribuídos em pelo menos um terço das unidades da Federação, com um mínimo de 2% (dois por cento) dos votos válidos em cada uma delas; ou

b) tiverem elegido pelo menos quinze Deputados Federais distribuídos em pelo menos um terço das unidades da Federação.

É o que se chama de cláusula de barreira progressiva, visto que há requisitos a serem preenchidos ao longo do tempo e continuamente.

c) prioridade postal durante os sessenta dias anteriores à realização das eleições, para remessa de material de propaganda de seus candidatos registrados (art. 239, CE).

d) imunidade tributária, prevista no art. 150, VI, *c*, da CF, que veda à União, aos Estados, ao Distrito Federal e aos Municípios instituir impostos sobre patrimônio, renda ou serviços dos partidos políticos, inclusive suas fundações, das entidades sindicais dos trabalhadores, das instituições de educação e de assistência social, sem fins lucrativos, atendidos os requisitos da lei.

e) garantia de exclusividade da sua denominação, sigla e símbolos, vedada a utilização por outros partidos de variações que venham a induzir a erro ou confusão (art. 7º, § 3º, Lei n. 9.096/95).

f) legitimidade para ajuizar ação direta de inconstitucionalidade de atos normativos ou de omissões (art. 103, VIII, CF) e para propor Arguição por Descumprimento de Preceito Fundamental (Lei n. 9.882/99).

Quanto ao Mandado de Segurança Coletivo, não poderá ser proposto pelo partido político que não possua representação no Congresso Nacional.

g) funcionamento parlamentar em todas as Casas Legislativas para as quais tenha elegido representante (art. 12 da Lei n. 9.096/95).

h) estabelecimento de seu estatuto, estrutura interna, funcionamento, seus programas e seus objetivos políticos.

5.5 OBRIGAÇÕES DOS PARTIDOS POLÍTICOS (PRESTAÇÃO DE CONTAS ANUAL)

Deve o partido político respeitar as normas norteadoras da vida partidária, ou seja, a soberania nacional, o regime democrático de direito, o pluripartidarismo e os direitos fundamentais.

As obrigações impostas aos partidos políticos estão expressas no art. 17, I a IV, da CF:

a) Ter caráter nacional, com representantes na maioria dos Estados da Federação e com propostas que englobem o interesse de toda a nação. É vedada a criação de partidos regionais, que defendam interesses locais.

b) Proibição de recebimento de recursos financeiros de entidade ou governo estrangeiros ou de subordinação a interesses alienígenas. Essa regra visa assegurar a soberania do Estado. É vedado ao partido e candidato, receber direta ou indiretamente, doação em dinheiro ou estimável em dinheiro, inclusive por meio de publicidade de qualquer espécie, procedente de entidade de governo estrangeiro, assim como de entidade de classe sindical ou empresas.

No Brasil o sistema de financiamento vigente é do sistema misto de financiamento partidário, podendo ser realizado o financiamento tanto pelo particular, pessoa física, como pelos recursos do Estado.

c) Prestação de Contas à Justiça Eleitoral, a legislação eleitoral prevê duas formas de prestação de contas:

c.1) **Prestação de Contas Anual**, regulada pelo art. 30 e seguintes da Lei n. 9.096/95 (Lei dos Partidos Políticos) e pela Resolução TSE n. 23.604/2019. Constitui obrigação do partido político apresentar até o dia 30 de junho do ano subsequente sua prestação de contas, para que se apure a regularidade de suas receitas e despesas. Nos termos do art. 37-A, "a falta de prestação de contas implicará a suspensão de novas cotas do Fundo Partidário enquanto perdurar a inadimplência e sujeitará os responsáveis às penas da lei". A desaprovação da prestação de contas do partido não ensejará sanção alguma que o impeça de participar do pleito eleitoral.

Sobre essa temática é relevante anotar o julgamento da ADI 6032 DF – Distrito Federal, requerente Partido Socialista Brasileiro (e outros), Publicação *DJe*-104, de 20-5-2019, julgamento em 16 de maio de 2019, rel. Min. Gilmar Mendes. Na oportunidade, o STF declarou inconstitucional a aplicação pela Justiça Eleitoral de sanção de suspensão do registro ou anotação do órgão partidário de forma automática, quando este não presta constas. Nesse sentido, transcrevemos:

> "Decisão: Trata-se de ação direta de inconstitucionalidade, com pedido de medida cautelar, proposta pelo Partido Socialista Brasileiro e pelo Partido

Popular Socialista, em face das normas do Tribunal Superior Eleitoral que determinam a suspensão do registro ou da anotação do órgão de direção estadual ou municipal quando as contas do Partido forem julgadas não prestadas: art. 47, § 2º, da Res./TSE 23.432/2014; art. 48, § 2º, da Res./TSE 23.546/2017 e art. 42, *caput*, da Res./TSE 23.571/2018. A ação direta foi ajuizada em 10 de outubro de 2018 e distribuída por prevenção à ADI 5.362, proposta pelo Partido Democrático Brasileiro, contra o art. 47, § 2º, da Resolução 23.432, de 30 de dezembro de 2014, do Tribunal Superior Eleitoral [...] Assim, faz-se necessário compatibilizar as diversas normas incidentes sobre o dever dos partidos políticos de prestar contas, em todos os níveis de direção partidária, de modo a concluir que a suspensão do órgão regional ou municipal, por decisão da Justiça Eleitoral, só poderá ocorrer após processo específico de suspensão, em que se oportunize contraditório e ampla defesa ao órgão partidário omisso. A mim me parece, em juízo preliminar, que permitir qualquer outra interpretação às normas em exame importaria em vício de inconstitucionalidade, posto que não permitira ao órgão suspenso defender-se adequadamente, podendo surpreender os filiados em ano eleitoral, prejudicando o jogo democrático. [...]

Há que se levar em consideração que o sistema proporcional densifica o princípio do pluralismo. A desconsideração de votos dados aos candidatos dos partidos com contas não apresentadas, por entendimento fixado na véspera da eleição, parece causar dano irreparável ao regime democrático, se acarretar alteração do resultado das eleições de 2018. No que concerne ao perigo de demora, portanto, [...] Posto isso, sem prejuízo de melhor análise quanto à questão de fundo, em caráter definitivo, por ocasião do julgamento de mérito, tenho, para mim, que é caso de concessão de medida cautelar. Ante o exposto, defiro parcialmente a medida cautelar requerida, *ad referendum* do Plenário (art. 21, V, do RISTF; art. 10, § 3º, Lei n. 9.868/1999), para conferir interpretação conforme à Constituição às normas do art. 47, § 2º, da Res./TSE 23.432/2014; do art. 48, § 2º, da Res./TSE 23.546/2017; e do art. 42, *caput*, da Res./TSE 23.571/2018, afastando qualquer interpretação que permita que a sanção de suspensão do registro ou anotação do órgão partidário regional ou municipal seja aplicada de forma automática, como consequência da decisão que julga as contas não prestadas, assegurando que tal penalidade somente pode ser aplicada após decisão, com trânsito em julgado, decorrente de procedimento específico de suspensão de registro, nos termos do art. 28 da Lei n. 9.096/1995. Comunique-se, com urgência. Na sequência, inclua-se em pauta imediatamente para o julgamento colegiado do referendo da medida cautelar. Publique-se. Brasília, 16 de maio de 2019. Ministro Gilmar Mendes Relator Documento assinado digitalmente".

Importante anotar que, em julgamento definitivo, o entendimento do Min. Relator foi mantido[1]. Vejamos:

> Decisão: Preliminarmente, o Tribunal, por maioria, conheceu da ação direta, vencido parcialmente o Ministro Roberto Barroso, que dela conhecia em menor parte e, por unanimidade, converteu o julgamento do referendo em medida cautelar em julgamento definitivo de mérito. Na sequência, por maioria, julgou parcialmente procedente o pedido para conferir interpretação conforme à Constituição às normas do art. 47, *caput* e § 2º, da Res./TSE 23.432/2014; do art. 48, *caput* e § 2º, da Res./TSE 23.546/2017; e do art. 42, *caput*, da Res./TSE 23.571/2018, afastando qualquer interpretação que permita que a sanção de suspensão do registro ou anotação do órgão partidário regional ou municipal seja aplicada de forma automática, como consequência da decisão que julga as contas não prestadas, assegurando que tal penalidade somente pode ser aplicada após decisão, com trânsito em julgado, decorrente de procedimento específico de suspensão de registro, conforme o art. 28 da Lei n. 9.096/1995, nos termos do voto do Relator, vencidos os Ministros Edson Fachin, Rosa Weber e Cármen Lúcia, que julgavam improcedente a ação, e o Ministro Roberto Barroso, que, na parte conhecida, também julgava-a improcedente. Ausente, justificadamente, o Ministro Celso de Mello. Presidência do Ministro Dias Toffoli. Plenário, 05-12-2019.

Diante da importância que esta temática requer e das rotineiras alterações incluídas pelo Congresso Nacional na Lei dos Partidos Políticos (Lei n. 9.096/95), a demonstrar a instabilidade da regulação das prestações de contas, observem que a questão fora modificada nas reformas eleitorais de: 2009, 2013, 2015, 2017 e finalmente pela Lei n. 13.831 de 2019. Some-se a isso as modificações de segundo nível, ou seja, as resoluções do Tribunal Superior Eleitoral referentes à questão, sendo que atualmente é necessária a leitura da Resolução TSE n. 23.604/2019.

---

1 Disponível em: https://portal.stf.jus.br/processos/downloadTexto.asp?id=4986523&ext=RTF. Acesso em: 17 de maio 2020.

Portanto, para melhor compreensão, transcrevemos os principais artigos legais (Lei n. 9.096/95) já alterados, de indispensável leitura acerca deste tema. Vejamos:

> Art. 30. O partido político, através de seus órgãos nacionais, regionais e municipais, deve manter escrituração contábil, de forma a permitir o conhecimento da origem de suas receitas e a destinação de suas despesas.
>
> Art. 31. É vedado ao partido receber, direta ou indiretamente, sob qualquer forma ou pretexto, contribuição ou auxílio pecuniário ou estimável em dinheiro, inclusive através de publicidade de qualquer espécie, procedente de:
>
> I – entidade ou governo estrangeiros;
>
> II – entes públicos e pessoas jurídicas de qualquer natureza, ressalvadas as dotações referidas no art. 38 desta Lei e as proveniente do Fundo Especial de Financiamento de Campanha; (Redação dada pela Lei n. 13.488, de 2017)
>
> III – (revogado); (Redação dada pela Lei n. 13.488, de 2017)
>
> IV – entidade de classe ou sindical.
>
> V – pessoas físicas que exerçam função ou cargo público de livre nomeação e exoneração, ou cargo ou emprego público temporário, ressalvados os filiados a partido político. (Incluído pela Lei n. 13.488, de 2017)
>
> Art. 32. O partido está obrigado a enviar, anualmente, à Justiça Eleitoral, o balanço contábil do exercício findo, até o dia 30 de junho do ano seguinte. (Redação dada pela Lei n. 13.877, de 2019)
>
> § 1º O balanço contábil do órgão nacional será enviado ao Tribunal Superior Eleitoral, o dos órgãos estaduais aos Tribunais Regionais Eleitorais e o dos órgãos municipais aos Juízes Eleitorais.
>
> § 2º A Justiça Eleitoral determina, imediatamente, a publicação dos balanços na imprensa oficial, e, onde ela não exista, procede à afixação dos mesmos no Cartório Eleitoral.
>
> § 3º (Revogado). (Redação dada pela Lei n. 13.165, de 2015)
>
> § 4º Os órgãos partidários municipais que não hajam movimentado recursos financeiros ou arrecadado bens estimáveis em dinheiro ficam desobrigados de prestar contas à Justiça Eleitoral e de enviar declarações de isenção, declarações de débitos e créditos tributários federais ou demonstrativos contábeis à Receita Federal do Brasil, bem como ficam dispensados da certificação digital, exigindo-se do responsável partidário, no prazo estipulado no *caput* deste artigo, a apresentação de declaração da ausência de

movimentação de recursos nesse período. (Redação dada pela Lei n. 13.831, de 2019)

§ 5º A desaprovação da prestação de contas do partido não ensejará sanção alguma que o impeça de participar do pleito eleitoral. (Incluído pela Lei n. 13.165, de 2015)

§ 6º A Secretaria Especial da Receita Federal do Brasil reativará a inscrição dos órgãos partidários municipais referidos no § 4º deste artigo que estejam com a inscrição baixada ou inativada, mediante requerimento dos representantes legais da agremiação partidária à unidade descentralizada da Receita Federal do Brasil da respectiva circunscrição territorial, instruído com declaração simplificada de que não houve movimentação financeira nem arrecadação de bens estimáveis em dinheiro. (Incluído pela Lei n. 13.831, de 2019)

§ 7º O requerimento a que se refere o § 6º deste artigo indicará se a agremiação partidária pretende a efetivação imediata da reativação da inscrição pela Secretaria Especial da Receita Federal do Brasil ou a partir de 1º de janeiro de 2020, hipótese em que a efetivação será realizada sem a cobrança de quaisquer taxas, multas ou outros encargos administrativos relativos à ausência de prestação de contas. (Incluído pela Lei n. 13.831, de 2019)

§ 8º As decisões da Justiça Eleitoral nos processos de prestação de contas não ensejam, ainda que desaprovadas as contas, a inscrição dos dirigentes partidários no Cadastro Informativo dos Créditos não Quitados do Setor Público Federal (Cadin). (Incluído pela Lei n. 13.831, de 2019)

Art. 33. Os balanços devem conter, entre outros, os seguintes itens:

I – discriminação dos valores e destinação dos recursos oriundos do fundo partidário;

II – origem e valor das contribuições e doações;

III – despesas de caráter eleitoral, com a especificação e comprovação dos gastos com programas no rádio e televisão, comitês, propaganda, publicações, comícios, e demais atividades de campanha;

IV – discriminação detalhada das receitas e despesas.

Art. 34. A Justiça Eleitoral exerce a fiscalização sobre a prestação de contas do partido e das despesas de campanha eleitoral, devendo atestar se elas refletem adequadamente a real movimentação financeira, os dispêndios e os recursos aplicados nas campanhas eleitorais, exigindo a observação das seguintes normas: (Redação dada pela Lei n. 13.165, de 2015)

I – obrigatoriedade de designação de dirigentes partidários específicos para movimentar recursos financeiros nas campanhas eleitorais; (Redação dada pela Lei n. 13.165, de 2015)

II – (revogado); (Redação dada pela Lei n. 13.165, de 2015)

III – relatório financeiro, com documentação que comprove a entrada e saída de dinheiro ou de bens recebidos e aplicados; (Redação dada pela Lei n. 13.165, de 2015)

IV – obrigatoriedade de ser conservada pelo partido, por prazo não inferior a cinco anos, a documentação comprobatória de suas prestações de contas; (Redação dada pela Lei n. 13.165, de 2015)

V – obrigatoriedade de prestação de contas pelo partido político e por seus candidatos no encerramento da campanha eleitoral, com o recolhimento imediato à tesouraria do partido dos saldos financeiros eventualmente apurados. (Redação dada pela Lei n. 13.165, de 2015)

§ 1º A fiscalização de que trata o *caput* tem por escopo identificar a origem das receitas e a destinação das despesas com as atividades partidárias e eleitorais, mediante o exame formal dos documentos fiscais apresentados pelos partidos políticos e candidatos, sendo vedada a análise das atividades político-partidárias ou qualquer interferência em sua autonomia. (Redação dada pela Lei n. 13.165, de 2015)

§ 2º Para efetuar os exames necessários ao atendimento do disposto no *caput*, a Justiça Eleitoral pode requisitar técnicos do Tribunal de Contas da União ou dos Estados, pelo tempo que for necessário. (Incluído pela Lei n. 12.891, de 2013)

§ 3º (VETADO). (Incluído pela Lei n. 13.877, de 2019)

§ 4º Para o exame das prestações de contas dos partidos políticos, o sistema de contabilidade deve gerar e disponibilizar os relatórios para conhecimento da origem das receitas e das despesas. (Incluído pela Lei n. 13.877, de 2019)

§ 5º Os relatórios emitidos pelas áreas técnicas dos tribunais eleitorais devem ser fundamentados estritamente com base na legislação eleitoral e nas normas de contabilidade, vedado opinar sobre sanções aplicadas aos partidos políticos, cabendo aos magistrados emitir juízo de valor. (Incluído pela Lei n. 13.877, de 2019)

§ 6º A Justiça Eleitoral não pode exigir dos partidos políticos apresentação de certidão ou documentos expedidos por outro órgão da administração pública ou por entidade bancária e do sistema financeiro que mantêm convênio ou integração de sistemas eletrônicos que realizam o envio direto de documentos para a própria Justiça Eleitoral. (Incluído pela Lei n. 13.877, de 2019)

Art. 35. O Tribunal Superior Eleitoral e os Tribunais Regionais Eleitorais, à vista de denúncia fundamentada de filiado ou delegado de partido, de representação do Procurador-Geral ou Regional ou de iniciativa do Corregedor, determinarão o exame da escrituração do partido e a apuração de qualquer ato que viole as prescrições legais ou estatutárias a que, em matéria financeira, aquele ou seus filiados estejam sujeitos, podendo, inclusive, determinar a quebra de sigilo bancário das contas dos partidos para o esclarecimento ou apuração de fatos vinculados à denúncia.

Parágrafo único. O partido pode examinar, na Justiça Eleitoral, as prestações de contas mensais ou anuais dos demais partidos, quinze dias após a publicação dos balanços financeiros, aberto o prazo de cinco dias para impugná-las, podendo, ainda, relatar fatos, indicar provas e pedir abertura de investigação para apurar qualquer ato que viole as prescrições legais ou estatutárias a que, em matéria financeira, os partidos e seus filiados estejam sujeitos.

Art. 36. Constatada a violação de normas legais ou estatutárias, ficará o partido sujeito às seguintes sanções:

I – no caso de recursos de origem não mencionada ou esclarecida, fica suspenso o recebimento das quotas do fundo partidário até que o esclarecimento seja aceito pela Justiça Eleitoral;

II – no caso de recebimento de recursos mencionados no art. 31, fica suspensa a participação no fundo partidário por um ano;

III – no caso de recebimento de doações cujo valor ultrapasse os limites previstos no art. 39, § 4º, fica suspensa por dois anos a participação no fundo partidário e será aplicada ao partido multa correspondente ao valor que exceder aos limites fixados.

Art. 37. A desaprovação das contas do partido implicará exclusivamente a sanção de devolução da importância apontada como irregular, acrescida de multa de até 20% (vinte por cento). (Redação dada pela Lei n. 13.165, de 2015)

§ 1º A Justiça Eleitoral pode determinar diligências necessárias à complementação de informações ou ao saneamento de irregularidades encontradas nas contas dos órgãos de direção partidária ou de candidatos. (Parágrafo renumerado pela Lei n. 9.693, de 1998)

§ 2º A sanção a que se refere o *caput* será aplicada exclusivamente à esfera partidária responsável pela irregularidade, não suspendendo o registro ou a anotação de seus órgãos de direção partidária nem tornando devedores ou inadimplentes os respectivos responsáveis partidários. (Redação dada pela Lei n. 13.165, de 2015)

§ 3º A sanção a que se refere o *caput* deste artigo deverá ser aplicada de forma proporcional e razoável, pelo período de 1 (um) a 12 (doze) meses, e o pagamento deverá ser feito por meio de desconto nos futuros repasses de cotas do fundo partidário a, no máximo, 50% (cinquenta por cento) do valor mensal, desde que a prestação de contas seja julgada, pelo juízo ou tribunal competente, em até 5 (cinco) anos de sua apresentação, vedada a acumulação de sanções. (Redação dada pela Lei n. 13.877, de 2019)

§ 3º-A. O cumprimento da sanção aplicada a órgão estadual, distrital ou municipal somente será efetivado a partir da data de juntada aos autos do processo de prestação de contas do aviso de recebimento da citação ou intimação, encaminhada, por via postal, pelo Tribunal Regional Eleitoral ou Juízo Eleitoral ao órgão partidário hierarquicamente superior. (Incluído pela Lei n. 13.877, de 2019)

§ 4º Da decisão que desaprovar total ou parcialmente a prestação de contas dos órgãos partidários caberá recurso para os Tribunais Regionais Eleitorais ou para o Tribunal Superior Eleitoral, conforme o caso, o qual deverá ser recebido com efeito suspensivo. (Incluído pela Lei n. 12.034, de 2009)

§ 5º As prestações de contas desaprovadas pelos Tribunais Regionais e pelo Tribunal Superior poderão ser revistas para fins de aplicação proporcional da sanção aplicada, mediante requerimento ofertado nos autos da prestação de contas. (Incluído pela Lei n. 12.034, de 2009)

§ 6º O exame da prestação de contas dos órgãos partidários tem caráter jurisdicional. (Incluído pela Lei n. 12.034, de 2009)

§ 7º (VETADO). (Incluído pela Lei n. 12.891, de 2013)

§ 8º (VETADO). (Incluído pela Lei n. 12.891, de 2013)

§ 9º O desconto no repasse de cotas resultante da aplicação da sanção a que se refere o *caput* será suspenso durante o segundo semestre do ano em que se realizarem as eleições. (Incluído pela Lei n. 13.165, de 2015)

§ 10. Os gastos com passagens aéreas serão comprovados mediante apresentação de fatura ou duplicata emitida por agência de viagem, quando for o caso, e os beneficiários deverão atender ao interesse da respectiva agremiação e, nos casos de congressos, reuniões, convenções, palestras, poderão ser emitidas independentemente de filiação partidária segundo critérios *interna corporis*, vedada a exigência de apresentação de qualquer outro documento para esse fim. (Redação dada pela Lei n. 13.877, de 2019)

§ 11. Os órgãos partidários poderão apresentar documentos hábeis para esclarecer questionamentos da Justiça Eleitoral ou para sanear irregularidades a qualquer tempo, enquanto não transitada em julgado a decisão que julgar a prestação de contas. (Incluído pela Lei n. 13.165, de 2015)

§ 12. Erros formais ou materiais que no conjunto da prestação de contas não comprometam o conhecimento da origem das receitas e a destinação das despesas não acarretarão a desaprovação das contas. (Incluído pela Lei n. 13.165, de 2015)

§ 13. A responsabilização pessoal civil e criminal dos dirigentes partidários decorrente da desaprovação das contas partidárias e de atos ilícitos atribuídos ao partido político somente ocorrerá se verificada irregularidade grave e insanável resultante de conduta dolosa que importe enriquecimento ilícito e lesão ao patrimônio do partido. (Incluído pela Lei n. 13.165, de 2015)

§ 14. O instituto ou fundação de pesquisa e de doutrinação e educação política não será atingido pela sanção aplicada ao partido político em caso de desaprovação de suas contas, exceto se tiver diretamente dado causa à reprovação. (Incluído pela Lei n. 13.165, de 2015)

§ 15. As responsabilidades civil e criminal são subjetivas e, assim como eventuais dívidas já apuradas, recaem somente sobre o dirigente partidário responsável pelo órgão partidário à época do fato e não impedem que o órgão partidário receba recurso do fundo partidário. (Incluído pela Lei n. 13.831, de 2019)

Art. 37-A. A falta de prestação de contas implicará a suspensão de novas cotas do Fundo Partidário enquanto perdurar a inadimplência e sujeitará os responsáveis às penas da lei. (Incluído pela Lei n. 13.165, de 2015)

Constatado o uso indevido do Fundo Partidário (pagamento de passagens aéreas para pessoas não filiadas, por exemplo) ou a arrecadação não identificada de valores, o que dificulta a fiscalização por parte da Justiça Eleitoral, inclusive no que toca a fontes vedadas estabelecidas no art. 31 da Lei n. 9.096/95 (sindicatos e governos ou entidades estrangeiras por exemplo), há hipótese de reprovação das contas anuais do Partido.

A reprovação de contas acarreta a suspensão de repasses de quotas do Fundo Partidário e, até a edição da Lei n. 13.165/2015, a devolução de valores ao Fundo Partidário devidamente corrigidos ou mesmo o recolhimento de valores à Fazenda Nacional, a depender do caso concreto. Por essa razão, a análise das contas partidárias deve ocorrer observando a razoabilidade e proporcionalidade (art. 37, § 3º, da Lei n. 9.096/95), boa-fé, contraditório, ampla defesa e legalidade.

As decisões que determinavam o recolhimento de valores de origem não identificadas sempre foram polêmicas, pois não estavam amparadas no princípio da legalidade, tendo em vista as sanções aplicáveis previstas pelo art. 36, I, II e III, da Lei dos Partidos Políticos:

> Art. 36. Constatada a violação de normas legais ou estatutárias, ficará o partido sujeito às seguintes sanções:
>
> I – no caso de recursos de origem não mencionada ou esclarecida, fica suspenso o recebimento das quotas do fundo partidário até que o esclarecimento seja aceito pela Justiça Eleitoral;
>
> II – no caso de recebimento de recursos mencionados no art. 31, fica suspensa a participação no fundo partidário por um ano;
>
> III – no caso de recebimento de doações cujo valor ultrapasse os limites previstos no art. 39, § 4º, fica suspensa por dois anos a participação no fundo partidário e será aplicada ao partido multa correspondente ao valor que exceder aos limites fixados.

Tanto a reprovação de contas anuais de partidos políticos quanto a reprovação de contas de campanha de partidos políticos geram sanções. Contudo, em boa hora, a Lei n. 13.165/2015 normatizou que a desaprovação de contas não ensejará óbice à participação do Partido no pleito eleitoral.

Segundo a nova redação dada pela Lei n. 13.165/2015 ao art. 37 e seus parágrafos, a desaprovação das contas do partido implicará exclusivamente a sanção de devolução da importância apontada como irregular, acrescida de multa de até 20% (vinte por cento). Some-se a isso que ausência de prestação de contas implicará a suspensão de novas cotas do Fundo Partidário enquanto perdurar a inadimplência e sujeitará os responsáveis às penas da lei.

A prestação de contas outrora possuía natureza meramente administrativa. Contudo, a Lei n. 12.034/2009 atribuiu caráter jurisdicional às prestações de contas. Sendo assim, da decisão que desaprovar total ou parcialmente a prestação de contas dos órgãos partidários caberá recurso para os Tribunais Regionais Eleitorais ou para o Tribunal Superior Eleitoral, conforme o caso, o qual deverá ser recebido com efeito suspensivo, conforme atual redação do art. 37, § 4º, da Lei dos Partidos Políticos.

Merece destaque especial o § 11 do art. 37, pois instituiu instrumento relevante ao direito constitucional de ampla defesa que, no entanto, está sendo cerceado pelos Tribunais Eleitorais no dia a dia da advocacia eleitoral. Para melhor compreensão, estudar o capítulo 14 desta obra.

Com base no princípio constitucional da legalidade, bem como no postulado da segurança jurídica, o direito defensivo expressamente prescrito no art. 37, § 11, da Lei Federal n. 9.096/95 deve ser reconhecido. Tal dispositivo normativo é inequívoco e expresso quanto à possibilidade de produção probatória para sanear vícios formais a qualquer tempo até o transito em julgado da decisão que julgar a prestação de contas.

Primeiramente, não é caso de lei antiga que necessita de adequação social via Poder Judiciário, ao contrário, é norma recente incorporada na Lei Federal n. 9.096/95 em razão da edição e vigência da Lei Federal n. 13.165/2015. Portanto, é norma atualizada e vigente que deve ser respeitada pelos poderes do Estado. Afinal, os juízes também compõem o Governo na medida em que integram um Poder da República. Por esta razão, o cidadão e todas as pessoas (jurídicas e físicas) estão submetidas ao Governo das Leis, não ao Governo de Pessoas – ou o Governo dos Juízes (Juristocracia). É assim que se concretiza um Estado Democrático de Direito. O inconformismo com o conteúdo da norma é assunto a ser tratado no Congresso Nacional, não para ser resolvido por magistrados. Ao magistrado não é deferido julgar moralmente o conteúdo normativo da lei. Sobre o tema, recomendamos a leitura do capítulo 14 desta obra.

Em segundo lugar, sem crítica à tipologia normativa – análise da hierarquia das fontes do direito –, é evidente que a Jurisprudência é socialmente e normativamente reconhecida como legítima fonte – influência do positivismo jurídico. Porém, existem normas jurídicas de aplicação e normas jurídicas de regulação de produção normativa e, neste sentido, é teórico que há no sistema jurídico brasileiro a primazia – não o monopólio –, mas a primazia da Lei como fonte do direito.

Neste sentido, a Lei clara deve ser respeitada em seu conteúdo – textualidade ou mesmo literalidade –, pois ainda que se diga que a norma é o resultado do exercício interpretativo do dispositivo legal é inconteste que todo dispositivo possui efeito normativo *prima facie*. O juiz que pratica interpretação como ato de vontade não é juiz da Democracia – *vide* capítulo 14 desta obra.

O objetivo do § 11 do art. 37 acrescido pela Lei Federal n. 13.165/2015 no corpo da Lei Federal n. 9.096/95 é justamente evitar a ocorrência da preclusão. Por essa razão, afirmar que o partido político não pode juntar documentos antes do trânsito em julgado, quando já intimado para fazê-lo e não o fez, é raciocínio radicalmente colidente com a proposição jurídica "**A QUALQUER TEMPO, ENQUANTO NÃO TRANSITADA EM JULGADO A DECISÃO QUE JULGAR A PRESTAÇÃO DE CONTAS**", apresentada na legislação.

Os que pretendem negar aplicação ao referido § 11 do art. 37, até mesmo justificando que não é compatível com o caráter jurisdicional da prestação de contas, em especial com o instituto da preclusão, pretendem efetivar interpretação ideológica por não concordarem com a existência do dispositivo legal tal qual o legislador determinou. Ao nosso ver, tais decisões são inconstitucionais, pois ferem o princípio da legalidade e do devido processo legal.

A principal fonte de recursos dos Partidos Políticos no Brasil é o Fundo Especial de Assistência Financeira aos Partidos Políticos, também conhecido como Fundo Partidário, previsto nos arts. 38 e seguintes da Lei n. 9.096/95.

O Fundo é composto de multas e penalidades pecuniárias aplicadas nos termos do Código Eleitoral e leis conexas; recursos financeiros que lhe forem destinados por lei, em caráter permanente ou eventual; doações de pessoa física ou jurídica, efetuadas por intermédio de depósitos bancários diretamente na conta do Fundo Partidário; dotações orçamentárias da União em valor nunca inferior, cada ano, ao número de eleitores inscritos em 31 de dezembro do ano anterior ao da proposta orçamentária, multiplicados por trinta e cinco centavos de real, em valores de agosto de 1995.

Salvo a fonte oficial constituída pelo Fundo Partidário, os Partidos Políticos podem efetuar arrecadações privadas consoante nova dinâmica apresentada pela Lei n. 13.165/2015. Conforme preceitua a norma, as doações de recursos financeiros somente poderão ser efetuadas na conta do partido político por meio de: (i) cheques cruzados e nominais ou transferência eletrônica de depósitos; (ii) depósitos em espécie devidamente identificados; (iii) mecanismo disponível em sítio do Partido Político na internet que permita inclusive o uso de cartão de crédito ou de débito e que atenda aos seguintes requisitos: (a) identificação do doador; (b) emissão obrigatória de recibo eleitoral para cada doação realizada, quando for o caso de arrecadação eleitoral, isto é, arrecadação durante o processo eleitoral com finalidade de financiar o projeto de poder do partido, ou seja, o custo para eleger seus filiados candidatos.

Conforme preceitua o art. 39, § 1º, da Lei n. 9.096/95, as doações podem ser feitas diretamente aos órgãos de direção nacional, estadual e municipal, que remeterão, à Justiça Eleitoral e aos órgãos hierarquicamente superiores do Partido, o demonstrativo de seu recebimento e respectiva destinação, juntamente com o balanço contábil.

c.2) **Prestação de contas de campanha eleitoral**, regulada pela Lei n. 9.504/97 (Lei das Eleições), em seus art. 28 a 32, aplica-se tanto aos partidos políticos quanto aos candidatos. Portanto, será analisada no capítulo 7 desta obra, correspondente à Campanha Eleitoral.

Atenção: A Portaria Conjunta TSE/RFB n. 1, de 8 de setembro de 2016, dispõe sobre o apoio institucional da Secretaria da Receita Federal do Brasil ao Tribunal Superior Eleitoral nas atividades de verificação de contas de candidatos e partidos políticos.

5.6 ESTRUTURA PARAMILITAR

É vedado aos partidos políticos a utilização de estrutura paramilitar, pois estaria estimulando a violência e impedindo o livre debate de ideias. A estrutura paramilitar é própria das ditaduras.

5.7 CLÁUSULA DE BARREIRA

Também conhecida como "cláusula de desempenho" surgiu com a Lei n. 9.096/95 (Lei dos Partidos Políticos) em seus arts. 13, 56 e 57, que estabeleceram limites aos partidos políticos que não obtiverem certo número de votos. "Aquele que não alcançar 5% dos votos dados para a Câmara Federal não terá o direito de participar da distribuição dos recursos do fundo partidário, do acesso ao horário gratuito ao rádio e televisão e do direito de participar do funcionamento parlamentar" (ficaria excluído das comissões, não poderia indicar liderança para aprovação de projeto e nem nomes para a mesa diretora da Câmara e do Senado).

Entretanto, o partido que não superar a cláusula de barreira pode continuar funcionando, porque a Constituição garante o pluripartidarismo partidário.

O STF ao julgar as ADIs 1.351 e 1.354 entendeu como inconstitucional qualquer dispositivo que condicione o funcionamento parlamentar a determinado desempenho eleitoral, conferindo aos partidos políticos diferentes proporções de participação do fundo partidário e de tempo disponível para a propaganda partidária ("direito de antena"), pois estaria ferindo o pluralismo político e promovendo o "massacre das minorias" que, para evitar sua extinção, teriam de lançar mão de coligações.

Quanto aos arts. 56 e 57, ambos foram revogados pela Lei n. 13.165, de 2015.

Todavia, como já tivemos oportunidade de discutir o tema, a EC n. 97/2017 reavivou o instituto da cláusula de barreira com outra roupagem, criando a denominada cláusula de barreira progressiva no tempo, com requisitos a serem cumpridos ao longo dos anos, da seguinte forma:

I – na legislatura seguinte às eleições de 2018:

a) obtiverem, nas eleições para a Câmara dos Deputados, no mínimo, 1,5% (um e meio por cento) dos votos válidos, distribuídos em pelo menos um terço das unidades da Federação, com um mínimo de 1% (um por cento) dos votos válidos em cada uma delas; ou
b) tiverem elegido pelo menos nove Deputados Federais distribuídos em pelo menos um terço das unidades da Federação;

II – na legislatura seguinte às eleições de 2022:

a) obtiverem, nas eleições para a Câmara dos Deputados, no mínimo, 2% (dois por cento) dos votos válidos, distribuídos em pelo menos um terço das unidades da Federação, com um mínimo de 1% (um por cento) dos votos válidos em cada uma delas; ou
b) tiverem elegido pelo menos onze Deputados Federais distribuídos em pelo menos um terço das unidades da Federação;

III – na legislatura seguinte às eleições de 2026:

a) obtiverem, nas eleições para a Câmara dos Deputados, no mínimo, 2,5% (dois e meio por cento) dos votos válidos, distribuídos em pelo menos um terço das unidades da Federação, com um mínimo de 1,5% (um e meio por cento) dos votos válidos em cada uma delas; ou
b) tiverem elegido pelo menos treze Deputados Federais distribuídos em pelo menos um terço das unidades da Federação.

IV – na legislatura seguinte às eleições de 2030:

a) obtiverem, nas eleições para a Câmara dos Deputados, no mínimo, 3% (três por cento) dos votos válidos, distribuídos em pelo menos um terço das unidades da Federação, com um mínimo de 2% (dois por cento) dos votos válidos em cada uma delas; ou
b) tiverem elegido pelo menos quinze Deputados Federais distribuídos em pelo menos um terço das unidades da Federação.

Ou seja, os partidos políticos que não atingirem referidos requisitos não mais receberão recursos do fundo partidário, nos termos do art. 17, § 3º, da Constituição Federal, com redação modificada pela Emenda Constitucional n. 97. Ainda que a norma constitucional também faça referência ao acesso gratuito ao rádio e à televisão, o faz na forma da lei. Neste sentido, a legislação infraconstitucional extinguiu, como anteriormente referido, este direito que assistia aos partidos políticos na reforma eleitoral de 2017.

5.8 FIDELIDADE PARTIDÁRIA

A temática fidelidade partidária há muito tempo vem provocando acalorados debates no cenário político. A indagação é se o mandato eletivo pertence à agremiação política ou configura-se como um direito subjetivo do representante independentemente se ele foi eleito em razão da contribuição dos votos de legenda ou do aproveitamento das médias partidárias.

O art. 175, § 4º, do CE expressa que serão contados para o partido político os votos conferidos a cada candidato que, depois da eleição, seja proclamado inelegível ou que tenha o registro cancelado. O art. 176 do mesmo Código também estabelece para o partido político os votos proporcionais, nas hipóteses ali indicadas. Os dois casos revelam a ligação intrínseca entre o mandato e os partidos políticos.

A CF aduz acerca da fidelidade partidária em seu art. 17, ao expor que é assegurada aos partidos políticos autonomia para definir sua estrutura interna, sua organização e seu funcionamento, devendo seus estatutos estabelecer normas de disciplina e fidelidade partidária.

A Lei n. 9.096/95 (Lei dos Partidos Políticos), em seu art. 24, afirma que o integrante da bancada de partido deve subordinar sua ação parlamentar aos princípios doutrinários e programáticos, às diretrizes estabelecidas pelos órgãos de direção partidários, na forma do estatuto. O art. 25 da mesma lei dispõe que, além das medidas disciplinares básicas de caráter partidário, o estatuto do partido poderá estabelecer normas sobre penalidades, inclusive com desligamento temporário da bancada, suspensão do direito de voto nas reuniões internas ou perda de todas as prerrogativas, cargos e funções que exerça em decorrência da representação, na respectiva Casa Legislativa, ao parlamentar que se opuser, pela atitude ou pelo voto, às diretrizes legitimamente estabelecidas pelos órgãos partidários.

O assunto ficou decidido na Resolução TSE n. 22.526/2007, firmando o posicionamento de que nas eleições proporcionais (para Deputados Estaduais, Federais e Vereadores) o parlamentar eleito que se desfiliar ou transferir-se de partido perde o mandato, que permanece com o suplente ainda filiado. Ocorre que, conforme já destacado quando tratamos do princípio da fidelidade partidária, citada resolução restou superada pela Lei n. 13.165/2015, que incluiu o art. 22-A na Lei n. 9.096/95, visando, assim, regulamentar a desfiliação partidária, bem como elencar as hipóteses configuradoras de justa causa. Vejamos:

> Art. 22-A. Perderá o mandato o detentor de cargo eletivo que se desfiliar, sem justa causa, do partido pelo qual foi eleito.

> Parágrafo único. Consideram-se justa causa para a desfiliação partidária somente as seguintes hipóteses:
>
> I – mudança substancial ou desvio reiterado do programa partidário;
>
> II – grave discriminação política pessoal; e
>
> III – mudança de partido efetuada durante o período de trinta dias que antecede o prazo de filiação exigido em lei para concorrer à eleição, majoritária ou proporcional, ao término do mandato vigente.

Mesmo com a regra do art. 22-A, foi editada em 2016 a EC n. 91, criando a "janela partidária", que teve aplicabilidade apenas para as eleições do ano de 2016. Ela sequer alterou qualquer dispositivo constitucional criando a possibilidade, excepcional e em período determinado, de desfiliação partidária, sem prejuízo do mandato. Portanto, referida emenda não produz mais efeitos jurídicos.

Importante trazer à baila, neste contexto, a Súmula n. 67 editada pelo TSE: "A perda do mandato em razão da desfiliação partidária não se aplica aos candidatos eleitos pelo sistema majoritário".

Ela foi editada em consonância com o entendimento dos Tribunais, consolidado pelo STF no julgamento da ADI 5081/DF, de relatoria do Ministro Roberto Barroso, em 27-5-2015, no sentido de não se impor a fidelidade partidária como medida para preservar a vontade do eleitor no sistema majoritário, vez que este tem como regra a maioria de votos e não o quociente eleitoral, sob pena de se contrariar a soberania popular.

Também não perderá o mandato o político eleito por partido que não atingiu a cláusula de desempenho (cláusula de barreira), ficando a ele facultada a possibilidade de filiação a outro partido que a tenha atingido. Neste caso, a própria Constituição Federal, em seu art. 17, § 5º, em razão da nova redação atribuída pela Emenda Constitucional n. 97, excepciona o princípio da fidelidade partidária.

5.9 COLIGAÇÕES PARTIDÁRIAS

Conceito: É a junção temporária de dois ou mais partidos políticos, visando ao objetivo de alcançar êxito na disputa eleitoral. Trata-se de faculdade atribuída aos partidos, devendo, ao menos em tese, ser feita entre partidos que tenham afinidade ideológica e na mesma circunscrição. É necessário, igualmente, a observância dos estatutos partidários.

Ney Moura Teles conceitua coligação como "um ente jurídico com direitos e obrigações durante todo o processo eleitoral". Na expressão do Ministro Torquato Jardim: "Embora não possuam personalidade jurídica civil como os partidos políticos, as coligações formam um ente jurídico e funcionam como autênticos partidos temporários"; ou, conforme afirma o Ministro Marco Aurélio de Mello, "a coligação ganha, pela ficção imposta, a condição de partido durante o processo eleitoral. Vale dizer que os partidos que a compõem podem peticionar somente em conjunto, bem como pedir registro, impugnar candidatos, recorrer etc. É-lhes vedado, por isso mesmo, desistir isoladamente do pedido ou pleitear em juízo em substituição à coligação" (TSE, Rec 14.898 e 14.899, *DJU* 6-6-1997).

Faculta-se coligar-se nos três níveis federativos: nacional, estadual /distrital ou municipal. Contudo, de modo que os diretórios municipais e estaduais obedeçam às diretrizes do diretório nacional. Até as eleições gerais de 2018 era permitido aos partidos políticos coligações dentro de sua circunscrição, tanto para eleição majoritária quanto proporcional, no caso desta, entre os partidos que integram a coligação para o pleito majoritário (Resolução n. 22.717/2008, art. 3º).

Porém, surge, com o advento da EC n. 97, de 5 de outubro de 2017, que modificou o art. 17, § 1º, da CF, o falecimento programado da coligação eleitoral para as eleições proporcionais a partir de 2020.

Previsão legal: Esta matéria, não prevista originariamente na Constituição de 1988, foi nela introduzida por meio da EC n. 52/2006 e também pela EC n. 97/2017, que alteraram o art. 17, § 1º, passando a assegurar aos partidos políticos autonomia para definir sua estrutura interna e estabelecer regras sobre escolha, formação e duração de seus órgãos permanentes e provisórios, sobre sua organização e funcionamento, para adotar os critérios de escolha e o regime de suas coligações nas eleições majoritárias, vedada a sua celebração nas eleições proporcionais, sem obrigatoriedade de vinculação entre as candidaturas em âmbito nacional, estadual, distrital ou municipal, devendo seus estatutos estabelecer normas de disciplina e fidelidade partidária.

O mesmo dispositivo constitucional que garantia a possibilidade de escolha do regime e de suas coligações eleitorais, também acabou por abolir a questão relacionada à verticalização de coligações, pela qual o partido político que lançava isoladamente ou em coligação candidato à Presidência da República não podia formar coligação para a eleição de governador, senador, deputado federal, estadual ou distrital com partido que compõe outra coligação ou que isoladamente também tivesse lançado candidato à presidência da República.

Ao apreciar a ADIn 3.685-8, o STF reconheceu que o "princípio da anuidade" – entendemos ser uma regra – caracteriza um direito individual do cidadão eleitor e, portanto, uma cláusula pétrea., dando à EC n. 52/2006 interpretação conforme ao art. 16 da CF, evitando, assim, que as regras do processo eleitoral, para aquele pleito, fossem subitamente alteradas, atingindo o princípio da segurança jurídica.

No nível infraconstitucional, a questão das coligações partidárias vem disciplinada na Lei n. 9.504/97 (Lei das Eleições), mais precisamente em seu art. 6º, § 1º que apresenta suas características principais:

a) formada a coligação, passará ela a ser dotada das mesmas obrigações e direitos que teriam os partidos em separado, assumindo o mesmo perfil o seu relacionamento com a Justiça Eleitoral;
b) a coligação terá denominação própria, que poderá ser a junção de todas as siglas dos partidos que a integram;
c) na propaganda para eleição majoritária, a coligação usará obrigatoriamente sob sua denominação, as legendas de todos os partidos que a integram.

Quanto ao momento em que as coligações passam a ter legitimidade para representar os partidos políticos que a integram, entendemos que a legitimidade das coligações tem o seu início a partir da apresentação da ata perante a Justiça Eleitoral.

5.10 CONVENÇÃO PARTIDÁRIA (ESCOLHA DOS CANDIDATOS PELO PARTIDO)

Convenção partidária, nas palavras de José Jairo Gomes:

> é a reunião ou assembleia formada pelos filiados a um partido político – denominados convencionais – cuja finalidade é eleger os que concorrerão ao pleito. Em outros termos, é o meio pelo qual os partidos escolhem os candidatos que disputarão as eleições (GOMES, 2018, p. 378).

As convenções ocorrem nos três níveis federativos: nacional (para candidatura de presidente e vice-presidente), estadual/distrital (para os cargos de governador e vice-governador, deputado estadual, deputado distrital, deputado federal e senador), municipal (para os cargos de prefeito, vice-prefeito e vereador).

Assim, a estrutura partidária funciona como um órgão hierarquizado em que os diretórios municipais e os estaduais devem obedecer às diretrizes do diretório nacional, sob pena de anulação de suas deliberações e dos atos dela decorrentes (art. 7º, § 2º, da Lei n. 9.504/97).

Os estatutos partidários devem dispor acerca de regras para as convenções, sempre obedecendo aos dispositivos contidos na Lei n. 9.504/97. Essas disposições estatutárias podem ser particularizadas em razão do princípio da autonomia partidária previsto no art. 17, § 1º, da Constituição Federal.

O prazo para a realização das convenções é o período compreendido entre os dias 20 de julho a 5 de agosto do ano em que se realizarem as eleições, nos termos do art. 8º da Lei n. 9.504/97. Ocorrendo fora deste prazo as convenções serão consideradas nulas.

Para facilitar a realização das convenções, as agremiações políticas e as coligações podem usar gratuitamente prédios públicos, responsabilizando-se pelos danos causados na realização do evento, não sendo permitida qualquer discriminação a partidos determinados (art. 8º, § 2º).

A instalação da convenção pode se dar com qualquer quorum, a exigência de um número mínimo de votos é restrita à suas deliberações que fica a cargo do estatuto.

Todos os atos da convenção precisam ser minuciosamente descritos, assumindo maior importância a lista de presença; a ata da convenção, designando os candidatos que foram por ela homologados, eventuais delegados ou representante da coligação. Cada candidato concorre a um único cargo, conforme estabelece o art. 88 do CE.

Por ser ato formal, o resultado das escolhas partidárias necessita ser lavrado e rubricado pela Justiça Eleitoral.

5.11 REGISTRO DOS CANDIDATOS (REGISTRO ELEITORAL)

Conceito e natureza jurídica: O registro eleitoral é o ato judicial declaratório – ao menos por ficção jurídica, já que é mais próximo de um ato administrativo

– pelo qual, após procedimento em que os candidatos a mandatos eletivos têm seus documentos, condições de elegibilidade e eventuais causas de inelegibilidade analisados pela Justiça Eleitoral, possuem a autorização formal para a prática dos atos eleitorais. Com ele, há verdadeira publicidade do preenchimento das condições de elegibilidade, registrabilidade e ausência de causas de inelegibilidade até aquele momento, causando a segurança jurídica de atribuir a determinado candidato o voto de confiança, no sentido da existência de plenas condições para assumir o exercício do mandato caso eleito.

O deferimento do registro de candidatura tem natureza de decisão judicial, de jurisdição voluntária, produzindo efeitos constitutivos e perfazendo coisa julgada formal. Opera, ainda, outras consequências jurídicas, como sinalizar o início do prazo para a interposição de ação de investigação eleitoral. A decisão produz direito subjetivo ao candidato, outorgando-lhe a prerrogativa de disputar a eleição, a não ser que, por ato voluntário, desista de disputar o pleito.

Após a apresentação de requerimento por parte dos partidos políticos instruído de todos os documentos necessários dos candidatos escolhidos em convenção e que anuiram com a indicação convencional partidária, o registro será deferido ou indeferido pela Justiça Eleitoral.

Conforme dispõe o art. 12 da Lei das Eleições o "*candidato às eleições proporcionais indicará, no pedido de registro, além de seu nome completo, as variações nominais com que deseja ser registrado, até o máximo de três opções, que poderão ser o prenome, sobrenome, cognome, nome abreviado, apelido ou nome pelo qual é mais conhecido, desde que não se estabeleça dúvida quanto à sua identidade, não atente contra o pudor e não seja ridículo ou irreverente, mencionando em que ordem de preferência deseja registrar-se*". Tendo em vista as especificidades das regras de registrabildiade, destacamos a textualidade e literalidade dos parágrafos e incisos do art. 12 da Lei das Eleições, cuja leitura é indispensável. Vejamos:

> Art. 12. [...]
>
> § 1º Verificada a ocorrência de homonímia, a Justiça Eleitoral procederá atendendo ao seguinte:
>
> I – havendo dúvida, poderá exigir do candidato prova de que é conhecido por dada opção de nome, indicada no pedido de registro;
>
> II – ao candidato que, na data máxima prevista para o registro, esteja exercendo mandato eletivo ou o tenha exercido nos últimos quatro anos, ou

que nesse mesmo prazo se tenha candidatado com um dos nomes que indicou, será deferido o seu uso no registro, ficando outros candidatos impedidos de fazer propaganda com esse mesmo nome;

III – ao candidato que, pela sua vida política, social ou profissional, seja identificado por um dado nome que tenha indicado, será deferido o registro com esse nome, observado o disposto na parte final do inciso anterior;

IV – tratando-se de candidatos cuja homonímia não se resolva pelas regras dos dois incisos anteriores, a Justiça Eleitoral deverá notificá-los para que, em dois dias, cheguem a acordo sobre os respectivos nomes a serem usados;

V – não havendo acordo no caso do inciso anterior, a Justiça Eleitoral registrará cada candidato com o nome e sobrenome constantes do pedido de registro, observada a ordem de preferência ali definida.

§ 2º A Justiça Eleitoral poderá exigir do candidato prova de que é conhecido por determinada opção de nome por ele indicado, quando seu uso puder confundir o eleitor.

§ 3º A Justiça Eleitoral indeferirá todo pedido de variação de nome coincidente com nome de candidato a eleição majoritária, salvo para candidato que esteja exercendo mandato eletivo ou o tenha exercido nos últimos quatro anos, ou que, nesse mesmo prazo, tenha concorrido em eleição com o nome coincidente.

§ 4º Ao decidir sobre os pedidos de registro, a Justiça Eleitoral publicará as variações de nome deferidas aos candidatos.

§ 5º A Justiça Eleitoral organizará e publicará, até trinta dias antes da eleição, as seguintes relações, para uso na votação e apuração:

I – a primeira, ordenada por partidos, com a lista dos respectivos candidatos em ordem numérica, com as três variações de nome correspondentes a cada um, na ordem escolhida pelo candidato;

II – a segunda, com o índice onomástico e organizada em ordem alfabética, nela constando o nome completo de cada candidato e cada variação de nome, também em ordem alfabética, seguidos da respectiva legenda e número.

Contra o requerimento de registro de candidatura cabe a Ação de Impugnação de Registro de Candidatura (AIRC), que por questão didática estudaremos com as demais ações de competência da Justiça Eleitoral.

Em contrapartida, a decisão que denegar o registro de candidatura pela constatação de ausência de condição de elegibilidade, causa de inelegibilidade ou ausência de documento considerado essencial para a registrabilidade – não é inelegível, mas deixou de comprovar documentalmente esta condição, por exemplo – tem natureza declaratória negativa, começando a contar o prazo para a interposição recursal, sob pena de se operar a coisa julgada formal.

O registro de candidatura é condição intransponível para a possibilidade de disputa eleitoral (art. 87 do CE).

Os votos eventualmente atribuídos a um cidadão que tenha seu registro negado não serão considerados válidos, classificando-se como nulos.

O eleitor interessado em disputar cargo eletivo só pode pretender um registro de candidatura em cada eleição. É o que preceitua o princípio da unicidade. Deverá respeitá-lo desde o registro até o fim do processo eleitoral, exceto se ocorrer substituição, desistência, renúncia ou morte do eleitor inscrito como candidato. O procedimento está previsto nos arts. 10 a 16 da Lei n. 9.504/97.

O pedido de registro deverá ser formalizado pelo partido político ou coligação até as 19 horas do dia 15 de agosto do ano eleitoral e instruído com os documentos constantes do § 1º do art. 11 da Lei n. 9.504/97. Vejamos:

> Art. 11. Os partidos e coligações solicitarão à Justiça Eleitoral o registro de seus candidatos até as dezenove horas do dia 15 de agosto do ano em que se realizarem as eleições. (Redação dada pela Lei n. 13.165, de 2015)
>
> § 1º O pedido de registro deve ser instruído com os seguintes documentos:
>
> I – cópia da ata a que se refere o art. 8º;
>
> II – autorização do candidato, por escrito;
>
> III – prova de filiação partidária;
>
> IV – declaração de bens, assinada pelo candidato;
>
> V – cópia do título eleitoral ou certidão, fornecida pelo cartório eleitoral, de que o candidato é eleitor na circunscrição ou requereu sua inscrição ou transferência de domicílio no prazo previsto no art. 9º;
>
> VI – certidão de quitação eleitoral;
>
> VII – certidões criminais fornecidas pelos órgãos de distribuição da Justiça Eleitoral, Federal e Estadual;

VIII – fotografia do candidato, nas dimensões estabelecidas em instrução da Justiça Eleitoral, para efeito do disposto no § 1º do art. 59.

IX – propostas defendidas pelo candidato a Prefeito, a Governador de Estado e a Presidente da República. (Incluído pela Lei n. 12.034, de 2009)

Caso o partido ou a coligação não efetive o pedido de registro do candidato escolhido tempestivamente, o interessado poderá apresentar diretamente o seu pedido nas 48 horas seguintes à publicação da lista dos candidatos pela Justiça Eleitoral.

Nos termos do art. 10, com a redação dada pela Lei n. 13.165, de 2015, "cada partido ou coligação poderá registrar candidatos para a Câmara dos Deputados, a Câmara Legislativa, as Assembleias Legislativas e as Câmaras Municipais no total de até 150% (cento e cinquenta por cento) do número de lugares a preencher, salvo: I – nas unidades da Federação em que o número de lugares a preencher para a Câmara dos Deputados não exceder a doze, nas quais cada partido ou coligação poderá registrar candidatos a Deputado Federal e a Deputado Estadual ou Distrital no total de até 200% (duzentos por cento) das respectivas vagas; II – nos Municípios de até cem mil eleitores, nos quais cada coligação poderá registrar candidatos no total de até 200% (duzentos por cento) do número de lugares a preencher.

O pedido será subscrito pelo presidente do diretório nacional ou regional, pelo presidente da respectiva comissão diretora provisória ou por delegado autorizado (art. 94 do CE). Na hipótese de coligação, o pedido de registro dos candidatos deverá ser subscrito pelos presidentes dos partidos políticos coligados, por seus delegados, pela maioria dos membros dos respectivos órgãos executivos de direção ou por representante da coligação (art. 6º, § 3º, II da Lei n. 9.504/97).

Cada partido ou coligação deverá reservar o mínimo de 30% e o máximo de 70% para candidaturas de cada sexo (art. 10, § 3º, da LE c.c. art. 20 da Resolução TSE n. 22.156/2006). Na reserva de vagas qualquer fração resultante será igualada a 1 (um) no cálculo do percentual mínimo estabelecido para um dos sexos e desprezada no cálculo das vagas restantes para o outro sexo. Neste ponto, conforme entendimento do Tribunal Superior Eleitoral, a quota de sexo deve ser entendida como quota de gênero.

Não será possível a substituição de candidatos fora dos percentuais estabelecidos para cada sexo (gênero), nem mesmo por ocasião do preenchimento das vagas remanescentes (despacho do REsp 17.433, de 20-9-2000).

No caso de as convenções para a escolha de candidatos não indicarem o número máximo de candidatos previsto, nos termos do § 5º do art. 10, os órgãos de direção dos partidos respectivos poderão preencher as vagas remanescentes até trinta dias antes do pleito.

Os candidatos a presidente e vice-presidente da República são registrados no Tribunal Superior Eleitoral. Os candidatos a governador, vice-governador, senador, deputado federal e deputado estadual são registrados no Tribunal Regional Eleitoral do Estado-membro pelo qual concorrem. Candidatos a prefeito, vice-prefeito e vereador são registrados junto ao juiz eleitoral da respectiva circunscrição (art. 89 do CE).

O registro do candidato a chefe do Poder Executivo será feito conjuntamente com o do seu vice em chapa única e indivisível (princípio da indivisibilidade de chapa), nos termos do art. 91 do CE. O candidato a senador deve ser registrado com dois suplentes, de acordo com a escolha feita em convenção partidária.

Somente será possível, após encerrado o prazo, a substituição de candidato que: falecer, renunciar, for declarado inelegível, que tiver seu registro indeferido ou cancelado (art. 13 da Lei n. 9.504/97). Fora estas hipóteses e da expulsão do partido após processo que respeite a ampla defesa, nenhuma candidatura poderá ser retirada sem a anuência do candidato. O cancelamento do registro deve ser requerido à Justiça Eleitoral.

Conforme disposto nos § § 2º e 3º do art. 13 da Lei n. 9.504/97, nas eleições de ambos os sistemas (majoritárias e proporcionais), a substituição só se efetivará se o novo pedido for apresentado até 20 (vinte) dias antes do pleito, salvo caso de falecimento de candidato, hipótese em que a substituição poderá ser efetivada fora do prazo limite estabelecido. Contudo, no caso específico das eleições majoritárias, se o candidato for de coligação, a substituição deverá ocorrer por decisão da maioria absoluta dos órgãos executivos de direção dos partidos coligados. Neste caso, o pretenso candidato substituto poderá estar filiado a qualquer partido que integre a coligação, desde que o partido ao qual pertencia o substituído renuncie ao direito de preferência.

Caso o impedimento de um dos candidatos ocorra entre o primeiro e o segundo turno, ele será substituído pelo terceiro colocado.

Os Tribunais Regionais Eleitorais enviarão ao Tribunal Superior Eleitoral, até vinte dias antes da data das eleições, para fins de centralização e divulgação de dados, a relação dos candidatos às eleições majoritárias e proporcionais, da qual constará obrigatoriamente a referência ao sexo e ao cargo a que concorrem, devendo, até esta data, estarem julgados pelas instâncias ordinárias, todos os pedidos de registro de candidatos, inclusive os impugnados e os respectivos recursos, e publicadas as decisões a eles relativas, conforme art. 16 e seu § 1º com redação dada pela Lei n. 13.165, de 2015.

O candidato cujo registro esteja *sub judice* poderá efetuar todos os atos relativos à campanha eleitoral (constar o nome na urna, aparecer na propaganda eleitoral, realizar seus eventos etc.). Porém, a validade dos votos a ele conferidos estará condicionada ao deferimento de seu registro por instância judicial superior (art. 16-A da Lei n. 9.504/97). Aplicam-se, igualmente, ao candidato cujo pedido de registro tenha sido protocolado no prazo legal e ainda não tenha sido apreciado pela Justiça Eleitoral todas as prerrogativas (direitos) conferidas ao candidato que esteja com seu registro *sub judice.*

No que toca à validação dos votos para o partido político ao qual o candidato – cujo registro esteja *sub judice* no dia da eleição – está filiado, é relevante anotar que ficará condicionado ao deferimento do registro do candidato. Contudo, entendemos que, se a causa que levou a inelegibilidade é superveniente à realização do registro, em que pese os votos não poderem ser computados ao candidato, deverão ser computados, no sistema proporcional, ao partido ao qual é filiado.

5.12 INFORMATIVOS E SÚMULAS CORRELATOS

Partidos Políticos

801/STF – Partidos políticos: apoiamento de eleitores não filiados e limite temporal para fusão.

O Plenário, por maioria, indeferiu pedido formulado em medida cautelar em ação direita de inconstitucionalidade, ajuizada em face do art. 2º da Lei n. 13.107/2015, na parte que alterara os arts. 7º e 29 da Lei dos Partidos Políticos [“Art. 2º Os arts. 7º, 29 e 41-A da Lei no 9.096, de 19 de setembro de 121 1995, passam a vigorar com as seguintes alterações: 'Art. 7º § 1º Só é admitido o registro do estatuto de partido político que tenha caráter nacional, considerando-se como tal aquele que comprove o apoiamento de eleitores não filiados a partido político, correspondente a, pelo menos, 0,5% (cinco décimos por cento) dos votos dados na última eleição geral para a Câmara dos Deputados, não computados os votos em branco e os nulos, distribuídos por 1/3 (um terço), ou mais, dos Estados, com um mínimo de 0,1% (um décimo por cento) do eleitorado que haja votado em cada um deles.' 'Art.29 [...] § 9º Somente será admitida a fusão ou incorporação de partidos políticos que hajam obtido o registro definitivo do Tribunal Superior Eleitoral há, pelo menos, 5 (cinco) anos.'"]. O Tribunal esclareceu que a Constituição asseguraria a liberdade de criação, fusão, extinção e incorporação de partidos políticos, como expressão do princípio democrático e do pluripartidarismo (CF, art. 17). Portanto, estaria garantida no ordenamento jurídico-constitucional a liberdade dos partidos políticos de se articularem, desde que **observada a imperatividade do caráter nacional das agremiações – controle quantitativo – e do cunho democrático de seus programas – controle qualitativo ou ideológico**. Destacou que a necessidade de aperfeiçoamento do controle quantitativo e qualitativo dos partidos justificaria o advento das normas impugnadas. Observou que haveria agremiações intituladas formalmente como partidos políticos sem qualquer substrato eleitoral. Essas legendas estariam habilitadas a receber parcela do fundo partidário e a disputar tempo de televisão sem difundir, contudo, ideias e programas. Elas atuariam em deferência a outros interesses partidários, especialmente para obtenção de vantagens particulares para os seus dirigentes. Esses partidos seriam objeto de comércio em que se venderiam interesses e se pagaria com futuro. A Corte asseverou que a imperatividade de urgente legitimação dos partidos também decorreria de seu acesso ao Fundo Partidário, dinheiro público a que fariam jus. As verbas desse Fundo teriam assumido importância nuclear para a sobrevivência dos partidos e, mesmo em tempos de depressão econômica, houvera vultoso aumento desses valores. Assim, o aperfeiçoamento dos mecanismos de controle quantitativo e qualitativo na formação dos partidos, buscado na legislação questionada, assumiria também a função de tutela do princípio da eficiência administrativa dos recursos públicos, na medida em que, sem coibir a formação de novas agremiações, lhes atribuiria maior expressividade, de modo a estancar gastos públicos vultosos, seja na repartição do fundo partidário, seja pelo acesso aos horários de propaganda em rádio e televisão, também subsidiados pelo contribuinte. Frisou que a proliferação indiscriminada de partidos sem coerência ou respaldo social importaria em risco institucional e conduziria ao desalento democrático. Além disso, poderia transformar o sadio pluripartidarismo em caos político. Salientou que as **normas analisadas teriam como fundamento a tentativa de incentivar a utilização de mecanismos da democracia representativa, a reforçar a legitimidade e o compromisso do eleitor e do partido no qual se depositara o seu aval.** Ademais, a fidelidade partidária irradiaria efeitos a alcançar todos os filiados, já que as exigências democráticas que vinculariam o funcionamento interno dos partidos atingiriam não apenas os filiados mandatários como também a base. **Realçou que a limitação criada pela norma em análise, quanto ao apoio para a criação de novos partidos, a qual ficaria restrita aos cidadãos sem filiação partidária, estaria em conformidade com o regramento constitucional relativo ao sistema representativo.** O Tribunal consignou, ainda, que a exigência temporal para se levar a efeito fusões e incorporações entre partidos asseguraria o atendimento do compromisso do cidadão com a sua opção partidária, o que evitaria o estelionato eleitoral ou a reviravolta política contra o apoio dos eleitores, então filiados. Na espécie, a norma distinguiria cidadãos filiados e não filiados para o exclusivo efeito de conferência de legitimidade do apoio oferecido à criação de novos partidos políticos. O objetivo único seria a garantia de coesão, coerência e substância ao modelo representativo instrumentalizado pela atuação partidária. Trataria, portanto, de cidadãos distintos em seu exercício cívico, livre em relação a suas opções políticas. Assim sendo, constitucionalmente livres, não seriam civicamente irresponsáveis nem descomprometidos com as suas escolhas formalizadas. Além disso, o descompromisso com a atuação política atingiria todos 122 em uma sociedade. A disseminação de práticas antidemocráticas que iriam desde a compra e venda de votos ao aluguel de cidadãos e de partidos inteiros deveriam ser combatidas pelo legislador, sem prejuízo da autonomia partidária. Portanto, as normas objurgadas tenderiam a enfraquecer essa lógica mercantilista e nada republicana de prática política. Concluiu que não se teria demonstrado, na hipótese dos autos, ingerência estatal na autonomia constitucional dos partidos políticos. Vencido o Ministro Dias Toffoli, que concedia a medida cautelar para suspender, com efeito "ex nunc", a eficácia dos dispositivos atacados por julgá-los incompatíveis com a disciplina do art. 17 da CF.

ADI 5311-MC/DF, rel. Min. Cármen Lúcia, 30-9-2015 (ADI 5311/SP) (Informativo 801, Plenário).

801/STF – Partidos políticos: direito de antena, acesso ao Fundo Partidário e ativismo congressual.

O Tribunal assinalou que seria prudente não se atribuir a qualquer órgão, fosse do Judiciário, fosse do Legislativo, a faculdade de pronunciar, em solução de definitividade, a última palavra sobre o sentido da Constituição. O próprio texto constitucional desafiaria esse entendimento. Em primeiro lugar, os efeitos vinculantes das decisões proferidas em sede de controle abstrato não atingem o Legislativo (CF, arts. 102, § 2º; e 103-A), de modo a ser perfeitamente possível a edição de emendas constitucionais ou leis ordinárias acerca do assunto objeto de pronunciamento judicial. Em segundo lugar, o dever de fundamentação das decisões judiciais (CF, art. 93, IX), impõe que o STF, mesmo nas hipóteses de correção legislativa de sua jurisprudência, enfrente a controvérsia à luz dos novos argumentos expendidos pelo legislador para reverter o precedente. Além disso, desconsiderar que as demais instituições sejam intérpretes autorizados da Constituição poderia propiciar certa acomodação ou desinteresse nos demais atores em interpretar o texto constitucional. Ademais, a perspectiva juriscêntrica de hermenêutica constitucional também estimula comportamentos irresponsáveis na conformação da Constituição pelo legislador. Assim, o STF deveria proceder como catalisador deliberativo, promovendo a interação e o diálogo institucional, de modo a maximizar a qualidade democrática na obtenção dos melhores resultados em termos de apreensão do significado constitucional. Portanto, o legislador poderia, por emenda constitucional ou lei ordinária, superar a jurisprudência, reclamando posturas distintas da Corte. Se veiculada por emenda, altera-se o próprio parâmetro amparador da jurisprudência. Nessas situações, a invalidade da emenda somente poderá ocorrer nas hipóteses de descumprimento do art. 60 da CF. Se, porém, introduzida por legislação ordinária, a norma que frontalmente colidir com a jurisprudência do Tribunal nasce com presunção de inconstitucionalidade, de sorte que caberia ao legislador o ônus de demonstrar, argumentativamente, que a correção do precedente se afigura legítima, e que o posicionamento jurisprudencial deve ser superado, tendo em conta novas premissas fáticas e jurídicas. Assim, a novel legislação que frontalmente colidisse com a jurisprudência se submeteria a um escrutínio de constitucionalidade mais rigoroso. O Colegiado apontou que, no caso em debate, a análise da justificação do projeto de lei que desaguara na norma supracitada revelaria a inaptidão dos fundamentos ali expendidos para legitimar a reversão da interpretação fixada pelo STF na matéria. Os fundamentos seriam: (a) as migrações que ocorrem durante a legislatura vulneram a previsibilidade institucional na distribuição dos recursos dos fundos partidários e do horário de propaganda; (b) essas alterações geram um cenário de insegurança jurídica; (c) a medida legislativa visa a valorizar os partidos políticos, de modo a evitar disfunções no sistema partidário; (d) perenidade do partido enquanto instrumento do pluralismo político; e (e) o art. 17, § 3º, da CF seria observado com a distribuição equitativa dos 5% dos recursos do Fundo Partidário e do 1/3 do horário de propaganda eleitoral. Não haveria, no projeto, enfrentamento aos fundamentos das ações diretas de inconstitucionalidade referidas, e os argumentos não seriam capazes de infirmar a tese então exarada pela Corte. Na oportunidade, o Plenário asseverara que o art. 17 da CF, que consagra o direito político fundamental da liberdade de criação de partidos, tutela, igualmente, as agremiações que tenham representação no Congresso, sendo irrelevante perquirir se essa representatividade resulta da criação de nova legenda no curso da legislatura. Além disso, também ficara consignado que erigir a criação de novos partidos como hipótese caracterizadora de justa causa para as migrações partidárias, somada ao direito constitucional de livre criação de novas legendas, impõe a conclusão inescapável de que é defeso privar as prerrogativas inerentes à representatividade política do parlamentar. Por sua vez, a justificação do projeto de lei se limitara a afirmar, genericamente, que a regulamentação da matéria, excluindo dos partidos criados o direito de antena e o Fundo Partidário, fortaleceria as agremiações, sem enfrentar os fundamentos das ações diretas. Portanto, a inconstitucionalidade das normas em questão se agrava, porquanto a decisão do STF fora ancorada em sólida construção argumentativa calcada em cláusulas pétreas. Em tese, a nova legislação que afrontasse decisões do Tribunal nasceria com presunção relativa de inconstitucionalidade, mas, na espécie, a inconstitucionalidade da lei seria evidente. O Plenário reputou, também, que as normas em debate seriam inconstitucionais por afrontarem as condições de funcionamento das instituições democráticas. A restrição imposta pela nova lei às novas legendas justificaria a intervenção do STF, pois se cuidaria de tentativa de inviabilizar os canais de acesso e de participação daqueles que estão fora do jogo democrático. Seria dever da Corte otimizar e aperfeiçoar o processo democrático, de sorte a: (a) corrigir as patologias que desvirtuem o sistema representativo, máxime quando obstruam as vias de expressão e os canais de participação política; e (b) proteger os interesses e direitos dos grupos políticos minoritários, cujas demandas dificilmente encontram eco nas deliberações majoritárias. A discussão acerca dos critérios de distribuição dos recursos do Fundo Partidário e do horário de propaganda eleitoral encerram importantes ferramentas de viabilização e desenvolvimento dessa engenharia democrática, impactando decisivamente no pleito eleitoral. Com a imposição de severas limitações ao Fundo Partidário e ao direito de antena, as novas agremiações seriam alijadas do processo político. Por esses motivos, **a reação jurisprudencial materializada na Lei n. 12.875/2013**, ao subtrair dos partidos novos, criados no curso da legislatura, o direito de antena e o acesso a recursos do Fundo Partidário **remanesceria eivada de inconstitucionalidade, na medida em que**, além de o legislador não ter logrado trazer novos e consistentes fundamentos para infirmar o pronunciamento da Corte, **o diploma inviabiliza, no curto prazo, o funcionamento e o desenvolvimento de minorias político-partidárias, em ofensa aos postulados do pluralismo político e da liberdade partidária** (CF, art. 17, § 3º). Vencidos os Ministros Edson Fachin, Teori Zavascki, Gilmar Mendes, Celso de Mello e Ricardo Lewandowski (Presidente), que julgavam o pedido improcedente. ADI 5105/DF, rel. Min. Luiz Fux, 1º-10-2015 (ADI 5105).

Infidelidade Partidária

787/STF – Sistema majoritário e fidelidade partidária.

O Colegiado analisou que a Constituição atual optara por desenho institucional que fortalecesse os partidos políticos, inclusive mediante a criação do fundo partidário e da garantia do acesso gratuito ao rádio e à televisão (CF, art. 17, § 3º). Esse cenário, somado com a possibilidade de criação de coligações nas eleições proporcionais, permitiria que partidos sem densidade mínima para atingir o quociente eleitoral conseguissem representatividade. Assim, haveria multiplicidade de partidos, a destacar as chamadas "legendas de aluguel", existentes somente para obter dinheiro do fundo partidário e acesso aos meios de comunicação. A política ficaria afastada do interesse público e se tornaria negócio privado. Nesse cenário, surgiria a tradição de infidelidade partidária, a culminar em posicionamento do STF sobre o tema [MS 26.602/DF (*DJe* 17-10-

-2008), MS 26.603/DF (*DJe* 19-12-2008) e MS 26.604/DF (*DJe* 3-10-2008)]. A Corte, à época, chancelara entendimento no sentido do dever constitucional de observância da regra de fidelidade partidária, possuindo como pano de fundo o sistema proporcional. Posteriormente, o TSE editara a resolução ora em debate, para aduzir que a mesma linha de entendimento seria aplicável quanto ao sistema majoritário, aos fundamentos de centralidade dos partidos políticos no regime democrático e de os candidatos do sistema majoritário também se beneficiarem da estrutura partidária para se elegerem. O Plenário reputou, entretanto, que **haveria fundamento constitucional consistente apenas para vincular a regra da fidelidade partidária ao sistema proporcional.** Sucede que, no sistema majoritário, como a regra seria da maioria de votos e não do quociente eleitoral, o candidato eleito seria o mais bem votado. Portanto, não seria necessário impor a fidelidade partidária como medida para preservar a vontade do eleitor. Não se trataria de corolário natural do princípio da soberania popular (CF, arts. 1º, parágrafo único; e 14). Ao contrário, no sistema majoritário, a imposição da perda do mandato por infidelidade partidária seria antagônica à soberania popular. Nos pleitos dessa natureza, os eleitores votariam em candidatos e não em partidos (CF, art. 77, § 2º). Embora fosse relevante o papel dos partidos, não se poderia invocar seu fortalecimento como fundamento para violar a soberania popular, ao retirar mandatos de candidatos escolhidos legitimamente por votação majoritária. Em suma, a Resolução 22.610/2007 do TSE, ao igualar os sistemas proporcional e majoritário para fins de fidelidade partidária, violaria as características essenciais dos sistemas eleitorais, extrapolaria a jurisprudência da Corte sobre o tema e, sobretudo, violaria a soberania popular. ADI 5081/DF, rel. Min. Roberto Barroso, 27-5-2015 (ADI 5.081).

Registro de Candidatura

10/TSE/2016 – Registro de candidatura e teste de alfabetização.

O Plenário do Tribunal Superior Eleitoral, por maioria, entendeu que o **teste de alfabetização previsto na legislação eleitoral somente deve ser aplicado quando o candidato não apresentar documento comprobatório de escolaridade com o requerimento de registro de candidatura.** Na espécie, trata-se de recurso especial eleitoral interposto contra acórdão que deferiu o registro de candidatura de candidato a vereador que apresentou como documento para comprovar a escolaridade declaração emitida pela Secretaria de Educação do município. Nessa declaração, afirmava-se ter o candidato cursado o primeiro ano do ensino fundamental. Impugnado o registro de candidatura, foi solicitada ao juiz eleitoral a aplicação do teste de alfabetização previsto na legislação eleitoral, a fim de se verificar a satisfação do requisito intelectual. O Ministro Henrique Neves, ao acompanhar a divergência aberta pelo Ministro Herman Benjamin, ressaltou que a Constituição trata o analfabetismo não como condição de elegibilidade, mas de inelegibilidade, a ser demonstrada por quem promove impugnação ao registro de candidatura nela lastreada. Frisou que o **teste de alfabetização previsto na legislação eleitoral visa comprovar a escolaridade quando o candidato não conseguir fazê-lo por ocasião do requerimento de registro da candidatura.** Assim, afirmou que o procedimento não objetiva desconstituir o valor probante dos documentos apresentados pelos pretensos candidatos. Acrescentou ainda que a **submissão ao teste é uma faculdade**, razão pela qual a recusa não deve ser interpretada desfavoravelmente, e que cabe ao juiz decidir sobre o deferimento do registro considerando os demais elementos constantes dos autos. A Ministra Rosa Weber esclareceu que, como hipótese de inelegibilidade, o conceito de analfabetismo é aberto, devendo ser interpretado de forma que melhor privilegie o exercício da cidadania, os direitos políticos e a representação popular. Vencida a Ministra Luciana Lóssio (relatora), que entendeu ser possível a aplicação do teste de alfabetização de forma a convalidar a declaração emitida pela Secretaria de Educação Municipal. Esclareceu ainda que esta Corte Eleitoral, em outra oportunidade, posicionou-se no sentido de que o simples fato de o candidato ter assinado o registro de candidatura não possui valor probante de atestar a sua alfabetização, devendo comprová-la de outro modo. O Tribunal, por maioria, negou provimento ao recurso especial eleitoral, para deferir o registro de candidatura, nos termos do voto do Ministro Herman Benjamin, que redigirá o acórdão. **Recurso Especial Eleitoral 8941**, São Gonçalo do Piauí/PI, redator para o acórdão Min. Herman Benjamin, em 27-9-2016.

11/TSE/2016 – Aplicação do art. 260 do Código Eleitoral aos processos de registro de candidatura.

O Plenário do Tribunal Superior Eleitoral, por unanimidade, **alterou jurisprudência desta Corte e decidiu aplicar o art. 260 do Código Eleitoral aos processos de registro de candidatura julgados após o pleito eleitoral.** Na espécie, trata-se de recurso especial eleitoral interposto de acórdão que manteve o indeferimento do registro de candidatura ao cargo de prefeito, por incidência de causa de inelegibilidade descrita no art. 1º, inciso I, alínea *c*, da Lei Complementar n. 64/1990. O Ministro Henrique Neves (relator), ao suscitar questão de ordem, esclareceu que a jurisprudência do Tribunal Superior Eleitoral se firmou em que a regra de prevenção contida no art. 260 do Código Eleitoral não se aplica aos registros de candidatura, mas somente nos casos em que houvesse discussão relacionada à eleição. Afirmou que esse entendimento se justificava pelo fato de a maioria dos processos relativos a registro de candidatura ser examinada antes do dia da eleição. O art. 260 do Código Eleitoral assim dispõe: A distribuição do primeiro recurso que chegar ao Tribunal Regional ou Tribunal Superior prevenirá a competência do relator para todos os demais casos do mesmo município ou estado. O relator esclareceu que a Lei n. 13.165/2015 postergou o prazo final do registro de candidatura para 15 de agosto do ano da eleição, alteração que causou impacto na tramitação desses processos. Asseverou que, diante do novo quadro normativo e da nova realidade da tramitação dos feitos eleitorais, a diferenciação adotada pela jurisprudência desta Casa na aplicação do mencionado artigo somente permanece até o dia da eleição, pois, a partir dessa data, os pedidos de registro de candidatura podem influenciar no resultado do pleito. Dessa forma, entendeu que a jurisprudência do Tribunal Superior Eleitoral deve ser revista para assentar que, após a apuração dos votos, os recursos em registro de candidaturas oriundos de um mesmo município devem ser distribuídos ao mesmo relator, na forma do art. 260 do Código Eleitoral, em razão dos possíveis reflexos na eleição no município. O Tribunal, por unanimidade, resolveu questão de ordem a favor da manutenção da distribuição e julgou prejudicado o recurso especial eleitoral, nos termos do voto do relator. Recurso Especial Eleitoral 136-46, Itaiópolis/SC, rel. Min. Henrique Neves da Silva, em 6-10-2016.

04/TSE/2017 Suspensão de direitos políticos e impossibilidade de lançar candidatura.

O Plenário do Tribunal Superior Eleitoral, por maioria, assentou que a suspensão dos direitos políticos afeta a filiação partidária do eleitor, de modo que impossibilita sua escolha como candidato em convenção partidária, ainda que o termo da sanção política ocorra antes do pleito ao qual pretenda concorrer. Na espécie, devido à condenação em ação de improbidade administrativa, o candidato tivera seus direitos políticos suspensos por três anos, período que findou pouco antes do pleito de 2016.

Em razão dos reflexos da sanção na filiação partidária, a candidatura foi impugnada. O Ministro Henrique Neves, redator para o acórdão, o qual compunha o Plenário, rememorou o entendimento deste Tribunal de que, durante o prazo de suspensão dos direitos políticos, o filiado não está autorizado a praticar atos partidários. Citou a tese sufragada por este Tribunal de que aquele que se encontra com os direitos políticos suspensos deve ter a filiação partidária suspensa por igual período, não podendo praticar atos privativos de filiado nem exercer cargos de natureza política ou de direção dentro da agremiação partidária (RGP n. 3-05, rel. Min. Luciana Lóssio, *DJE* de 16-9-2014). Nessa linha de intelecção, destacou a irregularidade na escolha da candidatura em convenção partidária, bem como na formalização do registro. Argumentou que a suspensão de direitos políticos implica o cancelamento do alistamento eleitoral, nos termos do art. 71 do Código Eleitoral, o qual é condição de elegibilidade (CF/88, art. 14, § 3º, III) e pressuposto para a filiação partidária (Lei n. 9.096/95, art. 16). Asseverou que o encerramento da suspensão dos direitos políticos antes do pleito não pode ser considerado fato superveniente, pois o período mínimo de seis meses de filiação partidária não fora atendido (Lei n. 9.504/97, art. 9º). Vencidos o Ministro Napoleão Nunes (relator), o Ministro Gilmar Mendes (presidente) e o Ministro Luiz Fux. O Ministro Napoleão Nunes afirmou que a suspensão da filiação partidária decorrente da suspensão dos direitos políticos não poderia ser confundida com o cancelamento da filiação, resultado da perda dos direitos políticos. No seu entendimento, findo o prazo suspensivo dos direitos políticos, restabelecer-se-ia a filiação partidária, não se exigindo uma nova filiação, ou mesmo uma refiliação. O Tribunal, por maioria, deu provimento ao agravo regimental do Ministério Público Eleitoral para, reformando a decisão agravada, desprover o recurso especial, mantendo o indeferimento do registro de candidatura, nos termos do voto do Ministro Henrique Neves da Silva. Agravo Regimental no Recurso Especial Eleitoral 111-66, Petrolina de Goiás/GO, rel. Min. Napoleão Nunes Maia Filho, julgado em 30-3-2017.

Súmulas

Partidos Políticos. Fidelidade. Litisconsórcio

- **Súmula-TSE n. 2**

Assinada e recebida a ficha de filiação partidária até o termo final do prazo fixado em lei, considera-se satisfeita a correspondente condição de elegibilidade, ainda que não tenha fluído, até a mesma data, o tríduo legal de impugnação.

- **Súmula-TSE n. 11**

No processo de registro de candidatos, o partido que não o impugnou não tem legitimidade para recorrer da sentença que o deferiu, salvo se se cuidar de matéria constitucional.

- **Súmula-TSE n. 20**

A prova de filiação partidária daquele cujo nome não constou da lista de filiados de que trata o art. 19 da Lei n. 9.096/95, pode ser realizada por outros elementos de convicção, salvo quando se tratar de documentos produzidos unilateralmente, destituídos de fé pública.

- **Súmula-TSE n. 40**

O partido político não é litisconsorte passivo necessário em ações que visem à cassação de diploma.

- **Súmula-TSE n. 53**

O filiado a partido político, ainda que não seja candidato, possui legitimidade e interesse para impugnar pedido de registro de coligação partidária da qual é integrante, em razão de eventuais irregularidades havidas em convenção.

- **Súmula-TSE n. 67**

A perda do mandato em razão da desfiliação partidária não se aplica aos candidatos eleitos pelo sistema majoritário.

Registro de Candidatura

- **Súmula-TSE n. 3**

No processo de registro de candidatos, não tendo o juiz aberto prazo para o suprimento de defeito da instrução do pedido, pode o documento, cuja falta houver motivado o indeferimento, ser juntado com o recurso ordinário.

- **Súmula-TSE n 10**

No processo de registro de candidatos, quando a sentença for entregue em cartório antes de três dias contados da conclusão ao juiz, o prazo para o recurso ordinário, salvo intimação pessoal anterior, só se conta do termo final daquele tríduo.

- **Súmula-TSE n. 11**

No processo de registro de candidatos, o partido que não o impugnou não tem legitimidade para recorrer da sentença que o deferiu, salvo se se cuidar de matéria constitucional.

- **Súmula-TSE n. 43**

As alterações fáticas ou jurídicas supervenientes ao registro que beneficiem o candidato, nos termos da parte final do art. 11, § 10, da Lei n. 9.504/97, também devem ser admitidas para as condições de elegibilidade.

- **Súmula-TSE n. 45**

Nos processos de registro de candidatura, o Juiz Eleitoral pode conhecer de ofício da existência de causas de inelegibilidade ou da ausência de condição de elegibilidade, desde que resguardados o contraditório e a ampla defesa.

- **Súmula-TSE n. 51**

O processo de registro de candidatura não é o meio adequado para se afastarem os eventuais vícios apurados no processo de prestação de contas de campanha ou partidárias.

- **Súmula-TSE n. 52**

Em registro de candidatura, não cabe examinar o acerto ou desacerto da decisão que examinou, em processo específico, a filiação partidária do eleitor.

- **Súmula-TSE n. 53**

O filiado a partido político, ainda que não seja candidato, possui legitimidade e interesse para impugnar pedido de registro de coligação partidária da qual é integrante, em razão de eventuais irregularidades havidas em convenção.

Condição de alfabetizado do candidato

- **Súmula-TSE n. 15**

  O exercício de mandato eletivo não é circunstância capaz, por si só, de comprovar a condição de alfabetizado do candidato.

- **Súmula-TSE n. 55**

  A Carteira Nacional de Habilitação gera a presunção da escolaridade necessária ao deferimento do registro de candidatura.

capítulo 6

Sistemas eleitorais

Falar sobre sistema eleitoral é observar as regras necessárias à computação dos votos e sua transformação em mandatos.

Existem dois sistemas eleitorais no Brasil: o majoritário e o proporcional.

6.1 SISTEMA MAJORITÁRIO

São eleitos pelo sistema majoritário:

a) Presidente da República e Vice-Presidente (art. 77, § 2º, da CF)

b) Governador e Vice-Governador (art. 28 da CF)

c) Governador do Distrito Federal e Vice-Governador (art. 32, § 2º, da CF)

d) Prefeito e Vice-Prefeito (art. 29, I e II da CF)

e) Senadores (art. 46 da CF)

Pelo sistema majoritário é eleito o candidato mais votado, podendo ser por maioria absoluta ou por maioria simples ou relativa, excluídos votos brancos e nulos.

No sistema majoritário, o candidato que receber a maioria dos votos válidos será eleito. Será necessário a maioria absoluta quando houver dois turnos, isto é, metade dos votos dos integrantes do corpo eleitoral mais um voto, ao passo que, quando for caso de localidade em que não há previsão legal de dois turnos, mas apenas de um, será necessário apenas a maioria relativa. Neste caso, considerar-se-á eleito o candidato que alcançar o maior número de votos em comparação a seus concorrentes.

Atenção: Partidos políticos. Indicação de candidatos. Pressupostos. Inconstitucionalidade.

Exsurgem conflitantes com a CF os preceitos do § 1º e do § 2º do art. 5º da Lei n. 8.713/1993, no que vincularam a indicação de candidatos a presidente e vice-presidente da República, governador e vice-governador e senador a certo desempenho do partido político no pleito que a antecedeu e, portanto, dados fáticos conhecidos. A Carta de 1988 não repetiu a restrição contida no art. 152 da pretérita, reconhecendo, assim, a representação dos diversos segmentos sociais, inclusive os que se formam entre as minorias (ADI 966, rel. Min. Marco Aurélio, julgamento em 11-5-1994, Plenário, *DJ* 25-8-1995).

Na realidade, e tal como precedentemente acentuado, os Estados-membros acham-se vinculados, em função de expressa determinação constitucional inscrita no art. 28, *caput*, *in fine*, da Carta da República, ao modelo subordinante estabelecido pelo art. 77 da CF, que se aplica, no entanto, por força dessa cláusula de extensão, apenas às eleições ordinárias e populares realizadas para a seleção de governador e de vice-governador de Estado, inexistindo, no que concerne à hipótese de escolha suplementar pelo próprio Poder Legislativo, no caso excepcional da dupla vacância, qualquer regramento constitucional que, limitando a autonomia estadual, imponha a essa unidade da Federação a sua integral submissão aos padrões normativos federais (ADI 1.057-MC, voto do Rel. Min. Celso de Mello, julgamento em 20-4-1994, Plenário, *DJ* 6-4-2001).

Cálculo do quociente eleitoral. Votos brancos. Inclusão. Art. 106, parágrafo único, do Código Eleitoral. Alegada ofensa aos arts. 77, § 1º, 32, § 3º, e 45, *caput*, da CF; e ao art. 5º do ADCT. Improcedência da arguição. Os votos brancos também representam manifestação da vontade política do eleitor. São eles computados em eleições majoritárias em face de norma expressa (arts. 28; 29, II; e 77, § 2º, da CF) configuradora de exceção alusiva às eleições majoritárias, não podendo por isso ser tomada como princípio geral. O art. 5º do ADCT limitou-se a dispor sobre a inaplicabilidade, à eleição para prefeito nele referida, do princípio da maioria absoluta previsto no § 2º do referido art. 77 do texto constitucional permanente, não dispondo sobre voto em branco (RE 140.460, rel. Min. Ilmar Galvão, julgamento em 19-5-1993, Plenário, *DJ* de 4-5-2001).

6.2 POR MAIORIA ABSOLUTA (DOIS TURNOS)

Esse sistema é aplicado às eleições para Presidente da República, Governador de Estado e do Distrito Federal e Prefeitos de municípios com mais de 200 mil eleitores.

É eleito o candidato que alcançar mais da metade dos votos válidos. Caso nenhum candidato alcance a maioria absoluta na primeira votação, realiza-se nova eleição no último domingo de outubro, concorrendo os dois candidatos mais votados, sendo considerado eleito o que obtiver a maioria dos votos válidos (arts. 29, II, e 77 da CF, c.c. os arts. 2º e 3º da Lei n. 9.504/97).

Se, antes de realizado o segundo turno, ocorrer morte, desistência ou impedimento legal de um dos candidatos, convocar-se-á, entre os remanescentes, o de maior votação (art. 2º, § 2º, da Lei n. 9.504/97).

Referida norma estabelece que será chamado o terceiro mais votado, para concorrer com o candidato que permaneceu (o primeiro ou o segundo mais votado que sobrou). Com isso, evita-se a interpretação de que deveria subsistir a chapa do candidato falecido, impedido ou desistente, e se este ganhasse assumiria o seu vice.

Na hipótese de ocorrer empate dentre os remanescentes (mais de um candidato com a mesma votação), qualifica-se o mais idoso.

6.3 POR MAIORIA SIMPLES OU RELATIVA (UM ÚNICO TURNO)

Aplica-se às eleições para Senador e Prefeito dos municípios com menos de 200 mil eleitores.

É eleito o candidato que obtiver maioria de votos nas eleições, mesmo recebendo um único voto a mais que o segundo candidato mais votado, ou mesmo que a soma dos concorrentes ultrapasse a sua votação.

No caso dos senadores, haverá eleições alternadamente a cada quatro anos, com mandato de oito anos, e cada estado-membro tem três cadeiras no Senado da República.

6.4 SISTEMA PROPORCIONAL

São eleitos pelo sistema proporcional:

a) Deputados Federais (art. 45 da CF);

b) Deputados Estaduais (art. 27 da CF);

c) Deputados Distritais (art. 32, § 3º, da CF);

d) Vereadores (art. 29, IV da CF).

No sistema proporcional, o que interessa é a votação conjunta do partido, não apenas no candidato. Vem regulado nos arts. 5º da Lei n. 9.504/97 e 109 do CE, alterado pela Lei n. 13.165, de 2015. Muito se discute a alteração deste sistema, que comportaria uma emenda constitucional. Contudo, perceba-se, que a matéria está regulada apenas infraconstitucionalmente, bastando modificação apenas legal (Código Eleitoral e Lei das Eleições). Mas vamos trabalhar com a nossa realidade hoje existente.

No sistema proporcional, inicialmente somam-se os votos válidos (votos dados para os partidos e seus candidatos) e divide-se o resultado pelo número de cadeiras a preencher, em cada circunscrição eleitoral, desprezada a fração se igual ou inferior a meio, equivalente a um, se superior, obtendo-se assim, o quociente eleitoral. Atualmente, de acordo com o art. 5º da Lei n. 9.504/97 (que alterou a regra do art. 106 do CE.), os votos brancos e os votos nulos não são considerados nos cálculos.

Em seguida, dividem-se os votos de cada partido (as coligações eleitorais proporcionais ficam proibidas a partir de 2020, regra estipulada pela EC n. 97/2017, que alterou o art. 17 da Constituição Federal) pelo quociente eleitoral, obtendo-se assim o número de eleitos de cada agremiação (quociente partidário), desprezada a fração.

Por quociente partidário entende-se o percentual obtido por partido, mediante a divisão do número de votos alcançados pela legenda pelo quociente eleitoral.

O partido que não atingir o quociente eleitoral não elege qualquer deputado ou vereador. Salvo se nenhum partido atingir o quociente eleitoral, quando as vagas serão preenchidas pelos candidatos mais votados, independentemente dos votos dados aos partidos (art. 111, CE).

Conforme art. 108 e seguintes do Código Eleitoral, outros critérios deverão ser observados tais como: (i) "votação nominal mínima", visando a observância de maior representatividade popular – art. 108, CE; (ii) o "cálculo das sobras" – art. 109, CE e (iii) "definição dos suplentes" – art. 112, CE, veja-se:

> Art. 108. Estarão eleitos, entre os candidatos registrados por um partido ou coligação que tenham obtido votos em número igual ou superior a 10% (dez por cento) do quociente eleitoral, tantos quantos o respectivo quociente partidário indicar, na ordem da votação nominal que cada um tenha recebido. (Redação dada pela Lei n. 13.165, de 2015)
>
> Parágrafo único. Os lugares não preenchidos em razão da exigência de votação nominal mínima a que se refere o *caput* serão distribuídos de acordo com as regras do art. 109.
>
> Art. 109. Os lugares não preenchidos com a aplicação dos quocientes partidários e em razão da exigência de votação nominal mínima a que se refere o art. 108 serão distribuídos de acordo com as seguintes regras:
>
> I – dividir-se-á o número de votos válidos atribuídos a cada partido ou coligação pelo número de lugares definido para o partido pelo cálculo do quociente partidário do art. 107, mais um, cabendo ao partido ou coligação que apresentar a maior média um dos lugares a preencher, desde que tenha candidato que atenda à exigência de votação nominal mínima;
>
> II – repetir-se-á a operação para cada um dos lugares a preencher;
>
> III – quando não houver mais partidos ou coligações com candidatos que atendam às duas exigências do inciso I, as cadeiras serão distribuídas aos partidos que apresentem as maiores médias.
>
> § 1º O preenchimento dos lugares com que cada partido ou coligação for contemplado far-se-á segundo a ordem de votação recebida por seus candidatos.
>
> § 2º Poderão concorrer à distribuição dos lugares todos os partidos e coligações que participaram do pleito.

Assim, as sobras também serão destinadas aos partidos ou coligações que obtiverem as maiores médias. Essa "técnica da maior média" determina que os votos do partido sejam divididos pelo número de cadeiras por ele atingindo mais um, obtendo-se assim a média de cada um dos concorrentes e o número final de cadeiras a que cada partido ou coligação terá direito.

Obtido o número final de cadeiras, estarão eleitos os candidatos mais votados de cada partido, em número capaz de preencher as vagas destinadas à agremiação.

Nos termos do art. 112 do Código Eleitoral, consideram-se suplentes da representação partidária:

a) o mais votado sob a mesma legenda e não eleitos efetivos das listas dos respectivos partidos;

b) em caso de empate na votação, na ordem decrescente de idade.

De acordo com o seu parágrafo único, incluído pela Lei n. 13.165, de 2015, nesta definição dos suplentes da representação partidária, "não há exigência de votação nominal mínima prevista pelo art. 108". Para fins de suplência, já decidiu o Tribunal Superior Eleitoral (TSE) que serão diplomados até o terceiro suplente, facultando aos demais o direito de solicitação do diploma em qualquer momento (PA 19.175/RJ, TSE).

Na ocorrência de vacância de mandato de deputado federal ou senador da república, não havendo suplente para preenchê-la, será realizada eleição, se faltarem mais de quinze meses para findar o período do mandato (art. 56, § 2º, da CF).

O sistema mais utilizado atualmente para a eleição dos deputados e dos senadores é o do voto nominal (nos candidatos), embora seja possível o voto na legenda.

Atenção: Para esclarecer melhor sobre o segundo turno, veja os apontamentos de José Afonso da Silva:

> a Constituição consolidou o direito do povo de eleger o Presidente da República pelo sufrágio universal e voto direto e secreto. Manteve também o princípio da maioria absoluta para a eleição presidencial, reputando-se eleito Presidente, por conseguinte, o candidato que, registrado por partido político, obtiver a maioria absoluta de votos, não computados os em branco e os nulos. Se nenhum dos candidatos alcançar essa maioria, far-se-á uma segunda eleição, isto é, um segundo turno de votação, no dia indicado *supra*, concorrendo apenas os dois candidatos mais votados, tendo-se como eleito aquele que conseguir a maioria dos votos válidos. "Votos válidos" são todos os votos, expurgados os em branco e os nulos. Logo, no segundo turno, também se requer a maioria absoluta dos votos válidos tanto

> quanto na primeira votação. "Maioria de votos válidos" entre dois candidatos (art. 77, § 3º) e "maioria absoluta de votos, não computados os em branco e os nulos" são expressões equivalentes (art. 77, § 2º) (SILVA, 2012, p. 484).

Assim, observa-se que o fundamento da existência do segundo turno de votação é, de fato, a necessidade de eleger invariavelmente o chefe do Poder Executivo com o apoio da maioria da população.

6.5 INFORMATIVO E SÚMULA CORRELATOS

Sistema majoritário

787/STF – Sistema majoritário e fidelidade partidária.

O Colegiado analisou que a Constituição atual optara por desenho institucional que fortalecesse os partidos políticos, inclusive mediante a criação do fundo partidário e da garantia do acesso gratuito ao rádio e à televisão (CF, art. 17, § 3º). Esse cenário, somado com a possibilidade de criação de coligações nas eleições proporcionais, permitiria que partidos sem densidade mínima para atingir o quociente eleitoral conseguissem representatividade. Assim, haveria multiplicidade de partidos, a destacar as chamadas "legendas de aluguel", existentes somente para obter dinheiro do fundo partidário e acesso aos meios de comunicação. A política ficaria afastada do interesse público e se tornaria negócio privado. Nesse cenário, surgiria a tradição de infidelidade partidária, a culminar em posicionamento do STF sobre o tema [MS 26.602/DF (*DJe* 17-10-2008), MS 26.603/DF (*DJe* 19-12-2008) e MS 26.604/DF (*DJe* 3-10-2008)]. A Corte, à época, chancelara entendimento no sentido do dever constitucional de observância da regra de fidelidade partidária, possuindo como pano de fundo o sistema proporcional. Posteriormente, o TSE editara a resolução ora em debate, para aduzir que a mesma linha de entendimento seria aplicável quanto ao sistema majoritário, aos fundamentos de centralidade dos partidos políticos no regime democrático e de os candidatos do sistema majoritário também se beneficiarem da estrutura partidária para se elegerem. O Plenário reputou, entretanto, que haveria fundamento constitucional consistente apenas para vincular a regra da fidelidade partidária ao sistema proporcional. Sucede que, no 78 sistema majoritário, como a regra seria da maioria de votos e não do quociente eleitoral, o candidato eleito seria o mais bem votado. Portanto, não seria necessário impor a fidelidade partidária como medida para preservar a vontade do eleitor. Não se trataria de corolário natural do princípio da soberania popular (CF, arts. 1º, parágrafo único; e 14). Ao contrário, no sistema majoritário, a imposição da perda do mandato por infidelidade partidária seria antagônica à soberania popular. Nos pleitos dessa natureza, os eleitores votariam em candidatos e não em partidos (CF, art. 77, § 2º). Embora fosse relevante o papel dos partidos, não se poderia invocar seu fortalecimento como fundamento para violar a soberania popular, ao retirar mandatos de candidatos escolhidos legitimamente por votação majoritária. Em suma, a Resolução 22.610/2007 do TSE, ao igualar os sistemas proporcional e majoritário para fins de fidelidade partidária, violaria as características essenciais dos sistemas eleitorais, extrapolaria a jurisprudência da Corte sobre o tema e, sobretudo, violaria a soberania popular. ADI 5081/DF, rel. Min. Roberto Barroso, 27-5-2015 (ADI 5081).

Sistema majoritário

- **Súmula-TSE n. 67**

  A perda do mandato em razão da desfiliação partidária não se aplica aos candidatos eleitos pelo sistema majoritário.

capítulo 7

Campanha eleitoral e *accountability*

7.1 ABORDAGEM GERAL

A República Federativa do Brasil vive o seu mais longo e tranquilo período democrático e a realização de eleições periódicas já faz parte da cultura do povo brasileiro, em que pese o alto índice de alienação eleitoral nos diversos pleitos realizados.

É certo que algo desmotiva o cidadão quando o assunto é política, mas a democracia brasileira não está em crise. A geração das pessoas com menos de 30 anos de idade não conhece o que é, de fato, uma crise democrática. O que vivemos, neste instante, com os desgastes gerados entre bolsonaristas e o anti-bolsonarismo – a situação está tão focada que até mesmo o PT(ismo) ou Lulismo parecem estar esquecidos – é um tensionamneto entre as instituições e o agravamento na ausência de tolerância social entre as pessoas. Mas não podemos esquecer que na época do Governo do PT havia o anti-petismo também. Ao que parece, a questão de fato não é a crise econômica, política ou sanitária (Covid-19) que atinge o Brasil, mas a forma pela qual determinados governantes lidam com elas. É necessário vigiar. Mas ainda não estamos em uma crise democrática. Nossa democracia não está morrendo.

A alienação eleitoral está intimamente relacionada com as próprias experiências cotidianas. Os grandes escândalos vivenciados pelo Povo brasileiro, tais como o "Mensalão" e o "Petrolão", com a famosa operação "Lava Jato", demonstram conspícua degeneração moral da política. Mas não só da política, pois políticos não cometem esse tipo de ilícito sozinhos, isto é, sem servidores concursados, pessoas ligadas ao sistema de segurança e policiamento, empresários dentre outros. A degeneração moral é um problema da sociedade brasileira como um todo. Fato é que governar é fazer crer. Para que um governante detenha legítimo poder é necessário repousar sobre o assentimento social.

A eleição é uma realização instrumental organizada pela Justiça Eleitoral, por imposição constitucional, objetivando a escolha de mandatários em dia e hora fixados pela legislação mediante ato solene, sendo, portanto, o principal instrumento da democracia constituindo a via pela qual se efetiva o princípio constitucional insculpido no art. 1º, parágrafo único, da Constituição Federal, a saber: "Todo o poder emana do povo, que o exerce por meio de representantes eleitos [...]".

Contudo, não é a eleição em si que define um regime democrático, uma vez que regimes aristocráticos e autoritários também podem fazer uso desse instrumento, mas nestes casos as eleições não são absolutamente livres e a concorrência é mitigada. Deveras, para que haja democracia é necessário existir participação popular; incerteza quanto ao resultado; e plena concorrência pelo poder, ou seja, quanto menor for a intensidade destes requisitos menos democrático será o pleito. A competitividade pelo Poder Político é o que se espera em um Estado Democrático.

Em um regime totalitário, caracterizado especialmente por ter partido único, não há que se falar em eleição, ao menos eleição livre. Ao passo que, no regime autoritário há uma tímida competitividade geralmente bipartidária, sendo um partido governista e o outro oposicionista, mas este sem qualquer força, pois cerceado pelo poder central.

Nesse sentido, é o magistério de Monica Herman Salem Caggiano:

> A mera presença da mecânica eleitoral, contudo, se afigura insuficientemente para a identificação do regime político prático. O processo eleitoral para a seleção de governantes/representantes não é exclusividade das democracias, sendo utilizados com características e tonalidades diversas, até mesmo sob os regimes autoritários e totalitários. Nesses, porém, a importância e a função atribuída à consulta eleitoral assumem configurações diferenciadas [...] (CAGGIANO, 2013, p. 81).

Monica Herman Salem Caggiano apresenta em seu artigo científico denominado "Sufrágio. Alistamento Eleitoral. A força do voto" o seguinte quadro referente à importância e função da eleição (CAGGIANO, 2013, p. 76):

Tipo de Eleição	**Eleições Competitivas** (Democracias)	**Eleições Semicompetitivas** (Regimes Autoritários)	**Eleições não competitivas** (Regimes Totalitários)
Importância para o processo político	Grande	Reduzida	Nenhuma
Possibilidade de efetiva escolha	Elevada	Limitada	Nenhuma
Liberdade de escolha	Assegurada	Limitada	Anulada
Possibilidade de alternância	Assegurada	Inexistente	Inexistente
Processo de legitimação do sistema político	Eficaz	Sem efeito	Sem efeito
Tipo de sistema político	Democrático	Autoritário	Totalitário

Naturalmente, em um Estado Democrático de Direito as eleições devem ocorrer de maneira pacífica e livre. Sem qualquer interferência ilícita na vontade do eleitor, para que não seja afetada a higidez do processo eleitoral e a soberania da vontade popular. Assim, em um ambiente democrático o processo eleitoral legitima o titular do Poder.

Mas a eleição é um processo discriminatório, ao contrário do que muitos afirmam. É certo que por justeza talvez o melhor critério eletivo fosse o sorteio, uma vez que sua forma aleatória possibilitaria vencer qualquer dos candidatos em igualdade de condições. Porém, esse critério não leva em consideração a vontade do povo, diminuindo, assim, os direitos inerentes à cidadania – direito de participação na vontade Estatal.

Apesar de observar a vontade popular o processo eleitoral sofre influências externas, ou seja, verdadeira poluição. Entre esses elementos poluentes encontram-se grupos de pressão, por exemplo: grupos LGBTs; movimentos de moradia; maçonaria; igrejas; e especialmente o denominado poder econômico (grandes empresários, grupos econômicos nacionais, multinacionais e o mercado financeiro).

A legislação pretende diminuir a incidência desses elementos poluidores que tendem a desequilibrar o processo eleitoral afetando a igualdade de chances entre candidatos e partidos políticos. O abuso econômico das mídias sociais e político estão presentes. Aliás, é conveniente afirmar a existência do denominado abuso religioso, tendo em vista inúmeras instituições religiosas sendo utilizadas como massa de manobra com seus fiéis.

7.2 A INFLUÊNCIA DO PODER ECONÔMICO NO PROCESSO ELEITORAL: A QUESTÃO DA POLUIÇÃO DO PROCESSO ELEITORAL

A democracia convive com diversos elementos insertos na sociedade, dentre eles o sistema econômico vigente em cada Estado, bem como com a cultura econômica de cada povo. A par disso, é possível analisar a interface entre democracia e economia observando os sistemas, socialista e capitalista, em relação à democracia. Verifica-se, assim, a existência de uma inter-relação entre o sistema de governo e o sistema econômico, ou melhor, entre o sistema democrático e os sistemas econômicos que notoriamente até pouco tempo rivalizavam.

Superada a fase do socialismo, ainda que existente em poucos Estados, notório que os partidos políticos – mesmo os nominados socialistas – cresceram sob a égide do sistema capitalista e por sua vez o político passou a não mais se sobrepor ao econômico, especialmente no que se refere à concorrência pelo poder. Isso não é uma afirmação quanto a morte do socialismo, ao menos considerando que ele tem se atualizado com o passar do tempo e apresenta-se nos processos eleitorais de diversas formas, sobretudo no que toca à social democracia (que é uma variação socialista).

O poder econômico cada vez mais exerce influência na aquisição do poder político, especialmente nas disputas eleitorais em Países democráticos. Seja pela importância dos investimentos em propaganda eleitoral; seja pela importância da contratação de pessoal; seja ainda pelos recorrentes abusos econômicos de diversas espécies que possuem o condão de influenciar no resultado das eleições ou, ao menos, tenha potencialidade para tanto.

No Estado Democrático, quando também capitalista, possibilita-se a concorrência não só no mercado, mas, igualmente, nas disputas políticas. Ao menos é o senso comum que tomou a população sem considerar, no entanto, a existência de grupos econômicos com monopólios e oligopólios que dominam o mercado. Basta verificar a situação das instituições financeiras (bancárias) no Brasil, ou as empreiteiras. Fato é que nos EUA, país capitalista e neoliberal, não há tamanha concentração do mercado e renda como há no mercado brasileiro. Portanto, é necessário repensar esse senso comum. É necessário refletir e criticar não aceitando-o como verdade. No entanto, este livro não é dirigido à ciência política, sociologia ou economia, mas não podíamos deixar de consignar em poucas linhas esta questão.

Com isso, os abusos econômicos em eleições no Brasil ocorrem desmedidamente, desde a época em que o voto de cabresto perdeu intensidade.

Nessa trilha, a lição de Tiago Menezes Conceição:

> Ocorre que, na complexa sociedade contemporânea, os processos políticos de decisão sofrem ingerências diversas dos grupos com poder político de fato, muitas vezes vinculado ao poder econômico. Verifica-se, então, na realidade, uma variada combinação de oposição e governo nos acordos que antecedem as principais questões políticas, redundando em modificações frequentes nos projetos iniciais, de modo que os compromissos de campanha, não raras vezes, são relegados a segundo plano. [...]. Por isso, impensável, atualmente, em um país democrático, conceber os direitos políticos como limitados aos direitos de votar e ser votado, desprezando-se outras formas de participação popular nos específicos processos de decisão realizados no decorrer dos mandatos (CONCEIÇÃO, 2012, p. 90).

Após a promulgação da Constituição de 1988, os abusos econômicos são recorrentes e não ocorrem, tão somente, nos rincões mais longínquos e pobres desta nação. É verdade também que hodiernamente existem instrumentos jurídicos idôneos ao combate de tais abusos, sendo o de mais elevado grau a Ação de Impugnação de Mandato Eletivo, pois possui natureza constitucional e ao seu lado pode ser manejada, outrossim, a Ação de Investigação Judicial Eleitoral, instituída por norma infraconstitucional, bem como diversas representações.

Os abusos ocorrem porque o Estado Democrático possibilita, em prestígio as liberdades, que o cidadão utilize os instrumentos lícitos que estejam ao seu alcance para atingir suas pretensões. Deveras, o abuso do poder econômico é em linhas gerais abuso do direito – uso excessivo do que é lícito –, pois todos possuem a possibilidade de investir e captar recursos para campanhas, mas a forma como o numerário é captado ou utilizado, bem como sua quantidade e origem, podem configurar o abuso tratado.

A inobservância das normas inerentes a prestação de contas partidária e de campanha eleitoral configuram infrações que, ainda que formalmente, caracterizam abuso, observando-se a gravidade das circunstâncias, bem como a potencialidade de afetar a lisura e a normalidade das eleições acarretando desiquilíbrio indesejado em um Estado Democrático.

Fato comum em campanhas eleitorais é a omissão nas prestações de contas do fluxo financeiro – arrecadação e gastos – de candidatos. Nesse sentido, toda a movimentação financeira de candidato deve ocorrer por meio de conta corrente de campanha específica aberta em instituição financeira nos termos da legislação eleitoral.

A legislação articula procedimentos para gastos e arrecadações. Apenas a título de exemplo, os pagamentos devem ser efetuados por meio de cártulas de cheques vinculadas à conta corrente específica de campanha do candidato, mediante, ainda, emissão de nota fiscal, bem como todos os gastos e recursos arrecadados, ainda que doações ou estimados, devem ser computados nas prestações de contas parciais e final a serem destinadas à Justiça Eleitoral como forma de controle judicial e social das arrecadações e despesas de campanhas.

Ocorre que, muitas das vezes, o "patrocinador" da campanha eleitoral não deseja figurar – ou não pode legalmente figurar – nas prestações de contas, por inúmeros motivos, fazendo com que o candidato preste subdeclarações à Justiça Eleitoral, deixando, assim, de fazer constar parte ou, grande parte, dos recursos arrecadados e das despesas realizadas.

Subdeclarações estas concernentes ao número de cabos eleitorais; a despesas com combustível; com propaganda gráfica; locação de imóveis; e tantas outras são comuns e verificáveis pela incompatibilidade da propaganda realizada e dos instrumentos utilizados com relação às arrecadações e gastos declarados.

Recorrente é o abuso econômico em razão da captação ilícita de recursos e de gastos quitados em espécie para que não sejam contabilizados.

Os Tribunais Eleitorais também reconhecem ser caso de abuso econômico os gastos suntuosos com campanha eleitoral, ainda que as arrecadações e despesas sejam lícitas e formalizadas. Visando combater esta hipótese, agora há um teto de gastos relacionado a cada eleição, ente federado e cargo. Nesse sentido, relevante a leitura do art. 18-C da Lei das Eleições, modificada pela Lei n. 13.878/2019.

> Art. 18-C. O limite de gastos nas campanhas dos candidatos às eleições para prefeito e vereador, na respectiva circunscrição, será equivalente ao limite para os respectivos cargos nas eleições de 2016, atualizado pelo Índi-

> ce Nacional de Preços ao Consumidor Amplo (IPCA), aferido pela Fundação Instituto Brasileiro de Geografia e Estatística (IBGE), ou por índice que o substituir. (Incluído pela Lei n. 13.878, de 2019)
>
> Parágrafo único. Nas campanhas para segundo turno das eleições para prefeito, onde houver, o limite de gastos de cada candidato será de 40% (quarenta por cento) do limite previsto no *caput* deste artigo. (Incluído pela Lei n. 13.878, de 2019)

Em razão da publicação da Lei n. 13.878/2019, inseriu-se no sistema eleitoral uma nova limitação, qual seja o candidato poderá financiar sua própria campanha, com recursos próprios, até o total de 10% (dez por cento) dos limites previstos para gastos de campanha no cargo em que concorrer, conforme dispõe o art. 23, § 2º-A, da Lei das Eleições. Esta limitação é mais uma resposta quanto à necessidade de igualdade de chances eleitorais, uma vez que um candidato rico podia, segunda a regra anterior, financiar integralmente sua campanha.

A desigualdade de oportunidade entre os participantes do processo eleitoral pode gerar campanha materialmente tão suntuosa que acaba desequilibrando sobremaneira o processo eleitoral e fulminando a concorrência, em desprestígio ao princípio da máxima igualdade na disputa eleitoral. Mas, para tanto, é necessário que se demonstre relação direta entre os gatos realizados e o desequilíbrio ocorrido. Podemos tomar como exemplo Município pequeno em que determinado candidato contrata considerável número de eleitores para trabalharem na condição de cabos eleitorais o que, sem sombra de dúvidas, desequilibraria a disputa em uma espécie de compra de votos mascarada, pois evidente que há interferência, ainda que psicológica, na liberdade do eleitor que se vê vinculado ao candidato que o contratou.

O abuso do poder econômico pode levar determinado candidato a obter êxito em sua pretensão eleitoral. Difícil pensar em candidato eleito que não disponha de recursos mínimos para se habilitar a concorrência eleitoral. Ainda que exista exceções, estas estão fundadas em aspectos outros, como: o voto de protesto.

Olivar Coneglian conceitua abuso do poder econômico como:

> [...] é o uso exagerado de recursos financeiros, o uso de recursos financeiros que consiga, por si só, provocar um desequilíbrio entre os candidatos. Por abuso do poder econômico entende-se, pois, qualquer atitude em que

> haja uso de dinheiro em quantidade evidentemente excessiva e que venha em detrimento da liberdade de voto, com potencialidade para perturbar o resultado das eleições (CONEGLIAN, 2012, p. 180).

Em acórdão (28.387) do Tribunal Superior Eleitoral, de relatoria do Ministro Carlos Ayres Brito, julgado em 19-12-2007 e publicado no *DJ* de 4-2-2008, sua excelência assentou que: "*O abuso de poder econômico implica desequilíbrio nos meios conducentes à obtenção da preferência do eleitorado, bem como conspurca a legitimidade e normalidade do pleito*".

Muitas são as nuances do abuso do poder econômico em eleições, das quais podemos exemplificar as mais corriqueiras: uso de propaganda massiva; oferta de bens; transferências pecuniárias para pessoas físicas ou jurídicas; oferecimento de transporte gratuito para eleitores; benfeitorias que beneficiem eleitores; efetivar doações, tal como de cestas básicas etc.

Importante destacar que a compra de votos não se confunde com o abuso do poder econômico. Isto é, a compra de voto ocorre mediante pagamento pecuniário e direto ao eleitor constituindo crime, ao passo que, o abuso do poder econômico ocorre de forma indiscriminada (difusa), geralmente com distribuição de benesses e uso exagerado de dinheiro com potencialidade de interferir no resultado da eleição. Isso porque não é qualquer gasto que caracteriza o abuso, sendo necessário o dispêndio de numerário que afete a isonomia entre os participantes do processo eleitoral.

De outro lado, o abuso do poder econômico, como já dito, não se caracteriza apenas pelos gastos, mas também por arrecadações irregulares. Assim, havendo doações de fontes vedadas (art. 24 da Lei n. 9.504/97) ou, ainda, doações que mesmo não sendo oriundas de fontes vedadas, estejam acima do teto estipulado por lei ocorrerá o abuso.

Por essas razões, as prestações de contas parciais não podem ser tidas como insignificantes ou inúteis, pois necessárias ao exercício do controle social, bem como efetivam o princípio jurídico da transparência. Caso houvesse tão somente a prestação de contas final, ou mesmo apenas esta fosse exigível, evidentemente a fiscalização da correta arrecadação e a compatibilidade da magnitude da propaganda com o que de fato declarado restaria manietado.

7.3 PUBLICIDADE POLÍTICA E AS MODALIDADES DE PROPAGANDA

Publicidade política é gênero de três espécies de propaganda, a saber: (a) institucional; (b) partidária; e (c) eleitoral.

Olivar Coneglian nos ensina que as modalidades de publicidade política são, ainda, subdivididas em: (a) propaganda partidária; (b) não partidária para políticos; (c) não partidária informal, ao passo que, a comunicação institucional subdivide-se em: (a) por força legal; (b) convocatória; e (c) propaganda (CONEGLIAN, 2012, p. 20).

Podem ser subdivididas ainda em: partidária, intrapartidária, eleitoral e institucional.

Em síntese, o que diferencia cada uma das modalidades da publicidade política é a sua finalidade. A propaganda eleitoral tem por objetivo captar o voto do eleitor em favor de determinado partido ou candidatura. A propaganda partidária tem por finalidade captar a simpatia do cidadão por determinado Partido Político visando repousar no assentimento popular ou mesmo arregimentar seguidores à ideologia partidária, a plataforma política do partido, objetivando filiações à agremiação.

No campo do direito eleitoral a propaganda partidária e a propaganda eleitoral são, de fato, institutos dos mais relevantes. Contudo, em razão do abuso do poder político praticado no uso das funções e instrumentos públicos pelos mandatários e demais autoridades públicas a propaganda institucional também passou a ser tema de estudo.

A comunicação institucional é realizada por pessoas jurídicas de direito público ou de direito privado controlado pelo poder público, com a finalidade de dar ciência de fatos a população em prestígio ao princípio da transparência ou, ainda, para fomentar determinado interesse público.

A comunicação institucional por força de lei é aquela que o Poder Público está vinculado, sendo que seus atos só terão validade uma vez dada a necessária publicidade a eles. Exemplo disso são as publicações de atos administrativos em diários oficiais para dar publicidade a nomeação de servidor público, homologação de licitação, homologação de concursos públicos dentre outros atos.

A comunicação institucional convocatória traduz verdadeiro chamamento à participação, tais como a abertura de concurso público, convocação para o serviço militar etc.

A propaganda institucional consiste no enaltecimento dos feitos do Governo. Tal modalidade objetiva dar publicidade às realizações institucionais do Governo, por exemplo, a publicidade em redes de televisão aberta demonstrando o número de ruas asfaltadas, o número de escolas inauguradas, as belezas naturais e artificiais de um dado Município visando atrair turistas.

Deveras, a comunicação institucional por força de lei é indispensável ao Poder Público, pois grande parte de seus atos administrativos, ou mesmo legiferantes, dependem da competente publicação para que tenham validade jurídica, uma vez ser, em regra, vedado pelo sistema jurídico os denominados atos secretos.

De outro lado, a comunicação institucional convocatória é útil à administração pública visando a maior eficiência de suas finalidades, pois é a modalidade pela qual há a convocação para o alistamento militar, ao passo que, também pode ser de extrema relevância para a saúde pública, pois também pode ser utilizada para campanhas de vacinação. É, verdadeiramente, um importante instrumento de mobilização.

Contudo, a propaganda institucional é dispensável e, em tempos de crise, deve ser utilizada com moderação. É fato que muitos governantes fazem uso dessa modalidade de propaganda para, ainda que subliminarmente, causarem um estado espiritual de satisfação na população querendo, com isso, ganhar a simpatia dos eleitores. Neste sentido, o uso indevido da propaganda institucional é combatido pelo direito eleitoral.

É possível haver propaganda política não partidária. Mas, em nosso entendimento esta modalidade não passa de expressão da livre manifestação do pensamento. Podemos citar, como exemplo, adesivos espalhados em carros contra determinada temática, a saber: contra a instituição de pedágios em rodovias. Ou, ainda, artigos críticos publicados em jornais, palestras e entrevistas. Isto é, espaços que independem da estrutura partidária para a ocorrência da publicidade política.

Não há razão para distinção entre propaganda política partidária e propaganda política partidária informal, pois todo cidadão, filiado ou não, pode expressar em qualquer veículo de comunicação sua visão de mundo. Sendo assim, a divisão mais precisa é certamente propaganda política partidária e propaganda política não partidária, tão somente.

A propaganda intrapartidária é aquela que se dá nas disputas internas do partido, tais como para indicação em convenção partidária demonstrando, aos filiados participantes da convenção, ser o melhor pré-candidato. Tal modalidade de propaganda é facilmente visualizável ao lembrar das prévias partidárias (disputas internas pelos votos dos filiados para determinada indicação).

A propaganda intrapartidária não se dirige ao eleitor em geral, mas ao filiado com direito a voto em convenção partidária que possui por objetivo a escolha dos que disputarão os cargos eletivos. Havendo desvirtuamento o titular da propaganda poderá sofrer sanções. A propaganda intrapartidária está regulada no art. 36, § 1º, da Lei n. 9.504/97, com a redação dada pela Lei n. 13.165, de 2015, a saber:

> Art. 36. A propaganda eleitoral somente é permitida após o dia 15 de agosto do ano da eleição.
>
> § 1º Ao postulante a candidatura a cargo eletivo é permitida a realização, na quinzena anterior à escolha pelo partido, de propaganda intrapartidária com vista à indicação de seu nome, vedado o uso de rádio, televisão e *outdoor*.

Uma das mais famosas prévias da história ocorreu nos Estados Unidos da América. Foi a disputada entre Hillary Clinton e Barack Obama, ambos filiados ao Partido Democrata, em que disputavam a indicação do partido ao posto de candidato a Presidente dos Estados Unidos. Na ocasião, tratava-se da primeira mulher e do primeiro afrodescendente com chances reais de ocupar o mais alto posto eletivo dos Estados Unidos. As prévias foram extremamente disputadas, levando a indicação do partido Democrata a Barack Obama que, posteriormente, tornou-se o 44º Presidente dos Estados Unidos.

7.4 PROPAGANDA PARTIDÁRIA

Como já afirmado, a propaganda partidária tem por finalidade captar a simpatia do cidadão por determinado Partido Político visando repousar no assentimento popular ou mesmo arregimentar seguidores à ideologia partidária, a plataforma política do partido, objetivando filiações à agremiação.

A propaganda partidária está fundada, especialmente, no denominado direito de antena. O partido político detém o direito constitucional de acesso gratuito ao rádio e à televisão, conforme art. 17, § 3º, da Constituição Federal.

Por sua vez, os arts. 45 e seguintes da Lei dos Partidos Políticos que apresentava a estrutura da propaganda partidária foi revogado com o advento da reforma eleitoral de 2017.

A nova redação dada ao art. 36, § 2º, da Lei das Eleições proíbe qualquer tipo de propaganda política paga no rádio/TV. Sendo a propaganda partidária modalidade de propaganda política, não sendo mais possível ser gratuita e havendo vedação expressa que seja paga pelos partidos a conclusão que se chega é que a **propaganda partidária não existe mais em nosso sistema jurídico**, ao menos da forma tradicional, mesmo porque a própria Lei n. 13.487/2017, em seu art. 5º , disciplina que ficam revogados, a partir do dia 1º de janeiro subsequente à publicação dessa Lei, os arts. 45, 46, 47, 48 e 49 e o parágrafo único do art. 52 da Lei n. 9.096, de 19 de setembro de 1995.

É possível propaganda partidária em jornais, sites, redes sociais, *outdoor* etc.

7.5 PROPAGANDA ELEITORAL, CONTRAPROPAGANDA E *FAKE NEWS*

Configura-se propaganda eleitoral a elaborada por partidos políticos e candidatos objetivando captar votos do corpo eleitoral para investidura em mandato eletivo.

Importante anotar que outrora o que caracterizava a propaganda eleitoral era o elemento espiritual, isto é, a intenção. Pois a propaganda eleitoral poderia ocorrer de forma dissimulada, para que fosse antecipada ao prazo legal de seu início. É a denominada propaganda eleitoral antecipada ou extemporânea.

O elemento subjetivo da propaganda eleitoral é a intenção de conquistar votos. Sendo assim, cabe ao candidato e ao partido político demonstrar que são as melhores opções para o eleitor. Que determinado candidato é o mais preparado.

Hodiernamente, considera-se propaganda eleitoral apenas aquela em que consta pedido de voto expresso, conforme a textualidade do art. 36-A da Lei n. 9.054/97, com redação dada pela reforma eleitoral de 2015.

Não se considera propaganda eleitoral a autopromoção de futuro candidato, desde que não haja pedido expresso de votos. É a jurisprudência do Tribunal Superior Eleitoral:

> ELEIÇÕES 2016. AGRAVO REGIMENTAL. MINISTÉRIO PÚBLICO. RECURSO ESPECIAL DO REPRESENTADO. PROVIMENTO. PROPAGANDA ELEITORAL ANTECIPADA. POSTAGEM EM FACEBOOK. NÃO CARACTERIZAÇÃO.
>
> 1. De acordo com precedentes do Tribunal Superior (anteriores, inclusive, à Lei 13.165/2015), o mero ato de promoção pessoal não é suficiente para a caracterização da propaganda eleitoral extemporânea, para a qual se exige pedido expresso de voto, o que não se verifica na espécie.
> 2. A aferição de propaganda eleitoral antecipada deve ser realizada a partir de dados e elementos objetivamente considerados, e não conforme intenção oculta de quem a promoveu.
> 3. Com o advento da Lei 13.165/2015 e a consequente alteração sucedida no âmbito do art. 36-A da Lei das Eleições, bem como até mesmo já considerando a evolução jurisprudencial do tema, a configuração da infração ao art. 36 da Lei 9.504/97, em face dos fatos relacionados à propaganda tida por implícita, ficou substancialmente mitigada, ante a vedação apenas ao pedido explicito de votos e com permissão da menção à pré-candidatura, exposição de qualidades pessoais e até mesmo alusão a plataforma e projetos políticos (art. 36-A, I, da Lei 9.504/97).
> 4. "A propaganda eleitoral antecipada – por meio de manifestações dos partidos políticos ou de possíveis futuros candidatos na internet –, somente resta caracterizada quando há propaganda ostensiva, com pedido de voto e referência expressa à futura candidatura, ao contrário do que ocorre em relação aos outros meios de comunicação social nos quais o contexto é considerado. (Respe 239-79, Rel. Min. Luciana Lóssio, *DJE* de 22-10-2015)"
>
> Agravo Regimental a que se nega provimento.
>
> (AgR-Respe n. 9365/DF, Rel. Min. Admar Gonzaga, *DJe* de 11-9-2017).

Da mesma banda:

> ELEIÇÕES 2016. AGRAVO REGIMENTAL EM RECURSO ESPECIAL. REPRESENTAÇÃO. PROPAGANDA ELEITORAL EXTEMPORÂNEA MEDIANTE OUTDOOR. NÃO CONFIGURAÇÃO. AUSÊNCIA DE PE-

DIDO DE VOTO E DE REFERÊNCIA A PLEITO FUTURO. RECURSO ESPECIAL PROVIDO PARA JULGAR IMPROCEDENTES OS PEDIDOS FORMULADOS NA REPRESENTAÇÃO E AFASTAR A MULTA IMPOSTA. RAZÕES DO RECURSO IMPOSSIBILIDADE DE INOVAÇÃO RECURSAL. AGRAVO REGIMENTAL DESPROVIDO.

1. Na linha da recente jurisprudência do TSE, a referência à candidatura e a promoção pessoal dos pré-candidatos, desde que não haja pedido explícito de votos, não configuram propaganda extemporânea, nos termos da nova redação dada ao art. 36-A pela Lei 13.165/15. Precedente: AgR-Respe 12-06/PE, Rel. Min. Admar Gonzaga, *DJe* 16.082017.
2. O TRE de origem entendeu haver propaganda antecipada com a divulgação, por meio de outdoor, da mensagem ODELMO LEÃO E ARNALDO SILVA. JUNTOS PELA SAÚDE. JUNTOS POR UBERLÂNDIA.
3. De acordo com o atual entendimento deste Tribunal Superior, desde que inexistente pedido expresso de votos, a referência à candidatura e a promoção pessoal dos pré-candidatos não configuram propaganda eleitoral extemporânea. Assim, não se pode confundir ato de mera divulgação de mensagem com referência a gestão do recorrente no serviço público de saúde mantido no Município de Uberlândia/MG, registrada no acórdão recorrido, com propaganda eleitoral extemporânea.
4. [...]
5. Agravo Regimental a que se nega provimento.

(AgR-Respe n. 621/MG, Rel. Min. Napoleão Nunes Maia Filho, *DJe* de 29-9-2017).

Da mesma forma, é lícita a **contrapropaganda**, ou seja, demonstrar que o adversário não reúne as qualidades necessárias para o exercício de determinado mandato, tais como experiência legislativa ou administrativa, preparo acadêmico, autocontrole, diplomacia etc. Evidentemente, a contrapropaganda deve ocorrer dentro da moldura legal, sob pena de responsabilização cível e criminal e manuseio do direito de resposta.

Entre propagandas e contrapropagandas, especialmente nas mídias sociais, surgiram as denominadas ***Fake News***. As *fake news* passaram a ser tema relevante para o direito eleitoral, especialmente após as eleições gerais de 2018, pois tornaram-se fato social de consequências eleitorais desastrosas em razão da profunda potencialidade de confundir o eleitor e prejudicar o resultado natural das eleições.

Muitos definem as *fake news* como notícias falsas, mas preferimos a definição de **notícias fraudulentas**, pois a real intenção das *fake news* é enganar o eleitor, mas direcionando-o para colaborar, de forma não intencional, para fraude eleitoral. As *fake news* são caracterizadas, no mais das vezes, por manchetes sensacionalistas, extremismo e, muitas vezes, por serem pulverizadas via inteligência artificial.

A primeira decisão acerca do tema *fake news* proferida no Tribunal Superior Eleitoral ocorreu na Representação n. 0600546-70.2018.6.00.0000 – Classe 11541 – Brasília – Distrito Federal – Relator Min. Sérgio Banhos, representantes Diretório Nacional da Rede Sustentabilidade e Marina Silva, tendo como representado o Facebook Serviços Online do Brasil Ltda.

A propaganda eleitoral é permitida após o dia 15 de agosto do ano da eleição, incluindo, aqui, a propaganda eleitoral na internet, nos termos do art. 57-A da Lei n. 9.504/97. De outro lado, não configura propaganda eleitoral antecipada as hipóteses descritas no art. 36-A, da Lei das Eleições. Vejamos:

> Art. 36-A. Não configuram propaganda eleitoral antecipada, desde que não envolvam pedido explícito de voto, a menção à pretensa candidatura, a exaltação das qualidades pessoais dos pré-candidatos e os seguintes atos, que poderão ter cobertura dos meios de comunicação social, inclusive via internet:
>
> I – a participação de filiados a partidos políticos ou de pré-candidatos em entrevistas, programas, encontros ou debates no rádio, na televisão e na internet, inclusive com a exposição de plataformas e projetos políticos, observado pelas emissoras de rádio e de televisão o dever de conferir tratamento isonômico;
>
> II – a realização de encontros, seminários ou congressos, em ambiente fechado e a expensas dos partidos políticos, para tratar da organização dos processos eleitorais, discussão de políticas públicas, planos de governo ou alianças partidárias visando às eleições, podendo tais atividades ser divulgadas pelos instrumentos de comunicação intrapartidária;

> III – a realização de prévias partidárias e a respectiva distribuição de material informativo, a divulgação dos nomes dos filiados que participarão da disputa e a realização de debates entre os pré-candidatos;
> IV – a divulgação de atos de parlamentares e debates legislativos, desde que não se faça pedido de votos;
> V – a divulgação de posicionamento pessoal sobre questões políticas, inclusive nas redes sociais;
> VI – a realização, a expensas de partido político, de reuniões de iniciativa da sociedade civil, de veículo ou meio de comunicação ou do próprio partido, em qualquer localidade, para divulgar ideias, objetivos e propostas partidárias.
>
> § 1º É vedada a transmissão ao vivo por emissoras de rádio e de televisão das prévias partidárias, sem prejuízo da cobertura dos meios de comunicação social.
>
> § 2º Nas hipóteses dos incisos I a VI do *caput*, são permitidos o pedido de apoio político e a divulgação da pré-candidatura, das ações políticas desenvolvidas e das que se pretende desenvolver.
>
> § 3º O disposto no § 2º não se aplica aos profissionais de comunicação social no exercício da profissão.

O art. 36-B define expressamente como propaganda eleitoral antecipada a convocação, por parte do Presidente da República, dos Presidentes da Câmara dos Deputados, do Senado Federal e do Supremo Tribunal Federal, de redes de radiodifusão para divulgação de atos que denotem propaganda política ou ataques a partidos políticos e seus filiados ou instituições.

Além do art. 36-A, duas são as grandes modificações normativas em razão da Lei n. 13.165/2015 ("reforma eleitoral de 2015") , no que toca ao tema propaganda eleitoral. A primeira encontra-se no *caput* do art. 37, ao tratar de propaganda em bens públicos que o uso dependa de cessão ou permissão da Autoridade; de outra banda, é o § 2º, do art. 37, que limitou a propaganda eleitoral em bens privados. Vejamos:

> Art. 37. Nos bens cujo uso dependa de cessão ou permissão do poder público, ou que a ele pertençam, e nos bens de uso comum, inclusive postes de iluminação pública, sinalização de tráfego, viadutos, passarelas, pontes, paradas de ônibus e outros equipamentos urbanos, é vedada a veicu-

lação de propaganda de qualquer natureza, inclusive pichação, inscrição a tinta e exposição de placas, estandartes, faixas, cavaletes, bonecos e assemelhados.

§ 1º A veiculação de propaganda em desacordo com o disposto no *caput* deste artigo sujeita o responsável, após a notificação e comprovação, à restauração do bem e, caso não cumprida no prazo, a multa no valor de R$ 2.000,00 (dois mil reais) a R$ 8.000,00 (oito mil reais).

§ 2º Em bens particulares, independe de obtenção de licença municipal e de autorização da Justiça Eleitoral a veiculação de propaganda eleitoral, desde que seja feita em adesivo ou papel, não exceda a 0,5 m^2 (meio metro quadrado) e não contrarie a legislação eleitoral, sujeitando-se o infrator às penalidades previstas no § 1º.

A veiculação de propaganda eleitoral pela distribuição de folhetos, adesivos e outros impressos, os quais devem ser produzidos sob a responsabilidade do Partido, coligação ou candidato e impresso contendo o número de inscrição no Cadastro Nacional da Pessoa Jurídica – CNPJ ou o número de inscrição no Cadastro de Pessoas Físicas – CPF do responsável pela confecção, bem como de quem a contratou, e a respectiva tiragem, independe de licença do governo municipal e de autorização da Justiça Eleitoral.

Da mesma forma, a realização de qualquer ato de propaganda partidária ou eleitoral, em recinto aberto ou fechado, não depende de licença da polícia (art. 39 da Lei n. 9.504/97). Contudo, o candidato, Partido ou coligação promotora do ato deverá comunicar à autoridade policial em, no mínimo, vinte e quatro horas antes da realização do evento, com a finalidade de garantir, segundo a prioridade do aviso, o direito contra quem tencione usar o local no mesmo dia e horário, caso seja via pública.

Nos veículos, resta vedado colar propaganda eleitoral, salvo adesivos microperfurados até a extensão total do para-brisa traseiro e, em outras posições, adesivos até a dimensão máxima de 50 (cinquenta) centímetros por 40 (quarenta) centímetros. Desta forma, não é lícito encapar automóvel com propaganda eleitoral.

Ponto extremamente relevante é o desvirtuamento de culto religioso em propaganda eleitoral. As instituições religiosas, bem como as religiões possuem forte apelo popular e relevante proteção constitucional, pois a liberdade de culto é direito fundamental. Contudo, não é licito abusar do Poder Religioso, razão pela qual fazer uso da área comum do templo para efetivar propaganda eleitoral, seja mediante placas ou adesivos, seja mediante som ou mesmo discursos é conduta vedada pelo direito eleitoral, pois incompatível com os princípios constitucionais e eleitorais.

Deve-se levar em consideração que as instituições religiosas possuem benefícios tributários, razão pela qual permitir propaganda nessas instituições também seria um benefício estatal indireto.

Na imprensa escrita é permitida a propaganda eleitoral paga, nos termos do art. 43 da Lei n. 9.504/97. É vedada a veiculação de qualquer tipo de propaganda eleitoral paga na internet, excetuado o impulsionamento de conteúdos, desde que identificado de forma inequívoca como tal e contratado exclusivamente por partidos, coligações e candidatos e seus representantes, conforme art. 57-C da Lei das Eleições.

É possível a propaganda eleitoral por meio de *blogs*, redes sociais, sítios de mensagens instantâneas e aplicações de internet assemelhadas cujo conteúdo seja gerado ou editado por candidatos, partidos ou coligações, ou qualquer pessoa natural. Os endereços eletrônicos das aplicações, salvo aqueles de iniciativa de pessoa natural, deverão ser comunicados à Justiça Eleitoral, podendo ser mantidos durante todo o pleito eleitoral os mesmos endereços eletrônicos em uso antes do início da propaganda eleitoral.

Não é admitida a veiculação de conteúdos de cunho eleitoral mediante cadastro de usuário de aplicação de internet com a intenção de falsear identidade. Também é vedada a utilização de impulsionamento de conteúdos e ferramentas digitais não disponibilizadas pelo provedor da aplicação de internet, ainda que gratuitas, para alterar o teor ou a repercussão de propaganda eleitoral, tanto próprios quanto de terceiros.

O provedor de aplicação de internet que possibilite o impulsionamento pago de conteúdos deverá contar com canal de comunicação com seus usuários e somente poderá ser responsabilizado por danos decorrentes do conteúdo impulsionado se, após ordem judicial específica, não tomar as providências para, no âmbito e nos limites técnicos do seu serviço e dentro do prazo assinalado, tornar indisponível o conteúdo apontado como infringente pela Justiça Eleitoral.

O impulsionamento deverá ser contratado diretamente com o provedor da aplicação de internet com sede e foro no País, ou de sua filial, sucursal, escritório, estabelecimento ou representante legalmente estabelecido no País e apenas com o fim de promover ou beneficiar candidatos ou suas agremiações. A requerimento de candidato, partido ou coligação, observado o rito previsto no art. 96 da Lei das Eleições, a Justiça Eleitoral poderá determinar, no âmbito e nos limites técnicos de cada aplicação de internet, a suspensão do acesso a todo conteúdo veiculado que deixar de cumprir as disposições da referida norma, devendo o número de horas de suspensão ser definida proporcionalmente à gravidade da infração cometida em cada caso, observado o limite máximo de vinte e quatro horas. O Tribunal Superior Eleitoral regulamentará o disposto de acordo com o cenário e as ferramentas tecnológicas existentes em cada momento eleitoral e promoverá, para os veículos, partidos e demais entidades interessadas, a formulação e a ampla divulgação de regras de boas práticas relativas a campanhas eleitorais na internet.

É permitida, ainda, a circulação de **carros de som** e **minitrios** como meio de propaganda eleitoral, desde que observado o limite de oitenta decibéis de nível de pressão sonora, medido a sete metros de distância do veículo, e respeitadas as vedações previstas no § 3º do art. 39 da Lei das Eleições, apenas em carreatas, caminhadas e passeatas ou durante reuniões e comícios.

O **trio elétrico** permanece vedado, com base no art. 39, § 10, salvo com o objetivo exclusivo de sonorização de comícios.

O ***Outdoor*** segue proibido, assim como o ***showmício***. Dada a pós-modernidade, é importante destacar que sua versão mais atualizada, que denominamos de ***livemício***, também é vedada, pois se o *showmício* é proibído devemos manter a coerência e integridade do direito quanto à sua versão digital. Desta forma, não pode um pré-candidato ou candidato fazer uso de transmissão via internet para se dirigir a eleitores com a participação de artistas (musicais) objetivando atrair mais espectadores. Considera-se que a conduta mediante *live* possui potencialidade ainda maior do que o antigo *showmício*, seja em razão da comodidade, seja em razão da ausência de limitação de espectadores.

Propaganda que, de alguma forma, possa configurar distribuição de bens ou vantagens também são vedadas. A exemplo de brindes, nos termos do art. 39, § 6º, da Lei n. 9.504/97. O uso de símbolos, frases ou imagens, associadas ou semelhantes às empregadas pelo Poder Público também é vedado e constitui delito.

São lícitos o **comício**, carros de som que divulgue jingle, carreatas, caminhadas e passeatas em prol de determinada candidatura, até as 22 horas do dia que antecede a eleição, nos termos do art. 39, § 9º-A, da Lei n. 9.504/97.

Ao parlamentar, de qualquer âmbito federativo, é licito divulgar suas atuações e atos, em observância ao princípio da transparência, uma vez que é representante do Povo e deve prestar contas dos atos que desempenha por meio de seu mandato. Dessa forma, ao menos em tese, a divulgação de atos de atuação parlamentar por meio de jornais, panfletos, páginas em redes sociais, dentre outros, não se confunde com propaganda eleitoral, ainda que possa beirar a autopromoção. Contudo, não pode haver pedido de votos ou nítido contexto de lançamento de candidatura, sob pena de configurar improbidade administrativa.

No dia das eleições é permitida a manifestação individual e silenciosa da preferência do eleitor por partido político, coligação ou candidato, nos termos do art. 39-A da Lei n. 9.504/97.

No que toca à propaganda eleitoral no rádio e na televisão, a Lei n. 9.504/97 regula o assunto a partir do art. 44. É restrita ao horário gratuito previsto na citada lei, vedada a veiculação de propaganda paga.

É facultado a transmissão por emissora de rádio ou televisão de debates inerentes às eleições majoritárias ou proporcional, sendo assegurada a participação de candidato de partido político com representação superior a nove Deputados Federais, e facultada a dos demais, conforme dispõe o art. 46 da Lei das Eleições.

Conforme preceitua o art. 45 da Lei n. 9.504/97, encerrado o prazo para a realização das convenções no ano das eleições, é vedado às emissoras de rádio e televisão, em sua programação normal e em seu noticiário:

> Art. 45 [...]
>
> I – transmitir, ainda que sob a forma de entrevista jornalística, imagens de realização de pesquisa ou qualquer outro tipo de consulta popular de natureza eleitoral em que seja possível identificar o entrevistado ou em que haja manipulação de dados;
>
> II – usar trucagem, montagem ou outro recurso de áudio ou vídeo que, de qualquer forma, degradem ou ridicularizem candidato, partido ou coligação, ou produzir ou veicular programa com esse efeito;
>
> III – veicular propaganda política ou difundir opinião favorável ou contrária a candidato, partido, coligação, a seus órgãos ou representantes;

> IV – dar tratamento privilegiado a candidato, partido ou coligação;
>
> V – veicular ou divulgar filmes, novelas, minisséries ou qualquer outro programa com alusão ou crítica a candidato ou partido político, mesmo que dissimuladamente, exceto programas jornalísticos ou debates políticos;
>
> VI – divulgar nome de programa que se refira a candidato escolhido em convenção, ainda quando preexistente, inclusive se coincidente com o nome do candidato ou com a variação nominal por ele adotada. Sendo o nome do programa o mesmo que o do candidato, fica proibida a sua divulgação, sob pena de cancelamento do respectivo registro.

O art. 45, § 1º, da Lei das Eleições trata de questão que está em voga. Especialmente pelo fato de vários artistas apresentarem-se como pretensos candidatos a mandatos eletivos. Sendo assim, a partir de 30 de junho do ano da eleição é vedado às emissoras transmitir programa apresentado ou comentado por pré-candidato, sob pena, no caso de sua escolha na convenção partidária, de imposição da multa e de cancelamento do registro da candidatura do beneficiário.

Segundo o art. 45, § 6º, da Lei das Eleições é permitido ao partido político utilizar na propaganda eleitoral de seus candidatos em âmbito regional, inclusive no horário eleitoral gratuito, a imagem e a voz de candidato ou militante de partido político que integre a sua coligação em âmbito nacional.

Se houver segundo turno, as emissoras de rádio e televisão reservarão, a partir da sexta-feira seguinte à realização do primeiro turno e até a antevéspera da eleição, horário destinado à divulgação da propaganda eleitoral gratuita, dividida em dois blocos diários de dez minutos para cada eleição, e os blocos terão início às sete e às doze horas, no rádio, e às treze e às vinte horas e trinta minutos, na televisão.

Durante o período de propaganda eleitoral, as emissoras de rádio e televisão e os canais por assinatura reservarão setenta minutos diários para a propaganda eleitoral gratuita, a serem usados em inserções de trinta e de sessenta segundos, a critério do respectivo partido ou coligação, assinadas obrigatoriamente pelo partido ou coligação, e distribuídas, ao longo da programação veiculada entre as cinco e as vinte quatro horas, nos termos do § 2º do art. 47 desta Lei das Eleições.

Durante o período de segundo turno, onde houver, as emissoras de rádio e televisão e os canais de televisão por assinatura reservarão, por cada cargo em disputa, vinte e cinco minutos para serem usados em inserções de trinta e de sessenta segundos, observadas as disposições deste artigo.

Nota-se que o exercício do poder de polícia nos casos de propaganda eleitoral é exclusivo do Juízo ou Tribunal Eleitoral, não sendo lícito a qualquer outro órgão cercear o exercício da propaganda.

7.6 CONDUTAS VEDADAS AOS AGENTES PÚBLICOS EM CAMPANHA ELEITORAL

A Lei das Eleições, em seu art. 73 e seguintes, apresenta uma série de condutas proibidas aos agentes públicos em período eleitoral, com o objetivo de garantir a probidade administrativa e evitar o abuso de autoridade, do poder político e econômico.

É aplicável a todos os agentes públicos, principalmente àqueles que pretendem a reeleição, como o Presidente da República, Governadores de Estado e do Distrito Federal, e os Prefeitos, que se respeitarem tais restrições, não necessitam se desincompatibilizar, permanecendo nos seus cargos enquanto postulam novo mandato eletivo.

7.6.1 É permanentemente proibido

a) Ceder ou usar, em benefício de candidato ou partido político, bens móveis ou imóveis da Administração Pública, por exemplo, para reuniões ou atos de campanha eleitoral;

b) Ceder servidor público ou usar seus serviços em atos de campanha eleitoral, por exemplo, em comitês eleitorais, montagem e desmontagem de palanques para comícios;

c) Fazer ou permitir que se faça a vinculação da distribuição gratuita de bens e serviços de caráter social (cestas básicas, vale-gás, etc.), criando no inconsciente do eleitor sentimento de gratidão a candidato, partido político ou coligação.

7.6.2 É proibido no ano em que se realizar eleição

a) A distribuição gratuita de bens, valores ou benefícios por parte da Administração Pública, exceto nos casos de calamidade pública, de estado de emergência ou de programas sociais autorizados em lei e já em execução orçamentária no exercício anterior, situações em que o Ministério Público poderá promover o acompanhamento de sua execução financeira e administrativa. A inobservância de tais proibições importa na suspensão imediata da conduta vedada, e aplicação de multa, na cassação do registro da candidatura ou do diploma se já expedido, como também na caracterização de improbidade administrativa, a ser apurada e punida na forma da Lei n. 8.429/92, cujas sanções são, entre outras, a perda do cargo ou função e a suspensão dos direitos políticos (art. 73, §§ 4º, 5º e 7º da Lei Eleitoral).

7.6.3 É proibido no primeiro semestre do ano de eleição

Realizar, no primeiro semestre do ano de eleição, despesas com publicidade dos órgãos públicos federais, estaduais ou municipais, ou das respectivas entidades da administração indireta, que excedam a média dos gastos no primeiro semestre dos três últimos anos que antecedem o pleito, conforme inciso VII do art. 73 com a redação dada pela Lei n. 13.165, de 2015.

7.6.4 É proibido nos três meses que antecedem as eleições

a) Nomear, contratar, demitir, suprimir ou readaptar vantagens, dificultar ou impedir o exercício funcional, remover, transferir ou exonerar servidor público, principalmente em face de sua opção política, ressalvadas as exceções legais;

b) Autorizar ou realizar propaganda institucional em desacordo com o disposto no art. 37, § 1º, da CF/88, ou que beneficie, pelo seu conteúdo, candidato, partido ou coligação;

c) Fazer pronunciamento, no rádio ou na televisão, fora do horário eleitoral gratuito, em benefício de candidato, partido ou coligação;

d) Doar ou prometer a doação ao eleitor de bens ou vantagens pessoais de qualquer natureza (materiais de construção, vestuários, consultas, remédios, alimentos etc.), inclusive emprego na Administração, com o fim de obter-lhe o voto (art. 41-A da L. 04/97, e art. 299 do CE);

e) Na realização de inaugurações é vedada a contratação de shows artísticos pagos com recursos públicos, sob pena de cassação do registro;

f) Ao candidato é proibido participar de inaugurações de obras públicas, sob pena de cassação do registro, conforme art. 77 da Lei n. 9.504/97.

A eventual prática das condutas vedadas acarretará a sua imediata suspensão, quando for o caso, e sujeitará os responsáveis a multa no valor de cinco a cem mil UFIR, sendo duplicadas as multas a cada reincidência.

7.7 ABUSO DO PODER RELIGIOSO. PROPAGANDA ELEITORAL. HIPÓTESE DE CONFIGURAÇÃO DE ABUSO DE PODER ECONÔMICO

Segundo Alexandre Assunção e Silva, "o poder religioso constitui um instrumento que pode ser usado para a prática de ilícitos eleitorais. Um sacerdote que pede votos para si ou para outrem durante o culto, por exemplo, pratica ao mesmo tempo abuso de poder religioso (uso da religião para além dos seus fins) e propaganda eleitoral irregular (em local proibido)" (SILVA e ASSUNÇÃO, 2013).

Nas palavras de Maria Cláudia Bucchianeri Pinheiro (PINHEIRO, 2016), o abuso do poder religioso "seria o uso das igrejas, ou dos movimentos religiosos, como uma forma de desequilibrar o processo eleitoral em favor dos candidatos que essas igrejas apoiam".

Embora a lei não traga sanção expressa para o caso de abuso do "poder religioso", ele pode restar configurado como "abuso do poder econômico, político, de autoridade e de uso indevido dos meios de comunicação", estando, portanto, sujeito, assim, às mesmas sanções.

Conforme ilustra Mirla Cutrim (CUTRIM, 2010), as condutas correlatas a tal abuso "vão desde o registro de números de candidaturas de fácil vinculação com números bíblicos, arregimentação de discípulos de células como cabos eleitorais, pedidos de votos na porta das igrejas até os apelos mais emocionais possíveis no altar, durante os cultos de celebração, com uma suposta base equivocada na Palavra de Deus".

As novas regras sobre as doações financeiras destinadas as campanhas eleitorais, ensejaram grande diminuição dos valores arrecadados pelos partidos, reduzindo, por consequência, os recursos destinados a propaganda eleitoral.

Diante desse cenário, uma das "estratégias" (distorcidas) que têm sido adotadas para superar tal "barreira" é a captação de votos por candidatos, prestigiados em suas denominações e/ou comunidades religiosas (templo, igreja, centros etc.), por meio de "discursos distorcidos sobre a fé", dentre os quais a alegação da "vontade divina" em relação a escolha por determinado candidato; bem como ao utilizar o dinheiro arrecadado por determinados grupos religiosos empregado em eventos ditos "religiosos", mas com fins "indiretamente" políticos.

Neste contexto, sobre as diversas faces do abuso do poder religioso nas eleições, frente à redução dos valores arrecadados para campanha. Renato Almeida no âmbito do discurso utilizado por tais candidatos assim explica: "*quando um líder religioso sede seu espaço para o político falar, é abuso econômico, e deve ser punido por isso. Ao mesmo tempo, configura um abuso religioso, já que há fiéis no local*". Também há abuso quando o político diz: "*se você votar no candidato A, ele é maligno, tem pacto com o demônio e representa o mal, e quem faz isso merece o inferno*". [...] O eleitor teme a Deus, pressupõe por verdadeiras suas crenças, vai acreditar que votar no candidato vai trazer consequências à sua vida, e aí acaba votando em quem está ameaçando (ALMEIDA, 2016).

Em relação ao poder aquisitivo, tem sido reconhecido que alguns grupos religiosos possuem vantagens em relação a movimentos sociais menos arrecadadores. De acordo com a Receita Federal (levantamento realizado em 2012), descrito em artigo publicado por Maria Prates "a bilionária cifra de R$ 21,5 bilhões ingressou nos cofres das igrejas católicas e evangélicas". E, ainda, conforme levantamento de 2010 feito pelo IBGE, também trazido no mencionado artigo "as cadeiras para pastores no Congresso Nacional aumentaram 61% na década passada (2000-2010). Por sua vez, a Frente Parlamentar Evangélica (FPE), encabeçada pelo deputado e pastor João Campos, agrega mais de 90 parlamentares, segundo dados atualizados da própria frente, o que representa um crescimento de 30% em relação à última legislatura" (PRATES, 2016).

Tão notório mencionado abuso que o TSE se manifestou, recentemente, nesse sentido, conforme seu informativo n. 03 de 2017, em especial no que tange à participação ativa de candidato em evento religioso e possível configuração de abuso de poder econômico. O Plenário do TSE, por unanimidade, entendeu que, "apesar de a legislação não dispor sobre o abuso de poder religioso como ilícito eleitoral, pode caracterizar abuso de poder econômico a participação ativa de candidato a mandato eletivo em evento religioso, no qual há pedido expresso de voto em seu favor".

Na ocasião, o Ministro Henrique Neves, relator, ressaltou que "a liberdade de expressão constitui direito fundamental, não sendo possível impor às igrejas o silêncio diante de temas relevantes para a sociedade". Segundo o informativo:

> No entanto, afirmou que, ao interpretar o ordenamento jurídico de forma sistemática, a garantia de liberdade de expressão religiosa não afasta, por si só, os demais princípios de igual estatura e relevo constitucional, como os que tratam da normalidade e da legitimidade das eleições contra a influência de condutas abusivas. O relator lembrou que a Constituição da República e a legislação eleitoral apenas preveem a prática de abuso de poder econômico e político, não existindo disposição expressa a respeito da espécie abuso de poder religioso. Por outro lado, frisou que o entendimento pela impossibilidade de as igrejas contribuírem financeira ou economicamente para campanhas eleitorais encontra apoio no entendimento adotado pelo Supremo Tribunal Federal, no julgamento da ADI n. 4.650, quanto à proibição de pessoas jurídicas financiarem campanhas eleitorais. O ministro acrescentou que as igrejas podem colaborar de forma decisiva para a realização e promoção das campanhas eleitorais e, com isso, desequilibrar a igualdade de chances entre os candidatos que disputam o pleito, em especial quando há presença de candidato em eventos e pedido expresso de voto em seu favor" (Recurso Ordinário 2.653-08, Porto Velho/RO, rel. Min. Henrique Neves da Silva, julgado em 7-3-2017).

Verifica-se, portanto, que toda "estrutura" patrimonial e religiosa, à luz das novas regras eleitorais, enseja o favorecimento "indireto" a candidatos de determinados grupos religiosos, comprometendo, sobremaneira, a "Democracia" almejada e tutelada pela Constituição Federal.

7.8 NOÇÕES GERAIS DO FINANCIAMENTO E DA PRESTAÇÃO DE CONTAS ELEITORAIS

No Brasil, há regime misto de financiamento de campanhas e dos partidos políticos. Devemos recordar que é permitido a arrecadação privada de valores por parte dos Partidos e dos Candidatos, ao passo que, as agremiações políticas, no mais das vezes, têm direito a participar do rateio de valores oriundos do Fundo Partidário – Fundo Especial de Assistência Financeira aos Partidos Políticos.

Da mesma forma, em razão da edição da Lei n. 13.487/2017 (reforma eleitoral de 2017), foi criado o FEFC – Fundo Especial de Financiamento de Campanha, constituído por dotações orçamentárias da União em ano eleitoral, em valor ao menos equivalente ao definido pelo Tribunal Superior Eleitoral, a cada eleição, com base nos parâmetros definidos em lei. O Tesouro Nacional depositará os recursos no Banco do Brasil, em conta especial à disposição do Tribunal Superior Eleitoral, até o primeiro dia útil do mês de junho do ano do pleito. Os recursos de que trata o FEFC ficarão à disposição do partido político somente após a definição de critérios para a sua distribuição, os quais, aprovados pela maioria absoluta dos membros do órgão de direção executiva nacional do partido, serão divulgados publicamente. Os recursos provenientes do Fundo Especial de Financiamento de Campanha que não forem utilizados nas campanhas eleitorais deverão ser devolvidos ao Tesouro Nacional, integralmente, no momento da apresentação da respectiva prestação de contas. O percentual dos recursos a que se refere o FEFC poderá ser reduzido mediante compensação decorrente do remanejamento, se existirem, de dotações em excesso destinadas ao Poder Legislativo.

Os parâmetros da distribuição seguirão o disposto no art. 16-D da Lei das Eleições, formulado pela Lei n. 13.488/2017 (lembre-se que o FEFC foi criado pela lei anterior, a Lei n. 13.487/2017 – todas da mencionada reforma eleitoral de 2017): Vejamos o modo de distribuição:

> I – 2% (dois por cento), divididos igualitariamente entre todos os partidos com estatutos registrados no Tribunal Superior Eleitoral;
>
> II – 35% (trinta e cinco por cento), divididos entre os partidos que tenham pelo menos um representante na Câmara dos Deputados, na proporção do percentual de votos por eles obtidos na última eleição geral para a Câmara dos Deputados;
>
> III – 48% (quarenta e oito por cento), divididos entre os partidos, na proporção do número de representantes na Câmara dos Deputados, consideradas as legendas dos titulares;
>
> IV – 15% (quinze por cento), divididos entre os partidos, na proporção do número de representantes no Senado Federal, consideradas as legendas dos titulares.

Mas, o Estado não contribui, somente, com o financiamento de Partidos e Candidatos por meio do Fundo Partidário e pelo FEFC – Fundo Especial de Financiamento de Campanha. O Estado brasileiro pratica renúncia fiscal quando, em todos os âmbitos federativos, deixa de tributar, na modalidade imposto, os Partidos Políticos e suas Fundações, conforme dispõe o art. 150, VI, c, da Constituição Federal.

Trata-se de verdadeira norma constitucional limitadora do poder de tributar. Vejamos:

> Art. 150. Sem prejuízo de outras garantias asseguradas ao contribuinte, é vedado à União, aos Estados, ao Distrito Federal e aos Municípios:
>
> VI – instituir impostos sobre: (*Vide* Emenda Constitucional n. 3, de 1993)
>
> a) patrimônio, renda ou serviços, uns dos outros;
>
> b) templos de qualquer culto;
>
> c) **patrimônio, renda ou serviços dos partidos políticos, inclusive suas fundações**, das entidades sindicais dos trabalhadores, das instituições de educação e de assistência social, sem fins lucrativos, atendidos os requisitos da lei; (*grifo nosso*).

Sendo assim, o Estado participa financiando a existência de Partidos Políticos, bem como estes fazem uso de parte deste financiamento em benefício de seus filiados, candidatos ou não. Mas, a existência de dinheiro público, bem como a importância do princípio de igualdade de chances faz com que nasça aos Partidos Políticos e aos Candidatos a responsabilidade de prestação de contas à Justiça Eleitoral.

Por essa razão, as omissões quando oportunizada a prestação de contas não podem ser encaradas como simples omissões. Em sede de prestação de contas é dever legal dos candidatos e partidos políticos declarar circunstanciadamente as movimentações financeiras (gastos/arrecadações).

O instituto da prestação de contas, em todas as suas modalidades, é um procedimento administrativo de verificação que tem por principal objetivo evitar o abuso do poder econômico e, de forma reflexa, evitar que dirigentes partidários e candidatos estejam auferindo benefícios financeiros por meio de regalias indevidamente contratadas por parte dos Partidos Políticos.

Por essa razão, quando se fala em prestação de contas devemos de início subdividir o tema em duas partes, a saber: (a) prestação de contas anuais dos partidos políticos – já analisada; (b) prestação de contas de campanha.

Importante consignar, que o sujeito que abusa do poder econômico atenta dolosamente contra a lisura e a normalidade da eleição ferindo os princípios da transparência, da liberdade do voto, da igualdade de chances entre candidatos, da legalidade e da moralidade das candidaturas, bem como interesses transindividuais.

Por essa razão, a "pseudo prestação de contas" é algo repudiável pelo sistema jurídico. E esse tipo de prestação fica evidenciada, especialmente, quando da incompatibilidade da campanha do candidato com os valores realmente declarados. Neste sentido:

> ***Primo ictuoculi*, a configuração do abuso de poder econômico na instância regional decorreu da incompatibilidade entre os dados da movimentação financeira na prestação de contas e a quantidade de material, de mão de obra e de muros utilizados na realização da propaganda eleitoral.** Não se prende, portanto, à mera ausência de autorização dos proprietários de taus muros. Também em sede de cognição sumária, o TRE/PR, na aná lise da potencialidade da conduta para desequilibrar o resultado do pleito, fundamentou-se na quantidade de muros pintados, na sua localização e no seu acesso ao público, além de considerar a própria diferença de votos entre o candidato eleito e seu suplente. Decidir contrariamente ao que consignado no acórdão regional demandaria o revolvimento de fatos e provas, o que é vedado em sede de recurso especial, por incidência da Súmula-STJ n. 7, assim como também o é na via da ação cautelar. Nesse entendimento, o Tribunal negou provimento ao agravo regimental. Unânime. AAC 2.408/PR, rel. Min. Felix Fischer, em 12-6-2008 (Info. n. 19, ano X).

7.9 ARRECADAÇÃO, *CROWDFUNDING* E PRESTAÇÕES DE CONTAS DE CAMPANHA

Em linhas gerais as regras aplicáveis às prestações de contas anuais também são aplicáveis quando das prestações de contas de campanha. Porém, neste caso existem algumas especificidades. As arrecadações e despesas de campanha eleitoral, bem como a prestação de contas são regulamentadas pela Lei n. 9.504/97 (Lei das Eleições).

O candidato a cargo eletivo fará a administração financeira de sua campanha usando recursos repassados pelo Partido, inclusive os relativos à cota do Fundo Partidário e do FEFC (Fundo Especial de Financiamento de Campanha), recursos próprios ou doações de pessoas físicas, na forma estabelecida em lei vedada a arrecadação de fontes empresariais e de pessoas jurídicas de outra espécie. O candidato poderá, ainda, administrar por intermédio de pessoa por ele designada, nos termos do art. 20 da Lei das Eleições, sendo que responderá solidariamente com este pela veracidade das informações financeiras e contábeis de sua campanha, conforme art. 21 da Lei de regência, devendo ambos assinar a prestação de contas.

O candidato obrigatoriamente deverá ter inscrição no Cadastro Nacional da Pessoa Jurídica – CNPJ, devendo a Justiça Eleitoral fornecer em até 3 (três) dias, contados do recebimento do pedido de registro de candidatura, o número de inscrição.

Inscrito o candidato no CNPJ e aberta a conta específica de campanha, nos termos do art. 22, § 1º, I, da Lei das Eleições, poderá o candidato iniciar a arrecadação de recursos financeiros, bem como realizar as despesas inerentes à campanha eleitoral. Salvo no caso de arrecadação colaborativa/coletiva (***crowdfunding***), que analisaremos a seguir.

As doações e contribuições ficam limitadas a 10% (dez por cento) dos rendimentos brutos auferidos pelo doador, pessoa física, no ano anterior à eleição. O candidato, por imposição da Lei n. 13.878/2019, pode autofinanciar sua campanha até o total de 10% (dez por cento) dos limites previstos para gastos de campanha no cargo em que concorrer. Esta recente regra consta do art. 23, § 2º-A, da Lei das Eleições.

Usando ou não o candidato recursos próprios estará vinculado ao limite estabelecido em lei para o cargo eletivo ao qual concorrer, observadas as especificidades definidas pelo Tribunal Superior Eleitoral com base no art. 24-C, da Lei das Eleições.

O art. 24 da Lei das Eleições especifica fontes vedadas a financiar campanhas e Partidos ou candidatos, sendo que o Partido ou candidato que receber recursos provenientes de fontes destas ou de origem não identificada deverá proceder à devolução dos valores recebidos. Não sendo possível a identificação da fonte deverá transferi-los para a conta única do Tesouro Nacional.

O art. 26 da Lei n. 9.504/97, prescreve os gastos eleitorais. Vejamos:

> Art. 26. São considerados gastos eleitorais, sujeitos a registro e aos limites fixados nesta Lei:
>
> I – confecção de material impresso de qualquer natureza e tamanho, observado o disposto no § 3º do art. 38 desta Lei;
>
> II – propaganda e publicidade direta ou indireta, por qualquer meio de divulgação, destinada a conquistar votos;
>
> III – aluguel de locais para a promoção de atos de campanha eleitoral;
>
> IV – despesas com transporte ou deslocamento de candidato e de pessoal a serviço das candidaturas, observadas as exceções previstas no § 3º deste artigo (redação dada pela Lei n. 13.488/2017).
>
> despesas com transporte ou deslocamento de candidato e de pessoal a serviço das candidaturas;
>
> V – correspondência e despesas postais;
>
> VI – despesas de instalação, organização e funcionamento de Comitês e serviços necessários às eleições;
>
> VII – remuneração ou gratificação de qualquer espécie a pessoal que preste serviços às candidaturas ou aos comitês eleitorais;
>
> VIII – montagem e operação de carros de som, de propaganda e assemelhados;
>
> IX – produção ou patrocínio de espetáculos ou eventos promocionais de candidatura;
>
> IX – a realização de comícios ou eventos destinados à promoção de candidatura;
>
> X – produção de programas de rádio, televisão ou vídeo, inclusive os destinados à propaganda gratuita;
>
> XI – (revogado);
>
> XII – realização de pesquisas ou testes pré-eleitorais;
>
> XIII – (revogado);
>
> XIV -(revogado);
>
> XV – custos com a criação e inclusão de sítios na Internet;

XVI – multas aplicadas aos partidos ou candidatos por infração do disposto na legislação eleitoral.

XVII – produção de jingles, vinhetas e slogans para propaganda eleitoral.

Parágrafo único. São estabelecidos os seguintes limites com relação ao total do gasto da campanha:

I – alimentação do pessoal que presta serviços às candidaturas ou aos comitês eleitorais: 10% (dez por cento);

II – aluguel de veículos automotores: 20% (vinte por cento).

Os limites de gastos de campanha, em cada eleição, são os definidos em lei e divulgados pelo Tribunal Superior Eleitoral (TSE), devendo ser contabilizados nos limites de gastos de cada campanha as despesas efetuadas pelos candidatos e as efetuadas pelos partidos que puderem ser individualizadas.

Nos termos do art. 18-B, será aplicada multa em valor equivalente a 100% (cem por cento) da quantia que ultrapassar o limite estabelecido, sem prejuízo da apuração da ocorrência de abuso do poder econômico, na hipótese de descumprimento dos limites de gastos fixados para cada campanha.

Some-se a isso o fato de estar o eleitor autorizado a realizar gastos, em apoio a candidato de sua preferência, até a quantia equivalente a 1.000 (um mil) UFIR, conforme prescreve o art. 27 da Lei das Eleições. No caso, estará o apoiador, pessoa física no exercício dos direitos políticos, dispensado de contabilizar junto ao beneficiado os valores, desde que não reembolsados.

A Lei n. 13.877/2019 trouxe, ainda, duas importantes inovações ao art. 27 da Lei das Eleições. No § 1º incluiu a regra segundo a qual: "*fica excluído do limite previsto no* caput *deste artigo o pagamento de honorários decorrentes da prestação de serviços advocatícios e de contabilidade, relacionados às campanhas eleitorais e em favor destas*". Já no § 2º completou: "*para fins do previsto no § 1º deste artigo, o pagamento efetuado por terceiro não compreende doação eleitoral*".

Além da prestação de contas final, deverão ocorrer prestações de contas parciais tanto dos partidos políticos, das coligações e dos candidatos por meio de divulgação em sítio próprio e específico criado pela Justiça Eleitoral. Tais prestações parciais apontarão os recursos em dinheiro recebidos em até 72 (setenta e duas) horas.

O inciso II, do § 4º, do art. 28 da Lei das Eleições dispõe sobre a obrigatoriedade de Partidos, coligações e candidatos disponibilizarem no sítio da Justiça Eleitoral, outrossim, no dia 15 de setembro, relatório discriminando as transferências do Fundo Partidário, os recursos em dinheiro e os estimáveis em dinheiro recebidos, bem como os gastos realizados. Da mesma forma, os recursos oriundos do FEFC – Fundo Especial de Financiamento de Campanha, apesar da lei não ser expressa, mas como são recursos financeiros, ficam vinculados à transparência e divulgação.

Quando no art. 28, § 7º, da Lei das Eleições verifica-se na redação a imposição da indicação de CPF e CNPJ dos doadores, não significa autorização ou contradição, no que toca a doações empresariais. As doações de pessoas jurídicas estão vedadas, mas é possível e comum doações efetivadas pelos próprios partidos políticos em benefício de candidatos, razão pela qual deverá constar, portanto, o CNPJ do Partido.

A legislação prevê, ainda, sistema simplificado de prestação de contas para candidatos que apresentarem movimentação financeira de até R$ 20.000,00 (vinte mil reais), atualizados monetariamente a cada eleição, pelo INPC, nos termos do art. 28, § 9º, da Lei das Eleições.

Recebidas as prestações de contas por meio de candidato, coligação ou partido político, caberá à Justiça Eleitoral analisar a regularidade das arrecadações e gastos. Nesse diapasão, destaca-se a redação do art. 30, §§ 1º, 2º e 2º-A, da Lei das Eleições. Vejamos:

> Art. 30. A Justiça Eleitoral verificará a regularidade das contas de campanha, decidindo:
>
> I – pela aprovação, quando estiverem regulares;
>
> II – pela aprovação com ressalvas, quando verificadas falhas que não lhes comprometam a regularidade;
>
> III – pela desaprovação, quando verificadas falhas que lhes comprometam a regularidade;
>
> IV – pela não prestação, quando não apresentadas as contas após a notificação emitida pela Justiça Eleitoral, na qual constará a obrigação expressa de prestar as suas contas, no prazo de setenta e duas horas.
>
> § 1º A decisão que julgar as contas dos candidatos eleitos será publicada em sessão até três dias antes da diplomação.

§ 2º Erros formais e materiais corrigidos não autorizam a rejeição das contas e a cominação de sanção a candidato ou partido.

§ 2º-A. Erros formais ou materiais irrelevantes no conjunto da prestação de contas, que não comprometam o seu resultado, não acarretarão a rejeição das contas.

Até 180 (cento e oitenta) dias após a diplomação candidatos e partidos políticos deverão conservar os documentos concernentes às suas contas. Havendo sobra de recursos financeiros de campanha deverá ser observado o procedimento delineado no art. 31 da Lei das Eleições.

Ao passo que, ao final da campanha eleitoral existindo débitos não quitados até a data da apresentação da prestação de contas estes poderão ser assumidos pelo partido político, por decisão do órgão nacional de direção partidária, ficando o órgão partidário da respectiva circunscrição eleitoral solidário ao candidato. Porém, a existência do débito não autoriza a reprovação de contas, conforme dispõe o art. 29, § 4º, da Lei n. 9.504/97.

Não são consideradas gastos eleitorais nem se sujeitam a prestação de contas as seguintes despesas de natureza pessoal do candidato:

a) combustível e manutenção de veículo automotor usado pelo candidato na campanha;
b) remuneração, alimentação e hospedagem do condutor do veículo;
c) alimentação e hospedagem própria;
d) uso de linhas telefônicas registradas em seu nome como pessoa física, até o limite de três linhas.

Outra questão de tamanha importância é a adoção do ***crowdfunding*** **(financiamento colaborativo)**, instituído na reforma eleitoral de 2017 pela Lei n. 13.488/2017, com o acréscimo do inciso IV no § 4º do art. 23 da Lei n. 9.504/97. Este termo designa a prática de arrecadação de recursos financeiros de forma pulverizada por meio de plataformas na rede mundial de computadores visando o financiamento de qualquer projeto.

O ***crowdfunding*** **eleitoral** consiste no uso dessas ferramentas de arrecadação para captação de doações para financiar campanhas eleitorais, como forma de fomento à participação popular no processo eleitoral, colaborando com os candidatos em que o eleitor deposita sua fé. O Tribunal Superior Eleitoral, até a edição da Lei n. 13.488/2017, reputava ilícita referida modalidade de financiamento de campanha.

É necessário a observância dos seguintes requisitos: :

a) cadastro prévio na Justiça Eleitoral, que estabelecerá regulamentação para prestação de contas, fiscalização instantânea das doações, contas intermediárias, se houver, e repasses aos candidatos;

b) identificação obrigatória, com o nome completo e o número de inscrição no Cadastro de Pessoas Físicas (CPF) de cada um dos doadores e das quantias doadas;

c) disponibilização em sítio eletrônico de lista com identificação dos doadores e das respectivas quantias doadas, a ser atualizada instantaneamente a cada nova doação;

d) emissão obrigatória de recibo para o doador, relativo a cada doação realizada, sob a responsabilidade da entidade arrecadadora, com envio imediato para a Justiça Eleitoral e para o candidato de todas as informações relativas à doação;

e) ampla ciência a candidatos e eleitores acerca das taxas administrativas a serem cobradas pela realização do serviço;

f) não incidência em quaisquer das hipóteses listadas no art. 24 desta Lei (doações ilegais);

g) observância do calendário eleitoral, especialmente no que diz respeito ao início do período de arrecadação financeira (§ 2º do art. 22-A de Lei n. 9.504/97);

h) observância dos dispositivos desta Lei relacionados à propaganda na internet;

V – comercialização de bens e/ou serviços, ou promoção de eventos de arrecadação realizados diretamente pelo candidato ou pelo partido político.

Dessa forma, as denominadas "rifas eleitorais" estão legalizadas, mas certamente entrarão nos debates jurisprudenciais, porque se antevê a possibilidade de burla dos limites de doações de pessoas físicas por intermédio dos referidos métodos.

7.10 INFORMATIVOS E SÚMULAS CORRELATOS

Campanha eleitoral. Propaganda política e eleitoral. Financiamento. Doações.

799/STF – ADI e financiamento de campanha eleitoral.

São inconstitucionais as contribuições de pessoas jurídicas às campanhas eleitorais. No que se refere às contribuições de pessoas físicas, regulam-se de acordo com a lei em vigor. Esse o entendimento do Plenário, que, em conclusão de julgamento e por maioria, acolheu, em parte, pedido formulado em ação direta para declarar a inconstitucionalidade dos arts. 23, § 1º, I e II; 24; e 81, *caput* e § 1º, da Lei n. 9.504/97 (Lei das Eleições), que tratam de doações a campanhas eleitorais por pessoas físicas e jurídicas, no ponto em que cuidam de doações por pessoas jurídicas. Declarou, ainda, a inconstitucionalidade dos arts. 31; 38, III; 39, *caput* e § 5º, da Lei n. 9.096/95 (Lei Orgânica dos Partidos Políticos), que regulam a forma e os limites em que serão efetivadas as doações aos partidos políticos, também exclusivamente no que diz respeito às doações feitas por pessoas jurídicas – v. Informativos 732 e 741. O Colegiado reputou que o modelo de autorização de doações em campanhas eleitorais por pessoa jurídica não se mostraria adequado ao regime democrático em geral e à cidadania, em particular. Ressalvou que o exercício de cidadania, em sentido estrito, pressuporia três modalidades de atuação física: o "jus sufragius", que seria o direito de votar; o "jus honorum", que seria o direito de ser votado; e o direito de influir na formação da vontade política por meio de instrumentos de democracia direta como o plebiscito, o referendo e a iniciativa popular de leis. Destacou que essas modalidades seriam inerentes às pessoas naturais e, por isso, o desarrazoado de sua extensão às pessoas jurídicas. A participação de pessoas jurídicas apenas encareceria o processo eleitoral sem oferecer, como contrapartida, a melhora e o aperfeiçoamento do debate. O aumento dos custos de campanhas não corresponderia ao aprimoramento do processo político, com a pretendida veiculação de ideias e de projetos pelos candidatos. Ao contrário, os candidatos que tivessem despendido maiores recursos em suas campanhas possuiriam maior êxito nas eleições. Ademais, a exclusão das doações por pessoas jurídicas não teria efeito adverso sobre a arrecadação dos fundos por parte dos candidatos aos cargos políticos. Todos os partidos políticos teriam acesso ao fundo partidário e à propaganda eleitoral gratuita nos veículos de comunicação, a proporcionar aos candidatos e as suas legendas, meios suficientes para promoverem suas campanhas. O princípio da liberdade de expressão, no aspecto político, teria como finalidade estimular a ampliação do debate público, a permitir que os indivíduos conhecessem diferentes plataformas e projetos políticos. A excessiva participação do poder econômico no processo político desequilibraria a competição eleitoral, a igualdade política entre candidatos, de modo a repercutir na formação do quadro representativo. Assim, em um ambiente cujo êxito dependesse mais dos recursos despendidos em campanhas do que das plataformas políticas, seria de se presumir que considerável parcela da população ficasse desestimulada a disputar os pleitos eleitorais. ADI 4650/DF, rel. Min. Luiz Fux, 16 e 17-9-2015 (ADI 4650) (Informativo 799, Plenário). 1ª Parte: 2ª Parte: ADI e financiamento de campanha eleitoral – 19 O Tribunal, com relação aos mecanismos de controle dos financiamentos de campanha, rechaçou a afirmação no sentido de que a discussão acerca da doação por pessoa jurídica deveria se restringir aos instrumentos de fiscalização. Defender que a questão da doação por pessoa jurídica se restrinja aos mecanismos de controle e transparência dos gastos seria insuficiente para amainar o cenário em que o poder político mostrar-se-ia atraído pelo poder econômico. A possibilidade de que as empresas continuassem a investir elevadas quantias – não contabilizadas (caixa dois) – nas campanhas eleitorais não constituiria empecilho para que o STF declarasse ser disfuncional o corrente modelo. Assinalou a inconstitucionalidade dos critérios de doação a campanhas por pessoas jurídicas, sob o enfoque da isonomia entre elas, haja vista que o art. 24 da Lei das Eleições não estende essa faculdade a toda espécie de pessoa jurídica. O aludido preceito estabelece rol de entidades que não poderiam realizar doações em dinheiro ou estimáveis em dinheiro a candidatos ou a partidos políticos, a exemplo das associações de classe e sindicais, bem como entidades integrantes do terceiro setor. Como resultado desse impedimento, as empresas privadas – cuja maioria se destina à atividade lucrativa – seriam as protagonistas em doações entre as pessoas jurídicas, em detrimento das entidades sem fins lucrativos e dos sindicatos, a desaguar em ausência de equiparação entre elas. Vencidos os Ministros Teori Zavascki, Gilmar Mendes e Celso de Mello, que julgavam parcialmente procedente o pleito, para dar interpretação conforme à Constituição às normas impugnadas e vedar as seguintes formas de contribuição a partidos políticos e a campanhas eleitorais: (a) de pessoas jurídicas ou de suas controladas e coligadas que mantivessem contratos onerosos celebrados com a Administração Pública, independente de sua forma e objeto; (b) de 84 pessoas jurídicas a partidos (ou seus candidatos) diferentes, que competem entre eles. De igual forma, proibiam que pessoas jurídicas que tivessem efetuado contribuições a partidos ou campanhas, desde então e até o término da gestão subsequente, celebrassem qualquer contrato oneroso com entidades da Administração. Por fim, o Colegiado deliberou não modular os efeitos da decisão, tendo em vista não haver sido atingido o número necessário de votos para tanto. Assim, a decisão aplicar-se-á a partir das eleições de 2016, inclusive, independentemente da publicação do acórdão. ADI 4650/DF, rel. Min. Luiz Fux, 16 e 17-9-2015 (ADI 4650) (Informativo 799, Plenário).

02/TSE/2016 – Doação acima do limite legal e retificação de declaração de rendimentos.

O Plenário do Tribunal Superior Eleitoral, por unanimidade, assentou que o ato de retificação da declaração de rendimentos após a notificação de representação por doação acima do limite legal não pode ser presumido como má-fé para o fim da incidência da sanção prevista no art. 23, § 3º, da Lei das Eleições. O art. 23, §§ 1º e 3º, da Lei n. 9.504/1997 dispõe: Art. 23. Pessoas físicas poderão fazer doações em dinheiro ou estimáveis em dinheiro para campanhas eleitorais, obedecido o disposto nesta lei. § 1º As doações e contribuições de que trata este artigo ficam limitadas a 10% (dez por cento) dos rendimentos brutos auferidos pelo doador no ano anterior à eleição. § 3º A doação de quantia acima dos limites fixados neste artigo sujeita o infrator ao pagamento de multa no valor de cinco a dez vezes a quantia em excesso. No caso, após o Ministério Público ajuizar representação por suposta doação ilegal, o recorrente, pessoa física, realizou retificação de sua declaração de imposto de renda. O Tribunal Regional Eleitoral do Distrito Federal condenou o recorrente ao pagamento de multa, por entender que a apresentação de declaração de rendimento retificadora após a notificação para apresentação de defesa não poderia ser considerada para fins de análise da regularidade da doação eleitoral. O Ministro Luiz Fux (relator) ressaltou que em outra oportunidade (Respe n. 90-11/SP) esta Corte Eleitoral entendeu que a retificação da declaração de rendimentos consubstancia faculdade prevista na legislação tributária, cabendo ao autor da representação comprovar eventual vício ou má-fé na prática do ato, haja vista que tais circunstâncias não podem ser presumidas para fins de aplicação das sanções previstas na lei. Acrescentou que não compete à Justiça Eleitoral averiguar eventuais fraudes nas informações apresentadas à autoridade fazendária, devendo o órgão competente apurá-las. O Tribunal, por unanimidade, deu provimento ao recurso, nos termos do voto do relator. Recurso Especial Eleitoral 475-69, Brasília/DF, rel. Min. Luiz Fux, em 8-3-2016.

07/TSE – Doações eleitorais e serviços de financiamento coletivo (*crowdfunding*).

O Plenário do Tribunal Superior Eleitoral (TSE), por unanimidade, entendeu que as doações eleitorais pela Internet somente podem ser realizadas por meio de mecanismo disponível em sítio do candidato, do partido ou da coligação. Em consulta submetida a este Tribunal, parlamentares federais questionaram a possibilidade de as transferências eletrônicas de que trata o § 4º do art. 23 da Lei n. 9.504/1997 serem realizadas a partir de aplicativos eletrônicos de serviços ou sítios na rede mundial de computadores, que não sejam dos próprios candidatos, partidos ou coligações. O art. 23, § 4º, da Lei n. 9.504/1997 assim dispõe: § 4º As doações de recursos financeiros somente poderão ser efetuadas na conta mencionada no art. 22 desta lei por meio de: I – cheques cruzados e nominais ou transferência eletrônica de depósitos; II – depósitos em espécie devidamente identificados até o limite fixado no inciso I do § 1º deste artigo. III – mecanismo disponível em sítio do candidato, partido ou coligação na internet, permitindo inclusive o uso de cartão de crédito, e que deverá atender aos seguintes requisitos: (a) identificação do doador; (b) emissão obrigatória de recibo eleitoral para cada doação realizada. A Ministra Maria Thereza de Assis Moura (relatora) rememorou que este Tribunal, em outra oportunidade (Consulta n. 208-87/DF), já havia afirmado que o mencionado dispositivo é taxativo ao estabelecer o mecanismo de arrecadação das doações mediante disponibilidade presente em sítio do candidato, do partido ou da coligação na Internet. Esclareceu ainda que as técnicas e serviços de financiamento coletivo (*crowdfunding*) envolvem a figura de um organizador que arrecada e repassa os valores recebidos a quem é financiado, e que a natureza da doação eleitoral não permite a existência de intermediários entre o eleitor e o candidato. O Tribunal, por unanimidade, não conheceu da consulta, nos termos do voto da relatora. Consulta n. 274-96, Brasília/DF, rel. Min. Maria Thereza de Assis Moura, em 1º-7-2016.

09/TSE/2016 – Conduta ilícita e configuração de abuso de poder.

Conduta ilícita e configuração de abuso de poder. O Plenário do Tribunal Superior Eleitoral, por unanimidade, reafirmou posicionamento no sentido de que, para configuração do abuso de poder, é necessária a comprovação da gravidade do ato ilícito, a evidenciar o comprometimento da lisura da disputa eleitoral. Trata-se de recurso especial eleitoral interposto contra acórdão proferido pelo Tribunal Regional Eleitoral de São Paulo que manteve sentença que declarou a inelegibilidade dos representados, com fundamento no art. 73, VI, b, da Lei n. 9.504/1997. A sentença condenou o chefe do Poder Executivo à época, não candidato à reeleição, em conduta vedada e abuso de poder, em razão da prática de fixação de placas para divulgação de atos de seu governo, usando os mesmos termos utilizados por candidato por ele apoiado. O Ministro Luiz Fux (relator) ressaltou que, conforme a jurisprudência consolidada por esta Corte Superior, o ilícito eleitoral consistente no abuso de poder não pode estar ancorado em conjecturas e presunções (AgR-REspe 258-20/CE, rel. Min. João Otávio de Noronha, *DJE* de 2-9-2014), fazendo-se necessária, para sua configuração, a comprovação da gravidade das circunstâncias do caso concreto que caracterizam a prática abusiva, de modo a macular a lisura da disputa eleitoral, nos termos do art. 22, XVI, da LC n. 64/1990 (AgR-REspe 349-15/TO, rel. Min. Dias Toffoli, *DJE* de 27-3-2014, e REspe 130-68/RS, rel. Min. Henrique Neves da Silva, *DJE* de 4-9-2013). O Ministro Henrique Neves da Silva acrescentou que todo abuso de poder possui intrinsecamente condutas vedadas, mas nem toda conduta vedada gera abuso. O Tribunal, por unanimidade, deu provimento ao recurso especial eleitoral, para afastar as sanções impostas aos recorrentes, e julgou procedente a Ação Cautelar n. 0601448-91, vinculada a esses autos, a fim de confirmar a liminar deferida, nos termos do voto do relator. Recurso Especial Eleitoral 570-35, São Pedro/SP, rel. Min. Luiz Fux, em 13-9-2016.

03/TSE/2017 – Participação ativa de candidato em evento religioso e possível configuração de abuso de poder econômico.

O Plenário do Tribunal Superior Eleitoral, por unanimidade, entendeu que, apesar de a legislação não dispor sobre o abuso de poder religioso como ilícito eleitoral, pode caracterizar abuso de poder econômico a participação ativa de candidato a mandato eletivo em evento religioso, no qual há pedido expresso de voto em seu favor. Na espécie, candidatos a mandato eletivo participaram de evento religioso em que subiram no palco e receberam elogios por parte do representante da igreja. O Ministro Henrique Neves, relator, ressaltou que a liberdade de expressão constitui direito fundamental, não sendo possível impor às igrejas o silêncio diante de temas relevantes para a sociedade. No entanto, afirmou que, ao interpretar o ordenamento jurídico de forma sistemática, a garantia de liberdade de expressão religiosa não afasta, por si só, os demais princípios de igual estatura e relevo constitucional, como os que tratam da normalidade e da legitimidade das eleições contra a influência de condutas abusivas. O relator lembrou que a Constituição da República e a legislação eleitoral apenas preveem a prática de abuso de poder econômico e político, não existindo disposição expressa a respeito da espécie abuso de poder religioso. Por outro lado, frisou que o entendimento pela impossibilidade de as igrejas contribuírem financeira ou economicamente para campanhas eleitorais encontra apoio no entendimento adotado pelo Supremo Tribunal Federal, no julgamento da ADI n. 4.650, quanto à proibição de pessoas jurídicas financiarem campanhas eleitorais. O ministro acrescentou que as igrejas podem colaborar de forma decisiva para a realização e promoção das campanhas eleitorais e, com isso, desequilibrar a igualdade de chances entre os candidatos que disputam o pleito, em especial quando há presença de candidato em eventos e pedido expresso de voto em seu favor. Nesse aspecto, além da possibilidade de o responsável e o beneficiário responderem pelas sanções pecuniárias previstas na Lei n. 9.504/1997, seja em relação à multa por propaganda irregular, seja em relação à arrecadação de recursos provenientes de fontes vedadas, a matéria também pode ser examinada sob o ângulo do abuso do poder econômico, a depender do caso concreto. Dessa forma, afirmou que, embora a igreja tenha liberdade de expressão religiosa, não pode o candidato utilizar-se da entidade para potencializar a exposição de sua imagem em evento religioso, sob pena de possível caracterização da prática de abuso do poder econômico. O Tribunal, por unanimidade, recebeu o recurso especial interposto, a fim de julgar improcedentes, em relação a todos os demandados, os pedidos formulados nas ações de investigação judicial eleitoral propostas pelo Ministério Público e pela Coligação Rondônia Melhor para Todos e julgou prejudicado o recurso especial da Coligação Rondônia Melhor para Todos, nos termos do voto do relator. Recurso Ordinário 2.653-08, Porto Velho/RO, rel. Min. Henrique Neves da Silva, julgado em 7-3-2017.

Propaganda política e eleitoral

836/STF – Minirreforma eleitoral: participação de minorias em debate e propaganda eleitoral.

O Plenário, por maioria e em julgamento conjunto, reputou improcedentes pedidos formulados em ações diretas que questionavam os arts. 46, *caput*, e 47, § 2º, I e II, da Lei n. 9.504/1997, com a redação dada pela Lei n. 13.165/2015 e, por arrastamento, o art. 32, § 2º, da Resolução 23.457/2015 do Tribunal Superior Eleitoral [Lei n. 9.504/1997: "Art. 46. Independentemente da veiculação de propaganda eleitoral gratuita no horário definido nesta Lei, é facultada a transmissão por emissora de rádio ou televisão de debates sobre as eleições majoritária ou proporcional, sendo assegurada a participação de candidatos dos partidos com representação superior a nove Deputados, e facultada a dos demais, observado o seguinte: [...] Art. 47. As emissoras de rádio e de televisão e os canais de televisão por assinatura mencionados no art. 57 reservarão, nos trinta e cinco dias anteriores à antevéspera das eleições, horário destinado à divulgação, em rede, da propaganda eleitoral gratuita, na forma estabelecida neste artigo. [...] § 2º Os horários reservados à propaganda de cada eleição, nos termos do § 1º, serão distribuídos entre todos os partidos e coligações que tenham candidato, observados os seguintes critérios: I – 90% (noventa por cento) distribuídos proporcionalmente ao número de representantes na Câmara dos Deputados, considerados, no caso de coligação para eleições majoritárias, o resultado da soma do número 63 de representantes dos seis maiores partidos que a integrem e, nos casos de coligações para eleições proporcionais, o resultado da soma do número de representantes de todos os partidos que a integrem; II – 10% (dez por cento) distribuídos igualitariamente" e Resolução 23.457/2015 do TSE: "Art. 32. Os debates, transmitidos por emissora de rádio ou de televisão, serão realizados segundo as regras estabelecidas em acordo celebrado entre os partidos políticos e a pessoa jurídica interessada na realização do evento, dando-se ciência à Justiça Eleitoral (Lei n. 9.504/1997, art. 46, § 4º) [...] § 2º São considerados aptos, para os fins previstos no § 1º, os candidatos filiados a partido político com representação superior a nove parlamentares na Câmara dos Deputados e que tenham requerido o registro de candidatura na Justiça Eleitoral (Lei n. 9.504/1997, art. 46)"]. O Tribunal, de início, converteu a apreciação de referendo da cautelar em julgamento de mérito (ADI 5.577 MC-Ref/DF). Na sequência, afirmou que o art. 46, *caput*, da Lei n.

9.504/1997 asseguraria a participação, nos debates eleitorais, dos candidatos dos partidos políticos com mais de nove representantes na Câmara dos Deputados. Observou que esse seria um critério razoável de aferição da representatividade do partido, pois não obstaria a participação de legendas com menor representatividade nos debates. De fato, a facultaria, a critério das emissoras de rádio e televisão. Frisou que o direito de participação em debates eleitorais – diferentemente da propaganda eleitoral gratuita no rádio e na televisão – não teria assento constitucional e poderia sofrer restrição maior, em razão do formato e do objetivo desse tipo de programação. Consignou que os incisos I e II do § 2º do art. 47 da Lei n. 9.504/1997 estariam em consonância com a cláusula democrática e com o sistema proporcional. Tais preceitos estabeleceriam regra de equidade e resguardariam o direito de acesso à propaganda eleitoral das minorias partidárias, além de assegurar situação de benefício não odioso àquelas agremiações mais lastreadas na legitimidade popular. Ademais, o tempo outorgado proporcionalmente à representatividade, embora dividido de forma distinta entre as agremiações, não nulificaria a participação de nenhuma legenda concorrente. Além disso, a consideração, na distribuição do tempo de propaganda eleitoral gratuita, da representatividade dos seis maiores partidos políticos de determinada coligação, formada para as eleições majoritárias (Lei n. 9.504/1997, art. 47, § 2º, I), seria critério que objetivaria equilíbrio na distribuição do tempo de horário eleitoral gratuito. Evitaria, assim, a concentração, em uma coligação majoritária, de dada quantidade de tempo de forma a monopolizar o horário ou a ter um tempo muito maior do que os outros candidatos adversários. A norma impugnada, também, desestimularia a criação de legendas de ocasião, isto é, partidos políticos criados sem nenhuma motivação ideológica, com o único escopo de angariar tempo de propaganda eleitoral. Na ADI 5.423/DF e na ADI 5.491/DF, ficou vencido, em parte, o Ministro Edson Fachin, que julgava procedente o pedido quanto ao *caput* do art. 46 para aplicar-lhe efeito repristinatório. Aduzia que a constitucionalidade do dispositivo somente se confortaria com a expressão "com representação na Câmara dos Deputados", e não com o critério superior a nove deputados. Vencidos, também, os Ministros Marco Aurélio e Celso de Mello, que acatavam o pleito na integralidade. O Ministro Marco Aurélio pontuava que somente a Constituição poderia criar cláusula de barreira. Sublinhava que o tempo de propaganda eleitoral teria sido dividido em benefício da maioria. O Ministro Celso de Mello enfatizava que a Lei n. 9.504/1997, em sua anterior redação, assegurava a participação de candidatos de partidos com representação na Câmara dos Deputados. Realçava que as cláusulas de exclusão previstas na nova formulação efetivamente atingiriam de modo grave o direito de grupos minoritários. Na ADI 5.577 MC-Ref/DF, ficaram vencidos os Ministros Edson Fachin, Marco Aurélio e Celso de Mello, que assentavam a procedência do pleito. ADI 5423/DF, rel. Min. Dias Toffoli, 24 e 25-8-2016. (ADI 5423) ADI 5491/DF, rel. Min. Dias Toffoli 24 e 25-8-2016. (ADI 5491) ADI 5577 MC-Ref/DF, rel. Min. Rosa Weber, 24 e 25-8-2016 (ADI 5577) (Informativo 836, Plenário).

837 e 836/STF – Minirreforma eleitoral: debate eleitoral e exclusão de candidato.

Candidatos que têm participação assegurada em debate eleitoral não podem deliberar pela exclusão de participantes convidados por emissoras de rádio e televisão, cuja presença seja facultativa. Essa é a conclusão do Plenário que, por maioria, julgou parcialmente procedente pedido formulado em ação direta de inconstitucionalidade para conferir interpretação conforme a Constituição ao § 5º do art. 46 da Lei n. 9.504/1997, com a redação dada pela Lei n. 13.165/2015 ["Art. 46. § 5º Para os debates que se realizarem no primeiro turno das eleições, serão consideradas aprovadas as regras, inclusive as que definam o número de participantes, que obtiverem a concordância de pelo menos 2/3 (dois terços) dos 64 candidatos aptos, no caso de eleição majoritária, e de pelo menos 2/3 (dois terços) dos partidos ou coligações com candidatos aptos, no caso de eleição proporcional"]. O Tribunal afirmou que a alteração promovida pela minirreforma deveria ser interpretada no sentido de somente possibilitar que dois terços dos candidatos aptos acrescentassem novos participantes ao debate – candidatos que não tivessem esse direito assegurado por lei e nem tivessem sido previamente convidados pela emissora. Assim, seria possível minorar o risco inverso, o de que o conflito de interesses estivesse na própria decisão da emissora em convidar ou não um candidato para o pleito. Observou que em pequenas cidades brasileiras ainda seria comum que os veículos de comunicação social estivessem concentrados nas mãos de oligarquias ou de políticos locais. Dessa forma, a solução evitaria tanto que os candidatos quanto as emissoras pudessem intervir de modo ilegítimo na conformação dos participantes dos debates, garantindo-se, de modo pleno, a liberdade de informação, a paridade de armas e a legitimidade do pleito.

Vencida a Ministra Rosa Weber (relatora) e os Ministros Ricardo Lewandowski (Presidente) e Teori Zavascki, que rejeitavam o pedido. Reputavam que o preceito, no contexto da desigualação, realizaria a igualdade material na disputa política ao valorizar as agremiações detentoras de maior representatividade, enquanto melhor capacitadas a despertar o interesse do eleitorado, acerca dos seus compromissos, programas e ideias, em maior amplitude. Inverter essa lógica contrariaria a realidade, bem como não se justificaria sob a ótica dos critérios interpretativos da razoabilidade e da proporcionalidade. Vencidos, também, os Ministros Marco Aurélio e Celso de Mello, que acolhiam o pleito. Mencionavam que a regra legal questionada teria caráter excludente que vulneraria os postulados fundamentais do sistema político-eleitoral consagrado pela CF. Violaria, ainda, o princípio da igualdade de oportunidades que representaria a garantia básica de igual competitividade, que deveria prevalecer nas disputas eleitorais sob a égide de um modelo democrático. Ponderavam que essa cláusula de exclusão ou restrição atingiria o direito das minorias. Candidatos que têm participação assegurada em debate eleitoral não podem deliberar pela exclusão de participantes convidados por emissoras de rádio e televisão, cuja presença seja facultativa. Essa é a decisão do Plenário que, em conclusão de julgamento e por maioria, acolheu parcialmente pedido formulado em ação direta de inconstitucionalidade para conferir interpretação conforme a Constituição ao § 5º do art. 46 da Lei n. 9.504/1997, com a redação dada pela Lei n. 13.165/2015 ["§ 5º Para os debates que se realizarem no primeiro turno das eleições, serão consideradas aprovadas as regras, inclusive as que definam o número de participantes, que obtiverem a concordância de pelo menos 2/3 (dois terços) dos candidatos aptos, no caso de eleição majoritária, e de pelo menos 2/3 (dois terços) dos partidos ou coligações com candidatos aptos, no caso de eleição proporcional"] – v. Informativo 836. O Tribunal consignou que as emissoras poderiam convidar outros candidatos não enquadrados no critério do *caput* do art. 46 ("Independentemente da veiculação de propaganda eleitoral gratuita no horário definido nesta Lei, é facultada a transmissão por emissora de rádio ou televisão de debates sobre as eleições majoritária ou proporcional, sendo assegurada a participação de candidatos dos partidos com representação superior a nove Deputados, e facultada a dos demais, observado o seguinte: [...]"), independentemente de concordância dos candidatos aptos, conforme critérios objetivos, a serem regulamentados pelo TSE, que atendessem os princípios da imparcialidade e da isonomia e o direito à informação. Vencido, em parte, o Ministro Marco Aurélio, que julgava o pedido procedente, e vencidos os Ministros Ricardo Lewandowski (Presidente), Teori Zavascki, Rosa Weber, Edson Fachin e Celso de Mello, que o rejeitavam. O Ministro Roberto Barros reajustou o voto. ADI 5488/ DF, rel. Min. Min. Dias Toffoli, 31-8-2016 (ADI 5488).

05/TSE/2016 – Propaganda partidária e configuração de propaganda antecipada.

O Plenário do Tribunal Superior Eleitoral, por maioria, entendeu que não constitui propaganda eleitoral antecipada a conduta de elogiar determinado membro do partido, pré-candidato a cargo eletivo, em propaganda partidária. Na espécie, o Tribunal Regional Eleitoral da Bahia condenou partido político e pré-candidato por propaganda eleitoral antecipada, devido à veiculação, durante propaganda partidária, de elogios ao pretenso candidato. O Ministro Dias Toffoli entendeu que não constitui propaganda eleitoral antecipada a citação de filiado em propaganda partidária, sem a divulgação expressa de sua candidatura. O Ministro Henrique Neves, redator para o acórdão, consignou que, no caso, embora tenham ocorrido nas inserções partidárias manifestações alvissareiras relacionadas ao pré-candidato, inexistiu qualquer menção à eleição e ao cargo pretendido, necessários para caracterizar a propaganda antecipada. O Ministro Gilmar Mendes acrescentou que a propaganda institucional do partido se destina à divulgação das ações realizadas, ações essas desempenhadas por seus filados no exercício de cargos eletivos. Frisou, ainda, que o Tribunal tem reconhecido a propaganda antecipada quando presentes os seus elementos, hipótese em que há desvirtuamento da propaganda institucional. Vencidos a Ministra Maria Thereza de Assis Moura, relatora, e o Ministro Herman Benjamin por entenderem que as inserções do partido foram desvirtuadas para elogiar o então pré-candidato ao Senado, mostrando-o como o mais apto a ocupar o cargo. A relatora destacou que a propaganda partidária tem por finalidade divulgar programas e realizações do partido e não enaltecer filiados pré-candidatos a cargos eletivos. O Tribunal, por maioria, deu provimento ao agravo regimental de Geddel Quadros Vieira Lima, para prover o recurso especial e julgar improcedente a representação, afastando a multa aplicada, nos termos do voto do Ministro Dias Toffoli. Recurso Especial Eleitoral 330994, Salvador/BA, redator para o acórdão Min. Henrique Neves, em 31-5-2016.

06/TSE/2016 – Autorização de veiculação de inserções partidárias aos domingos do mês de junho.

O Plenário do Tribunal Superior Eleitoral autorizou, excepcionalmente, durante o mês de junho de 2016, a veiculação de propaganda partidária aos domingos, no horário compreendido entre 18 e 24 horas. Na espécie, a Associação Brasileira de Emissoras de Rádio e Televisão (Abert) requereu alteração na veiculação da propaganda partidária no corrente ano. O Ministro Henrique Neves, relator, lembrou que a Resolução-TSE n. 20.034/1997 dispõe que as inserções nacionais serão veiculadas às terças-feiras, quintas-feiras e sábados e as estaduais, às segundas-feiras, quartas-feiras e sextas-feiras. Esclareceu que, à época da edição dessa resolução, havia somente 23 agremiações partidárias com estatutos registrados neste Tribunal, número que, atualmente, subiu para 35, provocando dificuldades no cumprimento das regras ali disciplinadas. Na oportunidade, ressaltou que o Tribunal já iniciou os estudos para a atualização da norma à quantidade de partidos existentes. Acrescentou que, excepcionalmente, esta Corte tem admitido a veiculação das inserções aos domingos, em especial quando for constatada a indisponibilidade de horários nas datas estabelecidas pela norma. Dessa forma, concluiu em acolher o pedido formulado, para que, em caráter excepcional e transitório, seja permitida a veiculação de propaganda partidária entre as dezoito horas e a meia-noite nos domingos do mês de junho de 2016. O Tribunal, por unanimidade, deferiu parcialmente o pedido a fim de autorizar, em caráter excepcional e transitório, que a veiculação de propaganda partidária autorizada pela Justiça Eleitoral para ser exibida aos domingos do mês de junho de 2016 possa ser transmitida entre as dezoito horas e a meia-noite, nos termos do voto do relator. Petição n. 205-64, Brasília/DF, rel. Min. Henrique Neves da Silva, em 9-6-2016.

08/TSE/2016 – Responsabilização de agente público e veiculação de propaganda institucional no período vedado.

O Plenário do Tribunal Superior Eleitoral, por maioria, entendeu que o chefe do Executivo é responsável pela publicidade divulgada em sítio eletrônico oficial do governo, ainda que dela não tenha conhecimento, razão pela qual se sujeita às penalidades previstas na legislação. O art. 73, inciso VI, alínea b, da Lei n. 9.504/1997 dispõe: Art. 73. São proibidas aos agentes públicos, servidores ou não, as seguintes condutas tendentes a afetar a igualdade de oportunidades entre candidatos nos pleitos eleitorais: [...] VI – nos três meses que antecedem o pleito: [...] b) com exceção da propaganda de produtos e serviços que tenham concorrência no mercado, autorizar publicidade institucional dos atos, programas, obras, serviços e campanhas dos órgãos públicos federais, estaduais ou municipais, ou das respectivas entidades da administração indireta, salvo em caso de grave e urgente necessidade pública, assim reconhecida pela Justiça Eleitoral; [...]. A Ministra Maria Thereza de Assis Moura, relatora, rememorou que, nas Eleições 2010 e 2012 (REspe 500-33/SP e REspe 35.590/SP), este Tribunal firmou entendimento de reconhecer, nas hipóteses de publicidade institucional em período vedado, a responsabilidade do agente público titular do órgão em que for veiculada. Asseverou que o chefe do Poder Executivo é parte legítima para figurar no polo passivo da representação que questiona veiculação de propaganda institucional durante o período vedado. Destacou que a norma constante do § 4º do art. 73 da Lei das Eleições estabelece como consequência da prática da conduta a sujeição dos responsáveis a multa, além da suspensão imediata da conduta vedada. Ressaltou ainda que as sanções previstas no citado dispositivo são aplicáveis aos agentes públicos responsáveis pela conduta vedada, conquanto não sejam candidatos a cargos eletivos. Vencidos os Ministros Henrique Neves da Silva e Luciana Lóssio, que entenderam que o chefe do Poder Executivo deve ser responsabilizado pelas publicações veiculadas no site do órgão que administra somente nos casos em que for comprovada a sua autorização para veiculação. O Tribunal, por maioria, deu provimento ao agravo para receber o recurso especial da Coligação Ceará de Todos como recurso ordinário, dando-lhe parcial provimento para, reconhecendo a legitimidade passiva do representado Cid Ferreira Gomes, aplicar-lhe sanção de multa no valor de cinco mil Ufirs, com base no art. 73, § 4º, da Lei n. 9.504/1997, vencidos os Ministros Henrique Neves da Silva e Luciana Lóssio. Recurso Especial Eleitoral 1194-73, Fortaleza/CE, rel. Min. Maria Thereza de Assis Moura, em 1º-8-2016.

02/TSE/2017 – Participação feminina em propaganda partidária (art. 45, inciso IV, da Lei n. 9.096/1995).

O Plenário do Tribunal Superior Eleitoral, por maioria, entendeu que não atende ao preceito previsto no art. 45, inciso IV, da Lei n. 9.096/1995 propaganda partidária que apenas difunde os direitos das mulheres, sem incentivar sua participação na política. Na espécie, trata-se de representação proposta pelo Ministério Público em face de partido político, sob o argumento de que não foi observado o mínimo de tempo legal destinado ao incentivo da participação da mulher na política. O art. 45, inciso IV, da Lei n. 9.096/1995 assim dispõe: Art. 45. A propaganda partidária gratuita, gravada ou ao vivo, efetuada mediante transmissão por rádio e televisão será realizada entre as dezenove horas e trinta minutos e as vinte e duas horas para, com exclusividade: [...] IV – promover e difundir a participação política feminina, dedicando às mulheres o tempo que será fixado pelo órgão nacional de direção partidária, observado o mínimo de 10% (dez por cento) do programa e das inserções a que se refere o art. 49 (Redação dada pela Lei n. 13.165, de 2015). O Ministro Herman Benjamin, relator, destacou que as agremiações devem garantir meios necessários para real e efetivo ingresso das mulheres na política, conferindo plena eficácia às normas que asseguram espaço a elas em propaganda partidária. Afirmou que a mera participação feminina na propaganda partidária, desvinculada de qualquer contexto relacionado à inclusão das mulheres na política, é insuficiente para atender às finalidades legais. Observou que o conteúdo impugnado não aborda o tema relativo à inclusão da mulher no panorama político nacional, mas, sim, ao multiculturalismo e à diversidade de uma sociedade inclusiva e pluralista de modo genérico. Ele destacou que a propaganda partidária com temática feminina se insere no conceito de ação afirmativa, afigurando-se incompatível com interpretações restritivas e com o princípio da proporcionalidade ou da razoabilidade na aplicação da sanção. O ministro relator concluiu que o desvirtuamento de propaganda partidária deve ser punido com perda de tempo equivalente a cinco vezes a totalidade da inserção irregular, e não ao lapso temporal faltante, para atender à exigência do art. 45, inciso IV, da Lei n. 9.096/1995, conforme decisão precedente que destacou. Esclareceu que o tempo cassado será revertido à Justiça Eleitoral para que promova propaganda institucional destinada a incentivar a participação feminina na política, invocando, para tanto, a aplicação do art. 93-A da Lei n. 9.504/1997. Vencido o Ministro Henrique Neves por entender que a alusão à igualdade de gênero atende ao preceito da norma eleitoral. O Tribunal, por maioria, julgou procedente a representação, para cassar o tempo de 20 minutos de propaganda partidária gratuita, na modalidade inserções, no primeiro semestre de 2017, com a devolução do aludido tempo à Justiça Eleitoral para que promova propaganda institucional destinada a incentivar a participação feminina na política, nos termos do voto do relator. Representação n. 282-73, Brasília/DF, rel. Min. Herman Benjamin, julgada em 23-2-2017.

10/TSE/2016 – Tempo destinado à difusão da participação feminina nas eleições e sanção pelo descumprimento.

O Plenário do Tribunal Superior Eleitoral, por maioria, entendeu que deve ser considerada, para o cálculo da aplicação da sanção pelo descumprimento do estabelecido no art. 45, inciso IV, da Lei n. 9.096/1995, a integralidade do tempo que deveria ser destinado pelo partido à difusão da participação feminina no cenário político, ainda que o partido tenha descumprido a norma de modo parcial. Na espécie, trata-se de recurso especial eleitoral interposto por partido político contra acórdão que julgou procedente representação, condenando a agremiação à sanção prevista no § 2º do art. 45 da Lei n. 9.096/1995, em razão de desrespeito ao tempo mínimo para promoção e difusão da participação feminina na política. O art. 45, inciso IV e o § 2º, inciso II, da Lei n. 9.096/1995 estabelecem: Art. 45. A propaganda partidária gratuita, gravada ou ao vivo, efetuada mediante transmissão por rádio e televisão será realizada entre as dezenove horas e trinta minutos e as vinte e duas horas para, com exclusividade: [...] IV – promover e difundir a participação política feminina, dedicando às mulheres o tempo que será fixado pelo órgão nacional de direção partidária, observado o mínimo de 10% (dez por cento) do programa e das inserções a que se refere o art. 49. [...] § 2º O partido que contrariar o disposto neste artigo será punido: [...] II – quando a infração ocorrer nas transmissões em inserções, com a cassação de tempo equivalente a 5 (cinco) vezes ao da inserção ilícita, no semestre seguinte. A Ministra Luciana Lóssio (relatora) afirmou que deve ser considerada, para o cálculo da aplicação da sanção, a integralidade do tempo que deveria ser destinado pelo partido à difusão da participação feminina no cenário político, ainda que seja parcial o descumprimento ao art. 45, inciso IV, da Lei n. 9.096/1995, a fim de se contemplar o valor defendido pela norma. Desse modo, esclareceu que não importa se a agremiação partidária cumpriu parcialmente a norma na veiculação das inserções, o cálculo da penalidade deve incidir sobre a integralidade do tempo que deveria ter sido destinado à propaganda a favor da participação feminina na política. Ressaltou que, em razão da importância da legislação relativa ao incentivo à participação das mulheres na política, a Justiça Eleitoral não poderia aplicar os princípios da razoabilidade e da proporcionalidade com a finalidade de abrandar a aplicação da penalidade prevista no art. 45, § 2º, inciso II, da Lei dos Partidos Políticos, sob pena de convalidar uma mera promessa retórica. Por fim, concluiu que o tempo cassado deverá ser utilizado pela Justiça Eleitoral para promover propaganda institucional destinada a incentivar a participação feminina na política, nos moldes previstos no art. 93-A da Lei n. 9.504/1997. Vencido o Ministro Henrique Neves, que entendia aplicável a sanção apenas sobre a inserção tida como ilícita, quando o partido cumpre parcialmente a exigência da norma. O Tribunal, por maioria, negou provimento ao recurso especial, nos termos do voto da relatora, vencido o Ministro Henrique Neves da Silva. Recurso Especial Eleitoral 126-37, Porto Alegre/RS, rel. Min. Luciana Lóssio, em 20-9-2016

12/TSE/2016 – Divulgação de mensagens em rede social na Internet e inexistência de propaganda eleitoral extemporânea.

O Plenário do Tribunal Superior Eleitoral, por unanimidade, assentou que não configura propaganda eleitoral antecipada a divulgação gratuita de mensagens em rede social com menção a possível candidatura e enaltecimento de opção política antes do período previsto no art. 36 da Lei n. 9.504/1997, alterado pela Lei n. 13.165/2015, o qual dispõe: **A propaganda eleitoral somente é permitida após o dia 15 de agosto do ano da eleição.** O Ministro Luiz Fux, relator, afirmou inicialmente que a razão de ser desse dispositivo reside em evitar a captação antecipada e irregular de votos, causa potencial de desequilíbrio da disputa eleitoral e da igualdade de chances entre os candidatos. Rememorou que este Tribunal adotava entendimento de considerar propaganda eleitoral extemporânea se plataformas, propostas e intenções políticas fossem levadas ao conhecimento do público em geral, ainda que subliminar ou implicitamente, sem pedido expresso de voto, se houvesse menção a pré-candidaturas, a eleições vindouras e/ou se se veiculasse a ideia de que o emissor/beneficiário da propaganda seria o mais bem preparado para exercer mandato eletivo. No entanto, sublinhou que a recente reforma eleitoral, implementada pela Lei n. 13.165/2015, abrandou o conceito de propaganda eleitoral antecipada ao conferir a seguinte redação ao art. 36-A da Lei n. 9.504/1997: Não configuram propaganda eleitoral antecipada, desde que não envolvam pedido explícito de voto, a menção à pretensa candidatura, a exaltação das qualidades pessoais dos pré-candidatos e os seguintes atos, que poderão ter cobertura dos meios de comunicação social, inclusive via Internet: I – a participação de filiados a partidos políticos ou de pré-candidatos em entrevistas, programas, encontros ou debates no rádio, na televisão e na Internet, inclusive com a exposição de plataformas e projetos políticos, observado pelas emissoras de rádio e de televisão o dever de conferir tratamento isonômico; II – a realização de encontros, seminários ou congressos, em ambiente fechado e a expensas dos partidos políticos, para tratar da organização dos processos eleitorais, discussão de políticas públicas, planos de governo ou alianças partidárias visando às eleições, podendo tais atividades ser divulgadas pelos instrumentos de comunicação intrapartidária; III – a realização de prévias partidárias e a respectiva distribuição de material informativo, a divulgação dos nomes dos filiados que participarão da disputa e a realização de debates entre os pré-candidatos; IV – a divulgação de atos de parlamentares e debates legislativos, desde que não se faça pedido de votos; V – a divulgação de posicionamento pessoal sobre questões políticas, inclusive nas redes sociais; VI – a realização, a expensas de partido político, de reuniões de iniciativa da sociedade civil, de veículo ou meio de comunicação ou do próprio partido, em qualquer localidade, para divulgar ideias, objetivos e propostas partidárias. Pontuou que a ampla divulgação de ideias fora do período eleitoral propriamente dito compõe direito conferido ao eleitor de acompanhar, de forma abrangente, as convicções, opiniões e plataformas políticas dos potenciais candidatos acerca dos mais variados temas debatidos na sociedade, de forma a orientar a formação de um juízo mais consciente e responsável, por ocasião do exercício do *ius suffragii*. De outro lado, destacou que na seara político-eleitoral o direito constitucional à liberdade de expressão deve ser devidamente observado a fim de evitar que os cidadãos sejam privados de informações importantes. Nesse particular, o Ministro Luiz Fux enfatizou que a liberdade de expressão consubstancia valor fundamental e requisito de funcionamento em um Estado democrático de direito, motivo por que o direito de expressar-se – e suas exteriorizações (informação e imprensa) – ostenta uma posição preferencial (*preferred position*) dentro do modelo constitucional das liberdades. Asseverou também que o enquadramento jurídico-eleitoral de determinada mensagem de pré-candidato ao conceito de propaganda eleitoral extemporânea reclama análise tripartite, com o 4 Informativo intuito de perquirir se atenta contra a isonomia de chances, a higidez do pleito ou a moralidade, que devem presidir a competição eleitoral. Concluiu que, inexistindo ultrajes aos referidos fundamentos, a mensagem consubstanciar-se-á em livre e legítima forma de exteriorizar pensamento dentro dos limites tolerados pelas regras da disputa democrática. O Tribunal, por unanimidade, deu provimento ao recurso especial eleitoral, nos termos do voto do relator. Recurso Especial Eleitoral 51-24, Brumadinho/MG, rel. Min. Luiz Fux, em 18-10-2016.

Prestação de contas

835/STF – Contas de prefeito e competência para julgar.

A competência para apreciação das contas dos prefeitos, tanto as de governo quanto as de gestão, para os fins da causa de inelegibilidade prevista no art. 1º, I, g, da Lei Complementar 64/1990, é das câmaras municipais com o auxílio dos tribunais de contas competentes, cujo parecer prévio somente deixará de prevalecer por decisão de 2/3 dos vereadores, nos termos do art. 31, § 2º, da CF. Essa a conclusão do Plenário ao dar provimento, por maioria, ao RE 848.826/DF. No recurso extraordinário em questão, discutia-se a definição do órgão competente para julgar as contas do chefe do Poder Executivo que age na qualidade de ordenador de despesas: se do Poder Legislativo ou do tribunal de contas. O Colegiado considerou legítima a candidatura de deputado que tivera o registro indeferido pela justiça eleitoral em razão da rejeição, pelo tribunal de contas, de contas relativas a sua atuação como ordenador de despesas quando era prefeito municipal – v. Informativo 833. Ponderou que a câmara municipal representaria a soberania popular, o contribuinte e, por isso, teria a legitimidade para o exame. Observou que, nos termos do Decreto-lei 201/1967, que dispõe sobre a responsabilidade dos prefeitos e vereadores, a câmara legislativa teria, inclusive, poder de verificar os crimes de responsabilidade, entre os quais o de malversação do dinheiro público. Vencidos os Ministros Roberto Barroso (relator), Teori Zavascki, Rosa Weber, Luiz Fux e Dias Toffoli, que negavam provimento ao recurso. Destacavam que o ato de fiscalizar a Administração Pública compreende o exame da prestação de contas de duas naturezas: contas de governo e contas de gestão. Assentavam que a competência para julgamento seria atribuída à casa legislativa ou ao tribunal de contas em função da natureza das contas prestadas e não do cargo ocupado pelo administrador. Esclareciam que as contas de governo, também denominadas de desempenho ou de resultado, objetivariam demonstrar o cumprimento do orçamento dos planos e programas de governo. Referir-se-iam, portanto, à atuação do 98 chefe do Poder Executivo como agente político. Pontuavam que a Constituição reserva à casa legislativa correspondente a competência para julgá-las em definitivo, mediante parecer prévio do tribunal de contas, conforme determina o art.

71, I, da Constituição. Por sua vez, as contas de gestão, também conhecidas como contas de ordenação de despesas possibilitariam o exame não dos gastos globais, mas de cada ato administrativo que comporia a gestão contábil, financeira, orçamentária, operacional e patrimonial do ente público quanto à legalidade, à legitimidade e à economicidade. Por isso, a competência para julgá-las em definitivo seria do tribunal de contas, sem a participação da casa legislativa, conforme determina o art. 71, II, da Constituição. Consignavam que essa sistemática seria aplicável aos estados-membros e municípios por força do art. 75, *caput*, da Constituição. Ao analisar o RE 729.744/MG, apreciado conjuntamente com o RE 848.826/DF (acima noticiado), a Corte, por decisão majoritária, negou provimento ao recurso extraordinário. No caso, a controvérsia diz respeito à competência exclusiva da câmara municipal para o julgamento das contas de prefeito, sendo o parecer prévio do tribunal de contas meramente opinativo. O Plenário manteve o deferimento do pedido de registro de candidato ao cargo de prefeito que tivera suas contas rejeitadas pelo tribunal de contas estadual. Frisou que, no tocante às contas do chefe do Poder Executivo, a Constituição conferiria ao Poder Legislativo, além do desempenho de funções institucionais legiferantes, a função de controle e fiscalização de contas, em razão de sua condição de órgão de Poder, a qual se desenvolveria por meio de processo político-administrativo, cuja instrução se iniciaria na apreciação técnica do tribunal de contas. No âmbito municipal, o controle externo das contas do prefeito também constituiria uma das prerrogativas institucionais da câmara dos vereadores, exercida com o auxílio dos tribunais de contas do estado ou do município, nos termos do art. 31 da CF. Ressaltou que a expressão "só deixará de prevalecer", constante do § 2º do citado artigo, deveria ser interpretada de forma sistêmica, de modo a se referir à necessidade de quórum qualificado para a rejeição do parecer emitido pela corte de contas. O Tribunal avaliou que, se caberia exclusivamente ao Poder Legislativo o julgamento das contas anuais do chefe do Executivo, com mais razão não se poderia conferir natureza jurídica de decisão, com efeitos imediatos, ao parecer emitido pelo tribunal de contas que opinasse pela desaprovação das contas de prefeito até manifestação expressa da câmara municipal. O entendimento de que o parecer conclusivo do tribunal de contas produziria efeitos imediatos, que se tornariam permanentes no caso do silêncio da casa legislativa, ofenderia a regra do art. 71, I, da CF. Essa previsão dispõe que, na análise das contas do Chefe do Poder Executivo, os tribunais de contas emitiriam parecer prévio, consubstanciado em pronunciamento técnico, sem conteúdo deliberativo, com o fim de subsidiar as atribuições fiscalizadoras do Poder Legislativo, que não estaria obrigado a se vincular à manifestação opinativa daquele órgão auxiliar. O ordenamento jurídico pátrio não admitiria o julgamento ficto de contas, por decurso de prazo, sob pena de permitir-se à câmara municipal delegar ao tribunal de contas, órgão auxiliar, competência constitucional que lhe seria própria, além de criar-se sanção ao decurso de prazo, inexistente na Constituição. Do mesmo modo, não se conformariam com o texto constitucional previsões normativas que considerassem recomendadas as contas do município nos casos em que o parecer técnico não fosse emitido no prazo legal e permitissem às câmaras municipais o seu julgamento independentemente do parecer do tribunal de contas. Ademais, seria importante sublinhar que, na apreciação das contas anuais do prefeito, não haveria julgamento dele próprio, mas deliberação sobre a exatidão da execução orçamentária do município. A rejeição das contas teria o condão de gerar, como consequência, a caracterização da inelegibilidade do prefeito, nos termos do art. 1º, I, g, da Lei Complementar 64/1990. Não se poderia admitir, dentro desse sistema, que o parecer opinativo do tribunal de contas tivesse o condão de gerar tais consequências ao chefe de Poder local. Ressaltou, entretanto, que, no caso de a câmara municipal aprovar as contas do prefeito, o que se afastaria seria apenas a sua inelegibilidade. Os fatos apurados no processo político-administrativo poderiam dar ensejo à sua responsabilização civil, criminal ou administrativa. Vencidos os Ministros Luiz Fux e Dias Toffoli, que proviam o recurso. Aduziam que o parecer prévio emitido pelo tribunal de contas apenas deixaria de prevalecer por decisão de dois terços dos 99 membros do Poder Legislativo local. Esse documento, então, passaria a produzir efeitos integralmente a partir de sua edição. A eficácia cessaria, porém, se e quando apreciado e rejeitado por deliberação dos vereadores. Analisou que entendimento contrário teria a consequência prática de tornar o parecer emitido pelo órgão competente um nada jurídico, dado o efeito paralisante de omissão do Poder Legislativo. Em seguida, o Tribunal suspendeu o julgamento e deliberou fixar a tese da repercussão geral em outra assentada. Contas de prefeito e competência para julgar – Para os fins do art. 1º, inciso I, alínea g, da Lei Complementar 64, de 18 de maio de 1990, alterado pela Lei Complementar 135, de 4 de junho de 2010, a apreciação das contas de prefeitos, tanto as de governo quanto as de gestão, será exercida pelas Câmaras Municipais, com o auxílio dos Tribunais de Contas competentes, cujo parecer prévio somente deixará de prevalecer por decisão de 2/3 dos vereadores. Essa a tese fixada por decisão majoritária do Plenário em conclusão de julgamento de recurso extraordinário no qual se discutia a definição do órgão competente para julgar as contas do chefe do Poder Executivo que age na qualidade de ordenador de despesas – v. Informativos 833 e 834. Vencidos os Ministros Luiz Fux e Rosa Weber. Contas de prefeito e competência para julgar – O parecer técnico elaborado pelo Tribunal de Contas tem natureza meramente opinativa, competindo exclusivamente à Câmara de Vereadores o julgamento das contas anuais do Chefe do Poder Executivo local, sendo incabível o julgamento ficto das contas por decurso de prazo. Essa a tese fixada por decisão majoritária do Plenário em conclusão de julgamento de recurso extraordinário no qual se discutia a competência exclusiva da câmara municipal para o julgamento das contas de prefeito e, por consequência, a natureza jurídica do parecer prévio do tribunal de contas – v. Informativos 833 e 834. Vencidos os Ministros Roberto Barroso, Edson Fachin e Rosa Weber, que acresciam à tese a seguinte expressão: "É inconstitucional a prática dos órgãos legislativos de não julgar essas contas em prazo razoável, quando sobre elas já tenha sido emitido o parecer do Tribunal de Contas". Vencido, também, o Ministro Luiz Fux ao fundamento de que, diante da omissão da câmara municipal, prevaleceria o parecer prévio do tribunal de contas. RE 729744/MG, rel. Min. Gilmar Mendes, 17-8-2016 (RE 729744).

807/STF – Doação eleitoral e sigilo.

O Plenário deferiu pedido de medida cautelar em ação direta de inconstitucionalidade para suspender, até o julgamento final da ação, a eficácia da expressão "sem individualização dos doadores", constante da parte final do § 12 do art. 28 da Lei n. 9.504/1997, acrescentado pela Lei n. 13.165/2015. Além disso, conferiu, por maioria, efeitos "ex tunc" à decisão. A norma impugnada dispõe que "os valores transferidos pelos partidos políticos oriundos de doações serão registrados na prestação de contas dos candidatos como transferência dos partidos e, na prestação de contas dos partidos, como transferência aos candidatos, sem individualização dos doadores". A Corte afirmou que, embora existissem inúmeras controvérsias a respeito de qual o modelo de financiamento mais apropriado para afastar a influência predatória do poder econômico sobre as eleições, um aspecto do debate pareceria livre de maiores discussões. Tratar-se-ia da necessidade de se dar maior efetividade ao sistema de controle de arrecadação de recursos por partidos e candidatos. Seria indispensável, assim, imprimir transparência às contas eleitorais. Sem as informações necessárias, entre elas a identificação dos particulares que contribuíram originariamente para legendas e candidatos, o processo de prestação de contas perderia sua capacidade de documentar a real movimentação financeira, os dispêndios e os recursos aplicados nas campanhas eleitorais (Lei n. 9.096/1995, art. 34, *caput*). Ademais, se obstruiria o cumprimento, pela Justiça Eleitoral, da relevante competência constitucional (CF, art. 17, III) de fiscalizar se o desenvolvimento da atividade político-partidária realmente assegura a autenticidade do sistema representativo (Lei n. 9.096/1995, art. 1º, *caput*). Outrossim, a identificação fidedigna dos particulares responsáveis pelos aportes financeiros seria informação essencial para que se pudesse constatar se as doações procederiam, de fato, de fontes lícitas e se observariam os limites de valor previstos no art. 23 da Lei n. 9.504/1997. Por outro lado, as informações sobre as doações de particulares a candidatos e a partidos não interessariam apenas às instâncias estatais responsáveis pelo controle da regularidade das contas de campanha, mas à sociedade como um todo, na medida em que qualificaria o exercício da cidadania. Permitiria, ainda, uma decisão de voto melhor informada, já que conferiria ao eleitor um elemento a mais para avaliar a seriedade das propostas de campanha. Por outro lado, a divulgação de informações sobre a origem dos recursos recebidos por partidos também capacitaria a sociedade civil, inclusive aqueles que concorressem entre si na disputa eleitoral, a cooperar com as instâncias estatais na verificação da legitimidade do processo eleitoral. Fortaleceria, assim, o controle social sobre a atividade político-partidária. Por fim, o acesso a esses dados ainda propiciaria o aperfeiçoamento da própria política legislativa de combate à corrupção eleitoral, ajudando a denunciar as fragilidades do modelo e a inspirar propostas de correção futuras. Ante o que consignado, seria inevitável a conclusão de que a parte final do § 12 do art. 38 da Lei n. 9.504/1997, acrescentado pela Lei n. 13.365/15, suprimiria transparência do processo eleitoral. Frustraria o exercício adequado das funções constitucionais da Justiça Eleitoral e impediria que o eleitor exercesse, com pleno esclarecimento, seu direito de escolha dos representantes políticos. Isso atentaria contra a arquitetura republicana e a inspiração democrática que a Constituição Federal imprimira ao Estado brasileiro. Vencido o

Ministro Marco Aurélio unicamente quanto à concessão de eficácia *ex tunc* à decisão. ADI 5394 MC/DF, rel. Min. Teori Zavascki, 12-11-2015 (ADI 5394).

03/TSE/2017 – Competência para análise de contas de gestor de consórcio público intermunicipal.

O Plenário do Tribunal Superior Eleitoral, por unanimidade, entendeu que compete ao Tribunal de Contas estadual a análise das contas de gestor de consórcio público intermunicipal. Na espécie, trata-se de recurso eleitoral interposto por candidato que teve seu registro de candidatura indeferido, nos termos do art. 1º, inciso I, alínea g, da Lei Complementar n. 64/1990, devido à desaprovação de contas relativas a consórcio intermunicipal celebrado no exercício de 2011, do qual o recorrente era o gestor. O art. 1º, I, *g*, da LC n. 64/1990 assim dispõe: Art. 1º São inelegíveis: I – para qualquer cargo: [...] g) os que tiverem suas contas relativas ao exercício de cargos ou funções públicas rejeitadas por irregularidade insanável que configure ato doloso de improbidade administrativa, e por decisão irrecorrível do órgão competente, salvo se esta houver sido suspensa ou anulada pelo Poder Judiciário, para as eleições que se realizarem nos 8 (oito) anos seguintes, contados a partir da data da decisão, aplicando-se o disposto no inciso II do art. 71 da Constituição Federal, a todos os ordenadores de despesa, sem exclusão de mandatários que houverem agido nessa condição; [...]. A Ministra Luciana Lóssio, relatora, explicou que a Lei n. 11.107/2005 possibilita aos entes políticos a realização de consórcio público entre si, que pode ser instituído como associação pública ou pessoa jurídica de direito privado. Ressaltou que tais associações são constituídas para alcançar escopo comum a vários entes federados e são dotadas de personalidade jurídica própria, sendo as receitas, no caso dos consórcios intermunicipais, oriundas dos diversos participantes, não havendo como submeter sua fiscalização ao Poder Legislativo de apenas um dos municípios. Frisou que a legislação concentrou, nas atribuições dos Tribunais de Contas, a função de fiscalizar a gestão dos recursos despendidos pelos integrantes do consórcio. Assim, concluiu que a hipótese não se ajusta à tese firmada pelo Supremo Tribunal Federal, na qual se reconheceu a competência exclusiva da Câmara Municipal para o exame das contas dos chefes do Poder Executivo, sejam contas de governo, sejam contas de gestão. Dessa forma, entendeu que o Tribunal de Contas é o órgão competente para julgar as contas de prefeito quando versarem sobre recursos oriundos de consórcios públicos firmados entre diferentes entes federativos. O Tribunal, por unanimidade, deu provimento ao recurso especial para, reformando o acórdão regional, deferir o registro de candidatura ao cargo de prefeito de Neves Paulista/SP nas Eleições 2016, nos termos do voto da relatora. Recurso Especial Eleitoral 177-51, Neves Paulista/SP, rel. Min. Luciana Lóssio, julgado em 9-3-2017.

01/TSE/2016 – Valores de origem não identificada verificados em prestação de contas e recolhimento aos cofres públicos.

O Plenário do Tribunal Superior Eleitoral, por unanimidade, determinou que recursos de natureza não identificada, verificados nas prestações de contas de campanha das eleições de 2014, devem ser recolhidos ao Tesouro Nacional, nos termos do art. 29 da Resolução-TSE n. 23.406/2014. No caso, o Tribunal Regional Eleitoral de Goiás, ao desaprovar as contas de candidato a deputado estadual, não determinou a transferência dos valores de origem não identificada ao Tesouro Nacional, conforme disposto na resolução que regulamentou a prestação de contas de 2014. A Ministra Maria Thereza de Assis Moura, relatora, ressaltou que em outra oportunidade (Respe n. 122443) esta Corte Eleitoral entendeu que a determinação de recolhimento aos cofres públicos do valor correspondente aos recursos de origem não identificada, prevista no § 3º do art. 26 da Res.-TSE n. 23.406/2014, apesar de não estar expressa em lei, atende aos princípios e às regras constitucionais informadores da prestação de contas, da transparência do financiamento eleitoral e da normalidade e legitimidade das eleições. Acrescentou que o recolhimento desses valores ao Tesouro Nacional decorre da manifesta ilegalidade de sua utilização pelos candidatos ou pelos partidos políticos. O Tribunal, por unanimidade, proveu o recurso, nos termos do voto da relatora. Recurso Especial Eleitoral 2134-54, Goiânia/GO, rel. Min. Maria Thereza de Assis Moura, em 25-2-2016.

01/TSE/2016 – Tomada de contas especial e inelegibilidade.

O Plenário do Tribunal Superior Eleitoral, por maioria, assentou que a decisão de procedência em tomada de contas especial somente atrai a inelegibilidade prevista no art. 1º, I, g, da Lei Complementar n. 64/1990 se demonstrado o dolo na conduta do gestor público. O art. 1º, I, g, da Lei Complementar n. 64/1990 dispõe: os que tiverem suas contas relativas ao exercício de cargos ou funções públicas rejeitadas por irregularidade insanável que configure ato doloso de improbidade administrativa, e por decisão irrecorrível do órgão competente, salvo se esta houver sido suspensa ou anulada pelo Poder Judiciário, para as eleições que se realizarem nos 8 (oito) anos seguintes, contados a partir da data da decisão, aplicando-se o disposto no inciso II do art. 71 da Constituição Federal, a todos os ordenadores de despesa, sem exclusão de mandatários que houverem agido nessa condição; Na hipótese vertente, o Tribunal Regional Eleitoral do Ceará, ao julgar procedente impugnação proposta pelo Ministério Público Eleitoral, indeferiu registro da candidatura de candidato ao cargo de deputado estadual, por entender configurada a causa de inelegibilidade prevista na alínea g do inciso I do art. 1º da Lei Complementar n. 64/1990, ante a decisão do Tribunal Municipal de Contas do estado que julgou parcialmente procedente tomada de contas especial do fundo municipal de educação administrado pelo candidato. Entretanto, o Plenário deste Tribunal afastou a inelegibilidade, ao argumento de faltar a demonstração do dolo nas falhas detectadas pelo Tribunal de Contas. Destacou que, na espécie, foi aplicada ao ex-gestor apenas multa no valor de R$266,00 (duzentos e sessenta e seis reais), sem qualquer imputação de débito ou indicativo de dano ao Erário. Enfatizou que as irregularidades tipificadas pela Lei de Responsabilidade Fiscal possuem natureza insanável e caracterizam atos dolosos de improbidade administrativa, porquanto configuram a mais grave ofensa que o gestor pode praticar. Contudo, ponderou que, em alguns casos, a infração aos comandos legais pode revelar apenas situação culposa, insuficiente para a configuração da inelegibilidade da alínea g em análise. Rememorou posicionamento deste Tribunal proferido no julgamento do AgR-REspe 631-95/RN no sentido de que a insanabilidade dos vícios ensejadores da rejeição das contas, para fins de inelegibilidade, decorre de atos de má-fé e marcados por desvio de valores ou benefício pessoal. O Tribunal, por maioria, proveu o recurso para deferir o registro de candidatura, nos termos do voto do relator. Recurso Ordinário n. 884-67, Fortaleza/CE, rel. Min. Henrique Neves, em 25-2-2016.

02/TSE/2016 – Honorários advocatícios e gastos eleitorais.

O Plenário do Tribunal Superior Eleitoral, por unanimidade, entendeu que os honorários relativos aos serviços advocatícios e de contabilidade referentes a processo jurisdicional contencioso não são considerados gastos eleitorais de campanha. Trata-se de agravo regimental em recurso especial interposto contra o acórdão do Tribunal Regional Eleitoral de Sergipe, que desaprovou contas de campanha de candidato ao cargo de deputado estadual, referentes às eleições de 2014, por constar irregularidades, dentre elas a não declaração de valores gastos com honorários advocatícios em ações judiciais. O Ministro Henrique Neves (relator) ressaltou que a atuação do advogado no âmbito eleitoral divide-se em serviços advocatícios de consultoria e atuação contenciosa. Esclareceu que a consultoria consiste em prestar orientações acerca da adequação dos atos de campanha à legislação e constitui atividade-meio da campanha eleitoral. Por sua vez, a atuação contenciosa ocorre em processos jurisdicionais. Afirmou que os honorários de serviços advocatícios e de contabilidade em processo jurisdicional contencioso não são considerados gastos eleitorais de campanha, nem estão sujeitos à contabilização ou à limitação que possa dificultar o exercício da ampla defesa. Acrescentou que a partir da Lei n. 12.034/2009 o processo de prestação de contas passou a ter caráter jurisdicional e que a presença desses profissionais nessas ações está intimamente relacionada às garantias inerentes à ampla defesa, que não podem ser limitadas. Entretanto, ressaltou que os serviços advocatícios de consultoria prestados aos candidatos no curso das campanhas constituem atividade-meio e, como acessórios da campanha eleitoral, constituem gastos eleitorais, devendo ser contabilizados na prestação de contas (art. 26 da Lei n. 9.504/1997). O Ministro Gilmar Mendes, em voto-vista, observou a importância da distinção da atividade de consultoria da atividade contenciosa, especialmente após o advento da Lei n. 13.165/2015, que fixa rígidos limites de gastos para as campanhas eleitorais. Asseverou que as despesas referentes à atuação contenciosa serão pagas com recursos do candidato, cabendo aos órgãos fiscais a apuração de eventual irregularidade. Tratando-se de partido político, destacou que tais gastos deverão compor a prestação de contas anual a ser apresentada à Justiça Eleitoral. O Tribunal, por unanimidade, desproveu o agravo regimental, nos termos do voto do relator. Agravo Regimental no Recurso Especial Eleitoral 773-55, Aracaju/SE, rel. Min. Henrique Neves, em 1º-3-2016.

03/TSE/2016 – Prestação de contas e preclusão para apresentação de documentos.

O Plenário do Tribunal Superior Eleitoral, por maioria, reafirmou entendimento no sentido de que a inação do partido político ou candidato intimado para sanar irregularidades em processo de prestação de contas resulta na perda do direito de apresentar novos documentos relativos aos fatos questionados. Na espécie, este Tribunal Superior Eleitoral, ao analisar prestação de contas anual de diretório nacional de partido político, intimou o requerente para sanar irregularidades, o qual se quedou inerte, vindo a apresentar a documentação requerida em momento posterior. O Ministro Henrique Neves, redator para o acórdão, posicionou-se pelo não conhecimento da documentação apresentada a destempo, frisando que, diante da natureza jurisdicional do processo de prestação de contas, a inércia na prática de ato processual em momento próprio resulta na preclusão, em respeito à segurança das relações jurídicas. A Ministra Maria Thereza acrescentou que o Tribunal em outra oportunidade (AgR-AI n. 148119) entendeu que a ausência de circunstância excepcional, a obstar a juntada de documentos em momento apropriado, implicaria em preclusão. Acresceu, ainda, que a Resolução-TSE n. 23.464/2015, que regulamenta a Lei n. 9.504/1995, estabelece a impossibilidade de apresentação de documentos outrora requeridos, quando o órgão partidário não atender às diligências (art. 35, § 9º, da Resolução-TSE n. 23.464/2015). Vencida a Ministra Luciana Lóssio, relatora, que argumentava pela possibilidade da juntada de documentos na prestação de contas a qualquer momento, desde que em período razoável para análise pelo relator, antes do julgamento. Preliminarmente, o Tribunal, por maioria, vencida a relatora, assentou a preclusão da juntada de documentos, nos termos do voto do Ministro Henrique Neves da Silva. Também por maioria, o Tribunal desaprovou parcialmente as contas do PTC – nacional, referente ao exercício financeiro de 2010, aplicando a sanção de suspensão de repasse de valores do Fundo Partidário pelo período de um mês, nos termos do voto do Ministro Henrique Neves da Silva, que redigirá o acórdão. Prestação de Contas n. 714-68, Brasília/DF, rel. Min. Luciana Lóssio em 14-4-2016.

04/TSE/2016 – Aplicação do princípio *tempus regit actum* e sanção em desaprovação de contas.

O Plenário do Tribunal Superior Eleitoral, por unanimidade, assentou que a penalidade a ser cominada em razão da desaprovação de contas é a prevista na legislação vigente à época da prestação de contas, em atenção ao princípio do *tempus regit actum*. Na espécie, este Tribunal desaprovou prestação de contas de diretório nacional de partido político, referente ao ano de 2010. Quanto à aplicação da sanção decorrente dessa desaprovação, o Ministro Gilmar Mendes entendeu pela imposição da sanção vigente à época da prestação de contas, qual seja, a suspensão de novos repasses de cotas do Fundo Partidário. Ressaltou que a alteração trazida pela Lei n. 13.165/2015 ao *caput* do art. 37 da Lei n. 9.096/1995, que prevê mudança da sanção em caso de desaprovação de contas, somente deve ser aplicada às prestações de contas a partir do exercício financeiro de 2016. A redação do art. 37, *caput*, da Lei n. 9.096/1995 previa que a desaprovação total ou parcial da prestação de contas implicaria a suspensão de repasses de novas cotas do Fundo Partidário. Entretanto, a nova redação prevê como consequência a devolução da importância apontada como irregular, acrescida de multa de até 20% (redação dada pela Lei n. 13.165/2015). O Ministro Luiz Fux lembrou que no campo eleitoral a sanção está intimamente ligada à ideia de inibir a prática do fato e nesse ponto ressaltou que, ao se aplicar a nova redação, ainda que mais benéfica, estar-se-ia enfraquecendo a higidez ética e moral das eleições. O Ministro Dias Toffoli ressaltou que aplicar a novidade legislativa às prestações de contas de 2010 ensejaria afronta ao princípio da isonomia, haja vista haver diversas decisões transitadas em julgado impondo a penalidade vigente à época e não a multa, conforme prevê a nova redação. A Ministra Luciana Lóssio, relatora, inicialmente entendeu pela incidência do princípio da lei mais benigna, *in casu*, sugerindo cominar exclusivamente a multa, conforme redação atual da legislação aplicável à matéria, mas, ao final, reajustou seu voto, acolhendo a tese majoritária. O Tribunal, por unanimidade, desaprovou as contas do Partido Renovador Trabalhista Brasileiro (PRTB) – nacional, com determinações, nos termos do voto da relatora. Prestação de Contas n. 901-76, Brasília/DF, rel. Min. Luciana Lóssio, em 26-4-2016

Súmulas

Campanha eleitoral. Propaganda Política e Eleitoral. Financiamento. Doações.

- **Súmula-TSE n. 18**

  Conquanto investido de poder de polícia, não tem legitimidade o juiz eleitoral para, de ofício, instaurar procedimento com a finalidade de impor multa pela veiculação de propaganda eleitoral em desacordo com a Lei n. 9.504/97.

- **Súmula-TSE n. 48**

  A retirada da propaganda irregular, quando realizada em bem particular, não é capaz de elidir a multa prevista no art. 37, § 1º, da Lei n. 9.504/97.

Prestação de contas

- **Súmula-TSE n. 42**

A decisão que julga não prestadas as contas de campanha impede o candidato de obter a certidão de quitação eleitoral durante o curso do mandato ao qual concorreu, persistindo esses efeitos, após esse período, até a efetiva apresentação das contas.

- **Súmula-TSE n. 51**

O processo de registro de candidatura não é o meio adequado para se afastarem os eventuais vícios apurados no processo de prestação de contas de campanha ou partidárias.

- **Súmula-TSE n. 57**

A apresentação das contas de campanha é suficiente para a obtenção da quitação eleitoral, nos termos da nova redação conferida ao art. 11, § 7º, da Lei n. 9.504/97, pela Lei n. 12.034/2009.

Multa Eleitoral

- **Súmula-TSE n. 18**

Conquanto investido de poder de polícia, não tem legitimidade o juiz eleitoral para, de ofício, instaurar procedimento com a finalidade de impor multa pela veiculação de propaganda eleitoral em desacordo com a Lei n. 9.504/97.

- **Súmula-TSE n. 48**

A retirada da propaganda irregular, quando realizada em bem particular, não é capaz de elidir a multa prevista no art. 37, § 1º, da Lei n. 9.504/97.

- **Súmula-TSE n. 50**

O pagamento da multa eleitoral pelo candidato ou a comprovação do cumprimento regular de seu parcelamento após o pedido de registro, mas antes do julgamento respectivo, afasta a ausência de quitação eleitoral.

- **Súmula-TSE n. 56**

A multa eleitoral constitui dívida ativa de natureza não tributária, submetendo-se ao prazo prescricional de 10 (dez) anos, nos moldes do art. 205 do Código Civil.

- **Súmula-TSE n. 63**

  A execução fiscal de multa eleitoral só pode atingir os sócios se preenchidos os requisitos para a desconsideração da personalidade jurídica previstos no art. 50 do Código Civil, tendo em vista a natureza não tributária da dívida, observados, ainda, o contraditório e a ampla defesa.

capítulo 8

Eleições

8.1 ATOS PREPARATÓRIOS PARA O DIA DAS ELEIÇÕES

São os atos preparatórios que nos garantem o sucesso de uma eleição.

Os atos preparatórios são providências de caráter administrativo que a Justiça Eleitoral deve tomar, juntamente com os partidos políticos e com o Ministério Público, visando possibilitar a realização das eleições.

Os principais atos necessários à viabilização do pleito eleitoral são a escolha e a preparação dos **mesários** e **escrutinadores** pelos juízes eleitorais, a composição das mesas receptoras, a designação de Delegados e Fiscais, conforme os arts. 120 e 131 do CE e 63, 64 e 65 da Lei das Eleições.

> Art. 120, CE. Constituem a mesa receptora **um presidente**, **um primeiro** e **um segundo mesários**, **dois secretários** e **um suplente**, **nomeados pelo juiz eleitoral sessenta dias antes da eleição**, em audiência pública, anunciado pelo menos com cinco dias de antecedência.
>
> § 1º **Não podem ser nomeados presidentes e mesários:**
>
> I – os candidatos e seus parentes ainda que por afinidade, até o segundo grau, inclusive, e bem assim o cônjuge;
>
> II – os membros de diretórios de partidos desde que exerça função executiva;
>
> III – as autoridades e agentes policiais, bem como os funcionários no desempenho de cargos de confiança do Executivo;
>
> IV – os que pertencerem ao serviço eleitoral.

> § 2º Os mesários serão nomeados, de preferência entre os eleitores da própria seção, e, dentre estes, os diplomados em escola superior, os professores e os serventuários da Justiça.
>
> § 3º O juiz eleitoral mandará publicar no jornal oficial, onde houver, e, não havendo, em cartório, as nomeações que tiver feito, e intimará os mesários através dessa publicação, para constituírem as mesas no dia e lugares designados, às 7 horas.
>
> § 4º Os motivos justos que tiverem os nomeados para recusar a nomeação, e que ficarão a livre apreciação do juiz eleitoral, somente poderão ser alegados até 5 (cinco) dias a contar da nomeação, salvo se sobrevindos depois desse prazo.
>
> § 5º Os nomeados que não declararem a existência de qualquer dos impedimentos referidos no § 1º incorrem na pena estabelecida pelo art. 310.
>
> Art. 63 da LE: Qualquer partido pode reclamar ao Juiz Eleitoral, no prazo de cinco dias, da nomeação da Mesa Receptora, devendo a decisão ser proferida em 48 horas.
>
> § 1º Da decisão do Juiz Eleitoral caberá recurso para o Tribunal Regional, interposto dentro de três dias, devendo ser resolvido em igual prazo.
>
> § 2º **Não podem ser nomeados presidentes e mesários os menores de dezoito anos.**
>
> Art. 64 da LE: É vedada a participação de parentes em qualquer grau ou de servidores da mesma repartição pública ou empresa privada na mesma Mesa, Turma ou Junta Eleitoral.
>
> Art. 131, CE: Cada partido poderá nomear 2 (dois) delegados em cada município e 2 (dois) fiscais junto a cada mesa receptora, funcionando um de cada vez.

Diversos outros atos preparatórios são elencados, como a escolha (coleta de votos); escrutinadores (apuração de votos); designação dos locais de votação (urnas eletrônicas, mapas eleitorais, mapas de eleitores, caderno de assinatura, senhas eletrônicas, boletins, transporte e alimentação aos eleitores diferenciados por região.

A Lei n. 6.091/1974 dispõe sobre o fornecimento gratuito de transporte, em dias de eleição, a eleitores residentes nas zonas rurais, e dá outras providências.

Abaixo, as disposições constantes na referida lei e no Código Eleitoral.

Há quem entenda que os eleitores que vivem na zona rural ainda são considerados hipossuficientes em relação aos eleitores da zona urbana.

Lei n. 6.091/74:

> Art. 6º A indisponibilidade ou as deficiências do transporte de que trata esta lei não eximem o eleitor do dever de votar.
>
> Art. 7º O eleitor que deixar de votar e não se justificar perante o juiz eleitoral até sessenta dias após a realização da eleição incorrerá na multa de três a dez por cento sobre o *salário mínimo* da região, imposta pelo juiz eleitoral e cobrada na forma prevista no art. 367, da Lei n. 4.737, de 15 de julho de 1965.

Código Eleitoral:

> Art. 7º O eleitor que deixar de votar e não se justificar perante o Juiz Eleitoral até sessenta dias após a realização da eleição incorrerá na multa de três a dez por cento sobre o salário mínimo da região, imposta pelo Juiz Eleitoral e cobrada na forma prevista no art. 367, da Lei n. 4.737, de 15 de julho de 1965.

Res.-TSE n. 21.920/2004, art. 1º, parágrafo único: "Não estará sujeita a sanção a pessoa portadora de deficiência que torne impossível ou demasiadamente oneroso o cumprimento das obrigações eleitorais, relativas ao alistamento e ao exercício do voto".

Importante esclarecer que a Constituição Federal, no art. 7º, inciso IV, veda expressamente a vinculação do salário mínimo para qualquer fim.

No tocante aos dispositivos mencionados, a Res. n. 21.538/2003 define, em seu art. 85, o critério de UFIR para a aplicação das multas, até que seja aprovado novo índice em conformidade com a regras dos débitos para com a União Federal.

O art. 8º da Lei n. 6.091/74 dispõe acerca da alimentação dos eleitores da zona rural, possibilitando o fornecimento de refeições, de responsabilidade do *Fundo Partidário.*

Ocorre que os candidatos e os partidos políticos não podem fornecer alimentação e transporte, sendo discriminada a aplicação do Fundo partidário na Lei dos Partidos Políticos (Lei n. 9.096/95), questão também definida pela Res. TSE n. 22.008/2005, entendendo que o art. 8º estaria, por essa razão, revogado tacitamente.

Cabe aos Delegados e Fiscais dos partidos a organização do eleitorado, com a distribuição em seções e zonas eleitorais e "demais providências".

Durante os atos preparatórios se realizam a conferência das urnas, o processo de informatização das urnas e todos os aparatos tecnológicos a serem usados, definidos os locais onde serão realizadas as votações, constituídas as mesas receptoras de votos e justificativas, preparadas as urnas, bem como todo o material a ser utilizado para justificativa e votação.

a) Até 6 (seis) meses antes das eleições, o Tribunal Superior Eleitoral deve concluir a feitura dos programas de computador que serão utilizados nas urnas eletrônicas para os processos de votação, apuração e totalização. Uma vez concluídos, deverão ser apresentados para análise aos partidos políticos e coligações até 20 (vinte) dias antes das eleições, nas dependências do TSE (art. 66 da Lei das Eleições);

b) Até 70 (setenta) dias anteriores às eleições deve ocorrer a qualificação de todos os eleitores e a entrega dos respectivos títulos, possibilitando ter a ideia do volume de eleitores e eventuais pendências, comparando-se com as listas de eleições anteriores (art. 114, CE).

c) Até 60 (sessenta) dias antes do dia marcado, o juiz eleitoral divulgará por meio de edital os locais das seções, que foram divididas de acordo com suas peculiaridades, de modo a aproximar o eleitor do local de votação.

A Justiça Eleitoral poderá criar seções eleitorais em vilas e povoados, nos termos do art. 136 do CE, bem como nos estabelecimentos de internação coletiva e em conventos em que haja ao menos cinquenta eleitores.

Os presos provisórios (condenados sem o trânsito em julgado) e o adolescente internado (Estatuto da Criança e Adolescente) estão autorizados, tanto pela Constituição Federal (art. 15), como pela Res. n. 23.554/2018 do TSE, a exercer o direito de voto e a participar do processo eleitoral, uma vez que não estão com seus direitos políticos suspensos.

Todavia, o preso condenado por sentença criminal transitada em julgado encontra-se com seus direitos políticos suspensos, logo, proibido de exercer o voto, tampouco de ser votado, enquanto durarem os efeitos da condenação, conforme o art. 15, III, da CF.

Nos estabelecimentos penitenciários, cabe ao Tribunal Regional Eleitoral a decisão de criar ou não uma seção de votação para os presos provisórios.

A Justiça Eleitoral, na efetivação do princípio da liberdade do voto, garante aos eleitores deficientes visuais, gestantes, maiores de 60 anos, com mobilidade reduzida, lactantes e pessoas com crianças no colo, mecanismos aptos a facilitarem o pleno exercício de voto (teclas das urnas em braile, rampas de acesso, elevadores).

O Tribunal Superior Eleitoral permite que o eleitor deficiente visual ingresse na cabina de votação acompanhado de pessoa de sua confiança, devidamente autorizado pelo presidente da mesa receptora, desde que não seja ligado à coligação, ao serviço da justiça eleitoral ou de partido político.

Na escolha do local de votação, os prédios públicos devem ter preferência, recorrendo-se aos particulares se faltar aqueles em número e condições adequadas, sem qualquer ônus para a Justiça Eleitoral.

Cabe, inclusive, a designação de escolas particulares de denominação religiosa como local de votação (Resolução do TSE).

A lei eleitoral veda expressamente o uso de propriedade pertencente a candidato, membro de diretório de partido, delegado de partido ou autoridade policial, bem como seus respectivos cônjuges e parentes consanguíneos ou afins até o segundo grau (art. 135 do CE). Também é proibida a seção localizada em fazenda ou qualquer propriedade rural privada, mesmo que exista no local prédio público, por força do que dispõe o § 5º do mesmo artigo.

Os Tribunais Regionais Eleitorais deverão, a cada eleição, expedir instruções aos Juízes Eleitorais para a orientação na escolha dos locais de votação, de maneira a garantir acessibilidade para o eleitor com deficiência ou com mobilidade reduzida, inclusive em seu entorno e nos sistemas de transporte que lhe dão acesso, nos termos do art. 135, § 6º-A, com redação dada pela Lei n. 13.146, de 2015.

Da escolha dos locais de votação caberá reclamação por qualquer partido, no prazo de 3 (três) dias da publicação, devendo o juiz eleitoral decidir em 48 horas, cabendo, ainda, contra esta decisão, recurso ao TRE que será decidido em 3 (três) dias.

Nada mais poderá ser discutido no processo eleitoral, em relação aos locais proibidos, caso esgotados os prazos acima referidos (135, § 9º, CE).

a) Até 30 dias antes das eleições, os juízes eleitorais devem comunicar aos Tribunais Regionais o número total de eleitores alistados (art. 115, CE);

b) Após ampla divulgação pela Justiça Eleitoral dos nomes dos candidatos registrados, o juiz eleitoral, com antecedência de 30 dias das eleições, irá dividir as zonas em seções eleitorais.

Há necessariamente um tempo de permanência do eleitor na sua seção (art. 84, parágrafo único, da Lei das Eleições), bem como um número de eleitores por seção, fixados pela Justiça Eleitoral para evitar intercorrências e garantir o pleno exercício do direito de voto.

c) Até 5 (cinco) dias de antecedência o juiz eleitoral anuncia em audiência os membros das mesas receptoras, também chamados de escrutinadores (art. 120, CE).

O eleitor presente pode ser nomeado, pelo Presidente da Mesa, como Mesário *ad hoc*, caso o mesário já devidamente nomeado se ausentar, nos termos do art. 123, § 3º, CE.

As questões referentes à mesa receptora, como composição e competência, serão tratadas no capítulo da Justiça Eleitoral. Aqui nos dedicaremos em especial às eleições.

8.2 O DIA DAS ELEIÇÕES

A fase eleitoral acontece exatamente no dia das eleições, sendo o próprio escrutínio.

Desde 1996, o processo eleitoral no Brasil configura-se informatizado, buscando a Justiça Eleitoral promover a universalização da identificação biométrica.

Segundo o mandamento constitucional, as eleições se realizam no primeiro domingo de outubro; se houver necessidade de segundo turno, este ocorrerá no último domingo de outubro.

O horário oficial de votação é das 8h às 17h, observado sempre o horário de Brasília.

Será encerrada a votação às 17h, mas aqueles que já estiverem no interior do local de votação terão garantido o direito de votar.

Observe-se que não há impedimento para o Tribunal Superior Eleitoral (TSE) alterar, via resolução, este horário e demais procedimentos, visto que, em razão de a Lei n. 9.504/94 – Lei das Eleições não carregar previsão a este respeito, fica autorizado ao Poder Judiciário eleitoral fazê-lo. Como exemplo, podemos citar uma situação de pandemia em que se pretenda alongar o horário de votação para que não exista muito contato pessoal entre os eleitores durante o dia da votação. Circunstância que obviamente poderá ser realizada, sem nenhum problema, desde que se respeite a liberdade do voto.

Neste dia, às 7 (sete) horas, o Presidente da Mesa Receptora, os Mesários e os Secretários verificarão se no lugar designado estão em ordem o material remetido pelo Juiz e a urna destinada a recolher os votos, bem como se estão presentes os Fiscais de partido (art. 142 do CE).

A mesa receptora, às 07h30min, deverá realizar, na presença dos fiscais e delegados dos partidos, a operação chamada "ZERÉZIMA", consistente na emissão de um documento pela urna eletrônica da respectiva seção eleitoral, logo após o procedimento de sua inicialização, servindo para atestar que não há registro de voto para nenhum dos candidatos. Trata-se de um extrato retirado pelo Presidente dos mesários, direcionado aos cidadãos, antes de iniciar o horário das votações, para a certificação de que a urna está zerada.

Já o *Boletim de urna* é emitido ao final das eleições, para a certificação de quantos votos foram dados à urna (art. 68 e seguintes da Lei das Eleições).

A denominada *votação paralela* ocorre no dia das eleições, ocasião em que o TSE sorteia determinadas seções que serão verificadas através do voto impresso para checar se os números batem, ou seja, configura um procedimento de auditoria da justiça eleitoral para verificar e confirmar a segurança da urna eletrônica (art. 66, § 6º, da Lei das Eleições).

Geralmente ocorre com a simulação de votação em urnas oficiais, que são alimentadas com listas oficiais de candidatos e eleitores.

Caso alguma falha seja detectada, será apontada por meio de impugnações, devendo ser corrigida imediatamente, se necessário, com a substituição da urna (TSE, Ac. 2.943/2001).

A votação se inicia às 8 horas da manhã, desde que não haja empecilhos para sua abertura (arts. 142 e 143 do CE).

> O art. 59, § 3º, da Lei n. 9.504/97 traz a ordem de votação:
>
> A urna eletrônica exibirá para o eleitor os painéis na seguinte ordem:
>
> I – para as eleições de que trata o inciso I do parágrafo único do art. 1º, Deputado Federal, Deputado Estadual ou Distrital, Senador, Governador e Vice-Governador de Estado ou do Distrito Federal, Presidente e Vice-Presidente da República;
>
> II – para as eleições de que trata o inciso II do parágrafo único do art. 1º, Vereador, Prefeito e Vice-Prefeito.

Muito importante a alteração recente do art. 39, § 5º, da Lei n. 9.504/97 (Lei das Eleições), ao prever condutas que, se praticadas no dia das eleições, configuram crime.

Em 2017, a introdução do inciso IV ao art. 39 descreveu mais uma hipótese de crime: se ocorrer, no dia da eleição, *publicação na internet ou algum novo post, anúncio ou qualquer outro tipo de propaganda.*

Desta forma, qualquer nova forma de propaganda pela internet feita no dia das eleições configurará crime, todavia, não haverá problemas em se manter as propagandas já existentes, como, por exemplo, a do candidato que já possui redes sociais (Instagram, Twiter ou Facebook), de maneira que não precisará retirar ou cancelar sua página. Mas se for publicado algum novo conteúdo ou se algum post já existente for impulsionado (pagamento de valor para ficar em destaque no dia das eleições), certamente configurará o crime do art. 39, § 5º, inciso IV, da Lei n. 9.504/97.

> Art. 39 – A realização de qualquer ato de propaganda partidária ou eleitoral, em recinto aberto ou fechado, não depende de licença de polícia [...]
>
> § 5º Constituem crimes, no dia da eleição, puníveis com detenção, de seis meses a um ano, com a alternativa de prestação de serviços à comunidade pelo mesmo período, e multa no valor de cinco mil a quinze mil UFIR: [...]
>
> IV – a publicação de novos conteúdos ou o impulsionamento de conteúdos nas aplicações de internet de que trata o art. 57-B desta Lei, podendo ser mantidos em funcionamento as aplicações e os conteúdos publicados anteriormente.

A regra é o sistema eletrônico de votação. Se no dia da votação ocorrer falha na urna, o juiz eleitoral ordenará a substituição por outra de contingência, mediante o seguinte procedimento: retira-se da urna com defeito o disquete e o cartão de memória para que sejam inseridos em outra urna já preparada pela Justiça Eleitoral. Se a urna substituta operar regularmente, ela será lacrada e assinada pelos mesários e fiscais presentes. Entretanto, se nenhuma delas operar normalmente, proceder-se-á à votação com a utilização das cédulas.

Através da Lei n. 12.034/2009, também já chamada de minirreforma eleitoral, houve nova tentativa de implementar o "voto impresso", nos termos do art. 5º, dispondo que a partir das eleições de 2014 a urna eletrônica deveria, além de computar o voto eletrônico, também imprimir "voto em papel", para que o eleitor a conferisse e depositasse em local previamente lacrado.

A Procuradoria-Geral da República ajuizou uma ADI logo após essa revisão, para que fosse declarada inconstitucional tal exigência, sustentando que a viabilidade do dispositivo legal comprometeria o sigilo das votações, aumentaria as chances de fraudes diante da vulnerabilidade de apresentar problemas de conexão, podendo ocorrer falha de impressão ou travamento de urna, obrigando a intervenção humana (técnicos) para resolver os problemas em tempo e viabilizar a votação.

O STF julgou inconstitucional o dispositivo e enumerou variadas garantias constitucionais e eleitorais conquistadas desde a implementação do voto eletrônico, ocorridas a partir de 1996, tendo sido abolido, paulatinamente, o voto impresso, diminuídos os vícios do processo eletrônico e garantida a intangibilidade e a inviolabilidade da vontade democrática.

Acentuou, ainda, para fundamentar a inconstitucionalidade do voto impresso, a vulneração do segredo de voto, de modo a comprometer os arts. 14 e 60, § 4º, IV, todos da CF, respectivamente, soberania popular e núcleo imodificável do sistema.

Reforçou a Min. Carmen Lúcia o princípio "um eleitor, um voto", somente votando uma única vez, e destacou a instituição do RDV – Registro Digital do Voto (armazenamento do voto em formato digital e assegurado o sigilo), a violação de outro sistema de segurança, a votação paralela por se tratar, como visto, de uma simulação monitorada, acompanhada pelo Ministério Público, OAB e fiscais dos partidos (Plenário do STF – ADI 4543/DF, 6-11-2013. Informativo 727, STF).

Indaga-se: há possibilidade de voto em cédula no Brasil?

Sim, porque, mesmo sendo a votação eletrônica, se porventura ocorrer problemas nas urnas, bem como na urna reserva, obrigatoriamente já estarão as cédulas preparadas.

O próprio desenvolvimento tecnológico das urnas eletrônicas indica ser raro ocorrer qualquer falha, mas pode afirmar-se que a eleição por meio de cédulas ainda existe no Brasil.

Portanto, o sistema manual só ocorrerá excepcionalmente, quando não for possível a utilização do sistema eletrônico por motivos técnicos (art. 69 da Resolução TSE 22.717/2008). Uma vez iniciada a votação por cédulas, não se poderá fazer uso de urna eletrônica na mesma seção de votação.

Dispõe a Lei n. 9.504/97:

> Art. 59. A votação e a totalização dos votos serão feitas por sistema eletrônico, podendo o Tribunal Superior Eleitoral autorizar, em caráter excepcional, a aplicação das regras fixadas nos arts. 83 a 89.
>
> Art. 83. As cédulas oficiais serão confeccionadas pela Justiça Eleitoral, que as imprimirá com exclusividade para distribuição às Mesas Receptoras, sendo sua impressão feita em papel opaco, com tinta preta e em tipos uniformes de letras e números, identificando o gênero na denominação dos cargos em disputa.
>
> § 1º Haverá duas cédulas distintas, uma para as eleições majoritárias e outra para as proporcionais, a serem confeccionadas segundo modelos determinados pela Justiça Eleitoral.
>
> § 2º Os candidatos à eleição majoritária serão identificados pelo nome indicado no pedido de registro e pela sigla adotada pelo partido a que pertencem e deverão figurar na ordem determinada por sorteio.
>
> § 3º Para as eleições realizadas pelo sistema proporcional, a cédula terá espaços para que o eleitor escreva o nome ou o número do candidato escolhido, ou a sigla ou o número do partido de sua preferência.
>
> § 4º No prazo de quinze dias após a realização do sorteio a que se refere o § 2º, os Tribunais Regionais Eleitorais divulgarão o modelo da cédula completa com os nomes dos candidatos majoritários na ordem já definida.
>
> § 5º Às eleições em segundo turno aplica-se o disposto no § 2º, devendo o sorteio verificar-se até quarenta e oito horas após a proclamação do resul-

tado do primeiro turno e a divulgação do modelo da cédula nas vinte e quatro horas seguintes.

Art. 84. No momento da votação, o eleitor dirigir-se-á à cabina duas vezes, sendo a primeira para o preenchimento da cédula destinada às eleições proporcionais, de cor branca, e a segunda para o preenchimento da cédula destinada às eleições majoritárias, de cor amarela.

Parágrafo único. A Justiça Eleitoral fixará o tempo de votação e o número de eleitores por seção, para garantir o pleno exercício do direito de voto.

Art. 85. Em caso de dúvida na apuração de votos dados a homônimos, prevalecerá o número sobre o nome do candidato.

Art. 86. No sistema de votação convencional considerar-se-á voto de legenda quando o eleitor assinalar o número do partido no local exato reservado para o cargo respectivo e somente para este será computado.

Art. 87. Na apuração, será garantido aos fiscais e delegados dos partidos e coligações o direito de observar diretamente, a distância não superior a um metro da mesa, a abertura da urna, a abertura e a contagem das cédulas e o preenchimento do boletim.

§ 1º O não-atendimento ao disposto no *caput* enseja a impugnação do resultado da urna, desde que apresentada antes da divulgação do boletim.

§ 2º Ao final da transcrição dos resultados apurados no boletim, o Presidente da Junta Eleitoral é obrigado a entregar cópia deste aos partidos e coligações concorrentes ao pleito cujos representantes o requeiram até uma hora após sua expedição.

§ 3º Para os fins do disposto no parágrafo anterior, cada partido ou coligação poderá credenciar até três fiscais perante a Junta Eleitoral, funcionando um de cada vez.

§ 4º O descumprimento de qualquer das disposições deste artigo constitui crime, punível com detenção de um a três meses, com a alternativa de prestação de serviços à comunidade pelo mesmo período e multa, no valor de um mil a cinco mil UFIR.

§ 5º O rascunho ou qualquer outro tipo de anotação fora dos boletins de urna, usados no momento da apuração dos votos, não poderão servir de prova posterior perante a Junta apuradora ou totalizadora.

§ 6º O boletim mencionado no § 2º deverá conter o nome e o número dos candidatos nas primeiras colunas, que precederão aquelas onde serão designados os votos e o partido ou coligação.

Art. 88. O Juiz Presidente da Junta Eleitoral é obrigado a recontar a urna, quando:

I – o boletim apresentar resultado não-coincidente com o número de votantes ou discrepante dos dados obtidos no momento da apuração;

II – ficar evidenciada a atribuição de votos a candidatos inexistentes, o não-fechamento da contabilidade da urna ou a apresentação de totais de votos nulos, brancos ou válidos destoantes da média geral das demais Seções do mesmo Município, Zona Eleitoral.

Art. 89. Será permitido o uso de instrumentos que auxiliem o eleitor analfabeto a votar, não sendo a Justiça Eleitoral obrigada a fornecê-los.

Têm prioridade para votar os candidatos, o juiz eleitoral da zona, seus auxiliares em serviço, os eleitores de idade avançada, os enfermos e as mulheres grávidas (art. 143, § 2º, do CE).

Há, da mesma forma, prioridade para a votação, segundo normas do TSE, ao membro do MP, policiais que estejam em serviço, aos próprios candidatos, os quais devem requerer a preferência ao presidente da seção eleitoral.

Os membros da Mesa Receptora devem votar depois dos eleitores que já se encontravam presentes no momento da abertura dos trabalhos ou no encerramento da votação.

Os eleitores entram na seção de forma individual, entregando seu título de eleitor ou documento hábil que o identifique. Mesmo sem o título de eleitor terá o direito de voto, desde que apresente outro documento que comprove sua identidade e seu nome na folha individual de votação.

Dentro da seção eleitoral é expressamente proibido:

a) o uso de aparelho celular ou de radiocomunicação;

b) o uso, por qualquer dos membros da Mesa Receptora, de camiseta ou objetos que contenham propaganda de partido político, coligação ou candidato. Aos fiscais é permitido apenas o uso de crachá com nome e sigla que não induza o voto do eleitor.

O eleitor, entretanto, poderá usar camiseta do candidato ou partido, inclusive portar bandeira ou outro objeto, de forma silenciosa, desde que não provoque aglomeração a caracterizar aliciamento ou manifestação coletiva.

Interessante notar que o eleitor, diante das regras impostas pelo TSE, a serem observadas especialmente na vestimenta e forma como se apresenta no dia das eleições, poderá votar descalço, mas não poderá votar sem camisa ou em trajes de banho (biquíni, sunga).

Os membros da mesa receptora, os mesários e escrutinadores, por outro lado, por estarem a serviço da Justiça Eleitoral, são impedidos de usar qualquer vestimenta ou acessório que contenham propaganda política (39-A, § 2º, da LE).

Recusando-se o eleitor a votar após a identificação, deve o presidente suspender a deliberação de voto na urna, retendo o comprovante de votação e consignando o voto em ata, assegurando o direito de sufrágio até o final da votação.

Na votação eletrônica, primeiramente vota-se nos candidatos às eleições proporcionais (deputado federal, estadual e distrital, e vereadores), depois nos candidatos majoritários (presidente da República, governador, senador e prefeito). Se o eleitor não desejar votar em nenhum dos candidatos poderá votar em branco ou nulo.

Finalizados os trabalhos, as urnas são lacradas pelas Mesas Receptoras e entregues para a Justiça Eleitoral, juntamente com a ata da eleição assinada pelo presidente ou mesário responsável. Neste momento, envia-se também o boletim eletrônico de contagem de votos, emitido em cinco vias, sendo: uma afixada na seção; três encaminhadas com o disquete à Junta Eleitoral; e a última entregue ao representante do partido político, se estiver presente.

Cumpre mencionar que a Lei da Reforma dispôs sobre a implantação do processo de votação eletrônica com impressão do registro do voto (art. 12), determinando que "até a primeira eleição geral subsequente à aprovação" da mencionada Lei "será implantado o processo de votação eletrônica com impressão do registro do voto a que se refere o art. 59-A da Lei n. 9.504, de 30 de setembro de 1997", artigo este que possui o seguinte teor:

> Art. 59-A. No processo de votação eletrônica, a urna imprimirá o registro de cada voto, que será depositado, de forma automática e sem contato manual do eleitor, em local previamente lacrado. Parágrafo único. O processo de

votação não será concluído até que o eleitor confirme a correspondência entre o teor de seu voto e o registro impresso e exibido pela urna eletrônica". Referido dispositivo não possui eficácia em razão da ADI 5889 (STF, 11-6-2018).

Após a votação, passa-se à fase de apuração.

8.3 APURAÇÃO

Apuração é o ato por meio do qual o conteúdo, depositado nas urnas convencionais ou digitado nas urnas eletrônicas, é conhecido e computado, por junta eleitoral especialmente designada para este fim. É quando a vontade do eleitorado, que fora manifestada no momento da votação, quanto aos candidatos que deveriam ser eleitos, é conhecida, preservando-se o anonimato do eleitor (FARHAT, 1996, p. 323).

Os órgãos apuradores são a Junta Eleitoral, o Tribunal Regional Eleitoral e o Tribunal Superior Eleitoral.

A apuração dos votos é de competência exclusiva da Justiça Eleitoral: da Junta Eleitoral nas eleições municipais (se houver mais de uma Junta será presidida pelo juiz eleitoral mais antigo, designado pelo TRE); do Tribunal Regional Eleitoral nas eleições estaduais, e do Tribunal Superior Eleitoral nas eleições para Presidente e Vice-Presidente.

O processo eleitoral atualmente é praticamente todo eletrônico, mas importa destacar o que está previsto no Código Eleitoral, mormente não tenha sido revogado expressamente, embora em desuso.

A apuração tem início a partir do recebimento da primeira urna, devendo estar finalizada no prazo de 10 (dez) dias, permitida uma prorrogação por mais 5 (cinco) dias, desde que o presidente da Junta Eleitoral solicite ao TRE (art. 159, CE).

Uma vez iniciada a apuração, não poderá ser interrompida, podendo se dar em sábado, domingo ou feriado, só chegando ao fim quando estiver concluída.

Vale ressaltar que havia um procedimento de apuração: primeiro realizavam-se as verificações sobre a urna e sobre a votação (ex.: sinais de violação da urna, respeito ao horário de votação, votação realizada nos locais determinados etc.). Após as verificações ocorria a abertura da urna e a verificação em relação ao número de votos correspondentes ao número de votantes. Logo depois, a contagem dos votos e emissão do boletim de urna, o qual informa o resultado daquela urna. Em seguida ao boletim de urna os votos são colocados no mapa de votação, que é o documento no qual constam todas as urnas que já foram apuradas e o resultado parcial da eleição.

Em resumo, o procedimento da apuração:

1. Verificações;
2. Abertura da urna;
3. Número de votos;
4. Contagem de votos;
5. Boletim de urna/mapa de votação.

A apuração se inicia imediatamente após o término das eleições, sendo que, graças ao sistema eletrônico, já se tem a totalização algumas horas após o pleito. Havendo a contagem manual de votos, esta será realizada pelos escrutinadores, que terão o prazo de 3 (três) dias para conclusão no primeiro turno, e de 5 (cinco) dias no segundo turno (art. 106 da Resolução TSE n. 22.154/2006).

O art. 165 do CE estabelece quais são as verificações que devem ser feitas pela Junta antes que se proceda à abertura da urna, repita-se, embora tais regras estejam em desuso.

Como tem sido cobradas em variados concursos, e ainda não expressamente revogadas, necessário se faz tecer algumas considerações.

Lei n. 6.996/82:

> Art. 12. Nas seções das Zonas Eleitorais em que o alistamento se fizer pelo processamento eletrônico de dados, as folhas individuais de votação serão substituídas por listas de eleitores, emitidas por computador, das quais constarão, além do nome do eleitor, os dados de qualificação indicados pelo Tribunal Superior Eleitoral.
>
> [...]
>
> § 4º O voto em separado será recolhido em invólucro especial e somente será admitido quando houver dúvida quanto à identidade ou inscrição do eleitor, ou quando da lista não constar nome de eleitor que apresentar título correspondente à seção.

O voto em separado (165, VIII, do CE) já não tem aplicação nas urnas eletrônicas, por força da Resolução n. 20.686/2000 do TSE, ao prever que, nos termos do art. 62 da Lei n. 9.504/97, nos locais onde adotada a urna eletrônica somente poderão votar eleitores cujos nomes estiverem nas respectivas folhas de votação, afastando a possibilidade do voto em separado.

Por escrutinadores entendem-se os cidadãos convocados que trabalham nas eleições, na apuração dos votos. Divergem dos auxiliares, pois estes podem ou não escrutinar votos. Estes, a princípio, devem se encarregar dos serviços de apoio administrativo da Junta Eleitoral (CÂNDIDO, 2006, p. 187).

Uma vez iniciada a apuração, não poderá ser interrompida (art. 159, § 1º, do CE), exceto por motivos de força maior, devendo as cédulas e as folhas de apuração ser recolhidas à urna que será fechada e lacrada, com procedimento constante em ata.

Interessante é o procedimento para se averiguar se houve indício de violação da urna.

Diz o CE que havendo indícios de violação o presidente da Junta nomeará pessoa idônea que servirá como perito, observada a proibição das pessoas referidas no art. 36, § 3º, CE.

A interpretação literal da norma mostra que a pessoa não teria, necessariamente, de ser um especialista no assunto para ser nomeado perito. A lei fala apenas em pessoa idônea (art. 165, § 1º, I, CE), mas uma interpretação sistemática revela que essa pessoa idônea logicamente deve ter o mínimo de conhecimento técnico, e deverá, ainda, ser auxiliada por um membro do Ministério Público.

Se ambos concordarem que houve provável violação, a Junta Eleitoral decidirá se é caso de anulação (anula a urna e faz a contagem), e tal contagem será realizada em separado, pois não fará parte do mapa de votação, nem será a urna somada às demais.

Tratando-se da contagem manual de votos, à medida que os votos forem apurados, os fiscais, delegados e candidatos poderão apresentar impugnação, sob pena de prescrição, devendo a questão ser decidida pela Junta Eleitoral pela maioria de seus membros. Dessa decisão caberá recurso imediato, verbalmente ou por escrito, devendo a parte fundamentá-lo em 48 (quarenta e oito) horas para que tenha seguimento (art. 169 do CE).

O art. 88 da Lei das Eleições impõe a recontagem das urnas a pedido do partido político, coligação, candidato ou membro do Ministério Público em duas hipóteses:

a) o boletim apresentar resultado não coincidente com o número de votantes ou discrepante dos dados obtidos no momento da apuração;

b) ficar evidenciada a atribuição de votos a candidatos inexistentes, o não fechamento da contabilidade da urna ou a apresentação do total de votos nulos, brancos ou válidos destoantes da média geral das demais Seções do mesmo Município, Zona Eleitoral.

Não se deve confundir contagem de votos com apuração de votos.

Guardadas as devidas proporções acerca do voto eletrônico, nota-se que sempre houve diferença entre a CONTAGEM e APURAÇÃO.

A contagem refere-se ao ato físico de observar as cédulas e para quem o voto fora dado nessas cédulas, feita por auxiliares.

A apuração refere-se ao ato jurídico que declara, naquela determinada zona eleitoral, qual foi o resultado das eleições, realizada pelos escrutinadores auxiliares, e cabe à Junta Eleitoral.

8.3.1 Apuração no TRE

As Juntas, ao finalizarem as apurações na respectiva zona, enviam os documentos ao TRE, cabendo a este fazer a soma da votação em todas as Juntas Eleitorais do Estado para chegar ao resultado nas eleições estaduais e federais.

A apuração deve terminar em 30 (trinta) dias, admitida prorrogação por mais 15 (quinze) dias, autorizada pelo TSE, prazos estes que se iniciam quando o TRE recebe os resultados das Juntas Eleitorais (art. 198 do CE).

É possível que haja número relevante de seções anuladas em razão do número de votos que foram anulados, e comprometer a legitimidade das eleições, fato que dará vazão à eleição suplementar (art. 201 do CE).

Eleição suplementar nada mais é do que uma nova eleição, e obedecerá às novas regras estabelecidas no parágrafo único do art. 201 do CE.

O STF já fixou entendimento no sentido de que as hipóteses de inelegibilidade, previstas no art. 14, § 7º, da CF, inclusive quanto ao prazo de seis meses, são aplicáveis às eleições suplementares.

STF, Tese 781 - Aplicabilidade do prazo de desincompatibilização de 6 meses, previsto no art. 14, § 7º, da CF, às eleições suplementares.

Relator: **Min. Teori Zavascki**

Leading Case: **RE 843.455**

Importante lembrar que nas eleições suplementares os votos dados na eleição proporcional serão considerados apenas votos de legenda (não existe nas eleições suplementares voto nominal), conforme art. 187, § 4º, CE.

Após a eleições suplementares, os resultados serão novamente analisados e o relatório completado pelo TRE para que se tenha a proclamação dos eleitos e marcação de data para a diplomação.

8.3.2 Apuração no TSE

A lei não menciona prazo para essa apuração, pois não há fiscalização, em razão de ser o Tribunal Superior Eleitoral órgão máximo da Justiça Eleitoral.

> Art. 205, CE: O Tribunal Superior fará a apuração geral das eleições para Presidente e Vice-Presidente da República pelos resultados verificados pelos Tribunais Regionais em cada Estado.

Assim, a apuração no TSE se inicia quando recebidos os resultados das apurações do TRE.

O art. 207 do CE estabelece que o relator tem 5 (cinco) dias para apresentar seu relatório.

Se o relatório sofrer impugnação, os partidos políticos interessados poderão realizar sustentação oral no prazo de 15 (quinze) dias, conforme o art. 209, § 1º, do CE.

Alcançando o resultado final o TSE marca data para a diplomação dos eleitos.

Atenção ao disposto no art. 214 do CE, o qual não foi recepcionado pela CF, uma vez que dispõe de datas contrárias às definidas pelo art. 82 da CF/88.

Encerrada a apuração, ocorre a proclamação dos eleitos.

8.4 PROCLAMAÇÃO DOS ELEITOS

Trata-se de ato solene que ocorre após a totalização dos votos, com o conhecimento final do resultado, marcando-se neste exato momento a data para a entrega do diploma aos candidatos eleitos (diplomação).

Segundo a lição de Tito Costa "A proclamação é um ato que contempla todo o processo eleitoral, mas não comporta qualquer tipo de recurso. Eventuais reclamações contra este ato só poderão ser apresentadas sob forma de recurso adequado, ao ensejo da diplomação" (COSTA, 1996, p. 122).

8.5 DIPLOMAÇÃO

Diplomação é ato oficial da Justiça Eleitoral que certifica e habilita o candidato eleito a tomar posse do cargo eletivo e exercer o mandato para o qual foi escolhido.

No direito administrativo, a diplomação equivale à nomeação do cargo público; paralelamente, sem a diplomação não é possível ocupar um cargo eletivo.

A diplomação é considerada a última fase do processo eleitoral, igualmente solene: os candidatos eleitos e seus suplentes recebem o diploma assinado pelo presidente do TSE (eleição presidencial), pelo TRE respectivo (eleições estaduais e para o Congresso Nacional) ou da Junta Eleitoral por meio do seu juiz presidente (art. 40, IV, do CE, e art. 85 da Resolução TSE 21.635/2004).

Em outras palavras, diplomação é ato pelo qual a Justiça Eleitoral atesta quem são, efetivamente, os eleitos e os suplentes com a entrega do diploma devidamente assinado. Com a diplomação os eleitos se habilitam a exercer o mandato a que postularam, mesmo que haja recurso pendente de julgamento, pelo qual se impugna exatamente a diplomação (art. 216, CE).

Tal situação não se confunde com o indeferimento de registro de candidatura do candidato eleito, o qual não deverá ser diplomado, ainda que a decisão esteja *sub judice*.

Para José Jairo Gomes (GOMES, 2014, p. 524), a vitória do pleito eleitoral é simbolizada mediante a diplomação. É o título ou certificado oficial conferido pela Justiça Eleitoral ao vencedor das eleições. Sendo um ato meramente declaratório, pois não se constitui a fonte de onde emana o direito de o eleito exercer mandato políticorepresentativo. Na verdade, essa fonte não é outra senão a vontade do povo externadas nas urnas. O diploma apenas evidencia o eleito legitimado ao exercício do poder estatal.

A data da cerimônia deve ser marcada com antecedência, com ampla publicidade, possibilitando o comparecimento de todos, e também porque começa a contagem de prazo para a interposição de recurso contra a diplomação (art. 262 do CE) e de ação de impugnação de mandato eletivo (art. 14, §§ 10 e 11, da CF), que serão estudados em capítulo próprio.

É considerado ato de jurisdição voluntária, decisão judicial de natureza declaratória; dessa forma, o eleito não está obrigado a comparecer à diplomação, tendo o TSE decidido que poderá se fazer representar por procurador.

Uma vez declarada a decisão judicial, esta produzirá todos os seus efeitos, todavia, havendo recurso pendente de apreciação, deverá constar na ata dos trabalhos que o resultado poderá sofrer alterações decorrentes desse julgamento (art. 261, § 5º, do CE). A diplomação só transitará em julgado quando forem extintos todos os recursos pendentes.

Segundo doutrina de Flavia Ribeiro, os partidos políticos, as coligações, os candidatos e o MP podem arguir qualquer vício que resulte na nulidade da diplomação, podendo impetrar recurso contra a diplomação.

Afirma-se que o eleitor, por não ser candidato e nem participar da direção de partido político ou coligação, não pode impetrar o referido recurso, mas pode, individualmente, dar ciência do fato, fundamentando suas razões, ao juiz eleitoral ou ao membro do Ministério Público competente.

Citado em todas as obras que tratam da matéria, o doutrinador Joel José Cândido indica as hipóteses que podem acarretar nulidade total e parcial da cerimônia de diplomação (CÂNDIDO, 2012, p. 234):

a) nulidade total quando realizado por autoridade incompetente;
b) nulidade parcial quando o diplomado, por qualquer razão, não deveria receber o diploma; o diploma não se originar de eleição válida; ou o diploma for expedido em manifesta desconformidade com os resultados da apuração.

Particularmente aos cargos de deputados e senadores a diplomação gera algumas prerrogativas e vedações (desde a expedição do diploma), vejamos:

a) vedações: aceitar ou exercer cargo, função ou emprego remunerado, bem como firmar ou manter contrato com qualquer ente da administração pública direta ou indireta, exceto se o contrato obedecer a cláusulas uniformes (art. 54, I, da CF);
b) prerrogativas: não poderão ser presos (salvo em flagrante de crime inafiançável), apenas poderão ser julgados perante o STF, com a possibilidade de suspensão de crime ocorrido após a diplomação (art. 53 da CF).

A diplomação encerra o processo eleitoral e a jurisdição da Justiça Eleitoral.

8.6 POSSE

A Constituição Federal possui as regras principais acerca da posse dos candidatos eleitos.

A posse do Presidente e Vice-Presidente da República ocorre em sessão do Congresso Nacional, para exercer o mandato de 4 (quatro) anos, no dia 1º de janeiro do ano imediatamente seguinte ao da eleição.

Dispõe a Constituição Federal, em seu art. 78, que se decorridos 10 (dez) dias da data fixada para a posse e não tiverem assumido o cargo, este será declarado vago, salvo por motivo de força maior.

Declarada a vacância do cargo, a postulação passa a ser do vice eleito e novas eleições devem ser convocadas caso ele também não assuma. Neste ínterim, serão sucessivamente chamados ao exercício da Presidência, temporariamente: o Presidente da Câmara dos Deputados, o do Senado Federal e o do Supremo Tribunal Federal.

Após a posse não poderão se ausentar do País por mais de quinze dias, sem a autorização do Congresso Nacional, sob pena de perda do cargo (art. 83, CF).

Os Governadores e Vice-Governadores tomarão posse em sessão da Assembleia Legislativa. Não assumindo o Governador ou o Vice, a postulação pertencerá ao Presidente da Assembleia Legislativa, e, após, ao Presidente do Tribunal de Justiça (art. 28, CF).

Os Prefeitos e Vice-Prefeitos tomarão posse em sessão da Câmara Municipal. Não assumindo o Prefeito ou o Vice, a postulação pertencerá ao Presidente da Câmara Municipal, e, após, a qualquer Vereador indicado pela Câmara Municipal (art. 29, III, CF).

Em todos os três casos, o mandato exercido será de 4 (quatro) anos e a posse ocorrerá no dia 1º de janeiro do ano imediatamente seguinte ao da eleição.

Lembrando que as datas de posse aos cargos do Poder Executivo segue um regra constitucional (art. 82, CF), assim como de Deputados Federais e Senadores (art. 57, CF). Contudo, aos mandatos legislativos das unidades federadas, caberá a cada uma deles determinar o dia da sua posse, que pode variar de Estado para Estado e de Município para Município. É a manifestação do poder constituinte derivado decorrente.

8.7 FISCALIZAÇÃO DAS ELEIÇÕES

A fiscalização é admitida em todas as fases do processo eleitoral: do alistamento até a diplomação, e deve se dar da forma mais ampla e geral possível, fazendo com que a transparência de seu procedimento seja uma de suas prioridades.

A fiscalização se dá tanto pela própria Justiça Eleitoral como pelos partidos, coligações e candidatos. Vejamos as questões mais importantes de cada um:

8.7.1 Fiscalização pela Justiça Eleitoral

É exercida por meio de seus órgãos que exercem suas funções dentro de determinada esfera de competência: juízes eleitorais fiscalizam as eleições municipais; TREs fiscalizam as eleições estaduais e distritais; e ao TSE compete resguardar a disputa presidencial.

O poder de fiscalização inclui a aplicação de sanções legais a partidos, coligações e candidatos, como no caso de multa nas propagandas ilícitas.

Porém, para assegurar o normal desenvolvimento das eleições, cada órgão dentro de sua área de atuação tem a prerrogativa de impedir infrações à legislação eleitoral, não importando que seja pleito municipal, estadual ou nacional.

8.7.2 Fiscalização pelos partidos políticos, coligações, candidatos e membro do Ministério Público

Os partidos políticos exercem fiscalização nas eleições por intermédio de seus fiscais e delegados, que após serem escolhidos livremente entre os cidadãos maiores de 18 anos, e que não façam parte da mesa receptora, serão credenciados na Junta Eleitoral (art. 65 da LE).

Por **fiscal eleitoral** entende-se o representante de um partido político que fica, por delegação dos candidatos ou de grupos partidários que o apoiam, junto à mesa receptora de votos para fiscalizar a apuração ou apresentar impugnações.

Diferentemente, considera-se **delegado de partido** a pessoa credenciada pelo partido na Justiça Eleitoral para representá-lo nos assuntos de seu interesse. O art. 11 da Lei n. 9.096/95, autoriza o partido a credenciar delegados perante a Justiça Eleitoral. Assim, os delegados credenciados pelo órgão nacional representam o respectivo partido perante quaisquer tribunais ou juízes eleitorais; os credenciados pelos órgãos estaduais somente podem representá-lo perante o respectivo Tribunal Regional de seu Estado e aos seus juízes eleitorais; já os credenciados pelo órgão municipal, apenas perante o juiz eleitoral da respectiva jurisdição.

Segundo os arts. 161 e 162 do CE, cada partido poderá credenciar:

a) até três fiscais, e se a Junta for dividida em turmas, será três para cada turma. No entanto, poderá nomear dois para cada mesa receptora, que atuará um de cada vez (art. 131, que se revezarão na fiscalização (somente é permitido a presença de um fiscal de cada partido)
b) **mais de um delegado**, porém, no decorrer da apuração só funcionará um de cada vez.

Na fiscalização, os delegados e fiscais poderão circular livremente sem nenhum óbice, podendo fiscalizar a votação, formular protestos e fazer impugnações, desde que não acarrete tumulto ao bom andamento do trabalho. Poderão inclusive fiscalizar os próprios candidatos, os fiscais de outros partidos e até mesmo a identidade do eleitor (art. 132, CE). Poderão participar da auditoria das urnas pelo sistema de amostragem (art. 66, § 6º, LE).

> Art. 131, CE. Cada partido poderá nomear 2 (dois) delegados em cada município e 2 (dois) fiscais junto a cada mesa receptora, funcionando um de cada vez.
>
> § 1º Quando o município abranger mais de uma zona eleitoral cada partido poderá nomear 2 (dois) delegados junto a cada uma delas.
>
> § 2º A escolha de fiscal e delegado de partido não poderá recair em quem, por nomeação do juiz eleitoral, já faça parte da mesa receptora.
>
> § 3º As credenciais expedidas pelos partidos, para os fiscais, deverão ser visadas pelo juiz eleitoral.
>
> § 4º Para esse fim, o delegado do partido encaminhará as credenciais ao Cartório, juntamente com os títulos eleitorais dos fiscais credenciados, para que, verificado pelo escrivão que as inscrições correspondentes aos títulos estão em vigor e se referem aos nomeados, carimbe as credenciais e as apresente ao juiz para o visto.
>
> § 5º As credenciais que não forem encaminhadas ao Cartório pelos delegados de partido, para os fins do parágrafo anterior, poderão ser apresentadas pelos próprios fiscais para a obtenção do visto do juiz eleitoral.
>
> § 6º Se a credencial apresentada ao presidente da mesa receptora não estiver autenticada na forma do § 4º, o fiscal poderá funcionar perante a mesa,

> mas o seu voto não será admitido, a não ser na seção em que o seu nome estiver incluído.
>
> § 7º O fiscal de cada partido poderá ser substituído por outro no curso dos trabalhos eleitorais.
>
> Art. 132, CE. Pelas mesas receptoras serão admitidos a fiscalizar a votação, formular protestos e fazer impugnações, inclusive sobre a identidade do eleitor, os candidatos registrados, os delegados e os fiscais dos partidos.

As Resoluções Eleitorais admitem a fiscalização dos trabalhos de transmissão e totalização e de acesso antecipado aos programas de computador desenvolvidos pelo TSE pelos partidos políticos, coligações, Ordem dos Advogados do Brasil e Ministério Público, sendo que aos partidos políticos é permitido inclusive a contratação de empresas de auditoria de sistemas que, após credenciadas na Justiça Eleitoral, receberão previamente os programas de computador (Resolução 23.550/2017 do TSE).

Se durante os trabalhos da Mesa Receptora houver impugnação por algum dos legitimados, a Junta Eleitoral deverá decidir imediatamente. Assim, considerando-se a celeridade no processo de apuração do sistema eletrônico, caso a impugnação não seja feita no momento da consumação do fato, opera-se a preclusão, não havendo outro momento para sua impetração.

De acordo com o art. 69 da LE a impugnação não recebida pena Junta Eleitoral pode ser apresentada diretamente ao TRE em 48 horas, acompanhada da declaração de duas testemunhas, devendo ser decidida em igual prazo. Quanto ao presidente da Junta Eleitoral que impediu a fiscalização, ou deixou de receber ou mencionar em ata o protesto recebido será imediatamente afastado, além de responder por crime eleitoral (art. 70 da LE).

8.7.3 Presidente da mesa e juiz eleitoral – Polícia

Compete ao presidente da mesa receptora e o juiz eleitoral a polícia dos trabalhos eleitorais, não podendo nenhuma autoridade estranha à mesa intervir, sob pretexto algum, no seu funcionamento.

Durante os trabalhos, o presidente da mesa é autoridade superior, podendo retirar do recinto ou do edifício quem não guardar a ordem e a compostura ou estiver praticando qualquer ato atentatório da liberdade eleitoral.

A força pública ficará a 100 (cem) metros da seção eleitoral, não podendo se aproximar do lugar de votação ou nele ingressar sem ordem do presidente da mesa (art. 141 do CE).

8.8 NULIDADES DA VOTAÇÃO

Durante a realização das eleições, caso seja constatada alguma nulidade, o magistrado, ao se pronunciar, deverá levar em consideração o prejuízo efetivamente causado, bem como os resultados obtidos, evitando pronunciar nulidades sem prejuízo (art. 219 do CE).

Dessa forma, seguindo a diretriz fixada pelo Código Civil, o legislador eleitoral estabeleceu diferenças entre os atos nulos e anuláveis ocorridos durante a votação:

8.8.1 É nula a votação quando

a) feita perante mesa não nomeada pelo juiz eleitoral, ou constituída com ofensa à letra da lei;
b) efetuada em folhas de votação falsas;
c) realizada em dia, hora, ou local diferentes do designado ou encerrada antes das 17 horas;
d) preterida formalidade essencial do sigilo dos sufrágios;
e) a seção eleitoral tiver sido localizada com infração do disposto nos §§ 4º e 5º do art. 135.

8.8.2 É anulável a votação quando

a) o direito de fiscalizar for negado ou restrito (o fato deve constar na ata ou em protesto interposto);
b) votar sem as cautelas do art. 147, § 2º;
c) eleitor excluído por sentença não cumprida por ocasião da remessa das folhas individuais de votação à mesa, desde que haja oportuna reclamação de partido;
d) eleitor de outra seção, salvo a hipótese do art. 145;
e) alguém com falsa identidade em lugar do eleitor chamado;

f) viciada de falsidade, fraude, coação, uso de meios de que trata o art. 237, ou emprego de processo de propaganda ou cotação de sufrágio vedado por lei.

Nos termos do art. 166, § 1º, do CE, havendo constatação de incoincidência entre o número de votantes e o de cédulas oficiais registradas na urna, tal não configurará a nulidade da votação, desde que não se configure em fraude comprovada – confirmada pela Resolução do TSE 23.554/2017, art. 189.

O voto nulo por manifestação apolítica de eleitores não causa anulação de eleição, conforme já decidido pelo TSE, por configurar mero protesto.

Importante esclarecer que tanto os votos nulos quanto os votos em branco não são computados para a soma de votos válidos.

Existirá a nulidade do voto quando em algum momento ele foi válido, assim como se dá nos casos em que Justiça Eleitoral o declara nulo, na hipótese de fraude, coação ou outra irregularidade que tenha acarretado a cassação do candidato eleito (candidatura *sub judice*, por exemplo).

Quando as cédulas eram em papel, era relativamente fácil a prática de anular voto escrevendo qualquer coisa na cédula, como uma forma de protesto.

Curioso e interessante quando relembradas as situações já ocorridas nos pleitos da Justiça Eleitoral brasileira, como a que ganhou a mídia em São Paulo e no Rio de Janeiro, referente ao caso de animais terem seus nomes escritos nas cédulas.

A expressiva votação de Cacareco chegou a repercurtir na Organização das Nações Unidas, e o chefe da delegação brasileira, o poeta Augusto Frederico Schmidt, teve dificuldade para explicar o fenômeno político ocorrido em São Paulo e Santos, onde o "candidato" também havia sido "eleito", conforme mostra notícia na primeira página do *Globo*, em 14 de outubro de 1959, acompanhada de uma ilustração de Cacareco. Schmidt, que era cronista do jornal, comentava na crônica "O rinoceronte" que a "eleição" do animal fora notícia na capa do "*New York Times*", e que o próprio embaixador Ciro de Freitas-Vale lhe telefonara para dizer que não se falava em outra coisa nas rádios de Washington. Naquela época, São Paulo já era a maior cidade brasileira, com mais de 3,6 milhões de habitantes, segundo o censo de 1960.

O fenômeno do candidato animal voltou a surgir após a redemocratização do país. Em 1988, um voto de protesto contagiou o Rio. Macaco Tião, um chimpanzé do zoológico do Rio que costumava atirar excrementos em autoridades, foi lançado candidato à prefeitura pela "legenda" Partido Bananista Brasileiro (PBB), uma brincadeira dos redatores do "*Planeta Diário*" e da "*Casseta Popular*", que mais tarde se tornariam o grupo humorístico "*Casseta & Planeta*".

A repercussão foi tamanha que, no dia do lançamento de sua candidatura, Tião foi transferido para uma jaula fora do alcance do público. O então diretor-executivo do Rio Zoo, Paulo Celso Brandão, justificou assim a decisão:

O que começou como uma brincadeira acabou se transformando num protesto contra os candidatos e um incentivo ao voto nulo nas antigas cédulas eleitorais (hoje todas as urnas são eletrônicas). A poucos dias da eleição, o então presidente do Tribunal Superior Eleitoral (TSE), Oscar Dias Corrêa, afirmou em entrevista ao *Globo* que a campanha pelo voto nulo era um risco para a jovem democracia. O então candidato Marcello Alencar, que venceu o pleito, chegou a afirmar durante a campanha que *O Globo* tinha noticiado a "candidatura" de Tião para estimular os votos nulos (*vide* acervo do jornal *O Globo*).

Atualmente, com a urna eletrônica, tal prática não é mais possível, entretanto, anular o voto ainda é possível.

A Constituição determina que devem ser desconsiderados os votos nulos e brancos, não sendo computados para nenhum fim (art. 77, CF), levando à estrita observância do princípio da soberania popular na democracia, atrelado ao sistema eleitoral brasileiro.

Na hipótese de a nulidade atingir mais de metade dos votos do País nas eleições presidenciais, do Estado nas eleições federais e estaduais ou do Município nas eleições municipais, nos termos do art. 224 do CE, alterado pela Lei n. 13.165/2015, serão julgadas prejudicadas as demais votações e o Tribunal marcará dia para nova eleição dentro do prazo de 20 (vinte) a 40 (quarenta) dias. Se o Tribunal Regional, na área de sua competência, deixar de cumprir tal disposição, o Procurador Regional deverá levar o fato ao conhecimento do Procurador-Geral, que providenciará junto ao Tribunal Superior para que seja marcada imediatamente nova eleição.

Se a decisão da Justiça Eleitoral incorrer no indeferimento do registro, da cassação do diploma ou da perda do mandato de candidato eleito em pleito majoritário, a realização de novas eleições, após o trânsito em julgado, deverá ser realizada, independentemente do número de votos anulados, sob a expensas da Justiça Eleitoral e será: (i) indireta, se a vacância do cargo ocorrer a menos de seis meses do final do mandato; (ii) direta, nos demais casos.

Observem que, por maioria de votos, na ADI 5525, o Supremo Tribunal Federal (STF) entendeu que o legislador federal tem competência para instituir hipóteses de novas eleições em caso de vacância decorrente da extinção do mandato de cargos majoritários por causas eleitorais, porém não pode prever forma de eleição para presidente da República, vice-presidente e senador diversa daquela prevista na Constituição Federal.

8.9 INFORMATIVOS CORRELATOS

Votação, apuração e diplomação

11/TSE/2016 – Votos conferidos a candidato *sub judice* e realização de segundo turno.

O Plenário do Tribunal Superior Eleitoral, por unanimidade, assentou que, nos municípios com mais de 200 mil eleitores, os votos dados a candidatos que concorreram *sub judice* a cargos majoritários no primeiro turno de votação, em razão de indeferimento inicial do registro de candidatura, devem ser computados para efeito de realização do segundo turno de votação, enquanto estiver pendente decisão final acerca da regularidade da candidatura. Ressaltou a regra constante do art. 16-A da Lei n. 9.504/1997, que dispõe: O candidato cujo registro esteja *sub judice* poderá efetuar todos os atos relativos à campanha eleitoral, inclusive utilizar o horário eleitoral gratuito no rádio e na televisão e ter seu nome mantido na urna eletrônica enquanto estiver sob essa condição, ficando a validade dos votos a ele atribuídos condicionada ao deferimento de seu registro por instância superior. Parágrafo único. O cômputo, para o respectivo partido ou coligação, dos votos atribuídos ao candidato cujo registro esteja *sub judice* no dia da eleição fica condicionado ao deferimento do registro do candidato. Sublinhou o entendimento deste Tribunal de distinguir os votos nulos entre os decorrentes de erro ou manifestação apolítica do eleitor e os dados aos candidatos inelegíveis ou não registrados, estes sujeitos à anulabilidade. Enfatizou a relevância dos votos dados aos candidatos *sub judice* para efeito da apuração da maioria dos votos sufragados na eleição, de modo a ser observada a regra constitucional de realização do segundo turno quando não alcançada por candidato maioria absoluta dos votos nos municípios com mais de 200 mil eleitores. Acordam os ministros do Tribunal Superior Eleitoral, por unanimidade, em confirmar a decisão que deferiu a liminar, nos termos do voto do relator. Mandado de Segurança 0602028-24, Belford Roxo/RJ, rel. Min. Henrique Neves da Silva, em 11-9-2016.

14/TSE/2016 – Inconstitucionalidade da expressão após o trânsito em julgado prevista no § 3º do art. 224 do Código Eleitoral.

O Plenário do Tribunal Superior Eleitoral, por unanimidade, declarou, incidentalmente, a inconstitucionalidade da expressão "após o trânsito em julgado" prevista no § 3º do art. 224 do Código Eleitoral, com redação dada pela Lei n. 13.165/2015. Na espécie, o Ministério Público opôs embargos de declaração ao acórdão deste Tribunal que negou provimento ao recurso especial interposto por candidato ao cargo de prefeito, mantendo a decisão do Tribunal de origem que confirmou o indeferimento do registro de candidatura, em razão da incidência das causas de inelegibilidades previstas no art. 1º, inciso I, alíneas e, g e l, da Lei Complementar n. 64/1990. Nos embargos declaratórios, o Ministério Público questionou a aplicabilidade do § 3º do art. 224 do Código Eleitoral aos registros de candidatura, em especial, quanto à necessidade de se aguardar o trânsito em julgado para a realização de novas eleições. O mencionado artigo dispõe: Art. 224. Se a nulidade atingir a mais de metade dos votos do país nas eleições presidenciais, do estado nas eleições federais e estaduais ou do município nas eleições municipais, julgar-se-ão prejudicadas as demais votações e o Tribunal marcará dia para nova eleição dentro do prazo de 20 (vinte) a 40 (quarenta) dias. [...] § 3º A decisão da Justiça Eleitoral que importe o indeferimento do registro, a cassação do diploma ou a perda do mandato de candidato eleito em pleito majoritário acarreta, após o trânsito em julgado, a realização de novas eleições, independentemente do número de votos anulados. (Incluído pela Lei n. 13.165, de 2015.) O Ministro Henrique Neves, relator, esclareceu que a constitucionalidade do parágrafo transcrito está sob análise do Supremo Tribunal Federal, por meio das ações diretas de inconstitucionalidade nos 5.525 e 5.619. No entanto, ressaltou que este Tribunal possui competência para analisar a constitucionalidade do dispositivo em sede de controle difuso. Nesse aspecto, afirmou que as hipóteses do *caput* e do § 3º do art. 224 do Código Eleitoral não se confundem nem se anulam, haja vista que a regra do referido parágrafo se aplica quando o candidato mais votado tem registro negado, ou diploma ou mandato cassado. Nesse contexto, reconheceu a inconstitucionalidade da expressão "após o trânsito em julgado" prevista no § 3º do art. 224 do Código Eleitoral, por violar a soberania popular, a garantia fundamental da prestação jurisdicional célere, a independência dos poderes e a legitimidade exigida para o exercício da representação popular. Na oportunidade, o Plenário firmou a seguinte tese: Se o trânsito em julgado não ocorrer antes, ressalvada a hipótese de concessão de tutela de urgência, a execução da decisão judicial e a convocação das novas eleições devem ocorrer, em regra: 1. Após a análise do feito pelo Tribunal Superior Eleitoral, no caso dos processos de registro de candidatura (LC n. 64/1990, art. 3º e seguintes) em que haja o indeferimento do registro do candidato mais votado (CE, art. 224, § 3º) ou dos candidatos cuja soma de votos ultrapasse 50% (CE, art. 224, *caput*); e 2. Após a análise do feito pelas instâncias ordinárias, nos casos de cassação do registro, do diploma ou do mandato, em decorrência de ilícitos eleitorais apurados sob o rito do art. 22 da Lei Complementar n. 64/1990 ou em ação de impugnação de mandato eletivo. O Tribunal, por unanimidade, acolheu parcialmente os embargos de declaração opostos pelo Ministério Público Eleitoral, para, declarando incidentalmente a inconstitucionalidade da expressão "após o trânsito em julgado" prevista no § 3º do art. 224 do Código Eleitoral, especificar que, no caso, os preparativos para a realização da nova eleição no Município do Salto do Jacuí, decorrente do indeferimento do registro do embargado, devem ser iniciados e providenciados pelo Tribunal Regional Eleitoral e pelo juiz local a partir da publicação do acórdão decorrente do julgamento dos declaratórios, independentemente do trânsito em julgado, nos termos do voto do relator. Embargos de Declaração no Recurso Especial Eleitoral 139-25, Salto do Jacuí/RS, rel. Min. Henrique Neves da Silva, julgado em 28-11-2016.

capítulo 9

Ministério Público Eleitoral

9.1 PREVISÃO LEGAL

Ao contrário das Constituições de 1934 e 1946, a atual Constituição de 1988 não traz expressamente o Ministério Público Eleitoral, contudo ao dispor no art. 127 que "o Ministério Público é instituição permanente, essencial à função jurisdicional do Estado, incumbindo-lhe a defesa da ordem jurídica, do regime democrático e dos interesses sociais e individuais indisponíveis", não deixou margem a qualquer dúvida da sua indispensabilidade, atuando permanentemente junto à Justiça Eleitoral.

Não bastasse essa interpretação, a Lei Complementar n. 75/93 (Lei Orgânica do Ministério Público da União – LOMPU) trata genericamente das funções eleitorais, em seus arts. 73 e seguintes, pois dispõe que o Ministério Público Federal exercerá suas funções nas causas de competência dos tribunais e juízes eleitorais.

Por essa razão, há doutrinadores que entendem que o Ministério Público Eleitoral integra o Ministério Público Federal, sendo uma especialização deste.

Todavia, trata-se de um Ministério Público específico.

Na estrutura atual, portanto, não há um Ministério Público Eleitoral de carreira e quadro institucional próprio, como ocorre com o Ministério Público do Trabalho e o Ministério Público Militar.

9.2 COMPOSIÇÃO

Tendo a função de fiscal da lei, o Ministério Público está presente em todos os órgãos jurisdicionais, sua estrutura e atribuições são as seguintes:

a) Procurador-Geral Eleitoral: é o próprio Procurador-Geral da República ou seu substituto legal (no caso de falta, impedimento ou suspeição), que atua junto ao Tribunal Superior Eleitoral, cabendo-lhe coordenar as atividades do Ministério Público Eleitoral em todo o território nacional.

No caso de eventuais auxílios necessários, o Procurador-Geral Eleitoral poderá designar outros membros do Ministério Público da União, com exercício no Distrito Federal e sem prejuízo de suas respectivas funções. Todavia, estes não terão assento junto ao Tribunal Superior Eleitoral.

b) Procurador Regional Eleitoral: refere-se ao Procurador Regional da República nos Estados e no Distrito Federal, nomeado pelo Procurador-Geral Eleitoral para exercer as funções do Ministério Público junto aos TREs. Contudo o art. 76 da LC n. 75/93, que organiza o Ministério Público da União, admite que sejam nomeados para o cargo Procuradores da República, não necessariamente membros do segundo grau do Ministério Público Federal.

Assim, deve ser um Procurador Regional da República, e, se no local não houver, será um Procurador da República vitalício.

c) Promotor de Justiça Eleitoral: são os Promotores de Justiça (membros do Ministério Público Estadual) indicados pelo Procurador Regional Eleitoral e Procurador-Geral de Justiça para atuarem junto aos Juízes Eleitorais. As atribuições dos Promotores Eleitorais são as mesmas do Procurador Regional Eleitoral, guardadas as devidas proporções e perante o respectivo juízo eleitoral.

O Procurador-Geral de Justiça do Estado (PGJ) faz as indicações dos Promotores de Justiça que exercerão a função eleitoral naquela região.

Entretanto, é o Procurador Regional Eleitoral (PRE) quem faz as nomeações ou designações para a função eleitoral.

Por isso é um ato complexo, porque há a participação do PGJ do Estado juntamente com o PRE.

Vejamos os arts. 10 e 73 da Lei n. 8.625/93 e o art. 79 da LC 75/93:

> Art. 10, Lei n. 8.625/93. Compete ao Procurador-Geral de Justiça:
>
> [...]
>
> IX – designar membros do Ministério Público para:
>
> [...]
>
> h) oficiar perante a Justiça Eleitoral de primeira instância, ou junto ao Procurador-Regional Eleitoral, quando por este solicitado;
>
> Art. 73, Lei n. 8.625/93. Para exercer as funções junto à Justiça Eleitoral, por solicitação do Procurador-Geral da República, os membros do Ministério Público do Estado serão designados, se for o caso, pelo respectivo Procurador-Geral de Justiça.
>
> Art. 79, LC 75/93. O Promotor Eleitoral será o membro do Ministério Público local que oficie junto ao Juízo incumbido do serviço eleitoral de cada Zona.

9.3 ATRIBUIÇÕES

A partir da Constituição Federal de 1988 a atuação do Ministério Público tornou-se indispensável em toda e qualquer fase do processo eleitoral, desde as atividades meramente administrativas (alistamento eleitoral, nomeação de mesários, designação de local de votação, diplomação), até as jurisdicionais propriamente ditas (impugnação ao registro de candidatura, representação, investigação judicial, impugnação de mandato eletivo).

É que o ordenamento constitucional exige seja garantida a lisura do processo eleitoral como pressuposto da observância da ordem jurídica e da manutenção do regime democrático de direito. E o Ministério Público aparece nesse contexto como defensor natural do interesse público, consistente em garantir que cada cidadão possa votar livremente e o resultado das urnas coincida com a vontade popular.

Segundo o art. 72 da LC n. 75/93, o Ministério Público Eleitoral atua em todas as fases e instâncias do processo eleitoral, na tutela de interesses extrapartidários ou suprapartidários, como por exemplo, é parte legítima para, em face da desistência da AIME pelo autor, assumir a sua titularidade e requerer o prosseguimento do feito.

Algumas peculiaridades:

O Ministério Público possui legitimidade para representar contra propaganda partidária irregular, apesar de o art. 45, § 3º, da Lei n. 9.096/95 não mencionar.

Informativo 711 do STF, Processo STF, Plenário, ADI 4617/DF, rel. Min. Luiz Fux, 19-6-2013:

> O Ministério Público possui legitimidade para representar contra propaganda partidária irregular. Apesar do § 3º do art. 45 da Lei n. 9.096/95 falar que apenas os partidos políticos podem oferecer representação por propaganda irregular, deve-se também reconhecer que o Ministério Público detém legitimidade para isso, considerando que o Parquet possui a incumbência de promover a defesa da ordem jurídica e do regime democrático por força da CF/88 (art. 127, *caput*).

REPRESENTAÇÃO CONTRA PROPAGANDA PARTIDÁRIA IRREGULAR

Caso seja veiculada uma propaganda partidária irregular, o § 3º do art. 45 prevê a possibilidade de ser formulada uma representação contra o partido político:

> § 3º A representação, que somente poderá ser oferecida por partido político, será julgada pelo Tribunal Superior Eleitoral quando se tratar de programa em bloco ou inserções nacionais e pelos Tribunais Regionais Eleitorais quando se tratar de programas em bloco ou inserções transmitidos nos Estados correspondentes.

Pela redação literal do § 3º, a representação em caso de propaganda partidária irregular somente poderia ser proposta por partido político. Em suma, pela lei, se um partido político desrespeitasse as vedações quanto à propaganda partidária, apenas outro partido político poderia questionar esta situação.

O Procurador-Geral da República ajuizou uma ADI (4617/DF) contra a previsão do § 3º do art. 45. Segundo o PGR, é inconstitucional não permitir que o Ministério Público possa também oferecer representação em caso de propaganda partidária vedada.

O STF acolheu a tese da Procuradoria-Geral da República e decidiu que o Ministério Público possui legitimidade para representar contra propagandas partidárias irregulares. Assim, o STF deu interpretação conforme a Constituição ao § 3º do art. 45 da Lei, de modo a garantir que o Ministério Público também possa oferecer representação contra propaganda partidária irregular (e não apenas os partidos políticos).

Concluindo: apesar de o § 3º do art. 45 da Lei n. 9.096/95 falar que apenas os partidos políticos podem oferecer representação por propaganda irregular, deve-se também reconhecer que o Ministério Público detém legitimidade para isso, considerando que o *Parquet* possui a incumbência de promover a defesa da ordem jurídica e do regime democrático, por força do art. 127, *caput*, da CF.

O Ministério Público também possui legitimidade para recorrer de decisão que deferiu registro de candidatura, ainda que não tenha apresentado impugnação ao pedido inicial desse registro.

Súmula 11-TSE: "No processo de registro de candidatos, o partido que não o impugnou não tem legitimidade para recorrer da sentença que o deferiu, salvo se se cuidar de matéria constitucional".

Observa-se que a Súmula menciona "partido" que não impugnou o registro, mas o TSE aplicava esse entendimento também para o Ministério Público. Assim, o TSE afirmava que "a parte que não impugnou o registro de candidatura, seja ela candidato, partido político, coligação ou o Ministério Público Eleitoral, não tem legitimidade para recorrer da decisão que o deferiu, salvo em casos que envolvem matéria constitucional." (Ac. de 21-2-2013 no AgR-AgR-REspe n. 10.118, rel. Min. Dias Toffoli).

O Ministério Público, em sentido contrário à súmula, afirmou que esse entendimento do TSE violou o art. 127 da CF/88.

Segundo defende o órgão, o art. 127, ao incumbir ao Ministério Público a defesa da ordem jurídica e do regime democrático, permite que o *Parquet*, atuando como *custos legis*, recorra de decisão que defere registro de candidatura, ainda que não haja apresentado impugnação. Isso porque não se lhe aplicaria o instituto da preclusão consumativa, uma vez que, tendo a Constituição Federal lhe conferido tal mister e não havendo lei proibindo o recurso nesses casos, a sua função como fiscal da lei permitiria tal atuação, a fim de possibilitar a reversão de eventual deferimento de registro de candidatura contrário à ordem jurídica (STF, Plenário, ARE 728188/RJ, rel. Min. Ricardo Lewandowski, julgado em 18-12-2013 – Informativo 733).

Sobre o Inquérito Policial, no âmbito da Justiça Eleitoral a responsabilidade é da Polícia Federal.

Nos termos da Resolução n. 23.396/2013, o Ministério Público deveria obter autorização do Juiz para abrir Inquérito Policial.

Essa Resolução do TSE foi declarada INCONSTITUCIONAL, porque o Ministério Público é o titular da ação penal e, portanto, tal exigência violaria sua prerrogativa constitucional (art. 129, VIII, CF).

A função do MP não é legislativa e nem jurisdicional, mas função de monitoramento, inclusive da Polícia Eleitoral.

O Ministério Público, portanto, pode celebrar um termo de ajustamento de conduta (TAC), ajuizar demanda na Justiça Eleitoral etc.

O Ministério Público Eleitoral tem legitimidade como autor de todas as Ações Penais Eleitorais, que são ações penais públicas incondicionadas, e, nesses casos, os partidos políticos podem até figurar como assistentes do Ministério Público.

O Ministério Público Eleitoral tem competência para a fiscalização da execução da pena.

TSE: o MP Eleitoral não possui interesse processual para recorrer de decisão proferida em conformidade com o parecer por ele ofertado nos autos.

Thales Tácito Cerqueira listou as atribuições essenciais do Promotor de Justiça Eleitoral:

a) acompanhar o alistamento eleitoral;

b) fiscalizar os atos preparatórios da eleição, quanto às seções eleitorais, mesas receptoras e suas localizações; acompanhar o processo de nomeação de mesários (art. 63, Lei n. 9.504/97);

c) acompanhar os processos de registro de candidaturas, fazendo as impugnações necessárias com base na LC n. 64/90, observando, principalmente, se foram apresentados todos os documentos comprobatórios das condições de elegibilidade, ou manifestando-se como custus legis nas impugnações oferecidas por candidatos, partidos políticos ou coligações;

d) fiscalizar a propaganda dos candidatos, partidos políticos e coligações;

e) propor, quando necessário, as ações típicas previstas na legislação eleitoral, tais como: representações; ação de impugnação de pedido de registro de candidatura – AIRC; ação de investigação judicial eleitoral – AIJE; ação de impugnação de mandato eleitoral – AIME; denúncia criminal;

f) interpor os recursos eleitorais cabíveis no prazo de lei;

g) quando o pedido não for formulado por algum dos legitimados indicados no § 2º da Resolução n. 22.610/2007, cabe ao Procurador Regional Eleitoral propor a Ação de Decretação de Perda de Cargo Eletivo, em decorrência de desfiliação partidária após decisão do TSE que regulamentou a questão da fidelidade partidária (TSE, MS 26.603-1/DF);

h) até 1993, o Ministério Público tinha a atribuição de promover a execução das multas aplicadas pela Justiça Eleitoral, entretanto, com a edição da LC n. 73/93, que criou a Advocacia Geral da União, essa tarefa passou a ser da Procuradoria da Fazenda Nacional.

Quanto à propaganda antecipada, todos sabem que as campanhas eleitorais começam bem antes da escolha dos candidatos em convenções partidárias, por isso, a legislação eleitoral fixa algumas atitudes que o representante do Ministério Público deve tomar para controlar o processo, vejamos:

a) reunir-se com os dirigentes partidários logo no início do ano eleitoral, advertindo-os para a necessidade de orientar seus filiados no sentido de não iniciarem a propaganda antes do tempo fixado por lei;

b) durante a campanha eleitoral, reuniões periódicas podem e devem ser realizadas com todos os candidatos, dirigentes partidários e cabos eleitorais para evitar irregularidades, a boca de urna e o transporte e alimentação de eleitores no dia da eleição (Lei n. 6.091/94);

c) recomendações e avisos escritos do Promotor de Justiça Eleitoral aos candidatos e partidos também são instrumentos eficientes que devem ser utilizados;

d) havendo violação da norma, como se dá, por exemplo, com a realização de propaganda antecipada, o Promotor deve acionar a Justiça Eleitoral buscando sua imediata suspensão e aplicação da multa prevista no art. 36, 3º, da LE.

Mesmo ofertando a representação, o bom senso manda que o Promotor de Justiça Eleitoral notifique o pré-candidato, para adverti-lo do prejuízo econômico que ele sofrerá com as multas e conclamá-lo a abster-se dessa prática. Essa medida é de extrema importância, especialmente se ele estiver sendo financiado pelo gestor público.

Como sabemos, é comum o Chefe do Executivo querer "fazer o sucessor". Como isso, o uso da máquina administrativa pode caracterizar o chamado abuso do poder político, quando favorece um pré-candidato em prejuízo de futuros concorrentes.

9.4 IMPEDIMENTO

Há impedimento absoluto para a filiação partidária do membro do MP, esteja ou não no exercício da função eleitoral, afirmado categoricamente na EC 45/2004. Assim, não pode haver qualquer filiação partidária, de qualquer natureza, proibição esta que se igualou às voltadas para os membros do Poder Judiciário.

O membro do Ministério Público que tenha disputado cargo eletivo, integrado diretório de partido ou exercido atividade político-partidária não pode exercer funções eleitorais até dois anos contados do cancelamento da sua inscrição partidária (art. 80, LC n. 75/93 e art. 34 da Resolução TSE 21.575/2003).

9.5 INFORMATIVO CORRELATO

Ministério Público Eleitoral

817/STF – Designação De Promotor Eleitoral.

O Procurador-Geral da República detém a prerrogativa, ao lado daquela atribuída ao Chefe do Poder Executivo, de iniciar os projetos de lei que versem sobre a organização e as atribuições do Ministério Público Eleitoral. Assim, a designação, de membro do Ministério Público local como promotor eleitoral, por Procurador Regional Eleitoral, que é membro do Ministério Público Federal, não afronta a autonomia administrativa do Ministério Público do Estado. Com base nessa orientação, o Plenário, em conclusão de julgamento e por maioria, reputou improcedente pedido formulado em ação direta de inconstitucionalidade ajuizada em face do art. 79 da LC n. 75/93 ("Art. 79. O Promotor Eleitoral será o membro do Ministério Público local que oficie junto ao Juízo incumbido do serviço eleitoral de cada Zona. Parágrafo único. Na inexistência de Promotor que oficie perante a Zona Eleitoral, ou havendo impedimento ou recusa justificada, o Chefe do Ministério Público local indicará ao Procurador

Regional Eleitoral o substituto a ser designado") – v. Informativo 773. A Corte enfatizou que apesar de haver a participação do Ministério Público dos Estados na composição do Ministério Público Eleitoral, cumulando o membro da instituição as duas funções, elas não se confundiriam, haja vista possuírem conjuntos diversos de atribuições, inclusive, de remuneração. Um recebe pelo Tesouro Estadual, em virtude da função estadual, e o outro, também recebe pelo Tesouro Federal, em razão da atribuição eleitoral. A subordinação hierárquico-administrativa não funcional do promotor eleitoral seria estabelecida em relação ao Procurador Regional Eleitoral, e não em relação ao Procurador-Geral de Justiça. Ante tal fato, nada mais lógico que o ato formal de designação do promotor eleitoral para a função eleitoral seja feita exatamente pelo Ministério Público Federal, e não pelo Ministério Público local. A designação do promotor eleitoral seria ato de natureza complexa, resultado da conjugação de vontades tanto do Procurador-Geral de Justiça, responsável por indicar um membro do Ministério Público estadual, quanto do Procurador Regional Eleitoral, a quem competiria o ato formal de designação. Dessa maneira, o art. 79, *caput* e parágrafo único, da Lei Complementar 75/ 1993, não teria o condão de ofender a autonomia do Ministério Público Estadual, porque não incidiria sobre a esfera de atribuição do "Parquet" local, mas sobre ramo diverso da instituição, o Ministério Público Eleitoral. Por consequência, não interviria nas atribuições ou na organização do Ministério Público Estadual. Vencidos os Ministros Marco Aurélio e Luiz Fux que julgavam a ação procedente. Consideravam atípica e heterodoxa a designação de promotor estadual pelo procurador federal. Entendiam haver vício de iniciativa quanto ao disposto no parágrafo único do art. 79 da LC n. 75/1993. Apontavam que a designação de membros para o exercício de atribuições seria tema típico de organização de cada Ministério Público e, por isso, não caberia ao Procurador-Geral da República a iniciativa de projeto de lei concernente a normas gerais de organização do "Parquet" nos Estados. Não obstante o vício formal, asseveravam também haver vício material, porque a norma questionada afrontaria a autonomia funcional e administrativa do Ministério Público dos Estados. Para o Ministro Marco Aurélio, o caráter unitário do Ministério Público não poderia servir como fundamento para permitir a ingerência administrativa do Chefe do Ministério Público da União nos quadros de órgão estadual, sob pena de violação ao princípio federativo. Apesar de inquestionável a existência de um Ministério Público nacional, composto por órgãos federais e estaduais, a unidade da instituição não se confundiria com a estrutura organizacional, garantida pela autonomia de cada unidade federada. ADI 3802/DF, rel. Min. Dias Toffoli, 10-3-2016 (ADI 3802) (Informativo 817, Plenário).

capítulo 10

Justiça Eleitoral

10.1 INTRODUÇÃO

A Justiça Eleitoral foi instituída no Brasil com o Código Eleitoral de 1932 e constitucionalizada em 1934, quando passou a conceder o voto às mulheres e estabelecer o sufrágio universal e secreto. Foi extinta durante o período do Estado Novo (1937 e 1945), ressurgindo novamente em 1946, quando passou a ser regulada definitivamente em todos os textos constitucionais.

A Justiça Eleitoral é composta pelo TSE, Tribunais Regionais Eleitorais, Juízes Eleitorais e Juntas Eleitorais.

Diversamente de outros órgãos do Poder Judiciário, a composição da Justiça Eleitoral conta com a participação de juízes de outros tribunais e advogados, não lhe sendo aplicada a regra referente ao quinto constitucional (CF, art. 94).

Por pertencer ao Poder Judiciário, a Justiça Eleitoral não está submissa ao Poder Legislativo, possuindo autonomia para realização de todos os procedimentos necessários para a lisura das eleições.

Como bem lembrado pelo Professor José Jairo Gomes, em seu livro *Direito eleitoral*: "Pelo poder Legislativo ou de verificação de Poder Legislativo é o juiz soberano das eleições, da legibilidade e investidura políticas de seus membros, competindo-lhes controlar seus próprios mandatos e as eleições, bem como conhecer e decidir todas as questões e lides ocorrentes" (GOMES, 2014, p. 65).

Quem mantém a Justiça Eleitoral é a União, tendo em vista sua natureza federal, sendo composta por servidores federais, tendo o Orçamento aprovado pelo Congresso Nacional.

A Justiça Eleitoral desenvolve funções típicas e atípicas: típicas em dizer o direito em cada caso concreto, tendo suas decisões protegidas pela coisa julgada depois de certo tempo; e atípicas que não ostentam cunho jurisdicional contencioso, consubstanciando-se em atos preparatórios para a realização das eleições, como por exemplo, as tarefas necessárias para o alistamento e o registro eleitoral.

No entendimento do doutrinador Gomes (2014, p. 69), o vocábulo não é único, apresentando diversos significados da função da justiça eleitoral. Assim, destacam-se a utilidade, o papel desempenhado por um ente ou instituo jurídico no ambiente em que se encontra, a ação em que lhe é própria no contexto em que se insere, como abordado acima.

Dessa forma, podemos verificar que a Justiça Eleitoral exerce as funções normativa, consultiva, administrativa e jurisdicional.

10.2 ESPECIALIDADES DA JUSTIÇA ELEITORAL

Por sua especificidade a Justiça Eleitoral possui algumas peculiaridades em relação aos demais ramos do direito:

a) urgência de suas decisões, já que as datas eleitorais são previamente marcadas e não podem ser postergadas. A demora poderia impossibilitar a realização das eleições;
b) capacidade interpretativa mediante resoluções;
c) existência de procedimentos específicos;
d) apesar de possuir funcionários próprios, não possui um quadro próprio de juízes, que são cedidos dos demais órgãos do Poder Judiciário pelo período de dois anos, renovável por mais dois anos, recebendo por esta função uma gratificação eleitoral;
e) é uma forma de justiça executiva, pois além de julgar os recursos eleitorais, tem o dever de executar as eleições;
f) sua jurisdição ocorre em bloco e em tempo único;
g) ao contrário do Poder Judiciário que só aprecia caso concreto, sem opinar no caso abstrato, a Justiça Eleitoral pode, excepcionalmente,

emitir opiniões por intermédio de consultas, dissipando dúvidas existentes acerca de determinados procedimentos;

h) a composição de seus órgãos é híbrida: integrada por juízes de outros órgãos do Poder Judiciário, por advogados e até mesmo por pessoas sem formação jurídica, como os membros das Juntas Eleitorais.

O art. 121 da CF determina que a organização e competência da Justiça Eleitoral deverá ser regulada por meio de Lei Complementar. Entretanto, como ainda não foi editada, sua regulamentação é feita pelo Código Eleitoral.

A Justiça Eleitoral é composta pelo Tribunal Superior Eleitoral, pelos Tribunais Regionais Eleitorais, pelos Juízes Eleitorais e pelas Juntas Eleitorais.

10.3 DA COMPOSIÇÃO DA JUSTIÇA ELEITORAL

A Justiça Eleitoral é composta pelo Tribunal Superior Eleitoral, Tribunais Regionais Eleitorais, juízes eleitorais e Juntas Eleitorais.

Diferentemente dos demais órgãos do Poder Judiciário brasileiro, a Justiça Eleitoral é composta pela participação de juízes de outros tribunais e advogados, não aplicando a regra referente ao quinto constitucional do art. 94 da Constituição Federal.

Nos ensina o Professor Gomes (2014, p. 67), que a Justiça Eleitoral ao contrário dos demais órgãos que compõe o Poder Judiciário, o corpo da Justiça Eleitoral, é próprio e independente, confirmando o nosso entendimento já expressado acima. Assim, nela atuam os magistrados oriundos de diversos tribunais, a saber: Supremo Tribunal Federal, Superior Tribunal Federal e da Ordem dos Advogados do Brasil.

Para o Professor Cândido (2010) fica comprovado a importância da manifestação dos princípios corporativos do federalismo brasileiro, tendo em vista, que outros os órgãos disponibilizam seus integrantes para assegurar o regular funcionamento da Justiça Eleitoral. Por outro lado, a investidura de seus membros será sempre temporária, sendo pelo prazo de dois anos, que pode ser renovado no período subsequente, conforme reza o art. 121, § 2º, da Constituição Federal. São esses os importantes fatores que contribuem para a desejável imparcialidade dessa instituição.

10.4 TRIBUNAL SUPERIOR ELEITORAL (TSE)

10.4.1 Composição

Nos termos do art. 119 da Constituição Federal, o Tribunal Superior Eleitoral, com sede no Distrito Federal e jurisdição em todo o território nacional, é composto por no mínimo sete membros, sendo cinco Ministros do Supremo Tribunal Federal e do Superior Tribunal de Justiça e dois advogados.

O mandato é de dois anos, sendo possível uma recondução, mas nunca deve ultrapassar dois biênios consecutivos. A escolha se dá:

a) pelo voto secreto: o STF escolhe três de seus membros para a composição do Tribunal, dentre os quais são indicados seu Presidente e o Vice-Presidente;
b) pelo voto secreto: o STJ escolhe dois de seus membros, dentre os quais é indicado o seu Corregedor Eleitoral;
c) por nomeação do Presidente da República: são escolhidos dois advogados, dentre seis de notável saber jurídico e idoneidade moral, designados pelo STF.

10.4.2 Impedimento de seus membros

O Código Eleitoral determina que:

a) os advogados escolhidos são impedidos de advogar perante a Justiça Eleitoral, podendo fazê-lo nas demais jurisdições;
b) não poderão atuar como juízes (em todas as instâncias) o cônjuge, parente consanguíneo legítimo, ilegítimo ou afim, até o segundo grau, de candidato a cargo eletivo registrado na jurisdição, a contar da escolha em convenção até o final da eleição;
c) nenhum candidato a qualquer cargo eletivo pode ter parente, até o segundo grau, como juiz (em todas as instâncias) com atuação na circunscrição em que estiver disputando o mandato. Se o candidato com algum desses parentescos, for escolhido em convenção partidária, o magistrado deve afastar-se de suas funções.

10.4.3 Competência

Segundo o art. 22 do Código Eleitoral, compete ao Tribunal Superior Eleitoral processar e julgar originariamente:

a) o registro e a cassação de registro de partidos políticos, dos seus diretórios nacionais e de candidatos à Presidência e vice-Presidência da República;
b) os conflitos de jurisdição entre Tribunais Regionais e juízes eleitorais de Estados diferentes;
c) a suspeição ou impedimento aos seus membros, ao Procurador Geral e aos funcionários da sua Secretaria;
d) crimes eleitorais e os comuns que lhes forem conexos cometidos pelos seus próprios juízes e pelos juízes dos Tribunais Regionais;
e) o *habeas corpus* ou mandado de segurança, em matéria eleitoral, relativos a atos do Presidente da República, dos Ministros de Estado e dos Tribunais Regionais; ou, ainda, o *habeas corpus*, quando houver perigo de se consumar a violência antes que o juiz competente possa prover sobre a impetração;
f) as reclamações relativas a obrigações impostas por lei aos partidos políticos, quanto à sua contabilidade e à apuração da origem dos seus recursos;
g) as impugnações à apuração do resultado geral, proclamação dos eleitos e expedição de diploma na eleição de Presidente e Vice-Presidente da República;
h) os pedidos de desaforamento dos feitos não decididos nos Tribunais Regionais dentro de trinta dias da conclusão ao relator, formulados por partido, candidato, Ministério Público ou parte legitimamente interessada;
i) as reclamações contra os seus próprios juízes que, no prazo de trinta dias a contar da conclusão, não houverem julgado os feitos a eles distribuídos;
j) a ação rescisória, nos casos de inelegibilidade, desde que intentada dentro de cento e vinte dias de decisão irrecorrível, possibilitando-se o exercício do mandato eletivo até o seu trânsito em julgado.

Vale ressaltar que acerca do julgamento dos "crimes eleitorais e os comuns que lhes forem conexos cometidos pelos seus próprios juízes e pelos juízes dos

Tribunais Regionais", após o advento da Constituição Federal de 1988, nos termos do seu art. 102, I, *c*, a competência é do STF para processar e julgar, nas infrações penais comuns e nos crimes de responsabilidade, os membros dos tribunais superiores; e, segundo seu art. 105, I, a, a competência é do STJ para processar e julgar, nos crimes comuns e nos de responsabilidade, os membros dos tribunais regionais eleitorais, razão pela qual não prevalece o art. 22, I, *d*, do CE; esvaziando, assim, a competência criminal originariamente dada ao TSE.

E, ainda, quanto ao julgamento de "*habeas corpus* ou mandado de segurança, em matéria eleitoral, relativos a atos do Presidente da República, dos Ministros de Estado e dos Tribunais Regionais; ou, ainda, o *habeas corpus*, quando houver perigo de se consumar a violência antes que o juiz competente possa prover sobre a impetração", cumpre relembrar que a Resolução n. 132/84, do Senado Federal, suspendeu a locução "ou mandado de segurança". Contudo, no Ac.-STF, de 7-4-1994, no RE 163.727, o STF deu-lhe interpretação para restringir o seu alcance à verdadeira dimensão da declaração de inconstitucionalidade no Ac.-STF, de 31.8.1983, no MS 20.409, que lhe deu causa, vale dizer, à hipótese de mandado de segurança contra ato, de natureza eleitoral, do presidente da República, mantida a competência do TSE para as demais impetrações previstas neste inciso. CF/88, art. 102, I, *d*: competência do STF para processar e julgar mandado de segurança contra ato do presidente da República. CF/88, art. 105, I, b: competência do STJ para processar e julgar mandado de segurança contra ato de ministro de Estado. CF/88, art. 105, I, *h*, *in fine*: competência da Justiça Eleitoral para o mandado de injunção.

Merecem atenção, igualmente, os seguintes julgados: c.-TSE, de 3-6-2008, no AMS 3370; de 18-12-2007, no MS 3664 e, de 27-5-2004, no AgR-MS 3175: competência do Tribunal Regional Eleitoral para processar e julgar mandado de segurança contra seus atos em matéria administrativa (atividade-meio). Ac.-TSE, de 8-5-2001, no AG n. 2721 e, de 17-2-2000, no RMS 118: ato praticado a propósito da atividade-meio da Justiça Eleitoral – matéria de direito comum –, o processo rege-se pela legislação processual comum. Ac.-TSE, de 7-6-2011, no HC n. 349682: incompetência do TSE para processar e julgar *habeas corpus* impetrado contra sua decisão. Ac.-TSE, de 28-2-2012, no HC n. 151921: incompetência do TSE para processar e julgar *habeas corpus* contra decisão de juiz relator de TRE, sob pena de supressão de instância.

10.4.4 Irrecorribilidade das decisões

As decisões do TSE são irrecorríveis, exceto as que contrariarem a Constituição, para as quais o remédio cabível é o Recurso Extraordinário, e as decisões denegatórias de *habeas corpus* ou mandado de segurança (art. 121, § 3º, da CF).

10.4.5 Poder regulamentador

O poder regulamentador do TSE vem disciplinado no Código Eleitoral, em seus arts. 1º, parágrafo único, e 23, IX, além de leis específicas que disciplinam as eleições.

Nada impede, da mesma forma, que o próprio legislador, de maneira clara e expressa, autorize o TSE (Tribunal Superior Eleitoral) a legislar de maneira excepcional, mas somente no tocante ao que o Poder Legislativo claramente autorizar, concedendo um poder excepcional ao Judiciário especializado, condutor da soberania popular aos integrantes dos dois que detém íntima ligação com o povo.

O TSE expede resoluções temporárias, que se referem a determinada eleição, com curta duração e específica aplicabilidade, e resoluções permanentes ou com feição de maior durabilidade temporal, pois não são alteradas em função de um calendário eleitoral das eleições. Dentre as resoluções permanentes destacamos a Resolução 21.538/03 (dispõe sobre o alistamento eleitoral), Resolução 19.406/95 (dispõe sobre a fundação, funcionamento e extinção dos partidos políticos) e a Resolução 21.841/04 (disciplina a prestação de contas dos partidos políticos).

Todavia, é cabível um controle pelos partidos políticos e Ministério Público, quando se detectar uma extensão demasiada na regulamentação da matéria, bem como é admissível o ajuizamento de mandado de injunção nas hipóteses de inércia do órgão regulamentador, ou seja, na ausência de norma regulamentadora sobre determinada matéria eleitoral.

10.5 TRIBUNAIS REGIONAIS ELEITORAIS (TRES)

10.5.1 Composição

Os TREs são localizados na capital de cada Estado, sendo um no Distrito Federal. Atualmente existe no Brasil 27 TREs. Cada um é composto por sete juízes (art. 120 da CF), sendo:

a) dois escolhidos pelo Tribunal de Justiça do Estado, entre os seus desembargadores;

b) dois entre juízes de direito, também escolhidos pelo Tribunal de Justiça do Estado;

c) um entre juízes ou desembargadores federais escolhidos pelo Tribunal Regional Federal (TRF) da respectiva região;

d) dois entre advogados de notável saber jurídico e idoneidade moral indicados pelo Tribunal de Justiça dos Estados-Membros ou do Distrito Federal, em lista sêxtupla (na prática são duas listas tríplices, uma para cada vaga) e nomeados pelo Presidente da República.

A votação para as listas é secreta, sendo que em São Paulo votam apenas os desembargadores que compõe o Órgão Especial do Tribunal de Justiça de São Paulo (art. 215, V, Regimento Interno do TJSP).

A lista é encaminhada ao TSE que encaminhará ao Presidente da República. Para cada membro é nomeado um suplente.

O TSE expediu as Resoluções ns. 20.958/2001 e 21.461/2003, que exigem ao advogado dez anos de prática profissional para ser escolhido como juiz do TRE.

10.5.2 Competência

Nos termos do art. 29 do CE o TRE é competente na respectiva unidade federativa para processar e julgar:

a) o registro e o cancelamento do registro dos diretórios estaduais e municipais de partidos políticos, bem como de candidatos a Governador, Vice-Governadores, e membro do Congresso Nacional e das Assembleias Legislativas;

b) os conflitos de jurisdição entre juízes eleitorais do respectivo Estado;

c) a suspeição ou impedimentos aos seus membros ao Procurador Regional e aos funcionários da sua Secretaria assim como aos juízes e escrivães eleitorais;

d) os crimes eleitorais cometidos pelos juízes eleitorais;

e) o *habeas corpus* ou mandado de segurança, em matéria eleitoral, contra ato de autoridades que respondam perante os Tribunais de Justiça por crime de responsabilidade e, em grau de recurso, os denegados ou concedidos pelos juízes eleitorais; ou, ainda, o *habeas corpus* quando houver perigo de se consumar a violência antes que o juiz competente possa prover sobre a impetração;

f) as reclamações relativas a obrigações impostas por lei aos partidos políticos, quanto a sua contabilidade e à apuração da origem dos seus recursos;

g) os pedidos de desaforamento dos feitos não decididos pelos juízes eleitorais em trinta dias da sua conclusão para julgamento, formulados por partido candidato Ministério Público ou parte legitimamente interessada sem prejuízo das sanções decorrentes do excesso de prazo;

i) julgar os recursos interpostos dos atos e das decisões proferidas pelos juizes e juntas eleitorais e das decisões dos juízes eleitorais que concederem ou denegarem *habeas corpus* ou mandado de segurança;

j) controlar as contas das campanhas políticas, exceto para o cargo de Presidente da República;

l) deliberar sobre a possibilidade de ocorrer revisão do eleitorado, desde que haja denúncia fundamentada (art. 71, § 4º, do CE);

m) responder, sobre matéria eleitoral, às consultas que lhe forem feitas, em tese, por autoridade pública ou partido político (art. 30, VIII, do CE).

Nos termos do art. 28 do CE, os Tribunais Regionais deliberam por maioria de votos, em sessão pública, com a presença da maioria de seus membros. Havendo impedimento e não existindo quórum, será o membro do Tribunal substituído por outro da mesma categoria, designado na forma prevista na Constituição. Perante o Tribunal Regional, e com recurso voluntário para o Tribunal Superior qualquer interessado poderá arguir a suspeição dos seus membros, do Procurador Regional, ou de funcionários da sua Secretaria, assim como dos juízes e escrivães eleitorais, nos casos previstos na lei processual civil e por motivo de parcialidade partidária, mediante o processo previsto em regimento.

Conforme §§ 4º e 5º incluídos pela Lei n. 13.165, de 2015, as decisões dos Tribunais Regionais sobre quaisquer ações que importem cassação de registro, anulação geral de eleições ou perda de diplomas somente poderão ser tomadas com a presença de todos os seus membros, e, se ocorrer impedimento de algum juiz, será convocado o suplente da mesma classe.

10.5.3 Recorribilidade das decisões

Para garantir a celeridade dos atos processuais, as decisões dos TREs somente serão passíveis de recurso ao TSE quando (art. 121, § 4º, da CF):

a) forem proferidas contra disposição expressa da Constituição;
b) ocorrer divergência na interpretação de lei entre dois ou mais tribunais eleitorais;
c) versarem sobre inelegibilidade ou expedição de diplomas nas eleições federais ou estaduais;
d) anularem diplomas ou decretarem a perda de mandatos eletivos federais ou estaduais;
e) denegarem *habeas corpus*, mandado de segurança, *habeas data* ou mandado de injunção.

10.6 JUÍZES ELEITORAIS

10.6.1 Noções gerais

Os juízes eleitorais são escolhidos pelos respectivos TREs, dentre os componentes da magistratura comum, estadual, para o exercício da função por um período mínimo de dois anos, mas nunca por mais de dois biênios consecutivos (art. 35 do CE).

Esses magistrados exercem de modo cumulativo com a jurisdição eleitoral, a jurisdição comum, com todas as garantias inerentes à função, ou seja:

a) vitaliciedade, que, no primeiro grau, só será adquirida após dois anos de exercício, dependendo a perda do cargo, nesse período, de deliberação do tribunal a que o juiz estiver vinculado, e, nos demais casos, de sentença judicial transitada em julgado;
b) inamovibilidade, salvo por motivo de interesse público;
c) irredutibilidade de subsídio.

O juiz de direito que se encontre em efetivo exercício será o responsável pela jurisdição da zona eleitoral onde exerça suas atividades. Na falta deste juiz, exercerá suas funções seu substituto legal. Em locais onde exista mais de uma vara, o TRE competente indicará a vara ou varas que serão responsáveis pela jurisdição eleitoral.

Os despachos serão proferidos todos os dias na sede da respectiva zona eleitoral (art. 34 do CE).

10.6.2 Competência

Nos termos do art. 35 do CE, compete aos juízes eleitorais:

a) cumprir e fazer cumprir as decisões e determinações do TSE e do TRE;

b) processar e julgar os crimes eleitorais e os comuns que lhe forem conexos, ressalvada a competência originária do TSE e do TRE;

c) decidir *habeas corpus* e mandado de segurança, em matéria eleitoral, desde que essa competência não esteja atribuída privativamente a instância superior;

d) fazer as diligências que julgar necessárias a ordem e presteza do serviço eleitoral;

e) tomar conhecimento das reclamações que lhe forem feitas verbalmente ou por escrito, reduzindo-as a termo, e determinando as providências que cada caso exigir;

f) indicar, para aprovação do TRE, a serventia de justiça que deve ter o anexo da escrivania eleitoral;

g) dirigir os processos eleitorais e determinar a inscrição e a exclusão de eleitores;

h) expedir títulos eleitorais e conceder transferência de eleitor;

i) dividir a zona em seções eleitorais;

j) mandar organizar, em ordem alfabética, relação dos eleitores de cada seção, para remessa a mesa receptora, juntamente com a pasta das folhas individuais de votação;

l) ordenar o registro e cassação do registro dos candidatos aos cargos eletivos municiais e comunicá-los ao TRE;

m) designar, até sessenta dias antes das eleições os locais das seções;

n) nomear, sessenta dias antes da eleição, em audiência pública anunciada com pelo menos cinco dias de antecedência, os membros das mesas receptoras;

o) instruir os membros das mesas receptoras sobre as suas funções;

p) providenciar para a solução das ocorrências para a solução das ocorrências que se verificarem nas mesas receptoras;

q) tomar todas as providências ao seu alcance para evitar os atos viciosos das eleições;

r) fornecer aos que não votaram por motivo justificado e aos não alistados, por dispensados do alistamento, um certificado que os isente das sanções legais;

s) comunicar, até às 12 horas do dia seguinte a realização da eleição, ao TRE e aos delegados de partidos credenciados, o número de eleitores que votarem em cada uma das seções da zona sob sua jurisdição, bem como o total de votantes da zona.

Das decisões dos juízes, caberá recurso ao Tribunal Regional Eleitoral.

10.6.3 Escrivão eleitoral

Não podem servir como escrivão eleitoral os membros de diretórios de partido político, candidatos, cônjuges e parentes consanguíneos e afins até o segundo grau dos juízes eleitorais daquela zona eleitoral, onde exerçam jurisdição eleitoral.

10.7 JUNTAS ELEITORAIS

10.7.1 Constituição

As Juntas Eleitorais somente atuam nos anos eleitorais, ajudando os juízes no processo eleitoral. Sua designação ocorre da seguinte forma (art. 36, CE):

a) seus membros são nomeados sessenta dias antes das eleições, após aprovação pelo TRE, que também designará a sede;

b) até dez dias antes da nomeação os nomes das pessoas indicadas para compor as juntas são publicados no órgão oficial do Estado;

c) da data da nomeação, abre-se o prazo de três dias para possíveis impugnações de qualquer partido, candidato, coligação ou membro do Ministério Público.

O art. 37 do CE permite que o TRE constitua Juntas Eleitorais sem juízes titulares de zonas eleitorais, pois a regra é que para cada zona exista uma junta. No entanto, é possível existir uma junta eleitoral presidida por juiz eleitoral temporário, designado somente para a votação, apuração e diplomação.

10.7.2 Composição e impedimentos

A Junta Eleitoral é um órgão eclético, misto e colegiado, composta por três ou cinco membros, sendo:

a) um juiz de direito (Presidente da Junta Eleitoral), que pode ou não ser titular da zona eleitoral;

b) dois a quatro cidadãos de notória idoneidade, nomeados pelo Presidente do TRE e indicados pelo juiz eleitoral.

Seus componentes possuem as mesmas garantias dos magistrados togados, desde que inerentes ao exercício de suas funções, como a inamovibilidade no prazo de exercício de suas funções.

Os membros não togados das Juntas podem ter outras formações diversas da especialização jurídica.

Os nomes das pessoas indicadas para compor as juntas são publicados em tempo hábil para que qualquer partido político possa, em petição fundamento, impugnar as indicações.

Segundo o art. 36, § 3º, do CE, não podem ser nomeados membros das Juntas, escrutinadores ou auxiliares:

a) os candidatos e seus parentes, ainda que por afinidade, até o segundo grau, inclusive, e bem assim o cônjuge;

b) os membros de diretorias de partidos políticos devidamente registrados e cujos nomes tenham sido oficialmente publicados;

c) as autoridades e agentes policiais, bem como os funcionários no desempenho de cargos de confiança do Executivo;

d) os que pertencerem ao serviço eleitoral.

10.7.3 Competência

A competência das Juntas Eleitorais foi delineada no art. 40 do CE:

a) apurar, no prazo de dez dias, as eleições realizadas nas zonas eleitorais sob a sua jurisdição;

b) resolver as impugnações e demais incidentes verificados durante os trabalhos da contagem e da apuração;

c) expedir os boletins de apuração que deverão mencionar o número de votantes da respectiva zona eleitoral, a votação dos candidatos, o voto das legendas partidárias, os votos nulos e em branco, bem como os recursos, se houver;

d) nas eleições municipais, compete à junta eleitoral expedir os diplomas aos eleitos por intermédio do juiz eleitoral mais antigo, quando houver mais de uma junta eleitoral (art. 40, parágrafo unico, do CE).

10.8 ZONAS ELEITORAIS

As zonas eleitorais são consideradas como uma ideal parte territorial, cuja divisão é fomentada por critérios legais, tendo ampla jurisdição nos limites que foram predeterminados e sendo integrante da circunscrição judiciária eleitoral.

Em outras palavras, são regiões geograficamente delimitada dentro de um Estado, gerenciada pelo cartório eleitoral, que centraliza e coordena os eleitores ali domiciliados. Pode ser composta por mais de um município, ou por parte dele. Normalmente, segue a divisão de comarcas da Justiça Estadual.

Para cada zona eleitoral haverá necessidade de investidura de um juiz eleitoral, sendo que a competência fica circunscrita ao local onde ocorreu o fato, ressalvando-se as questões que envolvam prerrogativas de função e aquelas atinentes ao ajuizamento de medidas judiciais disciplinadas em lei.

10.9 SEÇÃO ELEITORAL

Seção eleitoral é uma subdivisão territorial da zona eleitoral, para fins de votação até a apuração dos votos, sendo o local destinado ao efetivo exercício do sufrágio (arts. 117 e 135 do CE).

Para cada seção funciona uma mesa receptora, sendo que para cada seção haverá uma urna eletrônica, mas a lei permite duas cabines por seção (duas urnas).

Uma zona eleitoral possui diversas seções eleitorais.

10.10 MESAS RECEPTORAS

Por mesa receptora entende-se o local em que o eleitor vota, formado por servidores públicos temporais da Justiça Eleitoral, que na condição de agentes honoríficos cumprem um múnus público obrigatório e sem remuneração, podendo responder por infração administrativa e penal (art. 124 do CE).

A mesa receptora é formada por um presidente e cinco mesários, sendo: primeiro e segundo mesário, dois secretários e um suplente.

Os nomeados para a mesa receptora poderão desde que, motivadamente, recusar-se a integrá-la, devendo apresentar seus fundamentos em até cinco dias antes do pleito.

Da nomeação da mesa receptora caberá recurso inominado por qualquer partido, coligação, candidato ou membro do Ministério Público, no prazo de cinco dias a contar da nomeação. A decisão deverá ser pronunciada em 48 horas (art. 63 da LE), admitindo recurso ao TRE dentro de três dias, com decisão em igual prazo.

Não poderá ser nomeado para presidente e mesários na mesma zona eleitoral:

a) menores de 18 anos;

b) parentes em qualquer grau;

c) servidores da mesma repartição pública;

d) pessoas da mesma empresa privada. O TSE firmou entendimento de que não estão inclusos na vedação os servidores de dependências diversas do mesmo ministério, secretarias de estado ou de municípios, autarquias, fundação pública de qualquer dos entes federativos, nem os de sociedade de economia mista ou empresa pública e, ainda, os serventuários de cartórios judiciais e extrajudiciais (Resolução TSE n. 22.154/2006).

10.11 SÚMULAS

- **Súmula-TSE n. 34**

Não compete ao Tribunal Superior Eleitoral processar e julgar mandado de segurança contra ato de membro de Tribunal Regional Eleitoral.

- **Súmula-TSE n. 41**

Não cabe à Justiça Eleitoral decidir sobre o acerto ou desacerto das decisões proferidas por outros Órgãos do Judiciário ou dos Tribunais de Contas que configurem causa de inelegibilidade.

- **Súmula-TSE n. 58**

Não compete à Justiça Eleitoral, em processo de registro de candidatura, verificar a prescrição da pretensão punitiva ou executória do candidato e declarar a extinção da pena imposta pela Justiça Comum.

capítulo 11

Ações eleitorais

Primeiramente, cabe iniciarmos os nossos estudos realizando distinção muito importante que irá nos nortear no processo contencioso eleitoral.

Existe distinção entre o processo eleitoral e o processo contencioso eleitoral. O primeiro refere-se ao acontecimento político-social que tem por incumbência a viabilização e concretização do sufrágio universal da escolha de nossos representantes no Poder Executivo e Legislativo. Ou seja, trata-se da escolha legítima dos nossos políticos que irão disputar o pleito eleitoral. Já o segundo instituto é aquele que se perfaz mediante a atuação do Poder Judiciário eleitoral por meio do direito processual eleitoral.

Processo Eleitoral Contencioso é a relação jurídica processual instaurada na Justiça Eleitoral, na qual as partes pretendem resolver uma lide, e o Estado-juiz deverá pronunciar uma decisão que porá fim ao conflito de interesses, devendo ter como base e harmonia o processo jurisdicional constitucional, no qual destaca-se o princípio fundamental do *due processo of law* e seus consectários

Verifica-se que o sistema processual eleitoral atual possui bons instrumentos jurisdicionais de impugnação de candidaturas ou mandatos eivados de vícios de inelegibilidade ou ilegalidade, e também de combate aos abusos que tanto desmerecem a história política de nosso país.

Cada uma dessas ações possui disciplina própria e objetivo definido que trataremos uma a uma. Antes, porém, relacionamos algumas características próprias das ações eleitorais, que a diferem das demais existentes no ordenamento jurídico.

11.1 INTRODUÇÃO: ESPECIFICIDADES DO PROCESSO ELEITORAL

As ações eleitorais apresentam algumas peculiaridades que as diferem das demais ações processuais, vejamos as principais:

I. livre convicção na apreciação das provas: as decisões da Justiça Eleitoral são formalizadas pela livre convicção na apreciação dos fatos públicos e notórios, dos indícios e presunções e prova produzida, atentando para circunstâncias ou fatos, ainda que não indicados ou alegados pelas partes (art. 23 da LC n. 64/90);

II. o oferecimento de qualquer ação não suspende os direitos políticos do candidato, que poderá praticar os atos normalmente enquanto não ocorrer o transito em julgado da decisão;

III. não cabe, em regra, tutela provisória em virtude de que tanto o Código Eleitoral quanto à Lei de Inelegibilidades não permitem que o registro ou o mandato possa ser cassado sem o trânsito em julgado da sentença;

IV. celeridade nas suas decisões: as demandas e os litígios devem ser decididos em tempo muito curto, para evitar prejuízos às campanhas políticas, aos partidos, coligações e aos candidatos. Dentre os instrumentos que garantem a celeridade destacamos:

a) seus prazos não se interrompem, nem mesmo em feriados ou finais de semana;

b) sendo a lei omissa, o prazo recursal será de três dias da publicação do ato, da resolução ou do despacho (art. 258 do CE);

c) contra as decisões finais de condenação ou absolvição, cabe recurso ao TRE no prazo de 10 dias (art. 362 do CE);

d) prazo de 24 horas para a obtenção de direito de resposta de informação veiculada no horário gratuito eleitoral;

e) no período compreendido entre o registro de candidatos até cinco dias após a realização do segundo turno das eleições, em regra, os feitos eleitorais têm prioridade;

f) os advogados de candidatos, coligações ou partidos devem ser notificados para os feitos que trata a Lei Eleitoral, em regra, com antecedência mínima de 24 horas;

g) as reclamações ou representações devem ser encaminhadas diretamente ao órgão superior, caso o órgão inferior não poder decidi-las no prazo correto (art. 96, § 10, da Lei das Eleições).

O descumprimento da celeridade exigida constitui crime de responsabilidade e acarreta anotação funcional para efeito de promoção na carreira.

V. impacto do Novo Código de Processo Civil no Direito Processual Eleitoral.

O Tribunal Superior Eleitoral, considerando a necessidade de disciplinar a aplicabilidade da Lei n. 13.105/2015 (Novo Código de Processo Civil) no âmbito da Justiça Eleitoral, expediu a Resolução n. 23.478, de 10 de maio de 2016, estabelecendo as respectivas diretrizes gerais, cuja integra (que se encontra no ANEXO II desta obra) é de leitura obrigatória.

De modo geral, em razão da especialidade da matéria, as ações, os procedimentos e os recursos eleitorais permanecem regidos pelas normas específicas previstas na legislação eleitoral e nas instruções do Tribunal Superior Eleitoral, determinando, assim, a aplicação das regras do Novo Código de Processo Civil em caráter supletivo e subsidiário em relação aos feitos que tramitam na Justiça Eleitoral, quando houver compatibilidade sistêmica. Neste sentido, expressamente dispôs que:

> Art. 3º Aplicam-se aos processos eleitorais o contido nos arts. 9º e 10 do Novo Código de Processo Civil (Lei n. 13.105/2015).
>
> Art. 4º Os feitos eleitorais são gratuitos, não incidindo custas, preparo ou honorários (Lei n. 9.265/96, art. 1º).
>
> Art. 5º Não se aplica aos feitos eleitorais o instituto do *Amicus Curiae* de que trata o art. 138 da Lei n. 13.105, de 2015.
>
> Art. 6º Não se aplicam aos feitos eleitorais as regras relativas à conciliação ou mediação previstas nos arts. 165 e seguintes do Novo Código de Processo Civil.

Quanto aos prazos, em seu art. 7º, dispôs que o computo do prazo em dias úteis previsto no art. 219 do novo Código de Processo Civil não se aplica aos feitos eleitorais, sendo que os prazos processuais, durante o período definido no calendário eleitoral, serão computados na forma do art. 16 da Lei Complementar n. 64, de 1990, não se suspendendo nos fins de semana ou feriados; e que os prazos processuais, fora do período definido no calendário eleitoral, serão computados na forma do art. 224 do novo Código de Processo Civil.

Determinou, ainda, que: (i) o prazo de 30 (trinta) dias de que trata o art. 178 do novo Código de Processo Civil não se aplica na Justiça Eleitoral; (ii) o prazo previsto no art. 234, § 2º, do novo Código de Processo Civil (três dias), durante o período previsto no calendário eleitoral (Lei Complementar n. 64/90), não se aplica o podendo a autoridade judiciária determinar a imediata busca e apreensão dos autos se, intimado, o advogado não os devolver.

Acerca dos atos processuais, estabeleceu, expressamente em seu art. 11, não ser admitida, na Justiça Eleitoral, a autocomposição, não aplicando, assim, as regras dos arts. 190 e 191 do novo Código de Processo Civil.

A tutela provisória será admitida e os seus pedidos autônomos serão autuados em classe própria. Quanto aos pedidos apresentados de forma incidental em relação a feitos em tramitação, estes deverão ser encaminhados à autoridade judiciária competente, que determinará a sua juntada aos autos principais ou adotará as providências que entender cabíveis.

A carga dos autos para obtenção de cópias, durante o período definido no calendário eleitoral, no curso de prazo comum às partes, prevista no art. 107, § 3º, do novo Código de Processo Civil, será automaticamente permitida pela serventia pelo prazo de 2 (duas) horas, cabendo à autoridade judiciária decidir sobre eventual pedido de extensão até o limite de 6 (seis) horas.

Serão reunidas para julgamento comum as ações eleitorais propostas por partes diversas sobre o mesmo fato, sendo competente para apreciá-las o juiz ou relator que tiver recebido a primeira (art. 96-B da LE).

O ajuizamento de ação eleitoral por candidato ou partido político não impede ação do Ministério Público no mesmo sentido.

Proposta ação sobre o mesmo fato apreciado em outra cuja decisão ainda não transitou em julgado, será ela apensada ao processo anterior na instância em que ele se encontrar, figurando a parte como litisconsorte no feito principal. Contudo, havendo decisão já transitada em julgado, não será ela conhecida pelo juiz, ressalvada a apresentação de novas provas.

11.2 AÇÃO DE IMPUGNAÇÃO DE REGISTRO DE CANDIDATURA (AIRC)

Seu prazo se inicia a contar do pedido de registro de candidatura.

11.2.1 Finalidade

Visa impedir que o impugnado obtenha o registro de sua candidatura, por falta de uma das condições de elegibilidade.

11.2.2 Competência

Prevista no art. 2º da LC n. 64/90:

a) TSE: candidatura presidencial;

b) TRE: candidatura a Senador, Governador, Deputado Federal, Deputado Estadual e Deputado Distrital;

c) Juiz Eleitoral: candidatura a Prefeito e Vereador.

11.2.3 Causas

Pode ensejar a AIRC qualquer das hipóteses de inelegibilidade previstas no art. 14, § 9º, da Constituição Federal ou na Lei de Inelegibilidades (LC n. 64/90), bem como a ausência de condição de elegibilidade. Destacamos como exemplos:

a) ser analfabeto, inexistência de filiação partidária ou dupla filiação, ausência de idade mínima ou a omissão de desincompatibilização no prazo exigido;

b) inelegibilidade procedente de algum ato reputado ilícito pelo ordenamento, como ter as contas rejeitadas por decisão do Tribunal de Contas, ou a prática de improbidade administrativa;

c) falta de algum documento legalmente exigível para o pedido de registro, não suprida em tempo hábil: como por exemplo a certidão criminal.

Irregistrabilidade: referido termo foi cunhado, pois não tem origem legislativa, pelo então Presidente do Tribunal Superior Eleitoral, Min. Luiz Fux, ao referir-se à situação jurídica do ex-Presidente Luiz Inácio Lula da Silva. Para o magistrado, existiriam pretensos candidatos irregistráveis. A discussão está no campo temporal do indeferimento do pedido de registro de candidatura, pois aos "irregistráveis" seria de plano, sem necessidade de impugnações ou processo, dada a inequívoca situação jurídica impeditiva. A medida visa impedir gastos de verbas públicas e repetição de eleições. Contudo, a legislação não faz tal distinção, sendo o dito irregistrável nada mais do que o inelegível, razão pela qual juridicamente a tese encontra obstáculo ao direito constitucional a ampla defesa.

11.2.4 Legitimidade

São legitimados ativos:

a) candidato: a jurisprudência considera o poder de ação mesmo daquele candidato cujo o registro de sua candidatura ainda não foi deferido, sendo necessário apenas que tenha sido indicado em convenção partidária e protocolado seu pedido perante a Justiça Eleitoral. Tal premissa é lógica, posto que, se a ação é de impugnação de registro, significa que os pedidos ainda não foram julgados, não se tendo ainda candidatos propriamente ditos. A condição de pré-candidato, ao nosso entender, também permite a propositura da ação, mas desde que seu nome esteja homologado na ata convencional, como apto à disputa, o que revela sua potencialidade para tanto, mesmo porque, se exigíssemos unicamente a condição de candidato, muitos ficariam à espera do deferimento do registro, inviabilizando o exercício deste importante instrumento democrático, que é a ação eleitoral.

b) partido político e coligação: segundo a Resolução TSE 21.608/2004, se o partido político estiver concorrendo em coligação, não poderá impugnar isoladamente. Por outro lado, a Súmula 11 do TSE, determina que se estes não impugnaram o registro, não terão legitimidade para recorrer da sentença (ressalvada a matéria constitucional).

c) Ministério Público Eleitoral: se o Ministério Público não for autor deverá ser intimado para acompanhar a ação e requerer o que for de direito (NCPC, art. 176 e seguintes), na condição de *custos legis*.

Qualquer legitimado poderá agir individualmente ou de forma conjunta, por intermédio de litisconsórcio. A impugnação por parte de candidato, partido político ou coligação não impede a ação do Ministério Público no mesmo sentido (art. 3º da LC n. 64/90).

O eleitor não tem legitimidade por falta de previsão legal, mas nada o impede de comunicar o membro do Ministério Público Eleitoral caso tome conhecimento de alguma irregularidade.

São legitimados passivos o candidato, o partido político ou a coligação (art. 4º da LC n. 64/90). Há necessidade de formação de litisconsórcio passivo necessário entre candidato e seu partido político, por restar tipificada a danosidade do ato para ambos. O postulante à vaga de vice não fica atingido por eventual decisão positiva, isto porque os requisitos para a candidatura são individuais e específicos.

11.2.5 Prazos

Em decorrência da urgência na prestação jurisdicional, os prazos são peremptórios e contínuos (não se suspendem) e correspondem a:

a) propositura: 5 dias da publicação do edital em que consta a relação dos pedidos de registro (não necessariamente exigindo-se o deferimento do registro);
b) contestação: 7 dias a partir do fim do prazo para impugnação, após devida notificação;
c) inquirição de testemunhas: 4 dias depois do fim do prazo para contestação;
d) diligências (inclusive a oitiva de terceiros): 5 dias seguintes à inquirição de testemunhas;
e) alegações finais (finda a dilação probatória): 5 dias;
f) autos conclusos ao relator para julgamento: dia imediato ao fim do prazo para alegações;
g) julgamento: 3 dias após a conclusão dos autos;
h) recurso: 3 dias após a publicação, em sessão, do Acórdão;
i) contrarrazões: 3 dias (notificação via fax, mural eletrônico, telegrama ou e-mail).

Importante asseverar que, à luz da Súmula-TSE n. 49, "o prazo de cinco dias, previsto no art. 3º da LC n. 64/90, para o Ministério Público impugnar o registro inicia-se com a publicação do edital, caso em que é excepcionada a regra que determina a sua intimação pessoal".

11.2.6 Prova

a) o impugnante deve indicar os meios de prova do que alega, inclusive indicando o rol de testemunhas se for o caso;

b) o impugnado, na contestação, pode juntar prova documental, arrolar testemunhas ou requerer a produção de outras provas, inclusive documentais, que se encontrem em poder de terceiros, em repartições públicas ou em processos judiciais ou administrativos, salvo os que tramitem em segredo de justiça;

c) as testemunhas devem comparecer por iniciativa das partes para a inquirição judicial e serão ouvidas em uma só assentada;

d) o relator poderá ouvir terceiros, referidos pelas partes, como conhecedores de fatos que possam influir do julgamento da causa;

e) o relator poderá exigir o depósito de documento necessário à formação da prova que esteja em poder de terceiro, sob pena de prisão por crime de desobediência.

11.2.7 Julgamento

a) o registro de candidato inelegível ou que não atenda às condições de elegibilidade será indeferido, ainda que não tenha havido impugnação;

b) o pedido de registro, com ou sem impugnação, será julgado em 3 dias após a conclusão dos autos, independentemente de publicação de pauta;

c) após a leitura do relatório, em sessão, abre-se a palavra às partes e ao Ministério Público por 10 minutos;

d) se houver pedido de vista, o julgamento deverá ser retomado na sessão seguinte;

e) proclamado o resultado, o Tribunal procederá à lavratura do Acórdão, que será lido e publicado ao final da sessão;

f) proferida a sentença caberá recurso inominado, em 5 dias, somente pelo pretenso candidato, seu partido político ou coligação (Súmula 11 do TSE);

g) contrarrazões em 3 dias;

h) recebido o recurso no TRE, abre-se o prazo de 2 dias para vistas ao membro do Ministério Público (Procurador Regional Eleitoral);

i) julgamento do recurso pelo TRE em 3 dias;

j) publicado o acórdão, abre-se o prazo de 3 dias para oferecimento de recurso junto ao TSE;

l) 3 dias para contrarrazões, seguindo o mesmo procedimento do TRE até a prolação da decisão;

m) transitada em julgado a decisão, passará a produzir efeitos, podendo negar o registro da candidatura; cancelar o registro, se já foi realizado; ou declarar nulidade do diploma, se já expedido;

n) a partir do trânsito em julgado o candidato não poderá mais praticar atos de campanha, facultando ao partido político ou à coligação requerer a substituição, mesmo que já tenha encerrado o prazo de registro.

Até vinte dias antes da data das eleições, todos os requerimentos, inclusive os que tiverem sido impugnados, devem estar julgados pelas instâncias ordinárias, e publicadas as decisões a eles relativas (art. 93, § 1º, CE).

11.2.8 Efeitos da sentença

Segundo o art. 15 da LC n. 64/90, transitado em julgado a decisão que declara a inelegibilidade do candidato, poderá ocorrer:

a) se já obteve o registro: ocorrerá o seu cancelamento;

b) se já estiver diplomado: será declarada nula a diplomação, a eleição e o registro, impossibilitando o início ou a continuidade do exercício do mandato (art. 15 da LC n. 64/90).

Importante ressaltar que até a fase da diplomação existe efeito suspensivo, com isso o impugnado participa da propaganda eleitoral normalmente, tem seu nome incluído na urna de votação etc., ou seja, o candidato concorre por sua conta e risco.

11.3 AÇÃO DE INVESTIGAÇÃO JUDICIAL ELEITORAL (AIJE)

Também chamada de Representação por Abuso do Poder Econômico e/ou Político.

11.3.1 Fundamento e objeto

Fundamentada no art. 22 da LC n. 64/90, a investigação judicial eleitoral é cabível após o pedido de registro de candidatura.

A Constituição Federal de 1988, em seu art. 14, §§ 2º, 4º, 6º e 7º, elenca alguns casos de ilegibilidade, sendo que o § 9º do referido artigo determina que a Lei Complementar estabelecerá outras hipóteses também.

Por isso essa ação tem por objetivo a cassação do registro do candidato e a declaração de inelegibilidade. Súmula TSE n. 19: "O prazo de inelegibilidade decorrente da condenação por abuso do poder econômico ou político tem início no dia da eleição em que este se verificou e finda no dia de igual número no oitavo ano seguinte (art. 22, XIV, da LC n. 64/1990)".

11.3.2 Legitimados

São legitimados ativos: os candidatos a qualquer cargo eletivo no pleito, os partidos políticos, as coligações e o Ministério Público (art. 22, *caput*, da LC n. 64/90). Essa legitimidade é concorrente, podendo cada um propô-la deforma individual ou em litisconsórcio ativo facultativo. Veja que os autores são os mesmos da ação de impugnação ao registro da candidatura, devendo o leitor verificar as observações feitas naquela oportunidade, também aplicáveis aqui.

São legitimados passivos: o candidato beneficiado pela prática do ato ilícito, coligação, as autoridades ou qualquer pessoa que tenha contribuído para o abuso.

11.3.3 Competência

a) nas eleições municipais, deve ser dirigida ao Juiz Eleitoral (art. 24 da LC n. 64/90);
b) nas eleições estaduais, deve ser dirigida ao Corregedor-Regional Eleitoral;
c) na eleição presidencial, deve ser dirigida ao Corregedor-Geral Eleitoral.

11.3.4 Causas

Exemplos de casos ensejadores de AIJE:

a) uso indevido, abuso ou desvio do poder econômico ou político: a doutrina utiliza de certos parâmetros para definir o que seja o abuso do poder econômico ou político, caracterizando-se nos casos de corrupção eleitoral (art. 299, CE), mapismo (art. 315, CE.), gastos eleitorais não contabilizados durante o período de campanha eleitoral, utilização de bens públicos para a reeleição ou para fomentar a campanha eleitoral de parentes ou apadrinhados políticos;

b) utilização indevida de veículos ou meios de comunicação social: configura-se quando o agente público se utiliza da frota estatal para atender a interesses eleitorais, ou agentes privados que manuseiam veículos para realizar o transporte ilegal de passageiros;

c) prática de condutas vedadas aos agentes públicos em campanha eleitoral: estão previstas nos arts. 73 e ss. da Lei n. 9.504/97, com o intuito de manter a igualdade de oportunidades entre os candidatos. Assim, não podem, por exemplo, autorizar publicidade institucional nos três meses anteriores à eleição; fazer pronunciamentos em cadeia de rádio e televisão fora do horário eleitoral gratuito, a não ser em caso de urgência, a critério da Justiça Eleitoral; realizar ou participar de inaugurações ou contratar shows com recursos públicos;

d) captação ilícita de sufrágio: regulada pelo art. 41-A da Lei n. 9.504/97, configura-se com o ato de doar, oferecer, prometer, ou entregar, ao eleitor com o fim de obter-lhe o voto, bem ou vantagem pessoal de qualquer natureza, inclusive emprego ou função pública. Essas condutas nada mais são do que os atos previstos no crime de corrupção eleitoral (art. 299 do CE.), que também configuram infração eleitoral, punidas severamente com multa e cassação de registro ou do diploma.

Segundo a doutrina, o ato praticado deve ter nexo causal com o comprometimento da lisura e normalidade do pleito. Nexo causal quer dizer que outro seria o resultado do pleito se o ato imputado como ilegal não tivesse sido praticado.

É irrelevante a efetiva obtenção de lucro ou vantagem nos votos. Basta somente a conduta abusiva para configurar ofensa ao bem jurídico tutelado, ou seja, a tão só distribuição de material de construção e de cestas básicas, o uso de gráficas particulares ou públicas para edição de material de propaganda eleitoral, a contratação de servidores públicos para servirem em comitê eleitoral durante o expediente de trabalho são atos suficientes para fazer incidir a sanção.

11.3.5 Prazo

A ação deve ser interposta antes da diplomação dos candidatos eleitos.

O rito é sumário e suas fases e prazos estão previstos no art. 22, I a IX, da LC n. 64/90.

11.3.6 Efeitos da sentença

Apesar de se priorizar a celeridade do processo, muitas vezes este acaba por ultrapassar o período das eleições. Diante disso, os efeitos da sentença dependem do momento em que é prolatada. Vejamos:

a) se o julgamento for antes das eleições = inelegibilidade + cassação do registro;

b) se o julgamento for após as eleições, mas o candidato não se elegeu = segue o processo normalmente para a declaração da inelegibilidade;

c) se o julgamento for após as eleições, e o candidato foi eleito = as cópias do processo serão encaminhadas ao MP que oferecerá Ação de Impugnação ao Mandato Eletivo ou Recurso contra a Diplomação.

Por eleição entende-se como o dia da proclamação dos eleitos.

Se a ação for proposta de forma temerária ou com manifesta má-fé poderá caracterizar crime eleitoral previsto no art. 25 da LC n. 64/90.

Verifica-se ainda que no caso das eleições municipais, em linhas gerais, que o rito da AJE será sumariado, assim, sendo:

(i) a petição inicial, no caso de deferimento *in limine* de cautelar incidental, deverá suspender o ato que motivou a ação, devendo ser contestada – notificação 5 dias da notificação, deverá ainda o Ministério Público se manifestar, ocorrendo o julgamento antecipado da lide;

(ii) podendo ocorrer no caso a extinção do processo sem o julgamento do mérito;

(iii) caso não seja extinto e dando continuidade na AIJE, após a manifestação do Ministério Público Eleitoral, ocorrerá a fase probatória, tendo cinco dias para inquirição das testemunhas, em três dias poderão ser feitas novas diligências, abrindo o prazo para alegações finais, sendo o prazo comum, e devendo o Ministério Público manifestar-se novamente, caso este não seja o autor da AIJE, devendo logo após ser proferida decisão. Em hipótese de apresentação de recurso, sempre no prazo de três dias.

11.3.7 Do recurso

Da decisão da ação de investigação judicial eleitoral no prazo de 3 dias:

a) para as eleições municipais, caberá recurso inominado ao TRE, contra decisão do Juiz Eleitoral, e posteriormente recurso especial ao TSE, se a decisão do TRE versar sobre matéria constitucional;

b) nas eleições estaduais cabe recurso ordinário ao TSE contra as decisões proferidas pelo TRE, nos termos do art. 121, § 4º, inciso III, da CF.

O recurso será recebido no efeito suspensivo, uma vez que a decisão de procedência somente será executada após o seu trânsito em julgado.

11.4 AÇÃO DE IMPUGNAÇÃO AO MANDATO ELETIVO (AIME)

11.4.1 Cabimento

Vencida as três fases, ou seja, escolha em convenção, deferimento do registro eleitoral e a proclamação dos eleitos, ocorre a diplomação, que se configura na homologação do resultado da eleição, garantindo-lhe segurança jurídica, permitindo-se seu desfazimento apenas por intermédio de recurso (Recurso contra a Diplomação) ou de ação específica (AIME).

Dessa forma, essa medida visa anular os efeitos da diplomação.

11.4.2 Previsão legal

Ação de natureza constitucional, está prevista no art. 14, §§ 10 e 11, da Constituição Federal, e deve tramitar em segredo de justiça, respondendo o autor, na forma da lei, se temerária ou de manifesta má-fé.

11.4.3 Legitimidade

a) ativa: são os mesmos legitimados ativos da AIRC e AIJE: os candidatos, os partidos políticos, as coligações e o Membro do Ministério Público. Por ser ação de natureza constitucional, o rol é exaustivo. Havendo desistência do autor, o MP poderá assumiu o polo ativo da ação (sucessão processual). No mais, conferir as anotações já efetuadas quando falamos da AIRC;

b) passiva: são legitimados passivos o diplomado infrator e todos aqueles que contribuíram para a prática do ato. Não existe litisconsórcio com o partido político, que pode ingressar no feito na condição de assistente litisconsorcial.

Tratando-se de AIME contra Chefe do Poder Executivo, há grande divergência na doutrina: para a doutrina majoritária e o TSE entende haver necessidade de citação do respectivo vice, por tratar-se de litisconsorte passivo necessário; em contrapartida, outra corrente defende não existir litisconsórcio passivo necessário. Essa questão ainda não é pacífica. Recomenda-se que o candidato a vice integre o polo passivo.

11.4.4 Competência

A competência, à semelhança do que ocorre com grande parte das ações eleitorais, é definida pelo juízo da diplomação, com exceção das eleições municipais, em que a diplomação é feita pela Junta Eleitoral e a competência é do Juiz Eleitoral. Vejamos:

a) para recebimento e processamento: Corregedor-Geral nas eleições presidenciais; Corregedor Regional nas eleições federais e estaduais, cabendo ao Tribunal respectivo o julgamento;

b) nas eleições municipais, a competência para recebimento, processamento e julgamento é do Juiz Eleitoral, ainda que o art. 24 da LC n. 64/90 fale somente em recebimento e processamento.

11.4.5 Hipóteses de cabimento

Segundo a CF, as hipóteses que ensejam a AIME são:

a) abuso do poder econômico: abuso é algo que exorbita sua esfera de atuação, indo além do que permite o padrão comum, são fatos que privilegiam os detentores do poder econômico, levando muitos candidatos a serem eleitos pelo seu poder financeiro e não por suas propostas;
b) corrupção: ocorre quando o candidato tenta obter o voto do eleitor mediante oferecimento de vantagem, presente ou valor pecuniário, estorvando-o de livremente exercer o seu direito ao voto;
c) fraude: é o engano provocado por dolo, com a intenção deliberada de burlar a lei. Segundo o TSE, o conceito de fraude relaciona-se à votação, como por exemplo, votar mais de uma vez ou alterar nos mapas as votações dos candidatos.

11.4.6 Procedimento

Inicialmente e durante anos, o TSE aplicava o rito ordinário do Código de Processo Civil à AIME, o que praticamente a tornava inócua, que, por ser demorada, ultrapassava a duração do mandato de quatro anos. Em 2004, o TSE passou a admitir a adoção do rito da AIJE (art. 22 da LC n. 64/90), entretanto, atualmente determinou em suas instruções a adoção do rito da AIRC. Vejamos suas regras:

a) petição inicial: o prazo para a propositura da ação é de 15 dias, contados da diplomação.

A ação deve ser instruída com um mínimo de prova da irregularidade que lhe dá fundamento, podendo arrolar até 6 testemunhas.

Não se exige prova pré-constituída, basta apenas um razoável indício probatório manifestado pelo *fumus boni iuris*. Isso justifica o entendimento pacífico que não é condição de procedibilidade a prévia propositura da AIJE.

Os fatos ensejadores podem ser supervenientes à diplomação ou intercorrentes entre o alistamento eleitoral e as eleições, especialmente no período de propaganda político-eleitoral, quando já está precluso o exame das questões do registro de candidatos (exceto se matéria constitucional).

A AIME pode ser proposta concomitantemente com a AIJE quando o julgamento desta não se deu até a diplomação. Assim, verificando tratar-se do mesmo fundamento fático, deverão ser reunidas por conexão, com o fim de se evitar possíveis decisões contraditórias (art. 54 a 61, NCPC).

b) defesa: da data da impugnação começa a correr o prazo de 7 dias para a contestação, juntamente com o rol de testemunhas e requerimento de outras provas, inclusive que se encontrem em poder de terceiros, salvo se segredo de justiça (art. 4º da LC n. 64/90);

c) sentença: sendo o pedido julgado procedente, o diplomado deixará temporariamente de exercer o mandato até julgamento final (até a coisa julgada), não se aplicando a regra do art. 216 do CE. Sua improcedência não acarreta a absolvição criminal, pois sua valoração probatória pode conter elementos que não tenham relação com a AIME, e que podem retratar a tipicidade, ilicitude e culpabilidade;

d) recursos: caberá recurso inominado das decisões do Juiz Eleitoral ao TRE; das decisões dos TRE's cabe recurso ordinário dirigido ao TSE (CF, art. 121, § 4º, IV); e das decisões do TSE cabe, tratando-se de matéria constitucional, recurso extraordinário ao STF.

11.5 RECURSO CONTRA A DIPLOMAÇÃO (RDC)

11.5.1 Natureza jurídica e previsão legal

A doutrina é dividida quanto à natureza jurídica do RCD:

Para Marcos Ramayana, Adriano Costa, entre outros, a RDC não se trata de recurso, mas de ação autônoma de impugnação do diploma. Enquanto o recurso volta-se contra decisão judicial, prolongando um processo já existente, o RCD ataca diretamente a diplomação, a qual possui natureza administrativa (RAMAYANA, 2009 e COSTA, 1998).

Acrescentam ainda que se trata de ação porque não há coisa julgada formal ou material, não existe lide ou conflito resistido, não existe contraditório ou ampla defesa, mas apenas uma impugnação contra os abusos do poder econômico ou político.

Para a corrente contrária, defendida, dentre outros, por Carlos Mário Velloso, o RCD é um verdadeiro recurso, em decorrência de ser a diplomação um pronunciamento judicial, pois provoca consequências jurídicas (VELLOSO, 2012, p. 309).

Exposto as divergências, o RCD está previsto no art. 262 do CE, devendo ser interposto em até 3 dias (art. 258 do CE), contados do próprio ato da diplomação (e não da proclamação dos eleitos).

11.5.2 Legitimidade

Ativa: Candidatos, partidos políticos, coligações e Ministério Público.

Passiva: Candidato diplomado ou suplente.

Não há litisconsórcio passivo necessário com o partido, ainda que se trate de eleições proporcionais, pois o voto contará para a legenda (art. 175, § 4º, do CE).

11.5.3 Competência

Pode ser interposto nas três instâncias eleitorais, consoante o órgão competente para realizar a diplomação:

a) o juízo eleitoral para os pleitos municipais;

b) o TRE nas eleições estaduais[1];

c) o TSE nas eleições nacionais.

11.5.4 Rito

Deve seguir o rito do art. 267 do CE. Assim, o prazo será o geral previsto para os recursos eleitorais, ou seja, três dias.

O RCD deve ser interposto junto ao juízo da diplomação, o qual efetua seu processamento, enviando após à instância *ad quem* para julgamento. A peculiaridade é a ausência de juízo de retratação, pois não tendo havido decisão do juízo *a quo* não há o que retratar.

11.5.5 Cabimento

O recurso contra expedição de diploma caberá somente nos casos de inelegibilidade superveniente ou de natureza constitucional e de falta de condição de elegibilidade.

---

[1] O Supremo Tribunal Federal, em 7 de março de 2018, decidiu, nos autos da Ação de Descumprimento de Preceito Fundamental – ADPF n. 167, que é de competência do Tribunal Superior Eleitoral julgar originariamente os Recursos contra Diplomações oriundos de eleições estaduais (Governador, Vice, Senador e Deputados). Entendeu a Suprema Corte pela não aplicabilidade do duplo grau de jurisdição quando a lei confere competência originária a Tribunal Superior. Desta forma, o Tribunal Superior Eleitoral processa em grau único o RCD.

Nesse sentido, são as súmulas:

- **Súmula-TSE n. 37**

  Compete originariamente ao Tribunal Superior Eleitoral processar e julgar recurso contra expedição de diploma envolvendo eleições federais ou estaduais.

- **Súmula-TSE n. 47**

  A inelegibilidade superveniente que autoriza a interposição de recurso contra expedição de diploma, fundado no art. 262 do Código Eleitoral, é aquela de índole constitucional ou, se infraconstitucional, superveniente ao registro de candidatura, e que surge até a data do pleito.

11.5.6 Efeitos da sentença

O RCD tem efeito desconstitutivo do diploma, entretanto, o art. 216 do CE assegura que o candidato poderá exercer seu mandato enquanto o TSE não decidir o RCD. Trata-se de norma que afasta a regra da ausência de efeito suspensivo dos recursos eleitorais.

Tratando-se de eleições majoritárias, no caso de julgamento positivo incidirá o art. 224 do CE (novas eleições se a nulidade atingir mais de metade dos votos). No caso de eleições proporcionais, aplica-se o art. 175, § 3º, do CE, havendo que distinguir: (a) se na data das eleições o candidato tinha o registro indeferido, consideram-se nulos os votos a ele atribuídos; (b) se na data das eleições o candidato tinha registro deferido, ainda que *sub judice*, os votos são contados para o partido, nos termos do art. 175, § 4º, do CE.

Não há declaração de inelegibilidade no julgamento de procedência do RCD.

11.6 REPRESENTAÇÃO OU RECLAMAÇÃO

11.6.1 Cabimento

A representação ou reclamação possui caráter residual, pois somente será cabível nos casos de infração à Lei n. 9.504/97 e que não exista disposição específica regulando a matéria, como por exemplo, contra captação ilícita de sufrágio cabe Ação de Investigação Judicial Eleitoral (art. 96).

No caso de condutas vedadas, o TSE tem facultado a utilização do rito do art. 22 da LC n. 64/90. Existe rito específico para os casos de pedido de direito de resposta. Nos casos dos arts. 30-A e 41-A, aplica-se o rito do art. 22 da LC n. 64/90.

Possui um rito bastante sumário, pois visa cessar a conduta ilegal. Normalmente é empregada quando há descumprimento das regras referentes à propaganda eleitoral e as infrações sancionadas com multa administrativa.

Ela não é cabível para arguir o descumprimento de resposta a consulta ou de ato normativo do Tribunal Superior Eleitoral (Súmula-TSE n. 35).

11.6.2 Legitimidade

Tem legitimidade ativa os candidatos, partidos e coligações. Mais uma vez o Ministério Público não foi lembrado entre os legitimados ativos para a propositura da representação, o que vem sendo contornado nas instruções do TSE, que tem garantido a legitimidade do MP.

11.6.3 Competência

Será competente o Juizado Auxiliar nas eleições presidenciais, federais e estaduais, não havendo inconstitucionalidade na instituição dos Juízes Auxiliares, pois se trata, na verdade, de competência interna, não havendo alteração de competência ou organização da Justiça Eleitoral.

Nas eleições municipais, a competência é do Juiz Eleitoral. Nos municípios com mais de uma zona, o Tribunal Regional Eleitoral escolherá um dos juízes eleitorais para apreciar as representações.

A competência pode ser alterada em razão de demora na prestação jurisdicional (arts. 96, § 10 e 97 da Lei n. 9.504/97).

11.6.4 Procedimento

A petição inicial deve vir subscrita por advogado regularmente inscrito na OAB. No caso de reclamação para exercício do poder de polícia não é necessário, porque vale a simples notícia de ilícito, cuja prática pode ser afastada de ofício pelo juiz eleitoral.

A resposta é contada minuto a minuto da notificação e não da juntada aos autos da certidão ou mandado.

É inviável a inquirição de testemunhas no rito do art. 96 da Lei n. 9.504/97 (AgReg REsp 19.611). Tal entendimento é muito discutível, haja vista a necessidade de garantir o contraditório.

11.6.5 Prazo

Embora a lei não estipule prazo para ajuizamento da representação, salvo para os casos de pedido de direito de resposta, o TSE vem criando prazos para a propositura da representação, sendo que suas últimas decisões a respeito são:

a) inicialmente, houve a fixação do prazo de cinco dias para o ajuizamento da representação por conduta vedada (RO 748/2005), terminando por, abandonando esse prazo, reconhecer o prazo final da data das eleições;
b) no caso de captação de sufrágio, após também inicialmente fixar o prazo de cinco dias (REsp 25.553/2006, REsp 25.579/2006 e MC 1.776/2006), passou a aplicar analogicamente o entendimento da AIJE, estabelecendo a data da diplomação como prazo final;
c) "o prazo para a propositura de representação (art. 96 da LE), quando se tratar de propaganda realizada na programação normal das emissoras de rádio e televisão, é de 48 horas. Aplicação, por analogia, do disposto no art. 58, § 1º, II da LE", que trata do direito de resposta (REsp 26.373/2006);
d) "o prazo para ajuizamento de representação por invasão de propaganda no horário eleitoral gratuito é de 48 horas", por aplicação do prazo para contestação da representação (Rep. 443/2002).

11.6.6 Recursos

a) contra decisão do juiz eleitoral caberá recurso no prazo de 24 horas.
b) tratando-se de juiz auxiliar do TRE ou TSE cabe recurso no prazo de 24 horas, com o rito semelhante ao do agravo regimental. O juiz auxiliar tomará assento no Plenário.

11.7 AÇÃO RESCISÓRIA ELEITORAL

11.7.1 Previsão legal

Segundo o art. 22 do Código Eleitoral, compete ao Tribunal Superior processar e julgar originariamente a ação rescisória, nos casos de inelegibilidade, desde que intentada dentro de cento e vinte dias de decisão irrecorrível.

11.7.2 História

A ação rescisória eleitoral foi criada pela LC n. 86/96 para tentar contornar a inelegibilidade do ex-senador Humberto Lucena. Inclusive o art. 2º da LC n. 86 previa que a ação rescisória poderia ser ajuizada em face de decisões proferidas nos 120 dias anteriores à vigência da lei.

O STF, em ação direta de inconstitucionalidade, afastou a possibilidade de exercício do mandato até o trânsito em julgado da rescisória, pois implicaria suspensão da eficácia da coisa julgada sobre inelegibilidade.

É necessário que tenha ocorrido o trânsito em julgado da decisão, não sendo possível o ajuizamento da rescisória na pendência de recurso extraordinário, embora a matéria infraconstitucional esteja definitivamente apreciada.

11.7.3 Legitimidade

Tem legitimidade ativa o candidato declarado inelegível. Decidiu o TSE: "Não é cabível o ajuizamento de ação rescisória por quem não tenha sido declarado inelegível, por ser direito personalíssimo à capacidade de ser votado".

A legitimidade passiva é do autor da ação que ocasionou a inelegibilidade. O candidato que assume na vaga deixada em razão da inelegibilidade é considerado litisconsorte passivo necessário, devendo ser citado para contestar a ação.

É possível, no entanto, afirmar a capacidade ativa do Ministério Público no caso, por exemplo, de ter deixado de participar como fiscal da lei na demanda originária. O que denotaria nítida nulidade.

Quanto ao eleitor, será possível ser autor de ação rescisória nos casos decorrentes de impugnação a registro de candidatura, pois, nessas hipóteses, nos termos do art. 97, § 3º, do Código Eleitoral, qualquer eleitor é legitimado a propor impugnação.

11.7.4 Competência

Considerando que a inserção da rescisória ocorreu no art. 22, alínea *j*, do Código Eleitoral, que trata da competência do TSE, entende-se que somente esse tribunal dispõe de competência para julgamento da ação rescisória. Se houver a interposição de recurso extraordinário a competência passará a ser do STF.

11.7.5 Cabimento

No âmbito da Justiça Eleitoral, a ação rescisória somente é cabível para desconstituir decisão do TSE que declare a inelegibilidade (art. 22, I, *j*, CE).Nesta toada, é a Súmula-TSE n. 33 "somente é cabível ação rescisória de decisões do Tribunal Superior Eleitoral que versem sobre a incidência de causa de inelegibilidade".

Pode ser ajuizada em face de decisões proferidas em ação de impugnação ao registro de candidatura, investigação judicial eleitoral, recurso contra expedição de diploma e ação de impugnação de mandato eletivo.

Não basta o simples inconformismo quanto à decisão que reconheceu a inelegibilidade para o ajuizamento da rescisória. É necessário que esteja presente alguma das hipóteses de cabimento do art. 966 do NCPC.

A violação da lei apta a ensejar a rescisória deve ser literal, não sendo possível no caso em que o tribunal adotou uma interpretação possível do dispositivo legal.

Não cabe rescisória:

a) de acórdão que proclamou a elegibilidade de candidato;
b) contra decisão que defere registro de candidato;
c) contra decisão que julgou procedente representação por infração ao art. 41-A da Lei n. 9.504/97;
d) contra decisão que se limita a negar seguimento a recurso especial intempestivo;
e) não é possível o ajuizamento de ação rescisória que tenha por objetivo a imposição da sanção de inelegibilidade.

É admissível a propositura de ação rescisória contra decisão monocrática de juiz do Tribunal Superior Eleitoral que aprecia recurso especial. Todavia, se a decisão rescindenda assentou a inviabilidade do apelo sem apreciar o mérito da causa, a ação rescisória não pode ser acolhida porque se transformaria em novo recurso contra o acórdão regional.

A utilização de documento novo em ação rescisória só é viável com a demonstração de que não foi possível apresentá-lo na ação rescindenda.

11.7.6 Procedimento

O prazo de 120 dias é contado da data do trânsito em julgado da decisão rescindenda. O prazo é decadencial e não comporta interrupção ou suspensão.

Se a inelegibilidade é reconhecida em AIRC com base em decisão proferida anteriormente em AIJE, é a partir desta que conta o prazo da rescisória, porque senão a rescisória acabaria por desconstituir a decisão proferida em processo que não foi atacado, além de constituir em desobediência do prazo de 120 dias.

A petição inicial deve conter os requisitos do art. 319 do NCPC e o pedido deve estar em consonância com os arts. 967 a 969 do NCPC.

O seu processamento deverá observar o art. 966 e seguintes do NCPC.

11.7.7 Recurso

Vige o princípio da irrecorribilidade das decisões do TSE. Admite-se, entretanto, o recurso extraordinário ao STF, desde que preenchidos os seus pressupostos legais, no prazo de 3 dias.

11.8 CONSULTAS ELEITORAIS

As consultas surgiram com a finalidade de garantir a celeridade do processo eleitoral, reduzindo os conflitos e os litígios em razão da matéria ter sido previamente decidida pelo TSE ou pelo TRE em sua esfera de competência, resolvendo as perguntas que lhes são dirigidas (arts. 23, XII e 30, VIII do CE).

As consultas devem ser realizadas apenas por órgãos partidários nacionais ou estaduais, feitas pelo presidente ou pelo delegado credenciado junto ao Tribunal eleitoral respectivo. Podem, outrossim, ser realizadas por autoridade pública ou diplomado com autoridade no respectivo âmbito de atuação do Tribunal, isto é, autoridades federais perante o Tribunal Superior Eleitoral, ao passo que as autoridades estaduais, perante o Tribunal Regional Eleitoral. Se estas não tiverem caráter geral, mas específico, não será conhecida.

Não cabe consulta proposta por autoridade municipal, ou com poderes limitados à circunscrição municipal, por exemplo: um delegado de polícia civil ou direção municipal de partido político.

O Supremo Tribunal Federal entende que a consulta não apresenta natureza jurisdicional, constituindo-se ato genérico e abstrato sem produzir efeitos concretos por se tratar de uma orientação sem força executiva.

Seu procedimento não comporta o contraditório ou a ampla defesa, não se admite recurso contra elas, e nem tampouco faz coisa julgada.

11.9 TUTELAS PROVISÓRIAS

As tutelas provisórias são admitidas na Justiça Eleitoral para conceder efeito suspensivo a algumas decisões judiciais, haja vista que os recursos, em regra, não têm esse efeito e a execução de qualquer decisão deve ser feita de forma imediata (art. 257 do CE).

Aplicam-se as regras do art. 294 e seguintes do NCPC, tomando-se cuidado para que não sejam usadas com o fim procrastinatório, atrapalhando a celeridade do processo eleitoral.

Os casos mais comuns são os de agentes públicos que pretendem permanecer no exercício de seus mandatos até decisão transitada em julgado, quando por qualquer motivo venham a perder o cargo.

O TSE já decidiu que "O mandado de segurança exige que o seu curso só seja permitido em situação de atentado ao direito líquido e certo do impetrante, demonstrado, de modo inequívoco, na petição inicial" (RMS 535/SP).

11.10 INFORMATIVOS E SÚMULAS CORRELATOS

Ações eleitorais

845/STF – Reclamação e esgotamento das vias ordinárias de impugnação.

A Segunda Turma negou provimento a **agravo regimental interposto contra decisão que negara seguimento a reclamação, em razão do não esgota-**

mento das vias ordinárias de impugnação, conforme previsto no art. 988, § 5º, II, do novo Código de Processo Civil (CPC). Na espécie, a reclamação foi ajuizada contra acórdão proferido por tribunal regional eleitoral, que, ao manter pena de inelegibilidade fixada em sentença, teria desrespeitado o que decidido pelo Supremo Tribunal Federal (STF) no julgamento do RE 658.026/MG (*DJE* de 31-11--2014), com repercussão geral reconhecida. Em face do referido acórdão, o recorrente também interpôs recurso especial eleitoral no Tribunal Superior Eleitoral. Segundo o agravante, a regra inscrita no art. 988, § 5º, II, do CPC compreenderia apenas o exaurimento de recursos ordinários cabíveis no âmbito do tribunal de origem, de modo que a interposição de recurso especial eleitoral em nada prejudicaria o cabimento da reclamação. Para o Colegiado, a reclamação somente é cabível quando esgotados todos os recursos ordinários na causa em que proferido o ato supostamente contrário à autoridade de decisão do STF com 91 repercussão geral reconhecida. Nesses termos, a hipótese de cabimento prevista no art. 988, § 5º, II, do CPC deve ser interpretada restritivamente, sob pena de o STF assumir, pela via da reclamação, a competência de pelo menos três tribunais superiores (Superior Tribunal de Justiça, Tribunal Superior do Trabalho, Tribunal Superior Eleitoral), para o julgamento de recursos contra decisões de tribunais de segundo grau de jurisdição. O ministro Dias Toffoli acompanhou o ministro Teori Zavascki (relator), mas ressalvou a aplicação do entendimento apenas aos casos provenientes da Justiça Eleitoral, em razão das características específicas do recurso especial eleitoral e das peculiaridades da composição do Tribunal Superior Eleitoral. Rcl 24686 ED-AgR/RJ, rel. Min. Teori Zavascki, 28-11-2016 (Rcl-24686) (Informativo 845, 2ª Turma).

Ações judiciais

03/TSE/2017 – Fato superveniente ao registro de candidatura e inelegibilidade.

O Plenário do Tribunal Superior Eleitoral, por unanimidade, afirmou que **a data a ser fixada como termo final para a consideração de fato superveniente apto a afastar a inelegibilidade do candidato, conforme o previsto no § 10 do art. 11 da Lei n. 9.504/1997, deverá ser o último dia do prazo para a diplomação dos eleitos.** Na espécie, trata-se de recurso eleitoral interposto por candidata que teve seu registro indeferido, em decorrência de condenação em ação de improbidade. Após o início do julgamento neste Tribunal, a recorrente informou que obteve efeito suspensivo no recurso extraordinário interposto em ação civil pública, na qual fora condenada por improbidade administrativa. O Ministro Henrique Neves, relator, na linha da jurisprudência deste Tribunal, afirmou que as circunstâncias fáticas e jurídicas supervenientes ao registro de candidatura aptas a afastar a inelegibilidade podem ser conhecidas em qualquer grau de jurisdição, inclusive nas instâncias extraordinárias, até a data da diplomação, última fase do processo eleitoral. Esclareceu que a candidata teve liminar deferida em 7-12-2016, em que se concedeu efeito suspensivo ao recurso extraordinário interposto de acórdão que manteve sua condenação por improbidade administrativa. Contudo, o juízo eleitoral realizou a solenidade de diplomação no dia 3-12-2016. O relator ressaltou que a concessão da liminar suspende provisoriamente o suporte fático da inelegibilidade descrita no art. 1º, inciso I, alínea l, da Lei Complementar n. 64/1990. Nesse contexto, asseverou que a fixação da data da diplomação dos eleitos pelo juízo eleitoral, por critérios de conveniência e oportunidade, não pode servir como parâmetro para o exercício de direito garantido por lei, especificamente aquele previsto no § 10 do art. 11 da Lei n. 9.504/1997, sob pena de se causar instabilidade jurídica e política. Assim, em atenção ao direito fundamental à elegibilidade, que deve nortear a esfera eleitoral, o ministro entendeu que a data a ser fixada como termo final para a consideração de fato superveniente apto a afastar a inelegibilidade do candidato deverá ser o último dia do prazo para a diplomação dos eleitos, fixado no calendário eleitoral elaborado por esta Corte, ou seja, o dia 19 de dezembro. O Tribunal, por unanimidade, acolheu os embargos de declaração opostos, com efeitos modificativos, para prover o recurso especial eleitoral e deferir o registro da sua candidatura ao cargo de prefeito do Município de Senhora dos Remédios/MG, nos termos do voto do relator. Embargos de Declaração no Recurso Especial Eleitoral 166-29, Senhora dos Remédios/MG, rel. Min. Henrique Neves da Silva, julgados em 7-3-2017.

02/TSE/2016 – Alteração fática superveniente que afasta inelegibilidade pode ser conhecida na instância ordinária, mesmo que ocorrida após a diplomação.

O Plenário do Tribunal Superior Eleitoral, por maioria, entendeu que **a causa superveniente que afasta inelegibilidade, reconhecida em processo judicial eleitoral, pode ser considerada para afastar o impedimento ao exercício do direi-**

to político do candidato, enquanto este procedimento estiver em trâmite na instância ordinária, ainda que já ocorrida a diplomação. Na espécie, o Tribunal Regional Eleitoral do Ceará, sob o argumento de uso inadequado da via eleita, não conheceu de embargos de declaração opostos por candidato eleito, declarado inelegível nos autos de ação de impugnação de mandato eletivo em razão da desaprovação de suas contas pelo Tribunal de Contas. O candidato, que se manteve no cargo por decisão liminar suspensiva dos efeitos da inelegibilidade, informou nos embargos que o Tribunal de Contas, ao prover recurso de revisão, reformou decisão anterior, aprovando com ressalvas as suas contas. O Ministro João Otávio de Noronha (relator, que compunha o Colegiado à época do início do julgamento) entendeu que, uma vez aprovadas com ressalvas as contas do candidato, o fundamento que autorizava a incidência da inelegibilidade prevista no art. 1º, I, *g*, da LC n. 64/1990 não mais subsistia, motivo pelo qual deveria ser considerado para se afastar a inelegibilidade, mesmo já tendo ocorrido a diplomação. O Ministro Gilmar Mendes, em seu voto-vista, acompanhando o relator, propugnou-se estabelecer que, enquanto a ação na qual se reconhece a inelegibilidade estiver tramitando nas instâncias ordinárias, será possível conhecer de fato superveniente, sanatório do impedimento que inviabilizava a candidatura. Sustentou que a Constituição Federal de 1988 prestigia o direito à elegibilidade e que a desconsideração pela Justiça Eleitoral da decisão rescisória do Tribunal de Contas configurava grave violação à soberania popular, traduzida nos votos obtidos pelos candidatos eleitos. Vencidos a Ministra Luciana Lóssio e o Ministro Henrique Neves, que entendiam pela impossibilidade de se conhecer fato superveniente que afasta a inelegibilidade ocorrido após a data da diplomação, último ato do processo eleitoral. O Ministro Henrique Neves ressaltava ainda que, ao não se estabelecer a diplomação como termo temporal, poder-se-ia reconhecer fato ocorrido três anos após o início do mandato, o que poderia acarretar instabilidade jurídica. O Tribunal, por maioria, proveu o recurso de João Francismar Dias, vencidos nesta parte a Ministra Luciana Lóssio e o Ministro Henrique Neves da Silva. Recurso Especial Eleitoral 10-19, Pereiro/CE, rel. Min. João Otávio de Noronha, em 1º-3-2016.

05/TSE/2016 – Contagem de prazos processuais do novo Código de Processo Civil e inaplicabilidade às ações eleitorais.

O Plenário do Tribunal Superior Eleitoral, por unanimidade, assentou que **a sistemática de contagem de prazo prevista no art. 219 do novo Código de Pro-**

cesso Civil não é aplicável aos processos eleitorais. Asseverou haver incompatibilidade entre os princípios informadores do direito processual eleitoral, como a celeridade, consectária da garantia constitucional da razoável duração do processo, e a metodologia adotada pelo diploma processual civil em vigor. Rememorou que a alteração promovida pela Lei n. 12.034/2009 na Lei das Eleições passou a prever no art. 97-A taxativamente o prazo de um ano como razoável para tramitação dos processos no âmbito da Justiça Eleitoral. Por fim, sublinhou que a solução das causas eleitorais reclama a adoção de sistemáticas céleres, em razão de tratar de questões políticas e de direção estatal. O Tribunal, por maioria, não conheceu dos embargos de declaração de Bruno Martuchele Sales, nos termos do voto da relatora. Recurso Especial Eleitoral 533-80, Belo Horizonte/MG, rel. Min. Maria Thereza de Assis Moura, em 2-6-2016.

07/TSE/2016 – Formação de litisconsórcio passivo necessário no âmbito da AIJE.

O Plenário do Tribunal Superior Eleitoral, por unanimidade, alterando a jurisprudência desta Corte, entendeu pela **possibilidade de formação** de litisconsórcio **passivo necessário, em ação** de investigação **judicial eleitoral por abuso do poder político, entre o agente público autor da conduta e o candidato beneficiado.** Na espécie, a decisão recorrida rejeitava a preliminar de formação de litisconsórcio passivo necessário e mantinha sentença que julgou parcialmente procedente o pedido formulado na AIJE. O Ministro Henrique Neves, redator para o acórdão, ressaltou que a jurisprudência desta Corte (RO n. 722) sustenta que o inciso XIV do art. 22 da LC n. 64/1990, que prevê a AIJE, não exige a formação de litisconsórcio passivo necessário entre o representado e aqueles que contribuíram para a realização do abuso de poder. Destacou, no entanto, decisões prolatadas por este Tribunal em representações para apuração de conduta vedada do art. 73 da Lei n. 9.504/1997, nas quais se afirmava que o agente público, responsável pela prática da conduta vedada, figuraria como litisconsorte passivo necessário em representação proposta contra os eventuais beneficiários. Esclareceu que o abuso dos poderes político e econômico constitui o gênero e as condutas vedadas, a espécie, não podendo o tratamento processual dispensado à espécie ser diverso daquele que incide na apuração do gênero. Diante disso, admitiu a necessidade de este Tribunal rever sua jurisprudência, sendo acompanhado pelo Plenário, reconhecendo a necessidade de inclusão de quem contribuiu para a realização do abuso de poder no polo passivo da AIJE. Ressaltou, ao fim, que, por se tratar de mudança no entendimento jurisprudencial, não seria aplicável aos pleitos anteriores; podendo, no entanto, ser adotada nas eleições de 2016. O Tribunal, por unanimidade, deu parcial provimento ao recurso para afastar a prática de captação ilícita de sufrágio e a inelegibilidade imposta ao recorrente, mantendo, contudo, a cassação do diploma por abuso dos poderes político e econômico, nos termos do voto do relator. Recurso Especial Eleitoral 843-56, Jampruca/MG, rel. Min. João Otávio de Noronha, em 21-6-2016.

08/TSE/2016 – Fraude no registro de candidaturas femininas e possibilidade de ajuizamento de AIJE.

O Plenário do Tribunal Superior Eleitoral, por unanimidade, **assentou que a ação de investigação judicial eleitoral é instrumento processual hábil para apurar fraude em candidaturas femininas lançadas por partido político tão somente para atender a regra prevista no art. 10, § 3º, da Lei das Eleições**. Mencionou que o art. 22 da Lei Complementar n. 64/1990 estabelece: Art. 22. Qualquer partido político, coligação, candidato ou Ministério Público Eleitoral poderá representar à Justiça Eleitoral, diretamente ao corregedor-geral ou regional, relatando fatos e indicando provas, indícios e circunstâncias e pedir abertura de investigação judicial para apurar uso indevido, desvio ou abuso do poder econômico ou do poder de autoridade, ou utilização indevida de veículos ou meios de comunicação social, em benefício de candidato ou de partido político, obedecido o seguinte rito: [...]. Destacou que a interpretação desse dispositivo não pode ser centrada apenas em caráter meramente formal, que privilegia o direito processual (acessório), em detrimento da análise de eventual violação de direito material (principal), cuja proteção constitui dever do Estado. Afirmou, dessa forma, que devem ser examinados pela Justiça Eleitoral eventuais desvirtuamentos que possam anular a regra que impõe a existência de candidaturas nos patamares previstos pela legislação para cada gênero. O Tribunal, por unanimidade, deu parcial provimento ao recurso especial, nos termos do voto do relator. Recurso Especial Eleitoral 243-42, José de Freitas/PI, rel. Min. Henrique Neves da Silva, em 16-8-2016.

03/TSE/2017 – Participação ativa de candidato em evento religioso e possível configuração de abuso de poder econômico.

O Plenário do Tribunal Superior Eleitoral, por unanimidade, entendeu que, **apesar de a legislação não dispor sobre o abuso de poder religioso como**

ilícito eleitoral, pode caracterizar abuso de poder econômico a participação ativa de candidato a mandato eletivo em evento religioso, no qual há pedido expresso de voto em seu favor. Na espécie, candidatos a mandato eletivo participaram de evento religioso em que subiram no palco e receberam elogios por parte do representante da igreja. O Ministro Henrique Neves, relator, ressaltou que a liberdade de expressão constitui direito fundamental, não sendo possível impor às igrejas o silêncio diante de temas relevantes para a sociedade. No entanto, afirmou que, ao interpretar o ordenamento jurídico de forma sistemática, a garantia de liberdade de expressão religiosa não afasta, por si só, os demais princípios de igual estatura e relevo constitucional, como os que tratam da normalidade e da legitimidade das eleições contra a influência de condutas abusivas. O relator lembrou que a Constituição da República e a legislação eleitoral apenas preveem a prática de abuso de poder econômico e político, não existindo disposição expressa a respeito da espécie abuso de poder religioso. Por outro lado, frisou que o entendimento pela impossibilidade de as igrejas contribuírem financeira ou economicamente para campanhas eleitorais encontra apoio no entendimento adotado pelo Supremo Tribunal Federal, no julgamento da ADI n. 4.650, quanto à proibição de pessoas jurídicas financiarem campanhas eleitorais. O ministro acrescentou que as igrejas podem colaborar de forma decisiva para a realização e promoção das campanhas eleitorais e, com isso, desequilibrar a igualdade de chances entre os candidatos que disputam o pleito, em especial quando há presença de candidato em eventos e pedido expresso de voto em seu favor. Nesse aspecto, além da possibilidade de o responsável e o beneficiário responderem pelas sanções pecuniárias previstas na Lei n. 9.504/1997, seja em relação à multa por propaganda irregular, seja em relação à arrecadação de recursos provenientes de fontes vedadas, a matéria também pode ser examinada sob o ângulo do abuso do poder econômico, a depender do caso concreto. Dessa forma, afirmou que, embora a igreja tenha liberdade de expressão religiosa, não pode o candidato utilizar-se da entidade para potencializar a exposição de sua imagem em evento religioso, sob pena de possível caracterização da prática de abuso do poder econômico. O Tribunal, por unanimidade, recebeu o recurso especial interposto, a fim de julgar improcedentes, em relação a todos os demandados, os pedidos formulados nas ações de investigação judicial eleitoral propostas pelo Ministério Público e pela Coligação Rondônia Melhor para Todos e julgou prejudicado o recurso especial da Coligação Rondônia Melhor para Todos, nos termos do voto do relator.

Recurso Ordinário n. 2653-08, Porto Velho/RO, rel. Min. Henrique Neves da Silva, julgado em 7-3-2017.

13/TSE/2016 – Promoção de evento festivo às vésperas das eleições, cabimento de prova por gravação ambiental e abuso de poder econômico.

O Plenário do Tribunal Superior Eleitoral, por unanimidade, **reiterou entendimento de considerar** lícita **gravação ambiental produzida em local aberto ao público, sem controle de acesso.** Asseverou o relator, Ministro Herman Benjamin, que a conduta do **candidato de custear evento festivo a menos de três dias do pleito, com entrada franca e distribuição gratuita de bebida, além da considerável** presença de **munícipes, configura abuso de poder econômico.** Na espécie, os candidatos a prefeito e vice-prefeito tiveram seus mandatos cassados pelas instâncias ordinárias em decorrência do patrocínio de festa às vésperas das eleições. Entre os elementos probatórios, levou-se em consideração gravação ambiental, realizada por policiais, de diálogos com populares que compareceram ao evento. O relator entendeu lícita a prova em razão de ter sido obtida em local público. Para tanto, considerou entendimento deste Tribunal acordado no julgamento do REspe 637-61/MG, rel. Min. Henrique Neves, representado no trecho da respectiva ementa: As circunstâncias registradas pela Corte de origem indicam que o discurso objeto da gravação se deu em espaço aberto dependências comuns de hotel, sem o resguardo do sigilo por parte do próprio candidato, organizador da reunião. Ausência de ofensa ao direito de privacidade na espécie, sendo lícita, portanto, a prova colhida. Quanto ao mérito, o ministro relator destacou que, para a caracterização do abuso de poder econômico, é preciso estar configurada a ilicitude da conduta, bem como sua gravidade. Enfatizou que, no caso, a promoção do evento festivo evidencia prática nefasta que fere a lealdade e a boa-fé, regentes dos atos de campanha, além de retirar o equilíbrio de chances entre os que disputam o certame, devendo haver rigorosa punição dos seus responsáveis, pela Justiça Eleitoral. O Tribunal, por unanimidade, negou provimento aos recursos especiais eleitorais, nos termos do voto do relator. Recurso Especial Eleitoral 85-47, Jerumenha/PI, rel. Min. Herman Benjamin, em 8-11-2016.

Súmulas

- **Súmula-TSE n. 11**

  No processo de registro de candidatos, o partido que não o impugnou não tem legitimidade para recorrer da sentença que o deferiu, salvo se se cuidar de matéria constitucional.

- **Súmula-TSE n. 18**

Conquanto investido de poder de polícia, não tem legitimidade o juiz eleitoral para, de ofício, instaurar procedimento com a finalidade de impor multa pela veiculação de propaganda eleitoral em desacordo com a Lei n. 9.504/97.

- **Súmula-TSE n. 22**

Não cabe mandado de segurança contra decisão judicial recorrível, salvo situações de teratologia ou manifestamente ilegais.

- **Súmula-TSE n. 23**

Não cabe mandado de segurança contra decisão judicial transitada em julgado.

- **Súmula-TSE n. 68**

A União é parte legítima para requerer a execução de *astreintes*, fixada por descumprimento de ordem judicial no âmbito da Justiça Eleitoral.

- **Súmula-TSE n. 33**

Somente é cabível ação rescisória de decisões do Tribunal Superior Eleitoral que versem sobre a incidência de causa de inelegibilidade.

- **Súmula-TSE n. 34**

Não compete ao Tribunal Superior Eleitoral processar e julgar mandado de segurança contra ato de membro de Tribunal Regional Eleitoral.

- **Súmula-TSE n. 35**

Não é cabível reclamação para arguir o descumprimento de resposta a consulta ou de ato normativo do Tribunal Superior Eleitoral.

- **Súmula-TSE n. 38**

Nas ações que visem à cassação de registro, diploma ou mandato, há litisconsórcio passivo necessário entre o titular e o respectivo vice da chapa majoritária.

- **Súmula-TSE n. 39**

Não há formação de litisconsórcio necessário em processos de registro de candidatura.

- **Súmula-TSE n. 40**

O partido político não é litisconsorte passivo necessário em ações que visem à cassação de diploma.

- **Súmula-TSE n. 41**

Não cabe à Justiça Eleitoral decidir sobre o acerto ou desacerto das decisões proferidas por outros Órgãos do Judiciário ou dos Tribunais de Contas que configurem causa de inelegibilidade.

- **Súmula-TSE n. 44**

O disposto no art. 26-C da LC n. 64/90 não afasta o poder geral de cautela conferido ao magistrado pelo Código de Processo Civil.

- **Súmula-TSE n. 45**

Nos processos de registro de candidatura, o Juiz Eleitoral pode conhecer de ofício da existência de causas de inelegibilidade ou da ausência de condição de elegibilidade, desde que resguardados o contraditório e a ampla defesa.

- **Súmula-TSE n. 46**

É ilícita a prova colhida por meio da quebra do sigilo fiscal sem prévia e fundamentada autorização judicial, podendo o Ministério Público Eleitoral acessar diretamente apenas a relação dos doadores que excederam os limites legais, para os fins da representação cabível, em que poderá requerer, judicialmente e de forma individualizada, o acesso aos dados relativos aos rendimentos do doador.

- **Súmula-TSE n. 47**

A inelegibilidade superveniente que autoriza a interposição de recurso contra expedição de diploma, fundado no art. 262 do Código Eleitoral, é aquela de índole constitucional ou, se infraconstitucional, superveniente ao registro de candidatura, e que surge até a data do pleito.

- **Súmula-TSE n. 49**

O prazo de cinco dias, previsto no art. 3º da LC n. 64/90, para o Ministério Público impugnar o registro inicia-se com a publicação do edital, caso em que é excepcionada a regra que determina a sua intimação pessoal.

- **Súmula-TSE n. 58**

  Não compete à Justiça Eleitoral, em processo de registro de candidatura, verificar a prescrição da pretensão punitiva ou executória do candidato e declarar a extinção da pena imposta pela Justiça Comum.

- **Súmula-TSE n. 62**

  Os limites do pedido são demarcados pelos fatos imputados na inicial, dos quais a parte se defende, e não pela capitulação legal atribuída pelo autor.

- **Súmula-TSE n. 63**

  A execução fiscal de multa eleitoral só pode atingir os sócios se preenchidos os requisitos para a desconsideração da personalidade jurídica previstos no art. 50 do Código Civil, tendo em vista a natureza não tributária da dívida, observados, ainda, o contraditório e a ampla defesa.

capítulo 12

Recursos eleitorais

Os recursos eleitorais são tratados na Constituição Federal (art. 121, §§ 3º e 4º) e no Código Eleitoral, em seus arts. 257 a 282.

A propósito, conforme mencionado no Capítulo anterior, o Tribunal Superior Eleitoral expediu a Resolução n. 23.478, de 10 de maio de 2016, estabelecendo diretrizes gerais acerca da aplicação do novo Código de Processo Civil no âmbito da Justiça Eleitoral.

Quanto aos recursos, de modo geral, ela contém regramento sobre os prazos e julgamento no âmbito dos Tribunais Eleitorais (arts. 16 a 18).

Nessa toada, ressalvou que "as decisões interlocutórias ou sem caráter definitivo proferidas nos feitos eleitorais são irrecorríveis de imediato por não estarem sujeitas à preclusão, ficando os eventuais inconformismos para posterior manifestação em recurso contra a decisão definitiva de mérito"; e, ainda, que "a sistemática dos recursos repetitivos prevista nos arts. 1.036 a 1.042 do novo Código de Processo Civil não se aplica aos feitos que versem ou possam ter reflexo sobre inelegibilidade, registro de candidatura, diplomação e resultado ou anulação de eleições".

12.1 PARTICULARIDADES DOS RECURSOS ELEITORAIS

12.1.1 Restrição da possibilidade recursal

Com o intuito de garantir celeridade ao processo eleitoral, o legislador mitigou as possibilidades de recurso eleitoral, assim, em regra, as decisões dos

Tribunais Regionais Eleitorais são terminativas (art. 276 do CE), cabendo recurso excepcionalmente quando:

a) forem proferidas contra expressa disposição constitucional, de lei ou de Resolução do TSE. É o denominado Recurso Especial Eleitoral, que deve enfocar matéria de direito pré-questionada (previamente debatida e decidida no TRE) e ser interposto em 3 dias (não cabe Recurso Especial para o reexame de questões fáticas ou para a reapreciação de provas);
b) ocorrer divergência na interpretação de lei entre dois ou mais tribunais eleitorais. É o denominado Recurso Especial de Divergência, incabível quando o acórdão do TRE estiver em consonância com a jurisprudência do TSE.

12.1.2 Ausência de juízo de admissibilidade

Juiz *a quo* deve enviar o recurso imediatamente ao Tribunal, sem verificar sua admissibilidade, sob pena de não o fizer, sujeitar-se ao pagamento de multa de 10% do salário mínimo regional por dia de retardamento (art. 267, § 6º, do CE).

A única exceção se dá com os recursos especial e extraordinário, em que o TRE tem o prazo de 48 horas para admiti-lo ou não, mediante despacho fundamentado (art. 278, § 1º, do CE).

12.1.3 Juízo de retratação

O juízo de retratação é possível em todos os recursos existentes das decisões, dos atos, dos despachos ou das resoluções do magistrado ou da Junta Eleitoral (art. 267, § 7º, do CE). Trata-se da possibilidade que os magistrados possuem de modificar seus posicionamentos quando receberem o recurso de suas decisões, despachos, atos ou resolução.

12.1.4 Efeito recursal

Em regra, os recursos eleitorais possuem o efeito meramente devolutivo, ou seja, não suspendem a eficácia dos atos contra os quais são impetrados, e o ato guerreado permanece produzindo os seus efeitos, até que se opere decisão transitada em julgado cerceando sua validade. Assim, nos termos do seu § 1º, "a execução de qualquer acórdão será feita imediatamente, através de comunicação por ofício, telegrama, ou, em casos especiais, a critério do presidente do Tribunal, através de cópia do acórdão".

Contudo, será recebido pelo Tribunal competente com efeito suspensivo o recurso ordinário interposto contra decisão proferida por juiz eleitoral ou por Tribunal Regional Eleitoral que resulte em cassação de registro, afastamento do titular ou perda de mandato eletivo (art. 257, § 2º, CE).

A apelação criminal também possui efeito suspensivo (art. 362 do CE).

12.1.5 Prazos

Salvo disposição em sentido contrário, o prazo para interposição dos recursos é de três dias (art. 258 do CE). Seus prazos são preclusivos, salvo quando se discutir matéria constitucional, situação em que não poderá ser interposto fora do prazo, mas será possível aproveitar nova oportunidade recursal para tratar da matéria (art. 259 do CE); e quando tratar-se de fato superveniente (que surgiu após o prazo estabelecido), pois o prazo começa a contar da sua ocorrência.

A apelação criminal possui prazo próprio diferenciado, devendo ser proposta em 10 dias (art. 364 do CE).

12.1.6 Recurso contra as decisões das Juntas apuradoras

São as decididas por maioria de votos, cabendo contra estas recurso imediato, interposto verbalmente ou por escrito, que deverá ser fundamentado em 48 horas para que tenha seguimento, sob pena de deserção (art. 169, § 2º, do CE). Sua importância se dá pelo fato de, não havendo recurso perante a junta no ato da apuração, não será admitido posteriormente recurso contra as nulidades arguidas (art. 171 do CE).

12.1.7 Recursos contra decisões das Juntas ou juízes eleitorais

Em relação a atos, resoluções, despachos ou sentenças dos juízes eleitorais ou das juntas eleitorais cabe recurso inominado ao TRE (art. 265 do CE). Sendo recebida a petição o juiz determinará a intimação da parte contrária a apresentar contrarrazões em prazo igual àquele conferido para as razões. Se o recorrido juntar documentos novos, o recorrente terá 48 horas para se manifestar. Na sequência o juiz remeterá os autos ao Tribunal (em 48 horas) ou exercerá o juízo de retratação, quando então a parte prejudicada terá três dias para requerer que o recurso suba ao TRE.

12.1.8 Recurso contra a decisão do exercício do direito de resposta

Cabe recurso às instâncias superiores em 24 horas da data da sua publicação em cartório ou sessão de julgamento (art. 58, § 5º, da LE).

12.1.9 Em resumo: recursos eleitorais previstos no ordenamento jurídico brasileiro

(i) Recursos contra decisões das Juntas Eleitorais:

1) **Recurso eleitoral inominado**: art. 265 do Código Eleitoral;

2) **Recurso parcial**: art. 261 do Código Eleitoral;

3) **Embargos de declaração:** art. 275 do Código Eleitoral;

(ii) Recursos contra decisões dos Juízes Eleitorais:

1) **Apelação criminal ou Recurso eleitoral criminal**: art. 262 do Código Eleitoral;

2) **RESE**: art. 364 do Código Eleitoral c/c art. 581 CPP;

3) **Recurso eleitoral inominado**: art. 265 do Código Eleitoral;

4) **Embargos de declaração**: art. 275 do Código Eleitoral;

(iii) Recursos contra decisões dos TREs:

1) **Recuso parcial:** art. 261 do Código Eleitoral;

2) **Recurso inominado eleitoral:** art. 264 do Código Eleitoral;

3) **Embargos de declaração:** art. 275 do Código Eleitoral;

4) **Agravo regimental ou Agravo interno:** art. 96 da Lei n. 9.504/97.

5) **Agravo de instrumento eleitoral ou Agravo:** art. 282 do Código Eleitoral;

6) **Recurso ordinário eleitoral**: art. 121, § 4º, III a V da CF c/c art. 276, II *a*, do Código Eleitoral;

7) **Recurso especial eleitoral**: art. 121, § 4º, I e II da CF c/c art. 276, I *a*, do Código Eleitoral.

Lembrando que, nos termos do art. 28, §§ 4º e 5º, do CE, alterados pela Lei da Reforma, as decisões dos Tribunais Regionais sobre quaisquer ações que importem cassação de registro, anulação geral de eleições ou perda de diplomas somente poderão ser tomadas com a presença de todos os seus membros; devendo ser convocado suplente da mesma classe, na hipótese de impedimento de algum juiz.

(iv) Recursos contra decisões do TSE:

1) **Recurso inominado eleitoral**: art. 264 do Código Eleitoral;

2) **Embargos de declaração:** art. 275 do Código Eleitoral;

3) **Agravo regimental ou Agravo interno**: art. 96 da Lei n. 9.504/97;

4) **Agravo de instrumento ou Agravo para o STF**: art. 279 do Código Eleitoral;

5) **Recurso ordinário constitucional**: art. 102, II, *a*, da CF c/c art. 281 do Código Eleitoral;

6) **Recurso extraordinário para o STF**: art. 121, § 4º, I e art. 102, III, da CF c/c art. 281 do Código Eleitoral.

12.2 RECURSOS ELEITORAIS EM ESPÉCIE E OUTROS INSTRUMENTOS DE IMPUGNAÇÃO DE DECISÕES PROFERIDAS NO ÂMBITO DO PROCESSO CONTENCIOSO ELEITORAL

12.2.1 Embargos de declaração

Previsto no 275 do CE, alterado pela Lei da reforma eleitora, é admissível no prazo de três dias, nos seguintes termos:

> Art. 275. São admissíveis embargos de declaração nas hipóteses previstas no Código de Processo Civil.
>
> § 1º Os embargos de declaração serão opostos no prazo de 3 (três) dias, contado da data de publicação da decisão embargada, em petição dirigida ao juiz ou relator, com a indicação do ponto que lhes deu causa.
>
> § 2º Os embargos de declaração não estão sujeitos a preparo.
>
> § 3º O juiz julgará os embargos em 5 (cinco) dias.
>
> § 4º Nos tribunais:

I – o relator apresentará os embargos em mesa na sessão subsequente, proferindo voto;

II – não havendo julgamento na sessão referida no inciso I, será o recurso incluído em pauta;

III – vencido o relator, outro será designado para lavrar o acórdão.

§ 5º Os embargos de declaração interrompem o prazo para a interposição de recurso.

§ 6º Quando manifestamente protelatórios os embargos de declaração, o juiz ou o tribunal, em decisão fundamentada, condenará o embargante a pagar ao embargado multa não excedente a 2 (dois) salários-mínimos.

§ 7º Na reiteração de embargos de declaração manifestamente protelatórios, a multa será elevada a até 10 (dez) salários mínimos.

12.2.2 Agravo de instrumento

Previsto no art. 279 do CE, devendo ser interposto em três dias, mas somente perante o Tribunal Regional Eleitoral, contra decisão que denegar o Recurso Especial. Mesmo fora do prazo legal para sua propositura, a lei obriga o Presidente do TRE a lhe dar seguimento (CE, art. 279, § 5º).

12.2.3 Apelação criminal eleitoral

Previsto no art. 362 do CE, é cabível contra as sentenças criminais eleitorais (absolutória ou condenatória), corresponde à apelação do art. 593 do CPP. Conforme já vimos, deve ser interposta em 10 dias e possui o efeito suspensivo.

12.2.4 Revisão criminal

É admissível, segundo as regras do art. 364 do CE (combinado com os arts. 621 a 631 do CPP), entretanto, a simples propositura não assegura ao seu autor o deferimento do pedido de registro da candidatura, com o afastamento da causa de suspensão dos direitos políticos, porque milita na hipótese a intangibilidade da coisa julgada.

12.2.5 Recurso inominado

Previsto no art. 265 do Código Eleitoral, é cabível no prazo de 3 dias, contra atos, despachos ou resoluções do juiz ou da Junta Eleitoral, devendo-se provar que houve sucumbência e gravame ao interesse da parte, independentemente da gradação do dano, ou ter ele sido direto ou indireto.

Segundo Joel José Candido, caberá contra a decisão que julgar os casos de:

a) impugnação à designação de escrutinadores e apuradores (art. 39 do CE);
b) pedido de inscrição eleitoral (art. 7º, § 1º, da Lei n. 6996/82);
c) transferência de domicílio eleitoral (art. 57, § 2º, do CE);
d) representações feitas com base no poder de polícia eleitoral, salvo se houver disposição específica (art. 62, § 4º, do CE);
e) pedido de cancelamento de inscrição ou cancelamento de eleitor (art. 80, CE);
f) alegação de impedimento de mesário para serviço eleitoral (art. 120, § 4º, do CE);
g) reclamação à designação de indicação de mesário ou de seções eleitorais (arts. 121, § 1º e 135, § 8º, do CE);
h) inelegibilidades (AIRC, AIJE e AIME).

12.2.6. *Habeas corpus* eleitoral

Previsto no art. 5º, LXVIII da CF e nos arts. 22, 29 e 35 do CE, é admissível em todas as instâncias do processo eleitoral, sempre que alguém sofrer ou se achar ameaçado de sofrer violência ou coação em sua liberdade de locomoção, por ilegalidade ou abuso de poder.

12.2.7 Mandado de segurança eleitoral

O Mandado de Segurança tem cabimento em direito eleitoral em qualquer das quatro grandes fases do seu processo: preparatória, votação, apuração e diplomação. Em ano não-eleitoral poderá ser usado em matéria relacionada com a inscrição, alistamento e transferência de eleitor, entre outras. As três instâncias eleitorais têm competência legal para conhecer e julgar Mandatos de Segurança, conforme dispõem os arts. 22, 29 e 35 do CE.

As Juntas Eleitorais, como no *habeas corpus*, também não têm competência para apreciarem Mandado de Segurança em nenhuma oportunidade ou circunstância.

Nesse sentido, são as súmulas do TSE:

- **Súmula-TSE n. 11**

  No processo de registro de candidatos, o partido que não o impugnou não tem legitimidade para recorrer da sentença que o deferiu, salvo se se cuidar de matéria constitucional.

- **Súmula-TSE n. 22**

  Não cabe mandado de segurança contra decisão judicial recorrível, salvo situações de teratologia ou manifestamente ilegais.

- **Súmula-TSE n. 23**

  Não cabe mandado de segurança contra decisão judicial transitada em julgado.

- **Súmula-TSE n. 34**

  Não compete ao Tribunal Superior Eleitoral processar e julgar mandado de segurança contra ato de membro de Tribunal Regional Eleitoral.

No direito eleitoral, diante da regra de que os recursos não têm efeito suspensivo (art. 257 do CE), ganha importância a Súmula 267 do STF, que determina que não cabe mandado de segurança contra ato judicial passível de recurso ou correição. Dessa forma, a doutrina criou entendimento de que apesar do disposto na Súmula 267, é, hoje, pacífica a admissibilidade do mandado de segurança contra decisão judicial, com a finalidade de assegurar efeito suspensivo a recurso que normalmente não o tem. Exige-se, porém, a demonstração do *fumus boni juris* e do dano irreparável ou de difícil reparação e no prazo.

12.3 SÚMULAS CORRELATAS

Súmulas

- **Súmula-TSE n. 24**

  Não cabe recurso especial eleitoral para simples reexame do conjunto fático-probatório.

- **Súmula-TSE n. 25**

  É indispensável o esgotamento das instâncias ordinárias para a interposição de recurso especial eleitoral.

- **Súmula-TSE n. 26**

  É inadmissível o recurso que deixa de impugnar especificamente fundamento da decisão recorrida que é, por si só, suficiente para a manutenção desta.

- **Súmula-TSE n. 27**

  É inadmissível recurso cuja deficiência de fundamentação impossibilite a compreensão da controvérsia.

- **Súmula-TSE n. 28**

  A divergência jurisprudencial que fundamenta o recurso especial interposto com base na alínea *b* do inciso I do art. 276 do Código Eleitoral somente estará demonstrada mediante a realização de cotejo analítico e a existência de similitude fática entre os acórdãos paradigma e o aresto recorrido.

- **Súmula-TSE n. 29**

  A divergência entre julgados do mesmo Tribunal não se presta a configurar dissídio jurisprudencial apto a fundamentar recurso especial eleitoral.

- **Súmula-TSE n. 30**

  Não se conhece de recurso especial eleitoral por dissídio jurisprudencial, quando a decisão recorrida estiver em conformidade com a jurisprudência do Tribunal Superior Eleitoral.

- **Súmula-TSE n. 31**

  Não cabe recurso especial eleitoral contra acórdão que decide sobre pedido de medida liminar.

- **Súmula-TSE n. 32**

  É inadmissível recurso especial eleitoral por violação à legislação municipal ou estadual, ao Regimento Interno dos Tribunais Eleitorais ou às normas partidárias.

- **Súmula-TSE n. 36**

  Cabe recurso ordinário de acórdão de Tribunal Regional Eleitoral que decida sobre inelegibilidade, expedição ou anulação de diploma ou perda de mandato eletivo nas eleições federais ou estaduais (art. 121, § 4º, incisos III e IV, da Constituição Federal).

- **Súmula-TSE n. 37**

  Compete originariamente ao Tribunal Superior Eleitoral processar e julgar recurso contra expedição de diploma envolvendo eleições federais ou estaduais.

- **Súmula-TSE n. 64**

  Contra acórdão que discute, simultaneamente, condições de elegibilidade e de inelegibilidade, é cabível o recurso ordinário.

- **Súmula-TSE n. 65**

  Considera-se tempestivo o recurso interposto antes da publicação da decisão recorrida.

- **Súmula-TSE n. 71**

  Na hipótese de negativa de seguimento ao recurso especial e da consequente interposição de agravo, a parte deverá apresentar contrarrazões tanto ao agravo quanto ao recurso especial, dentro do mesmo tríduo legal.

capítulo 13

Direito penal eleitoral. Processo penal eleitoral. Crimes eleitorais

13.1 BREVES CONSIDERAÇÕES SOBRE DIREITO PENAL ELEITORAL E PROCESSO PENAL ELEITORAL

Direito penal eleitoral é o "conjunto de normas reguladoras de condutas antijurídicas que impõe uma sanção penal aos criminosos, aos que perturbam e ofendem, por seus comportamentos, a democracia, a representação e o Estado de Direito", segundo Leonardo de Medeiros Fernandes (FERNANDES, 2011).

Neste contexto, ensina Roberto Moreira de Almeida que crime eleitoral "é o delito comum (pode ser cometido por qualquer pessoa) que está tipificado no Código Eleitoral e nas leis eleitorais extravagantes" (ALMEIDA, 2016, p. 555). A saber, estão tipificados nos seguintes instrumentos normativos:

a) Código Eleitoral – arts. 289 a 354;
b) Lei das Eleições – arts. 33, § 4º; 34, 39, § 5º; 40; 57-H; 68; 70; 72; 87; 91, parágrafo único; 94;
c) Lei de Inelegibilidades – art. 25;
d) Lei n. 6.091/74 (transporte em dias de eleição) – art. 12.

Quanto ao Processo Penal Eleitoral, nas palavras de Roberto Moreira de Almeida, ele é considerado o "instrumento através do qual o titular da ação penal pleiteia a aplicação de uma pena ou medida de segurança a determinada pessoa acusada do cometimento de um ou mais crimes eleitorais" (ALMEIDA, 2016, p. 570).

A Resolução n. 23.396, de 17 de dezembro de 2013, expedida pelo TSE, dispõe sobre a apuração de crimes eleitorais e a instauração do inquérito policial para tal fim.

Em regra, a polícia judiciária que possui atribuição para apurar a prática de crimes eleitorais é a Polícia Federal, à luz do art. 144, § 1º, IV, da CF, vez que a Justiça Eleitoral é órgão integrante do Poder Judiciário da União. Contudo, nos Municípios em que ela não se faz presente, admite-se a atuação suplementar da Polícia Civil.

A "notícia-crime eleitoral" poderá ser levada ao conhecimento, por escrito ou verbalmente, por qualquer pessoa do povo ao Juiz Eleitoral local que deverá remetê-la ao Ministério Público ou à Polícia Judiciária Eleitoral, para que seja instaurado o respectivo inquérito policial (IPL), ou, no caso de crime de menor potencial ofensivo, seja instaurado o devido termo circunstanciado de ocorrência (TCO) (ALMEIDA, 2016, p. 553).

Dentro deste cenário, os crimes eleitorais estão submetidos ao procedimento previsto nos arts. 359 a 364 do Código Eleitoral:

> Art. 359. Recebida a denúncia, o juiz designará dia e hora para o depoimento pessoal do acusado, ordenando a citação deste e a notificação do Ministério Público.
>
> Parágrafo único. O réu ou seu defensor terá o prazo de 10 (dez) dias para oferecer alegações escritas e arrolar testemunhas.
>
> Art. 360. Ouvidas as testemunhas da acusação e da defesa e praticadas as diligências requeridas pelo Ministério Público e deferidas ou ordenadas pelo juiz, abrir-se-á o prazo de 5 (cinco) dias a cada uma das partes – acusação e defesa – para alegações finais.
>
> Art. 361. Decorrido esse prazo, e conclusos os autos ao juiz dentro de quarenta e oito horas, terá o mesmo 10 (dez) dias para proferir a sentença.
>
> Art. 362. Das decisões finais de condenação ou absolvição cabe recurso para o Tribunal Regional, a ser interposto no prazo de 10 (dez) dias.
>
> Art. 363. Se a decisão do Tribunal Regional for condenatória, baixarão imediatamente os autos à instância inferior para a execução da sentença,

que será feita no prazo de 5 (cinco) dias, contados da data da vista ao Ministério Público.

Parágrafo único. Se o órgão do Ministério Público deixar de promover a execução da sentença serão aplicadas as normas constantes dos parágrafos 3º, 4º e 5º do art. 357.

Art. 364. No processo e julgamento dos crimes eleitorais e dos comuns que lhes forem conexos, assim como nos recursos e na execução, que lhes digam respeito, aplicar-se-á, como lei subsidiária ou supletiva, o Código de Processo Penal.

Quanto aos "recursos criminais", de modo geral, podemos elencar:

1) Apelação Criminal ou Recurso Eleitoral Criminal (REC) – art. 362 do CE;
2) Recurso em Sentido Estrito (RESE) – art. 364 do CE c/c art. 581 do CPP;
3) Recurso Ordinário Eleitoral – art. 276, II, *a*, do CE;
4) Recurso Extraordinário Eleitoral – art. 121, § 3º, c/c art. 102, III, da CF;
5) Revisão Criminal – art. 364 do CE c/c arts. 621 a 631 do CPP.

13.2 CRIMES ELEITORAIS

13.2.1 Previsão legal e conceito

Os crimes eleitorais são previstos no Código Eleitoral e em leis extravagantes, como nas Leis n. 9.504/97, 6.091/74, 6.996/82, 7.021/82 e Lei Complementar n. 64/90, sendo definidos pela doutrina como sendo "ações ou omissões humanas, sancionadas penalmente, que atentem contra os bens jurídicos expressos no exercício dos direitos políticos e na legitimidade e regularidade dos pleitos eleitorais".

13.2.2 Classificação

A doutrina traz várias classificações para os crimes eleitorais, sendo impossível demonstrar todas. Assim, procuramos aqui demonstrar as principais classificações:

A primeira classifica os crimes eleitorais em:

a) específicos ou puros – aqueles próprios da Justiça Eleitoral, somente previstos pela legislação eleitoral e julgados na Justiça Eleitoral, salvo foro por prerrogativa de função;
b) acidentais ou impróprios – aqueles previstos tanto na legislação comum quanto na legislação eleitoral, podem ser julgados na Justiça Eleitoral, ou não (crimes contra a honra com relação à propaganda eleitoral).

Joel Cândido adota a seguinte classificação para os crimes eleitorais:

a) Crimes contra a administração da Justiça Eleitoral (arts. 294, 305, 306, 310, 311, 318 e 340 do CE);
b) Crimes contra os serviços da Justiça Eleitoral (arts. 289 a 293, 296, 303, 304, 341 a 347 do CE);
c) Crimes contra a fé pública eleitoral (arts. 313 a 316, 348 a 354 do CE);
d) Crimes contra a propaganda eleitoral (arts. 323 a 337 do CE);
e) Crimes contra o sigilo e exercício do voto (arts. 295, 297 a 302, 307 a 309, 312, 317 e 339 do CE);
f) Crimes contra os partidos políticos (arts. 319 a 321 e 338 do CE).

Além dos tipos inseridos no Código Eleitoral, Joel Cândido (CÂNDIDO, 2006) lembra que outras figuras delituosas foram criadas por leis penais eleitorais extravagantes, a exemplo da:

a) Lei n. 6.091/74 – que dispõe sobre o fornecimento gratuito de transporte e alimentação, no dia da eleição, a eleitores residentes nas zonas rurais;
b) Lei Complementar n. 64/90 – que estabelece casos de inelegibilidades e prazos de cessação, de acordo com a Constituição Federal;
c) Lei n. 9.504/97 – que estabelece normas para as eleições;
d) Lei n. 6.996/82 – que dispõe sobre a utilização de processamento eletrônico de dados nos serviços eleitorais e dá outras providências;
e) Lei n. 7.021/82 – que estabelece o modelo da cédula oficial única a ser usada nas eleições de 15 de novembro de 1982 e dá outras providências.

Em algumas situações pode haver conexão ou continência, como, por exemplo:

a) existindo crime comum e eleitoral, a Justiça Eleitoral julgará ambos (art. 78, IV, CPP). Sobre este caso é importante realçar a posição mais recente do STF a respeito. A Corte confirmou jurisprudência no sentido da competência da Justiça Eleitoral para processar e julgar crimes comuns que apresentam conexão com crimes eleitorais. Observou ainda que cabe à Justiça especializada analisar, caso a caso, a existência de conexão de delitos comuns aos delitos eleitorais e, em não havendo, remeter os casos à Justiça competente. A matéria foi apreciada no julgamento de recurso (agravo regimental) interposto pela defesa do ex-prefeito do Rio de Janeiro, Eduardo Paes, e do deputado federal Pedro Paulo (DEM-RJ) no Inquérito (INQ) 4435, no qual são investigados por fatos supostamente ocorridos em 2010, 2012 e 2014. O agravo foi apresentado contra decisão do relator, ministro Marco Aurélio, que havia declinado da competência para a Justiça do Estado do Rio de Janeiro por entender que os delitos investigados não teriam relação com o mandato de deputado federal. Contra essa decisão monocrática, a defesa interpôs o recurso que foi remetido pela Primeira Turma do STF ao Plenário. Foram invocados como argumentos definidores da questão o art. 35, inciso II, do Código Eleitoral, o aludido art. 78, IV, do CPP e mais o art. 109, inciso IV, da CF, determinando a competência da Justiça Eleitoral para julgamento dos crimes conexos, mas a definição caberá à Justiça Especializada, e não à Justiça Comum;

b) existindo crime comum e eleitoral, porém o comum é doloso contra a vida, haverá o desmembramento, sendo o crime contra a vida julgado pelo Tribunal do Júri;

c) existindo crime eleitoral e ato infraconstitucional, ainda que um adolescente pratique ato análogo a crime eleitoral, haverá o desmembramento, sendo ele julgado pela Justiça Comum estadual (Vara da Infância e Juventude);

d) existindo crime eleitoral e crime comum, em que um dos agentes possui foro por prerrogativa de função, haverá julgamento pela Justiça mais graduada (no exemplo, o TRE julgará ambos) ou desmembramento no caso do cidadão comum praticar crime doloso contra a vida.

Importantes observações sobre as competências do TSE e TRE:

Competência do TSE – art. 22, I, alínea *d*, do CE:

Alínea *d* – Os crimes eleitorais e os comuns que lhes forem conexos cometidos pelos seus próprios juízes e pelos juízes dos Tribunais Regionais – Não recepcionada pela CF.

Havendo crime eleitoral cometido por membro do TSE, a competência será do STF; se cometido por membro do TRE, a competência será do TSE.

Alínea *e* – O *Habeas Corpus* ou Mandado de Segurança, em matéria eleitoral, relativos a atos do Presidente da República, dos Ministros de Estado e dos Tribunais Regionais; ou, ainda, o HC, quando houver perigo de se consumar a violência antes que o juiz competente possa prover sobre a impetração.

Hoje, o Mandado de Segurança, ainda que em matéria eleitoral, impetrado contra ato do Presidente da República, será julgado pelo STF; contra ato de Ministro será competência do STJ; contra ato do TRE, será julgado pelo TSE.

Acerca do MS, o TSE editou as seguintes súmulas:

Súmula 22: Não cabe mandado de segurança contra decisão judicial recorrível, salvo situações de teratologia ou manifestamente ilegais.

Súmula 23: Não cabe mandado de segurança contra decisão judicial transitada em julgado.

Súmula 34: Não compete ao TSE processar e julgar mandado de segurança contra ato de membro do Tribunal Regional Eleitoral (a competência será do próprio TRE).

Competência do TRE – art. 29, I, do CE:

Alínea *d* – Os crimes eleitorais cometidos pelos juízes eleitorais;

Em se tratando de crimes eleitorais, será competente o TRE para processar e julgar os Juízes Eleitorais, os membros do MPE, os Prefeitos e os Deputados Estaduais.

Alínea *e* – O *habeas corpus* ou mandado de segurança, em matéria eleitoral, contra ato de autoridades que respondam perante os Tribunais de Justiça por crime de responsabilidade e, em grau de recurso, os denegados ou concedidos pelos juízes eleitorais; ou, ainda, o *habeas corpus* quando houver perigo de se consumar a violência antes que o juiz competente possa prover sobre a impetração.

AÇÃO PENAL NOS CRIMES ELEITORAIS

Os crimes eleitorais são de AÇÃO PENAL PÚBLICA INCONDICIONADA (355 do CE).

Há doutrinadores que denominam os crimes eleitorais como subespécies dos crimes políticos.

Para o professor Pinto Ferreira, crime eleitoral é uma conduta antissocial, eticamente reprovável, punível por lei, abrangendo-o como fato positivo e fato jurídico, como fenômeno real e ente normativo.

Os crimes eleitorais são dolosos e não há crimes culposos.

Há possibilidade de AÇÃO PENAL PÚBLICA SUBSIDIÁRIA DA PÚBLICA na seara eleitoral?

Na realidade, diz respeito à inércia do Ministério Público em promover a ação penal, com a diferença de que, ao invés de passar a titularidade ao particular, ofendido, como se dá na Ação Penal Privada Subsidiária da Pública, naquela passa-se à incumbência de outro membro do Ministério Público (por isso pública subsidiária da pública).

A hipótese é aventada no art. 354, § 4º, do CE e no Decreto n. 201/67, mas há duras críticas a essas disposições.

Vejamos as duas hipóteses legais:

Art. 2º, § 2º, do Decreto-Lei n. 201/67 – crimes praticados por prefeitos – Aqui, se o Ministério Público Estadual, ciente da ocorrência dessa natureza de infração, não adotar as providências necessárias à instauração da ação penal, poderão estas ser requeridas ao Procurador-Geral da República.

Art. 357, §§ 3º e 4º, do CE – Aqui, se o órgão do Ministério Público não oferecer a denúncia no prazo legal, o juiz solicitará ao Procurador Regional a designação de outro promotor, que, no mesmo prazo, oferecerá a denúncia.

A doutrina afirma que o art. 2º do DL n. 201/67 não foi recepcionado pela CF/88, já que, ao permitir uma indevida ingerência do Ministério Público Federal no âmbito das atribuições próprias dos Ministérios Públicos Estaduais, violaria a autonomia dos Estados.

Já no caso do art. 354 do CE, embora seja possível, porque expressamente previsto, ao final seria uma mera hipótese tradicional da ação pública (uma ação penal pública incondicionada, por força do que estabelece o art. 355 do CE), já que não importa em modificação de titularidade, apenas sendo a inicial oferecida por outro agente do Ministério Público diante da inércia daquele que primeiro recebeu o inquérito policial ou peças de informação.

JUIZADOS ESPECIAIS E CRIMES ELEITORAIS

Embora haja discordância doutrinária em relação à possibilidade de composição civil e demais institutos do Juizado Especial, nos crimes eleitorais, devem ser destacados os pontos já delineados no tocante ao Inquérito Policial.

Na apuração das infrações penais, o Inquérito Policial será substituído pelo TCOE – Termo Circunstanciado de Ocorrência Eleitoral, o qual deverá ser encaminhado imediatamente ao Juiz Eleitoral e comunicado ao Ministério Público Eleitoral, conforme preceitua o art. 7º da Resolução TSE n. 23.396/2013:

> Art. 7º As autoridades policiais e seus agentes deverão prender quem for encontrado em flagrante delito pela prática de infração eleitoral, **salvo quando se tratar de crime de menor potencial ofensivo, comunicando imediatamente o fato ao Juiz Eleitoral, ao Ministério Público Eleitoral e à família do preso ou à pessoa por ele indicada** (Código de Processo Penal, art. 306, *caput*).

Embora existam estas exceções e outras que possam decorrer em virtude dos casos que se apresentam à Justiça Eleitoral, e que de alguma forma impeçam a aplicação de alguns benefícios da lei dos Juizados Especiais Criminais, é importante estar ciente de que " a Justiça Eleitoral deverá estar preparada para a aplicação da Lei dos Juizados Especiais Criminais, afinal, essa lei já foi editada há quase dez anos e mais de 69% dos crimes eleitorais são de menor potencial ofensivo"(CÂNDIDO, 2006, p. 658).

Significa dizer que de fato há uma grande demanda de crimes eleitorais submetidos à apreciação dos Juizados.

Joel José Cândido entende que não é possível o cabimento do instituto da composição dos danos civis do art. 74 nos crimes eleitorais, porque eles são de Ação Penal Pública Incondicionada. Porém, justifica que ele teria lugar "nos crimes dos artigos 303, 304, 331,332 e 338 do CE, e do art. 25 da LC n. 64/90, eis que são os únicos em que, concretamente, é possível uma avaliação econômica dos respectivos danos, entre autor do fato e vítima, sendo que está não é o Estado" (CÂNDIDO, 2006, p. 659).

Cezar Roberto Bitencourt assevera que, no âmbito dos Juizados Especiais, "a reparação do dano é um dos grandes méritos deste novo diploma legal" (BITENCOURT, 1995, p. 70). Se resultar em êxito a composição dos danos civis, naqueles crimes eleitorais em que não haja impedimento legal, ela será reduzida a termo e homologada pelo Juiz por meio da sentença, na audiência preliminar.

Thales Tácito estabelece que a aplicação da Lei dos Juizados Especiais Cíveis e Criminais, em matéria criminal eleitoral, restringe-se a alguns institutos.

13.2.3 Particularidades dos crimes eleitorais

a) para efeitos de tipificação penal, considera-se membro ou funcionário da Justiça Eleitoral: os magistrados, que mesmo que não exercendo suas funções eleitorais, estejam exercendo funções por designação do Tribunal Eleitoral; os cidadãos que temporariamente integrem o órgão da Justiça Eleitoral ou que hajam sido nomeados para mesas receptoras ou juntas apuradoras; os funcionários requisitados pela Justiça Eleitoral; quem transitoriamente ou sem remuneração exerce cargo, emprego ou função pública; e finalmente quem exerce cargo, emprego ou função em entidade paraestatal ou sem sociedade de economia mista (art. 283 do CE). Essa conceituação se faz necessária pelo fato desta justiça especializada possuir funcionários de outros órgãos e até mesmo de outros poderes, mas todos responderão como se servidores públicos efetivos fossem;

b) todos os crimes eleitorais são de ação penal pública incondicionada, devendo a denúncia ser oferecida em 10 dias (réu preso ou solto) ou a queixa subsidiária no prazo de seis meses, contados do dia em que se esgotar o prazo para oferecimento da denúncia;

> Recurso especial. Crime eleitoral. Ação penal privada subsidiária. Garantia constitucional. Art. 5º, LIX, da Constituição Federal. **Cabimento no âmbito da Justiça Eleitoral. Arts. 29 do Código de Processo Penal e 364 do Código Eleitoral.** Ofensa. A ação penal privada subsidiária à ação penal pública foi elevada à condição de garantia constitucional, prevista no art. 5º, LIX, da Constituição Federal, constituindo cláusula pétrea. 2. Na medida em que a própria Carta Magna não estabeleceu nenhuma restrição quanto à aplicação da ação penal privada subsidiária, nos processos relati-

vos aos delitos previstos na legislação especial, deve ser ela admitida nas ações em que se apuram crimes eleitorais. 3. A queixa-crime em ação penal privada subsidiária somente pode ser aceita caso o representante do Ministério Público não tenha oferecido denúncia, requerido diligências ou solicitado o arquivamento de inquérito policial, no prazo legal. 4. Tem-se incabível a ação supletiva na hipótese em que o representante do Ministério Público postulou providência ao juiz, razão pela qual não se pode concluir pela sua inércia. [...]" (Ac. de 14-8-2003, no RESPE n. 21.295, rel. Min. Fernando Neves.)

"Ação penal privada subsidiária. Apuração. Crime eleitoral. 1. Conforme decidido pelo Tribunal no julgamento do Recurso Especial n. 21.295, a queixa-crime em ação penal privada subsidiária somente pode ser aceita caso o representante do Ministério Público não tenha oferecido denúncia, requerido diligências ou solicitado o arquivamento de inquérito policial, no prazo legal. 2. Dada a notícia de eventual delito, o Ministério Público requereu diligências objetivando a colheita de mais elementos necessários à elucidação dos fatos, não se evidenciando, portanto, inércia apta a ensejar a possibilidade de propositura de ação privada supletiva. [...]" (Ac. de 24-2-2011 no ED-AI n. 181.917, rel. Min. Arnaldo Versiani);

c) os crimes eleitorais com penas mais severas são os previstos no art. 72 da Lei n. 9.504/97, com reclusão de 5 a 10 anos, no entanto, naqueles em que não houver indicação de pena mínima, deve-se aplicar 15 dias de detenção e 1 ano de reclusão. Da mesma forma, se não houver menção do quantum de majoração ou atenuação da pena, deve o juiz fixá-lo entre 1/5 e 1/3, dentro do limite da pena cominada (arts. 284 e 285 do CE);

d) cabe transação penal e suspensão condicional do processo nos crimes eleitorais tipificados nos arts. 290 a 297, 300, 303 a 306, 310 a 314, 318 a 338, 341 a 347 do CE, não sendo o caso de remessa dos autos para o Juizado Especial porque a apuração dos crimes eleitorais é da competência da Justiça Especializada;

e) nos delitos de calúnia, injúria ou difamação eleitoral, aumenta-se a pena de 1/3 se o crime é cometido contra: Presidente da República, Chefe de Governo Estrangeiro, funcionário público em razão de suas funções, na presença de várias pessoas ou por meio que facilite a divulgação da ofensa (art. 326 do CE);

f) o prefeito tem foro privilegiado por prerrogativa de função (TRE), já o ex-prefeito é julgado no juízo do primeiro grau;

g) os recursos eleitorais não têm efeito suspensivo (art. 257 do CE);

Contudo, há exceções:

A Apelação Criminal Eleitoral (arts. 362 e 364 do Código Eleitoral).

O Recurso Ordinário nas hipóteses de cassação de registro, afastamento do titular e perda de mandato eletivo (Código Eleitoral, art. 257, § 2º)

> Art. 257, § 2º, CE. O recurso ordinário interposto contra decisão proferida por juiz eleitoral ou por Tribunal Regional Eleitoral que resulte em cassação de registro, afastamento do titular ou perda de mandato eletivo será recebido pelo Tribunal competente **com efeito suspensivo**. (Incluído pela Lei n. 13.165, de 2015).

h) os crimes eleitorais são todos dolosos, dado que nosso ordenamento jurídico não contempla qualquer figura típica na órbita eleitoral que possa ser levada a efeito a título de culpa;

i) todo cidadão que tiver conhecimento de infração penal eleitoral deverá comunicá-la ao Juiz Eleitoral da Zona em que esta se verificou. Quando a comunicação for verbal, a autoridade judicial deverá reduzi-la a termo, assinado pelo representante e por duas testemunhas, e a remeterá ao órgão do Ministério Público local, que se julgar necessário obter maiores esclarecimentos e documentos complementares ou outros elementos de convicção, deverá requisitá-los diretamente de quaisquer autoridades ou funcionários que possam fornecê-los (art. 356 do CE).

Podemos, de forma geral, realizar a classificação das penalidades conforme o entendimento do STF, da seguinte forma:

a) crimes comuns: aqueles que podem ser julgados na Justiça Eleitoral ou na Justiça Comum, dependendo do caso concreto;

b) crimes de responsabilidade: os que são julgados perante o Poder Legislativo brasileiro; e, por fim,

c) crimes políticos: aqueles praticados contra a segurança nacional.

Esta última classificação, porém, deve ser analisada com muito cuidado, especialmente porque o Brasil repudia os crimes políticos, que expressam uma atividade ideológica, já que vivemos sob o prisma da liberdade de expressão do pensamento. Notadamente a Constituição Federal, em seu art. 5º, inciso XLIII, até proíbe a extradição nesta modalidade.

Assim, os apontados "crimes políticos" acima devem ser considerados como aqueles que tutelam a soberania nacional e a segurança institucional do Estado. Nesta ordem, os definidos na Lei de Segurança Nacional – Lei n. 7.170/83, e na Lei de Impedimento ("impeachment") – Lei n. 1.079/50. A primeira com juízo na Justiça Federal – art. 109, inciso IV, da Constituição Federal, e a última no foro especial do Senado Federal, conforme art. 52, parágrafo único, da Constituição Federal.

De outra banda, agora em relação às penas dos crimes eleitorais, de acordo com os aspectos gerais podemos verificar que: (i) poderá ocorrer em flagrante, sendo perfeitamente possível de acordo com o nosso ordenamento jurídico; (ii) no que tange a prisão temporária, esta não foi admitida para ser aplicada aos crimes eleitorais, podendo, em alguns casos, ocorrer a aplicação da prisão preventiva, que será possível somente no caso de respeitado o prazo de proibição de prisão eleitoral, que ocorre 5 (cinco) dias antes e até em 48h depois das eleições, e do candidato que pode ocorrer 15 dias antes do pleito eleitoral até após o seu término (art. 236 do CE).

13.2.4 Principais crimes eleitorais

Geralmente, os crimes eleitorais referem-se à propaganda eleitoral abusiva, corrupção eleitoral, fraude eleitoral, coação eleitoral, aproveitamento econômico da ocasião eleitoral e irregularidades no serviço público eleitoral.

A seguir, elencamos as condutas delituosas de maior ocorrência indicadas pela doutrina, o que não dispensa a leitura de todos os artigos.

a) inscrição fraudulenta de eleitor (art. 289): classificado como crime formal, constitui na conduta dolosa do eleitor que se inscreve sem possuir os requisitos para tanto, informando dados falsos. Pode ocorrer no momento do alistamento ou no requerimento de transferência;

b) falsidade ideológica eleitoral (art. 350): constitui na conduta dolosa de omitir, em documento público ou particular, declaração que dele devia constar, ou nele inserir declaração falsa da que devia ser escrita, para fins eleitorais. Trata-se de crime formal e se consuma independentemente do resultado, exigindo apenas o dolo de macular o processo eleitoral. A pena varia de acordo com a natureza do documento: mais grave se o documento for público (reclusão de até 5 anos e pagamento de 5 a 15 dias-multa) e menos grave tratando-se de documento particular (até 3 anos e pagamento de 3 a 10 dias-multa). Há ainda a agravante se o agente for funcionário público e cometeu o crime prevalecendo-se do cargo ou se a falsificação ou alteração é assentamento de registro civil, nos termos do seu parágrafo único;

c) inutilizar, alterar ou perturbar meio de propaganda devidamente empregado (art. 331, CE): consiste na conduta voluntária de causar dolo à propaganda eleitoral de outro candidato, visando desequilibrar o processo eleitoral;

d) corrupção eleitoral (art. 299, CE): também conhecido como crime de compra de votos, consiste na prática de dar, oferecer, prometer, para si ou para outrem, dinheiro, dádiva, ou qualquer outra vantagem, para obter voto ou para conseguir abstenção, ainda que a oferta não seja aceita. Responde também pelo crime aquele que solicita ou recebe, para si ou para outrem, qualquer vantagem, para dar voto ou prometer abstenção. Segundo o TSE, trata-se de crime comum (qualquer pessoa pode cometê-lo) e se consuma com o simples oferecimento, independentemente do resultado. Citamos como exemplos o fornecimento de cestas básicas, o pagamento de conta de luz, telefone, doação de terreno para construção da casa própria, dentre outras vantagens. Além da sanção penal, tal prática poderá acarretar a cassação do registro ou do diploma, conforme prevê o art. 41-A da Lei n. 9.504/97;

e) desobediência à Justiça Eleitoral (art. 347, CE): consiste na recusa de alguém ao cumprimento ou obediência a diligência, ordens ou instruções da Justiça Eleitoral ou a oposição de embaraços à sua execução, com pena de detenção de três meses a um ano e pagamento de dez a vinte dias-multa. Há necessidade da existência de um destinatário identificado ou identificável e de uma ordem ou instrução concreta e, portanto, nunca de um preceito, em tese;

f) coação realizada por servidor público visando a obtenção de voto ou a abstenção (art. 300 do Código Eleitoral): Trata-se de crime próprio, cuja figura típica consiste na conduta do servidor público que, valendo-se de sua autoridade, coage alguém a votar ou a não votar em determinado candidato ou partido, sendo punido com detenção de até 6 meses e pagamento de 60 a 100 dias-multa;

g) "boca de urna" (art. 39, § 5º, da Lei n. 9504/97): consiste na realização de propaganda eleitoral no dia da eleição, como por exemplo, a utilização de alto-falantes e amplificadores de som, promoção de comício, distribuição de camisetas, bonés, broches etc. Não pode o eleitor sofrer qualquer ordem de pressão, de tentativa de persuasão no sentido de influir em seu voto, no dia da eleição, sendo que o crime somente pode ocorrer durante a realização da votação. Por ser crime de mera conduta, consuma-se com a simples distribuição, independentemente de ter atingido ou não eleitores. Pode ser praticado por qualquer pessoa (crime comum) e é punido com detenção de 6 meses a um ano, com a alternativa de prestação de serviços à comunidade por mesmo período, além da multa;

h) utilização de organização comercial para propaganda ou aliciamento de eleitores (art. 334 do CE): Não se permite a realização de propaganda eleitoral mediante a utilização ou interposição de empresas privadas, sendo que a norma penal visa garantir a realização da propaganda dentro de padrões igualitários, coibindo o abuso do poder econômico. A entrega dos bens não pode ter como contrapartida o voto, posto que se assim for o crime perpetrado é o de corrupção eleitoral. Na espécie, deve o agente, com a distribuição de bens, prêmios ou sorteios, visar convencer o eleitor a determinada escolha, sem que estabelecida fique qualquer transação quanto ao voto. Sua prática é punida com detenção de 6 meses a 1 ano e cassação do registro se o responsável for candidato;

i) impedimento ou embaraço ao exercício do sufrágio (art. 297 do CE): Trata-se de crime cuja conduta consiste em colocar obstáculos intransponíveis à plena manifestação da vontade do eleitor ou mesmo embaraços, quando chamado a votar. Sua prática é punida com detenção de 6 meses e pagamento de 60 a 100 dias-multa;

j) violência ou grave ameaça visando a obtenção de voto ou a abstenção (art. 301 do CE): Trata-se de norma que tutela a liberdade do direito de voto, sendo que o crime se revela pelo uso de violência, aqui considerada como emprego de força física, ou então, de grave ameaça, entendida esta como a violência moral a atingir o eleitor, retirando-lhe as condições de resistência. Sua prática é punida com reclusão de 4 anos e pagamento de 5 a 15 dias-multa;

l) concentração de eleitores para embaraçar ou fraudar o exercício do voto (art. 302 do CE): O delito configura-se com a prática de atos tendentes à realização de uma concentração de eleitores no dia da eleição, devendo tal concentração ter por fim causar embaraços, fraudes ou a própria inviabilização do exercício do voto. A ação delituosa somente pode ocorrer no dia da votação. Pode também resultar caracterizada na modalidade prevista na Lei n. 6.091/74, em seu art. 11, III (fornecimento gratuito de alimento e transporte coletivo). É punido com reclusão de 4 a 6 anos e pagamento de 200 a 300 dias-multa;

m) ocultação, sonegação ou recusa de fornecimento de utilidades, alimentos e transporte no dia da eleição (art. 304 do CE): Pretendeu o legislador resguardar os eleitores, ao prescrever este crime, seja no que concerne ao suprimento de suas necessidades essenciais, de molde a que não lhe falte alimentação, transporte ou outra utilidade necessária, no dia da eleição, bem como garante não possa sofrer qualquer ordem de discriminação, de favoritismo, nesta seara. Sua prática é punida com o pagamento de 250 a 300 dias-multa;

n) violação ao sigilo do voto (art. 312 do CE): A liberdade do direito de voto tem uma de suas expressões em razão de o ordenamento jurídico resguardar o sigilo da manifestação de vontade do eleitor, quando das eleições. É que se não estivesse o voto revestido de sigilo, estaria o eleitor, com mais vigor, sujeito às injunções e influências de toda sorte, restando desvirtuada, assim, a verdade da escolha que o voto deve exprimir. Daí por que é crime qualquer ato que importe em quebra do sigilo do voto, sendo punido com detenção de até 2 anos;

o) desordem nos trabalhos eleitorais (art. 296 do CE): Os trabalhos eleitorais devem ser desenvolvidos dentro da ordem, sem tumultos, nem alterações, posto que o exercício dos direitos políticos somente se coaduna com ambiente de respeito à lei. Assim, a ocorrência de desordem de natureza a prejudicar os trabalhos eleitorais redunda na configuração de crime, e é punido com detenção de até dois meses e pagamento de 60 a 90 dias-multa;

p) fabricação, aquisição, fornecimento, subtração ou guarda de materiais de uso exclusivo da Justiça Eleitoral (art. 340 do CE): A proteção penal dada pela norma está circunscrita à autenticidade dos documentos e materiais que são utilizados nas eleições, de molde a que não possam ser manipulados, adulterados, utilizados indevidamente, vindo, assim, a comprometer a lisura da eleição e dos resultados. Dentre os objetos estão urnas, mapas, cédulas ou papéis de uso exclusivo da Justiça Eleitoral. Este crime é punido com reclusão de até 3 anos e pagamento de 3 a 15 dias-multa. Se o agente é membro ou funcionário da Justiça Eleitoral e comete o crime prevalecendo-se do cargo, a pena é agravada;

q) fornecimento de transporte e alimento no dia da eleição (crimes previstos na Lei n. 6.091/74): Dispõe sobre o fornecimento gratuito a eleitores de alimentação e transporte em dia de eleição. Dentre as condutas proibidas está a de que nenhum veículo ou embarcação poderá fazer transporte de eleitores desde o dia anterior até o posterior à eleição, salvo: a serviço da Justiça Eleitoral, os coletivos de linhas regulares e não fretados, de uso individual do proprietário, para o exercício do próprio voto e dos membros de sua família, e o serviço normal, sem finalidade eleitoral, de veículos de aluguel não atingidos pela requisição (lembrando que a Justiça Eleitoral requisitará veículos e embarcações a particulares, de preferência os de aluguel). Sua prática é punida com reclusão de 4 a 6 anos e pagamento de 200 a 300 dias-multa;

r) denunciação caluniosa eleitoral (o mais novo crime eleitoral, introduzido pela Lei n. 13.834/2019, que acrescentou o art. 326-A no Código Eleitoral): Dispõe que é crime dar causa à instauração de investigação policial, de processo judicial, de investigação administrativa, de inquérito civil ou ação de improbidade administrativa, atribuindo a alguém a prática de crime ou ato infracional de que o sabe inocente, com finalidade eleitoral. A pena é de reclusão, de 2 (dois) a 8 (oito) anos, e multa, todavia aumentada de sexta parte, se o agente se serve do anonimato ou de nome suposto. A pena é diminuída de metade, se a imputação é de prática de contravenção. Também incorrerá nas mesmas penas quem, comprovadamente ciente da inocência do denunciado e com finalidade eleitoral, divulga ou propala, por qualquer meio ou forma, o ato ou fato que lhe foi falsamente atribuído. O referido dispositivo vem tentar combater as famigeradas *fakenews* tanto repugnadas na corrida eleitoral.

Aspectos importantes na tipificação de crimes eleitorais:

Crime eleitoral contra a honra: Só se há de falar de crimes contra a honra de natureza eleitoral ou com fins de propaganda.

Se for crime contra a honra cometido no âmbito doméstico, ou seja, desvinculado de propaganda eleitoral, ainda que motivado por divergências políticas, deve ser processado pela Justiça Comum Estadual.

O art. 35-A da Lei das Eleições dispõe: "É vedada a divulgação de pesquisas eleitorais por qualquer meio de comunicação, a partir do 15º (décimo quinto) dia anterior até as 18 (dezoito horas) do dia do pleito".

Esse dispositivo foi declarado INCONSTITUCIONAL (ADI 3741), pois limitava a pesquisa a partir dos 15 dias anteriores à eleição e em até 48 horas após sua realização.

O STF entendeu que esse dispositivo violava a liberdade constitucional de expressão e permitiu a realização de pesquisas a qualquer momento.

Recentemente, o Superior Tribunal de Justiça se pronunciou acerca da configuração das figuras típicas que caracterizam o crime eleitoral.

A simples existência, no Código Eleitoral, de descrição formal de conduta típica não se traduz, incontinenti, em crime eleitoral, sendo necessário, também, que se configure o conteúdo material de tal crime.

Sob o aspecto material, deve a conduta atentar contra a liberdade de exercício dos direitos políticos, vulnerando a regularidade do processo eleitoral e a legitimidade da vontade popular. Ou seja, a par da existência do tipo penal eleitoral específico, faz-se necessária, para sua configuração, a existência de violação do bem jurídico que a norma visa tutelar, intrinsecamente ligado aos valores referentes à liberdade do exercício do voto, à regularidade do processo eleitoral e à preservação do modelo democrático.

13.3 INFORMATIVOS E SÚMULAS CORRELATOS

Penal e processo penal eleitoral

781/STF – Desobediência eleitoral e absolvição sumária.

Para configuração do crime de desobediência eleitoral, previsto no art. 347 do Código Eleitoral ("Recusar alguém cumprimento ou obediência a diligências, ordens ou instruções da Justiça Eleitoral ou opor embaraços à sua execução") **é necessária a demonstração da ciência do agente em relação à ordem tida por descumprida, e que esta seja emitida de forma direta e individualizada.** Com base nesse entendimento, a Segunda Turma resolveu questão de ordem suscitada pelo Ministro Teori Zavascki (relator) e absolveu sumariamente acusado da prática do referido delito, aplicado o quanto disposto no art. 397, III, do CPP ("Art. 397. Após o cumprimento do disposto no art. 396-A, e parágrafos, deste Código, o juiz deverá absolver sumariamente o acusado quando verificar: [...] III – que o fato narrado evidentemente não constitui crime"). A Turma afirmou que a ordem supostamente descumprida na hipótese – a não realização de carreatas ou passeatas eleitorais em determinado local – não teria sido dirigida especificamente ao ora acusado, mas a todos os candidatos, partidos, coligações e cidadãos, mediante encaminhamento de ofício-circular pelo juiz eleitoral. Entretanto, para configuração do crime de desobediência eleitoral seria necessário que a ordem tida por descumprida fosse direta e individualizada ao agente, o que, como visto, não teria ocorrido, tendo em conta o caráter geral e abstrato da referida orientação da Justiça Eleitoral. Por outro lado, não haveria nos autos elementos mínimos e suficientes a indicar que o acusado tivesse ciência do ofício-circular elaborado pelo juiz eleitoral e que o teria deliberadamente descumprido. Nesse contexto, verificar-se-ia a ausência do elemento subjetivo do tipo, no caso, o dolo. AP 904/RO, rel. Min. Teori Zavascki, 14-4-2015 (AP-904) (Informativo 781, 2ª Turma).

802/STF – Crime cometido por prefeito e competência do TRE.

A Segunda Turma resolveu questão de ordem para conceder "*habeas corpus*" de ofício **e extinguir ação** penal, por ausê**ncia de justa causa, nos termos do art. 395, III, do CPP.** Na espécie, o Ministério Público Eleitoral denunciara o paciente, então prefeito, por supostamente ter oferecido emprego a eleitores em troca de voto, com intermédio de empresa contratada pela municipalidade. A Turma frisou que o rito instituído 152 pela Lei n. 12.719/2008, que alterara o CPP, deveria ser aplicado ao 1º grau de jurisdição em matéria eleitoral. Observou que, recebida a denúncia em 1ª instância, antes de o réu ter sido diplomado como deputado federal, e apresentada a resposta à acusação, competiria ao STF, em face do deslocamento de competência, examinar, em questão de ordem, eventuais nulidades suscitadas e a possibilidade de absolvição sumária (CPP, art. 397), mesmo que o rito passasse a ser o da Lei n. 8.038/1990. Afirmou que, no caso de crime eleitoral imputado a prefeito, a competência para supervisionar as investigações seria do TRE, nos termos do Enunciado 702 da Súmula do STF. Dessa forma, n**ão poderia o inquérito ter sido supervisionado por juízo eleitoral de 1º grau. Alé**m disso, n**ão poderia a autoridade policial direcionar as diligências para investigar e indiciar o prefeito. Assim, a usurpação da competência do TRE constituiria vício que contaminaria de nulidade a investigação realizada, em relação ao detentor de prerrogativa de foro, por violação do princípio do juiz natural** (CF, **art. 5º, LIII**). AP 933 QO/PB, rel. Min. Dias Toffoli, 6-11-2015 (AP-933).

826/STF – Crime de desobediência eleitoral e não enquadramento.

Não comete crime de desobediê**ncia eleitoral o candidato que, proibido de ingressar em órgã**os **públicos com o intuito de realizar atos inerentes** à **campanha eleitoral, adentra prédios da Administração Pública para filmar e fotografar.** Com base nessa orientação, a Segunda Turma julgou improcedente a acusação contra o denunciado, nos termos do art. 6º da Lei n. 8.038/1990, c/c o art. 386, III, do CPP (Lei n. 8.038/1990: "Art. 6º – A seguir, o relator pedirá dia para que o Tribunal delibere sobre o recebimento, a rejeição da denúncia ou da queixa, ou a improcedência da acusação, se a decisão não depender de outras provas" e CPP: "Art. 386. O juiz absolverá o réu, mencionando a causa na parte dispositiva, desde que reconheça: [...] III – não constituir o fato infração penal"). Na espécie, magistrado eleitoral determinara que os integrantes da coligação a que pertencia o denunciado não entrassem nos prédios onde funcionavam as repartições públicas municipais, com o intuito de realizar atos inerentes à campanha eleitoral, sob pena de responderem por crime de desobediência (Código Eleitoral, art. 347). Conforme depoimentos de testemunhas, o representante da coligação fora notificado dessa ordem judicial e a comunicara ao denunciado. Este, em seu interrogatório, sustentara ter conhecimento de denúncia de que o prefeito, adversário político da coligação, cooptava servidores da prefeitura para que participassem de seus comícios nos horários de expediente. Com a finalidade de checar essas informações, deslocara-se às repartições públicas para filmar e fotografar os servidores que estivessem a trabalhar. Após a diplomação do denunciado como deputado federal, a competência fora declinada ao STF. A Turma apontou que, **ainda que o evento pudesse ter causado transtorno às atividades públicas, não se narrara pedido de voto ou outra manifestação que pudesse ser enquadrada como ato de campanha eleitoral. Destacou que a conduta em questão fora um ato de fiscalização da Administração Pública, ainda que praticado em persecução aos interesses eleitorais do grupo ao qual o denunciado era vinculado.** Inq 3909/SE, rel. Min. Gilmar Mendes, 17-5-2016 (Inq-3909) (Informativo 826, 2ª Turma).

02/TSE/2016 – Ilicitude de prova e possibilidade de sua utilização em desfavor dos agentes infratores.

O Plenário do Tribunal Superior Eleitoral, por maioria, asseverou que **a prova produzida por eleitores mediante gravação** oculta de reuni**ão com candidato, na qual ofereceram e efetivaram a venda de votos àquele, padece de ilicitude, cuja mácula não obsta a ação penal proposta contra os corruptores que, dissimuladamente, negociaram seus votos em troca de vantagem econômica**. Na espécie, eleitores munidos de gravador compareceram perante candidato ao Executivo local para oferecer voto em troca de favorecimento pecuniário, ocasião em que houve aquiescência e pagamento de valores. Revelados os fatos, tanto o candidato quanto os eleitores foram denunciados pela prática do crime descrito no art. 299 do Código Eleitoral, in verbis: Dar, oferecer, prometer, solicitar ou receber, para si ou para outrem, dinheiro, dádiva, ou qualquer outra vantagem, para obter ou dar voto e para conseguir ou prometer abstenção, ainda que a oferta não seja aceita: Pena – reclusão até quatro anos e pagamento de cinco a quinze dias-multa. Na ação proposta contra o candidato, as provas foram consideradas ilícitas, tendo sido deferido o remédio constitucional do *habeas corpus* para trancamento, em razão de a jurisprudência dessa egrégia Corte reputar imprestável gravação ambiental clandestina, realizada sem autorização judicial e em violação à privacidade e intimidade dos interlocutores. Entretanto, atinente à persecução criminal em desfavor dos eleitores, o Ministro Gilmar Mendes, redator para o acórdão, **ressaltou que a ilicitude da prova não poderia militar em favor dos infratores, uma vez que a rejeição judicial proferida na ação judicial contra o candidato tinha por fim resguardar apenas a privacidade de quem não teve conhecimento da gravação clandestina.** Ainda segundo o ministro, não seria coerente estender a ilicitude da prova ao processo movido contra os eleitores que a produziram levianamente, pois, do contrário, estar-se-ia prestigiando e incentivando a reiteração dessa conduta. Vencidos a Ministra Maria Thereza, relatora, o Ministro Herman Benjamin e o Ministro Henrique Neves, que entendiam que a prova judicialmente reconhecida ilícita não poderia ser tida como válida em outro processo, máxime de natureza criminal. O Tribunal, por maioria, denegou a ordem, nos termos do voto do Ministro Gilmar Mendes, que redigirá o acórdão. *Habeas Corpus* 444-05, Regeneração/PI, rel. Min. Maria Thereza de Assis Moura, em 1º-3-2016.

06/TSE/2016 – Nulidade de provas e flagrante preparado.

O Plenário do Tribunal Superior Eleitoral, por unanimidade, asseverou que constitui **flagrante preparado a infiltração de policial com a finalidade de instigar candidato** à **prática de conduta vedada pelo Código Eleitoral, ocasionando a nulidade das provas** dela decorrentes. Na espécie, o Tribunal Regional Eleitoral de Rondônia, mantendo a sentença, condenou o recorrente à prática do delito insculpido no art. 299 do Código Eleitoral, que assim dispõe: Art. 299. Dar, oferecer, prometer, solicitar ou receber, para si ou para outrem, dinheiro, dádiva, ou qualquer outra vantagem, para obter ou dar voto e para conseguir ou prometer abstenção, ainda que a oferta não seja aceita: Pena – reclusão até quatro anos e pagamento de cinco a quinze dias-multa. A Ministra Luciana Lóssio, relatora, afirmou que constitui flagrante preparado o comportamento da polícia que incita candidato à prática de conduta criminosa. Ressaltou que o Tribunal, em outra oportunidade (REspe 676-04/RO), reconheceu a ocorrência do flagrante preparado em procedimento pré-processual, o que resultou na nulidade das provas dele decorrentes. O Tribunal, por unanimidade, deu provimento aos recursos para reconhecer a nulidade das provas decorrentes do flagrante preparado e determinar novo julgamento pelo Tribunal Regional Eleitoral, nos termos do voto da relatora. Recurso Especial Eleitoral 9529, Porto Velho/RO, rel. Min. Luciana Lóssio, em 7-6-2016.

06/TSE/2017 – Medidas cautelares alternativas à prisão preventiva e cabimento de *habeas corpus*.

O Plenário do Tribunal Superior Eleitoral, por unanimidade, entendeu pela admissibilidade de *habeas corpus* para cassar medida cautelar que sustou a diplomação e impediu o exercício de mandato eletivo em substituição à prisão preventiva. Na espécie, impetrou-se recurso em *habeas corpus* com base em suposto constrangimento ilegal imposto aos pacientes por juízo eleitoral, consubstanciado na suspensão de mandato de vereador obtido no pleito de 2016, a título de medida cautelar de natureza penal. Referida medida fora cominada pelo juízo de piso, após a então relatora do *habeas corpus*, Ministra Luciana Lóssio, determinar que fossem aplicadas medidas cautelares alternativas à prisão preventiva. Inconformados, os pacientes interpuseram recurso em que alegam que as medidas impostas seriam ilegais e abusivas. No julgamento dos recursos interpostos e dos mandados impetrados, o Ministro Alexandre de Morais, que compôs o Plenário como ministro substituto, proferiu voto no sentido de admitir a impetração de *writ* para suspender medida cautelar que propõe afastamento de cargo, imposta em substituição à prisão preventiva, sob o argumento de que o descumprimento da medida pode ocasionar a restrição da liberdade do paciente, reconhecendo, assim, preventivamente a tutela da liberdade. O Tribunal, por unanimidade, deu provimento aos recursos ordinários em *habeas corpus*, para conceder as ordens, revogando-se as decisões que decretaram as medidas cautelares proferidas em desfavor dos pacientes, nos termos do voto do relator. Recurso em *habeas corpus* 515-42, Campos dos Goytacazes/RJ, rel. Min. Tarcisio Vieira de Carvalho Neto, julgado em 16-5-2017.

06/TSE/2017 – Oposição de embargos infringentes e de nulidade de condenação criminal por órgão colegiado e suspensão da inelegibilidade.

O Plenário do Tribunal Superior Eleitoral, por unanimidade, afirmou que a inelegibilidade decorrente de condenação criminal proferida por órgão colegiado prevista no art. 1º, inciso I, alínea *e*, da Lei Complementar n. 64/1990, suspende-se de igual modo à execução penal, nos casos de oposição de embargos infringentes e de nulidade da referida decisão criminal. Destacou-se, na oportunidade, que os embargos infringentes e de nulidade na seara penal são dotados de efeito suspensivo automático (*ope legis*), razão pela qual impõem a paralisação da eficácia da decisão judicial anterior. Para fins de esclarecimentos, ressaltou-se haverem dois tipos de efeito suspensivo, o *ope judicis* – que depende da análise e deliberação judicial, desde que preenchidos requisitos necessários à sua concessão – e o *ope legis* – que não resulta de ato volitivo do juízo nem decorre da análise dos pressupostos necessários à sua outorga, mas opera seus efeitos tão somente por força da lei, sendo sua interposição suficiente para obstar os efeitos da decisão anterior proferida. Enfatizou-se ainda que os embargos infringentes e de nulidade podem ser opostos a decisões criminais desfavoráveis ao réu, por maioria, perante os tribunais, estando a matéria disciplinada no parágrafo único do art. 609 do Código de Processo Penal. Por outro giro, asseverou-se que o fato de o condenado estar elegível por ocasião das eleições, devido à suspensão de sua inelegibilidade pela oposição dos embargos infringentes e de nulidade, permite o deferimento do registro da candidatura, mesmo que após o pleito o recurso criminal não seja provido. Rememorou-se, nesse sentido, a jurisprudência deste Tribunal no sentido de que fato superveniente ao registro de candidatura e posterior à data do pleito que venha a atrair inelegibilidade não pode ser conhecido nesta seara, sob pena de eternização do processo eleitoral. Recurso Especial Eleitoral 484-66, Araújos/MG, rel. Min. Napoleão Nunes Maia Filho, julgado em 13-6-2017.

Súmulas do TSE

- **Súmula-TSE n. 9**

  A suspensão de direitos políticos decorrente de condenação criminal transitada em julgado cessa com o cumprimento ou a extinção da pena, independendo de reabilitação ou de prova de reparação dos danos.

- **Súmula-TSE n. 18**

  Conquanto investido de poder de polícia, não tem legitimidade o juiz eleitoral para, de ofício, instaurar procedimento com a finalidade de impor multa pela veiculação de propaganda eleitoral em desacordo com a Lei n. 9.504/97.

- **Súmula-TSE n. 22**

  Não cabe mandado de segurança contra decisão judicial recorrível, salvo situações de teratologia ou manifestamente ilegais.

- **SúmulaTSE n. 23**

  Não cabe mandado de segurança contra decisão judicial transitada em julgado.

- **SúmulaTSE n. 32**

  É inadmissível recurso especial eleitoral por violação à legislação municipal ou estadual, ao Regimento Interno dos Tribunais Eleitorais ou às normas partidárias.

- **SúmulaTSE n. 33**

  Somente é cabível ação rescisória de decisões do Tribunal Superior Eleitoral que versem sobre a incidência de causa de inelegibilidade.

- **SúmulaTSE n. 46**

  É ilícita a prova colhida por meio da quebra do sigilo fiscal sem prévia e fundamentada autorização judicial, podendo o Ministério Público Eleitoral acessar diretamente apenas a relação dos doadores que excederam os limites legais, para os fins da representação cabível, em que poderá requerer, judicialmente e de forma individualizada, o acesso aos dados relativos aos rendimentos do doador.

- **SúmulaTSE n. 48**

  A retirada da propaganda irregular, quando realizada em bem particular, não é capaz de elidir a multa prevista no art. 37, § 1º, da Lei n. 9.504/97.

- **SúmulaTSE n. 49**

  O prazo de cinco dias, previsto no art. 3º da LC n. 64/90, para o Ministério Público impugnar o registro inicia-se com a publicação do edital, caso em que é excepcionada a regra que determina a sua intimação pessoal.

- **SúmulaTSE n. 58**

  Não compete à Justiça Eleitoral, em processo de registro de candidatura, verificar a prescrição da pretensão punitiva ou executória do candidato e declarar a extinção da pena imposta pela Justiça Comum.

- **SúmulaTSE n. 59**

  O reconhecimento da prescrição da pretensão executória pela Justiça Comum não afasta a inelegibilidade prevista no art. 1º, I, *e*, da LC n. 64/90, porquanto não extingue os efeitos secundários da condenação

- **SúmulaTSE n. 61**

  O prazo concernente à hipótese de inelegibilidade prevista no art. 1º, I, *e*, da LC n. 64/90 projeta-se por oito anos após o cumprimento da pena, seja ela privativa de liberdade, restritiva de direito ou multa.

capítulo 14

Crítica ao positivismo jurisprudencialista: a vulgata do ativismo judicial e seu álibi teórico da discricionariedade

14.1 CONTEXTUALIZANDO A TEMÁTICA AO DIREITO ELEITORAL

Ao abordar a inviabilidade de candidaturas avulsas no sistema constitucional brasileiro, afirmamos que a doutrina jurídica deve combater o ativismo judicial, fruto da dita teoria da discricionariedade judicial – teoria do professor inglês Herbert Hart –, que acaba por servir de álibi teórico a arbitrariedades em nome de um Direito inexistente. Queremos dizer, o decisionismo (subjetivismo) repristinando, assim, a ideia da Escola do Direito Livre e a doutrina de Kelsen – o juiz pode decidir para além da moldura normativa. A prática do decisionismo é antidemocrática e a doutrina precisa denunciar isso. Não existe um direito paralelo ou alternativo. Na mesma medida em que os juízes não são mais "escravos da Lei" ou "boca da lei" (positivismo exegético), não passaram a ser donos dela (neoconstitucionalismo, juízes dos princípios).

Esse contexto já nos autoriza, ao menos no âmbito de um livro que pretende tratar do direito eleitoral, sair um pouco da específica temática para tratar de assunto da Teoria do Direito que é cara a qualquer ramo da ciência jurídica. A teoria do dirieto é aquilo que todos os ramos do direito têm em comum. É essa teoria, somada à hermenêutica jurídica, que nos une, nos ensina e nos fornece um âmbito de remédios epistêmicos para dar soluções a casos jurídicos, em especial constranger juízes e tribunais quando contaminados pelo senso comum de muitos juristas – e populares – de que o Dirieto é o que o magistrado afirma ser – interpreta –, como se pudesse haver milhares de Direitos, já que no Brasil existem milhares de magistrados.

Esse senso comum de que a interpretação é um ato de vontade do magistrado – ideia retirada de Kelsen – e não um ato de conhecimento deve ser combatido. Afinal, estamos não só em um Estado de Direito, mas também em um Estado Democrático e esta junção formadora do Estado Democrático de Direito atribui aos magistrados – que compõe um Poder do Estado – a responsabilidade política de fundamentar as decisões sengundo o Direito, não lhes cabendo produzir um direito subjetivamente e sem o adequado processo legislativo ou controle de constitucionalidade.

Essa questão, afeta a um certo realismo jurídico "à brasileira", também denominado de positivismo jurisprudencialista, é verificada em todos os âmbitos e seguimentos jurisdicionais, encontrando o maior incentivador o Supremo Tribunal Federal. Ocorre que todos os demais juízes e tribunais não são o STF e, mesmo que fossem, não poderiam ser ativistas. O Supremo erra quando pratica ativismo e acaba gerando efeito cascata no senso comum dos juristas e no senso comum dos juízes.

Apenas a título de exemplo, verificamos o TSE recorrentemente negando vigência, sem ocorrência de Controle de Constitucionalidade, a texto expresso de lei. É o caso do art. 37, § 11, da Lei dos Partidos Políticos, que textualmente dispõe, após modificação legislativa incluída pela Lei n. 13.165/2015, que: *"Os órgãos partidários poderão apresentar documentos hábeis para esclarecer questionamentos da Justiça Eleitoral ou para sanear irregularidades a qualquer tempo, enquanto não transitada em julgado a decisão que julgar a prestação de contas"*. Contudo, o TSE nega aplicabilidade à referida regra jurídica (sem declaração de inconstitucionalidade), afirmando ocorrer preclusão, sendo convenientemente acompanhado por diversos Tribunais Regionais Eleitorais. No caso, o artigo é uma proposição normativa que constitui uma regra jurídica de limitação do poder jurisdicional, isto é, estabelece uma regra de cumprimento ao próprio Poder Judiciário. Porém, ao se permitir condutas ativistas, defere-se a possibilidade de autodesvinculação normativa por parte dos juízes, razão pela qual passam a escolher as normas jurídicas que cumprem, inclusive no que toca a normas – regras e princípios – limitadoras da própria arbitrariedade dos mesmos.

No mesmo sentido, em que pese a expressa previsão de impenhorabilidade do dinheiro público inerente ao Fundo Partidário, conforme art. 833, XI, do CPC, e consolidada e íntegra jurisprudência, o TSE, em acórdão prolatado na prestação de contas n. 306-72.2014.6.00.0000 – Classe 25 – Brasília – DF, em 2 de abril de 2019, de relatoria do Min. Tarcisio Vieira de Carvalho Neto, cujo requerente é o antigo PPS Nacional, hoje partido Cidadania, proferiu decisão nitidamente *contra legem*, na toada repristinatória da antiga Escola do Direito Livre[1]. No caso, desrespeitou intencionalmente regra jurídica de direito público, expressa, textual e cogente ao pretender, sem mudança legislativa, relativizar a garantia da impenhorabilidade referida. Lembre-se que a impenhorabilidade é uma regra, não um princípio, razão pela qual só pode ser relativizada por meio de edição de regra de exceção por parte do Congresso Nacional.

Os dois exemplos indicados (produção probatória e impenhorabilidade) ilustram um movimento jurisprudencial que está em constante agravamento no sentido de matar a autonomia do Direito substituindo o próprio Direito pelo voluntarismo judicial. É uma afronta à Democracia e ao próprio Direito – fonte de legitimidade dos juízes –, uma vez que não possuem legitimidade popular. Ou seja, se não são eleitos, são legitimados pelo ordenamento jurídico democraticamente aprovado, motivo pelo qual sua distorção sem aprovação dos representantes do Povo em um só tempo manieta a autonomia do direito e coloca em dúvida a própria legitimidade do autor da interpretação judicial.

Em razão desse contexto, surge a relevância do estudo de temática que interessa a todos, isto é, o Positivismo Jurisprudencialista e sua vulgata denominada Ativismo Judicial.

---

1 O ápice da subjetividade (em oposição ao objetivismo formalista-textualista) ocorreu com a denominada "Escola do Direito Livre", fundada pelo francês Gény François, tendo como obra fundante o "Método de interpretação e fontes no direito positivo privado". Segundo esta escola, também denominada movimento em razão de certa deficiência pela ausência de uma teoria comum, a ideologia e concepções pessoais de mundo do juiz (política, religião, sociologia, economia, moral etc) sobrepunham-se a visão compartilhada em uma linguagem pública do direito, permitindo, inclusive, decisões "*contra legem*".

14.2 AS FACES DO ATIVISMO JUDICIAL

Em que pese parte da doutrina atribua ao ativismo a qualidade de ativismo "bom" ou ativismo "ruim", autores da qualidade de Nelson Nery Junior e Georges Abboud prescrevem sua neutralidade, isto é, não ser possível diferenciar entre bom e mal ativismo[2].

O juiz ativista não está preocupado com um escrutíneo crítico acerca do conteúdo de sua decisão, mas idealiza seu comportamento como certo-justo, demonstrando, portanto, a incorporação de um cognitivismo moral em suas decisões, que deveriam ser jurídicas.

No âmbito da preservação da autonomia do direito, o ativismo sempre possuirá a conotação negativa, uma vez que sua essência é o despreendimento do ordenamento jurídico, sobretudo da normatividade da Constituição Federal, em prestígio das convicções (pessoais) do julgador que, no mais das vezes, pensa que sua decisão ativista é o retrato da realização da justiça, desprendendo-se, assim, da concretização do direito.

Ocorre que a temática sobre a justiça remonta a três séculos antes de Cristo, sendo, portanto, anterior à própria origem da Filosofia (criação dos gregos). Essa emblemática questão acerca da justiça origina-se, ao que consta, do direito babilônico, exteriorizada pelo "Código de Hamurabi".

"Também nos gregos vemos a institucionalização do primeiro tribunal, como forma de institucionalizar a punição, dando-se fim às vinganças", afirma Lenio Streck ao comentar que *"Na Oresteia, celebra-se o elemento civilizador que foi a introdução, pela mão da deusa Palas Atena, de um corpo de jurados para julgar os crimes de sangue"*[3].

---

2 ABBOUD, Georges. NERY JUNIOR, Nelson. A relação entre juristocracia e ativismo judicial: os direitos fundamentais em risco. Pag. 191. Hermenêutica, constituição, decisão judicial: estudos em homenagem ao professor Lenio Luiz Streck. Org. Alexandre Morais da Rosa, André Karam Trindade, Clarissa Tassinari, Marcio Gil Tostes dos Santos e Rafael Tomaz de Oliveira. Porto Alegre: Livraria do Advogado Editora, 2016.

3 STRECK, Lenio Luiz. Os modelos de juiz e a literatura. Os modelos de juiz: ensaios de direito e literatura. Org. STRECK, Lenio Luiz; TRINDADE, André Karam. São Paulo: Atlas, 2019, Pag. 230.

Do período pré-socrático até a mais moderna teoria da justiça de John Rawls não há um consenso acerca da dimensão da justiça e de suas acepções teóricas. Seja quanto às dimensões divina, natural ou política (convenção); seja na acepção da proteção dos mais fracos (antiguidade), de um ideal (Platão), de reciprocidade no âmbito distributivo ou corretivo (Aristóteles); essencialmente uma liberdade (Kant), uma felicidade (utilitaristas), um instrumento a serviço da utilidade (Hume), equidade (Rawls), um objetivo, uma legalidade, uma retribuição, uma compensação, ou qualquer outro princípio[4].

Voltaire, tratando a justiça como um sentimento, já afirmava "*não é de hoje que se diz que a justiça é frequentemente injusta:* Summus jus, summa injuria *é um dos provérbios mais antigos*"[5].

Essa é uma das mais complexas discussões da história da humanidade, razão pela qual não se pode substituir o direito pelo senso de justiça (pessoal) do julgador que, verdadeiramente, está e deve permanecer vinculado ao princípio constitucional da legalidade. Ademais, não existem critérios para apurar se a justiça é realizada de fato na decisão judicial. Ou mesmo se a justiça realmente existe. Portanto, o ordenamento jurídico não deve estar submetido, ao menos por parte do julgador, a uma valoração moral. Isso cabe aos políticos.

Abro breve parêntese apenas para esclarecer que o ativismo judicial leva a duas consequências. A primeira é a intencional negativa de aplicação de uma resposta clara já apresentada pelo Direito configuradora de decisão *contra legem* – é o caso da negativa de aplicabilidade do art. 37, § 11, da Lei dos Partidos Políticos –, ao passo que a segunda consiste na criação, pelo juiz solipsista, de sua própria resposta, ainda que contrária à integridade do Direito – regras e princípios –, sob a alegação de ausência de uma resposta clara no ordenamento ou, ainda, que as respostas existentes são injustas – é o caso de determinação de penhora de fundo partidário, sob a alegação que os partidos políticos não possuem outra fonte de renda senão o dinheiro proveniente do fundo.

---

4 JOHNSTON, David. *Breve história da justiça*. Trad. Fernando Santos. São Paulo: Editora WMF Martins Fontes, 2018.

5 VOLTAIRE. *O preço da justiça*. Trad. Ivone Castilho Benedetti. 2. ed. São Paulo: Martins Fontes, 2006, pag. 4.

Aqui, apenas como exemplificação desse conteúdo moral indesejável à autonomia do direito, destaco os tópicos 20, 21 e 22 da decisão prolatada pelo Min. Tarcisio Vieira de Carvalho Neto, na prestação de contas n. 306-72.2014.6.00.0000 – Classe 25 – Brasília – DF, em 2 de abril de 2019. Vejamos:

> 20. O ressarcimento ao Erário, mediante recursos próprios, dos valores indevidamente utilizados pela agremiação e a impenhorabilidade irrestrita dos recursos do Fundo Partidário são questões que este Tribunal Superior deverá rediscutir no julgamneto das prestações de contas de exercício futuros, em respeito à segurança jurídica.
>
> 21. Com a nova sistemática de financiamento de partidos políticos, o Fundo Partidário tornou-se a principal fonte de recursos financeiros para manutenção das agremiações. As demais fontes de recursos, em razão de seu caráter facultativo, não podem ser efetivamente consideradas como naturalmente garantidas, porquanto é consabido que a doação de pessoa física ainda não é tradição em nosso país.
>
> 22. Diante desse novo panorama em que os recursos públicos se tornaram a principal fonte de subsistência das agremiações em face da necessidade de se garantir o cumprimento das decisões desta Justiça Especializada, é imperioso que se passe a conceber, doravante, a ideia de que o ressarcimento ao Erário se dê com os próprios recursos do Fundo Partidário, sob pena de se tornarem letra morta as determinações exaradas no julgamento das prestações de contas partidárias. A exemplo do que ocorre na Lei n. 8.009/90, em que a impenhorabilidade do bem de família não pode ser obstáculo ao pagamento de dívidas relativas ao próprio imóvel, como as referêntes a IPTU, hipoteca e financiamento (art. 3º, II, IV e V), tal medida não implica o descumprimento da regra da impenhorabilidade dos recursos do Fundo Partidário prevista no art. 883, XI, do CPC, nos casos em que evidenciadas a gestão temerária e a malversação de recursos do próprio Fundo.

Em que pese as intenções morais (boas) do Ministro prolator da decisão, é importante destacar seis pontos que chamam atenção ao nítido ativismo que afronta o próprio Direito. Vejamos:

a) a moral não corrige o direito, portanto, se a regra jurídica não é moralmente adequada, é necessário comunicar o Congresso Nacional para que este avalie a questão. Na citada decisão, verifica-se um julgamento moral, ou seja, que não está no âmbito do código lícito-ilícito, mas está no âmbito do correto-incorreto, justo-injusto, certo-errado etc.;

b) observa-se o ativismo judicial na medida em que o Ministro afirma que o Tribunal deve rediscutir a questão da impenhorabilidade, sendo que existe uma regra jurídica vigente afirmando que o Fundo Partidário é impenhorável. Neste caso, há pleno desrespeito à regra jurídica e à democracia representativa, demonstrando que regras democraticamente votadas (e o CPC é recente, datado de 2015) podem ser inobservadas pela mera vontade do juiz, ainda que sejam constitucionais, já que não houve declaração de inconstitucionalidade. Neste sentido, na prática, basta o Tribunal negar vigência e desconsiderar a regra afrontando a autonomia do direito;

c) reconhece na decisão que o dinheiro do Fundo Partidário destina-se à subsistência do partido político, mas, ainda assim, pretende penhorá-lo sem autorização legal;

d) apresenta um realismo jurídico acerca da ineficácia das decisões judiciais, razão pela qual pretende adotar medida de constrição – penhora – não autorizada em lei, apenas em razão da alegação de que não existiria outra fonte a ser penhorada. Bem, isto não é uma questão jurídica, pois a resposta correta já foi claramente dada pelo ordenamento jurídico por meio de uma regra que apenas não poderá ser aplicada se inconstitucional for;

e) faz uso de sofisma ao invocar analogia aos casos de dívidas de IPTU, hipoteca e financiamento, afirmando que mesmo o bem de família – impenhorável – responde por tais dívidas, mas não destaca que nestes casos há expressa autorização legal – regras jurídicas de exceção no art. 3º da Lei n. 8.009/90 –, o que não ocorre no caso da impenhorabilidade de Fundo Partidário – hipótese para a qual não há exceção legal;

f) ao alegar possível gestão temerária e malversação de recursos, olvida-se de fundamentar no sentido da responsabilização pessoal dos dirigentes, admitida pelo ordenamento jurídico na regra disposta no art. 37, § 13, da Lei dos Partidos Políticos. Observem que a decisão do TSE data de 2 de abril de 2019, ao passo que o § 13 foi inserto no referido art. 37 no ano de 2015, pela Lei n. 13.165, motivo pelo qual o Ministro já poderia considerá-lo. Porém, a penhora de recursos do Fundo Partidário permanece vedada por regra do Código de Processo Civil (art. 833, XI). É em razão desse tipo de decisão ativista incostitucional e inconveniente que o legislador aparece e inova o ordenamento jurídico visando limitar decisões arbitrárias. Neste passo, é o que consta do art. 37, § 15, da Lei dos Partidos Políticos, incluído pela Lei n. 13.831/2019: "*As responsabilidades civil e criminal são subjetivas e, assim como eventuais dívidas já apuradas, recaem somente sobre o dirigente partidário responsável pelo órgão partidário à época do fato e não impedem que o órgão partidário receba recurso do fundo partidário*".

Aos leitores da presente obra jurídica, consignamos que o papel da doutrina é doutrinar. Constranger epistemicamente os erros cometidos pelo Poder Judiciário. Não cabe à doutrina ser caudatária dos Tribunais, copiando e sistematizando, muitas vezes, decisões absurdamente incompatíveis com o Direito. Um juiz pode ter sua percepção acerca do bom ou do mau direito, mas não pode negar-lhe vigência, salvo em caso de declaração de inconstitucionalidade. Ademais, mesmo a discricionariedade surgiu em uma dimensão de indeterminalidade do direito, mas o que vemos hodiernamente são juízes pensando ser legisladores e deixando de aplicar regras jurídicas pelo fato de não concordarem com elas. Isso levará a uma crise da democracia.

Para Georges Abboud e Nelson Neri Júnior[6]:

> Ativismo é toda decisão judicial que se fundamenta em convicções pessoais, senso de justiça do intérprete em detrimento da legalidade vigente, legalidade aqui entendida como *legitimidade do sistema jurídico*, e não como mero positivismo estrito ou subsunção do fato ao texto normativo.

Inocêncio Mártires Coelho[7] afirma:

---

[6] ABBOUD, Georges. NERY JUNIOR, Nelson. A relação entre juristocracia e ativismo judicial: os direitos fundamentais em risco. Pag. 191. Hermenêutica, constituição, decisão judicial: estudos em homenagem ao professor Lenio Luiz Streck. Org. Alexandre Morais da Rosa, André Karam Trindade, Clarissa Tassinari, Marcio Gil Tostes dos Santos e Rafael Tomaz de Oliveira. Porto Alegre: Livraria do Advogado Editora, 2016.

[7] COELHO, Inocêncio Mártires. Sobre o ativismo judicial: tópicos para reflexão. Pag. 312. Liberdade e Fraternidade: a contribuição de Ayres Britto para o direito. Coord. George Salomão Leite, Marcelo Novelino e Lilian Rose Lemos Rocha. Salvador: JusPodivm, 2017.

> Por *ativismo judicial* – segundo esse jurista –, deve-se entender o exercício da função jurisdicional para *além dos limites* impostos pelo próprio ordenamento jurídico, que, institucionalmente, incumbe ao Poder Judiciário fazer atuar, resolvendo tanto litígios de feições subjetivas (conflito de interesses) quanto controvérsias jurídicas de natureza objetiva (conflitos normativos);

A origem da expressão "ativismo judicial" é atribuída a Arthur Schlesinger Jr., que a utilizou pela primeira vez em seu artigo publicado na revista *Fortune*, no ano de 1947. Referido artigo foi dedicado à análise da postura dos integrantes da Suprema Corte norte-americana, classificando os membros da Corte em três grupos distintos: ativistas, autocontidos ou moderados[8].

O ativismo judicial leva ao decisionismo, uma prática não jurídica, mas política, do exercício da jurisdição. Política em essência, no sentido de verdadeiramente criar um direito inexistente ou negar o existente, sem qualquer vinculação normativa com o Direito, afrontando direta ou indiretamente – quando velado por argumentações sedutoras e populistas – a democracia constitucional.

Sendo assim, o ativismo judicial é a nomenclatura hodierna para a criação judicial do direito. Uma espécie de realismo jurídico "à brasileira". Essa inovação, entendida neste estudo como criação de direito inexistente ou negação de direito existente, é exercitável por meio da discricionariedade do juiz, já demonstrada, de forma embrionária, no ultrapassado positivismo normativista de Hans Kelsen e sistematizada com elegância na teoria de Herbert Hart, em sua obra denominada "O Conceito de Direito".

Ao abandonar a integridade, a coerência, a historicidade e a tradição do Direito (aqui uma mixagem de Dworkin e Streck), o julgador formula decisão fundada em qualquer outra coisa (convicções morais, ideológicas, religiosas, políticas, senso de justiça etc.) e dá azo à prática do ativismo judicial. Porém, para que essa prática inconstitucional possua, ao menos, uma capa de constitucionalidade, para passar de forma desapercebida pelos menos atentos, é necessário a utilização de engodos jurídicos. Para tanto, o ativismo judicial aparece de muitas

---

8 URBANO, Maria Benedita. Curso de Justiça Constitucional: evolução histórica e modelos do controlo da constitucionalidade. Coimbra: Almedina, 2012, pag. 87.

formas na linguagem adotada pelo julgador ativista, em especial mascarado em álibis teóricos fornecidos pelas teorias da argumentação jurídica.

A forma performática é a mais comum. Não pode ser submetida a teste de veracidade ou validade. Expressões vazias, tais como: "decido conforme minha consciência", "ordem pública", "o Judiciário é provocado, não age de ofício", são motivações para fundamentar moral e ideologicamente qualquer tipo de decisão. Mas o ativismo judicial também se manifesta contra os limites do texto; de forma messiânica, em especial com o argumento da realização da justiça e do juiz como agente transformador da história; ideológico-moralista – quando realiza a clara substituição do direito pela política; populista, quando justifica o afastamento do direito posto em razão da realização da "vontade das ruas" ou "daquilo que o povo espera do Judiciário"; puramente consequencialista, quando coloca a eficiência econômica no lugar do direito; ou por inação, caracterizado por pedidos de vistas por parte de magistrados em órgãos jurisdicionais colegiados, em nítida estratégia processual que não cabe ao julgador, para, por exemplo, evitar a concretização de julgamentos[9].

É importante anotar que o ativismo não se confunde com a judicialização. Esta última caracteriza-se pelo amplo acesso ao Judiciário especialmente para garantir a efetividade de direitos fundamentais ou a exigibilidade de direitos em geral. O ativismo não está ancorado no acesso ao Judiciário, mas sim na conduta solipsista do juiz fundada na filosofia da consciência.

14.3 DEMOCRACIA CONSTITUCIONAL E ATIVISMO JUDICIAL

No Brasil, com a contaminação ideológica do Poder Judiciário, o ativismo judicial tem desvirtuado não só a resolução de casos difíceis entre colisão de princípios – para quem admite a realização da distinção entre casos fáceis e difíceis –, mas também casos de mera subsunção de regras jurídicas. Aliás, isso pode ser lido já em Hans Kelsen.

Juízes, que são obrigatoriamente vinculados à legislação, têm promovido um movimento inconstitucional de autodesvinculação discricionária e unilateral

9 ABBOUD, Georges. *Processo constitucional brasileiro*. 3. ed. rev., atual. e ampl. São Paulo: Thomson Reuters Brasil, 2019.

desta mesma legislação que lhes atribui a autoridade delegada (Constituição e Leis). Há um afastamento intencional da normatividade contida no princípio constitucional da legalidade que, por consequência, gera diariamente o desprezo às regras jurídicas.

O Supremo Tribunal Federal possui inúmeras decisões polêmicas, em razão do seu ativismo[10]. E essa conduta cria grave fissura no ordenamento jurídico. Neste ponto, cumpre salientar que não se trata de concordar ou não com a decisão, mas sim de analisar se ela poderia ser proferida segundo o ordenamento jurídico, uma vez que o ordenamento jurídico não pode ser constituído ou modificado por convicções de juízes. Direito não é opinião!

O ativismo é malefício para qualquer área do direito, inclusive para o direito eleitoral. Ademais, quanto maior for o ativismo, menor será a proteção do Poder Judiciário quanto à autonomia do direito, ou seja, quando o julgador é ativista, também corre o risco de, ao aplicar corretamente o direito, ter, contra si,

---

10 Destacam-se: União Homoafetiva (ADI 4.277 e ADPF 132); o caso Aécio Neves e a mudança no entendimento relacionado ao afastamento de parlamentares (ADI 5.526); Declaração de Inconstitucionalidade da Cláusula de Barreira (ADIs 1.351 e 1.354); o caso do Deputado Donadon – Cassação de mandato parlamentar (MS 32.326/DF); Declaração de inconstitucionalidade do financiamento empresarial de campanha eleitoral (ADI 4.650); o caso do art. 52, X, da Constituição Federal (Reclamação 4335), em que compete privativamente ao Senado Federal "suspender a execução, no todo ou em parte, de lei declarada inconstitucional por decisão definitiva do Supremo Tribunal Federal;", que apesar da literalidade do dispositivo normativo o Supremo "interpretou" de forma distinta, isto é, no caso "interpretação" nitidamente *contra legem*, em que a justificativa foi uma falsa mutação constitucional; a imposição de medidas cautelares do Código de Processo Penal (art. 319) aos Parlamentares, contra expressa proibição constitucional (ADI 5526); a possibilidade da prisão em segunda instância relativizando o princípio da presunção de inocência e o conteúdo do conceito de trânsito em julgado (ADCs 43 e 44); a transformação da vida humana em uma questão de linguagem no caso da descriminalização do aborto, em atividade que extrapola o controle de constitucionalidade e passou a realizar política criminal, ignorando a tipicidade contida no Código Penal em decisão aditiva, em sede do *Habeas Corpus* n. 124.306, que é instrumento de impugnação inadequado para se proferir decisão com efeito *erga omnes;* a realização de analogia abstrata em desfavor dos virtuais réus ao equiparar o comportamento denominado "homofóbico" ao racismo, criminalizando a "homofobia" sem edição lei penal (ADO n. 26 e MI n. 4.733) .

os mesmos que aplaudem a ocorrência dos abusos, ficando, portanto, refém das situações a que dá causa[11].

A luta entre razão e vontade está no mesmo campo de batalha que o conflito entre autonomia do direito (com sua normatividade vinculativa) e voluntarismo do juiz solipsista (com o seu descompromisso constitucional). O juiz possui um dever para com a Constituição, norma que legitima a própria atividade jurisdicional, razão pela qual o julgador deve deixar suas inclinações hibernadas enquanto estiver no exercício da jurisdição.

Isso porque o juiz não deve tomar partido em guerras culturais e disputas ideológicas, pois a função do magistrado é aplicar o direito, não arbitrar conflitos morais cujo campo adequado de discussão é a política.

14.4 CONCLUSÃO ACERCA DO TEMA

Não se quer aqui concluir que o juiz deve voltar à antiga posição de "escravo da lei" ou "boca da lei" (positivismo exegético), mas a lei também não pode ser sua escrava, uma vez que, se do dispositivo normativo não se tem a norma completa, também dele não se pode afirmar que não haja norma alguma.

O Direito depende da linguagem, mas esta linguagem é uma condição de possibilidade. Não pode ser reduzida a produto do sujeito que interpreta os dispositivos normativos, isto é, a linguagem é o instrumento que dá acesso à coisa (objeto), mas não é a essência do próprio objeto, razão pela qual o Direito não é o que os juízes e tribunais dizem, mas é o que estes sujeitos devem aplicar aos casos judicializados. Necessário, portanto, superar os paradigmas filosóficos positivis-

---

[11] Exemplo disso foi a resposta correta a constituição quando do julgamento da ADC 44, em que o Supremo Tribunal Federal, por maioria, nos termos e limites dos votos proferidos, julgou procedente a ação constitucional para assentar a constitucionalidade do art. 283 do Código de Processo Penal, na redação dada pela Lei n. 12.403, de 4 de maio de 2011. Neste caso, o próprio STF passou a estar no "banco dos réus" da "opinião pública" e/ou opinião publicada. Em razão de sua leniência com prisões arbitrárias em desrespeito ao princípio da presunção de inocência, acabou por causar um senso comum na população de que é correto encarcerar sem o trânsito em julgado da condenação penal, motivo pelo qual ao aplicar a norma constitucional viu-se constrangido por grupos de interesse.

tas-metafísicos e a filosofia da consciência, visando a aplicação do Direto democrático e a formulação de decisões judiciais adequadas à Constituição.

Sendo assim, evidentemente, a produção legislativa não gera apenas um dispositivo, um texto, mas sim uma norma *prima facie*, pois para aprovação do projeto de lei é necessário saber qual o sentido que a futura norma expressará. Se os projetos legislativos fossem neutros, ou seja, sem sentido algum, não contando com um sentido normativo *prima facie* apto à eficácia jurídica, na dependência do juiz intérprete, não se justificaria os profundos debates nos Parlamentos, inclusive com audiências públicas com a participação de especialistas; ou o controle prévio de constitucionalidade exercido pelas comissões de constituição e justiça, bem como pelo veto do chefe do Poder Executivo; nem se justificaria a eleição de representantes do Povo, mas seria necessário eleições para juízes.

Desta forma, as técnicas de resolução de conflitos normativos devem ser utilizadas para alcançar a resposta constitucionalmente adequada, não podendo representar álibi teórico para a prática de ativismo judicial, pois o juiz constitucional é estratégico em uma democracia, mas a jurisdição constitucional não pressupõe supremacia antidemocrática. Em gravidade ainda maior é a jurisdição ordinária ativista, que sequer análise constitucional das proposições jurídicas realizam. O juiz solipsista não é um juiz adequado à Democracia.

Neste passo, é relevante consignar que a técnica de resolução de colisões de princípios, denominada "regra da ponderação", surge em um sistema jurídico distinto do brasileiro – o sistema alemão –, bem como em uma sociedade culturalmente distinta imersa em um contexto histórico que autorizou a adequação, por tribunais pós-Segunda Guerra Mundial, de um direito nazista que permaneceu vigente após a queda do Nazi-regime. Tratava-se de verdadeira adequação de interesses. Além disso, a ponderação foi importada sem a aplicação do sofisticado método desenvolvido por Robert Alexy, mas tão somente como sinônimo de um juízo de sopesamento de interesses jurídicos ou metajurídicos. Portanto, sua generalidade e abertura torna-se extremamente perigosa em especial pelo uso equivocado no sistema de justiça do Brasil.

Em um Estado democrático, qualquer decisão judicial (interpretação judicial), ainda que oriunda do Tribunal Constitucional, não pode ser entendida como mero ato de vontade, necessitando de controle interno e externo, pois juízes e tribunais devem prestar contas ao Povo *(accountabillity)* observando a responsabilidade política inerente ao exercício de um Poder de Estado. Prestar contas não significa submeter-se à vontade de maiorias, mas demonstrar que a decisão é correta segundo a Constituição e as Leis.

Deve ficar clarividente que a decisão judicial, quando não fundada em regras jurídicas aplicáveis, reste fundamentada em princípios jurídicos aplicáveis. Decidir por princípios é diferente de decidir por convicções, pois os princípios são normativos, ao passo que as convicções do juiz estão no campo da moral. O Magistrado deve decidir conforme a Constituição, eximindo-se, assim, de dilemas morais.

É necessário a implantação de uma teoria da decisão judicial para combater o relativismo, para sondar as "razões de decidir", pois há nos tribunais e juízos pelo Brasil atuações permeadas por profundo e inconstitucional *deficit* democrático. O fato de a decisão judicial, por si só, emanar de um órgão jurisdicional competente não é suficiente para ser legítima em uma democracia constitucional. Em última análise, relevante é garantir ao cidadão o cumprimento da Constituição Federal por todos os Poderes da República, inclusive pelo Judiciário.

Isso porque o Poder Judiciário, por muitos de seus membros, está transformando a Constituição Federal em mero ato constituinte, na medida em que seu ativismo judicial (ou governo de juízes), sem qualquer legitimação, sob a cortina de um dito ideal de justiça, passa a exercer um poder de fato que anula o poder de direito da Constituição. Caminhamos para a tentativa de implantação de um modelo de positivismo jurisprudencial que está em desacordo com as escolhas normativas do constituinte originário.

Mediante todo o contexto fático e jurídico exposto, torna-se premente à doutrina realizar o necessário constrangimento epistemológico da atuação do Poder Judiciário, bem como chamar a atenção da opinião pública e dos estudantes de Direito acerca do "mito da supremacia do Judiciário" e da ilegitimidade democrática para fazer política, ainda que fazendo uso da aparência do Direito. Mitos não podem ser transformados em realidade.

O que é imprescindível combater, em uma Democracia Constitucional, é o Juiz Azdak[12], ou seja, o juiz que dedice como quer, manipulando o ordenamento jurídico, pois pensa que as decisões judiciais são atos de vontade. É necessário combater a jurisprudência dos valores, pois o fato de a lei ser boa ou ruim não autoriza o juiz a descumprí-la – a interpretação/aplicação da norma jurídica deve estar vinculada à coerência, integridade, historicidade e tradição do ordenamento constitucional e aos conceitos da doutrina, objetivando uma resposta constitucionalmente adequada.

Por derradeiro, o presente capítulo não foi incluído nesta obra, dedicada ao direito eleitoral, com a intenção de exaurir a temática do positivismo jurisprudencialista – ativismo judicial –, mas objetivando trazer esta importante discussão para o âmbito dos estudos do direito eleitoral e dos tribunais eleitorais que precisam reconhecer a responsabilidade política que possuem, sobretudo por cuidarem justamente da instrumentalidade da Democracia em nosso Estado Democrático de Direito. Só por isso, a responsabilidade de preservação da autonomia do Direito é maior!

---

12 O Juiz Azdak é um personagem da peça *O Círculo de giz caucasiano*, de Bertolt Brecht, ao qual Lenio Streck faz menção em seu artigo "Os modelos de juiz e a literatura" visando exemplificar o juiz que decide conforme os seus próprios desejos.

capítulo 15

As eleições municipais extraordinárias de 2020 com as regras da Emenda Constitucional n. 107/2020

15.1 O NOVO PANORAMA MUNDIAL ESTABELECIDO ATRAVÉS DA PANDEMIA DA COVID-19

O novo cenário de pandemia está rendendo a muitos países o desafio de realização de suas eleições com o contexto do distanciamento social. Trata-se de uma situação excepcional e temporária, que envolve uma dedicação com cuidados específicos, retornando tudo ao normal após a superação do aludido desafio. Exemplo disso são os Estados Unidos no ano de 2020, com eleições presidenciais, mas é cediço que naquele país cada Estado da federação possui seu método de realizar as eleições, o que torna às vezes mais fácil enfrentar problemas regionais. No Brasil, diante do fato de as regras eleitorais serem de competência privativa da União, a legislação eleitoral deve ser una, não admitindo fracionamento, a evitar possíveis desigualdades. Não nos olvidamos que aos Estados-membros até poderia ser permitida delegação da competência da União, mas como as datas das eleições estão previstas constitucionalmente no art. 77, evidente que a excepcionalidade deve acompanhar um raciocínio integral e uniformizado para o país todo, daí a edição da Emenda Constitucional n. 77/2020, que deu novos contornos para as eleições municipais de 2020, como veremos neste capítulo.

A idealização da Emenda Constitucional n. 107/2020 partiu de iniciativa do Senado Federal, tanto é que a deliberação principal obviamente teve início na referida Casa. A relatoria do texto inicial coube ao Senador pelo Maranhão, Weverton, líder do PDT. Foi muito meticuloso e teve maioria de aceitação, mesmo após algumas resistências na votação em plenário virtual, uma vez que algumas lideranças, em votação de destaques ao texto, pretendiam a prorrogação dos mandatos dos prefeitos e vereadores até que a pandemia da Covid-19 terminasse, propiciando até a coincidência com as eleições estaduais e nacionais. Ademais, surgiram destaques que facultavam o voto das pessoas entre 60 e 70 anos de idade, o chamado "grupo de risco" da pandemia da Covid-19, mas também teve seu texto rejeitado neste particular.

Evidentemente, a prorrogação dos mandatos é um tema que muito sensibiliza o meio jurídico-eleitoral brasileiro, visto que a cada dois anos temos uma eleição, gerando gastos e custos, muitas vezes que poderiam ser evitados se tivéssemos apenas uma eleição a cada 4 anos para todos os mandatos eletivos. Um desejo que ainda poderá ser enfrentado no âmbito do parlamento, todavia em momento apropriado, que não este da excepcionalidade da Emenda Constitucional n. 107/2020. A premissa maior que afasta a hipótese é que os detentores de mandatos de prefeitos e vereadores foram eleitos para um período de 4 anos, e o legislador não poderia determinar a extensão unilateralmente, sem consultar o eleitor, para o alargamento do mandato, o que contrariaria o derivado da democracia semidireta de participação da vontade popular. Agora, noutro vértice, se o legislador autorizasse em determinado momento, via proposta de emenda constitucional, até com referendo e plebiscito, a possibilidade de extensão de mandato antes de realizada uma eleição, a situação já seria amenizada, evitando os riscos de uma arguição de inconstitucionalidade genérica junto ao STF.

Neste contexto é que se abrem as portas deste capítulo excepcional, elaborado exclusivamente para a temporada da pandemia da Covid-19, que atingiu todo o território nacional, para que o leitor tenha um panorama amplo de reflexão sobre a situação única que vivemos desde a edição da Constituição Federal, em 1988. Um âmbito de reflexão maduro e certeiro, para que não existam dúvidas sobre este novo rito e calendário eleitoral que será mostrado meticulosamente aqui para nosso fiel leitor de Direito Eleitoral.

15.2 A ANUALIDADE ELEITORAL DO ART. 16 DA CONSTITUIÇÃO E A EMENDA CONSTITUCIONAL N. 107/2020

A regra da anualidade eleitoral (também chamada de anterioridade eleitoral) foi criada em 1993 com a aprovação da Emenda Constitucional n. 4, que deu nova redação ao art. 16 da Constituição Federal. No texto, afirma-se que a lei que alterar o processo eleitoral entrará em vigor na data de sua publicação, não se aplicando à eleição que ocorra até 1 ano da data de sua vigência. O objetivo da emenda foi garantir que mudanças na legislação eleitoral somente entrem em vigor se aprovadas até um ano antes do pleito, impedindo alterações casuísticas nas regras legais, visando patrocinar a segurança jurídica, no sentido de que todas as partes envolvidas no processo eleitoral tenham ciência das regras eleitorais com o intervalo suficiente para preparação de suas respectivas atividades. Da mesma forma, é imperioso afirmar que as regras eleitorais devem ser claras e precisas, não restando qualquer dúvida, mormente ao eleitor, sobre a questão de acesso ao poder via escolha popular.

Observem que no passado infinidades de leis eram sancionadas para regular um pleito no mesmo ano ou até mesmo dias antes da eleição. Era, em verdade, um mau costume brasileiro o de editar normas bem próximas aos pleitos, alterando a cena eleitoral. Por exemplo, o segundo Código Eleitoral brasileiro (Lei n. 1.164/50) regulou as eleições do dia 3 de outubro daquele ano. A Lei n. 2.550, de 25 de julho de 1955, que alterou dispositivos do Código Eleitoral, e a Lei n. 2.582/1955, que instituiu a cédula única de votação, foram aplicadas às eleições realizadas em outubro do mesmo ano de aprovação. Mesmo antes, em 1945, com o fim do Estado Novo, a Lei Constitucional n. 9/1945, decretada por Getúlio Vargas em fevereiro, estabelecia um prazo de 90 dias para a fixação, em lei, das datas das eleições para o segundo período presidencial. Já o Decreto-Lei n. 7.586, do dia 28 de maio de 1945, marcou para o dia 2 de dezembro do mesmo ano as eleições para presidente da República, Conselho Federal (atual Senado) e Câmara dos Deputados. Há também o caso da eleição indireta do primeiro presidente da República do regime militar, Marechal Humberto de Alencar Castello Branco, pelo Congresso Nacional, realizado no dia 11 de abril de 1964 – o pleito havia sido regulamentado quatro dias antes pela Lei n. 4.321/64. No passado, muitos outros textos legais estabeleceram normas para eleições ocorridas no mesmo ano da edição das leis.

Assim, nada mais justo e conveniente, então, que, pelo menos um ano antes dos pleitos é que se possam alterar as normas que os regulem.

Trata-se, deste modo, de um intervalo estritamente necessário para a fixação de linhas mestras e, repete-se, segurança jurídica, a ponto de as pessoas, em especial o corpo eleitoral – povo como coletivo de cidadãos –, não serem surpreendidas com medidas legislativas tendenciosas e flexibilizadas de uma eleição justa e democrática, anseio de toda a população.

Contudo, mirando em nosso objeto de estudo, a Emenda Constitucional n. 107/2020, que institui um novo regulamento para as eleições do mesmo ano, não seguiu o que determina o art. 16 da Constituição Federal, reconhecido como princípio da anualidade eleitoral. Inclusive afastando a hipótese em seu último artigo. Surge, pois, um questionamento: A Emenda Constitucional n. 107/2020 é ou não constitucional, diante deste cenário?

Com a maior tranquilidade, a resposta é certeira: a emenda é constitucional, uma vez que não contraria o léxico estabelecido pela intenção da norma exposta no art. 16 da Constituição Federal. A existência da regra da anualidade eleitoral tem por finalidade fixar o critério de segurança jurídica para que as regras não sejam manipuladas às vésperas do pleito, como já ocorreu no passado. Portanto, o alicerce principiológico, ou melhor, de regra constitucional, vai de encontro ao estabelecimento de certezas eleitorais, eliminando instabilidades indesejáveis ao critério da democracia semidireta participativa. Acontece que a Emenda Constitucional n. 107/2020, promulgada sem observância deste intervalo de 1 ano, vem justamente conceder o mesmo objetivo estampado na anualidade, qual seja a segurança e certeza eleitoral diante de sua situação excepcional irremediável ao momento, que é a Covid-19, instrumento viral que atingiu a população brasileira. Assim, a norma constitucional derivada reformadora quer impedir aglomerações prematuras a ponto de disseminar ainda mais a doença. Portanto, a nova norma não pega de surpresa as pessoas no ponto de vista de organização do calendário eleitoral, mas justamente evita que as pessoas sejam pegas de surpresa pelo vírus, comprometendo a saúde pública de um modo geral. Há, na verdade, uma postergação de datas, realizada de maneira razoável, e seguindo os mesmos critérios do Código Eleitoral, das Leis ns. 9.504/97, 9.096/95 e LC n. 64/90, para que o processo democrático não seja interrompido abruptamente. Valorou-se, pois, o bom senso e a preservação dos conceitos básicos já existentes na eleição anterior. Portanto, ninguém foi pego de surpresa, uma vez que prejuízos não foram ocasionados, tanto a pretensos candidatos, eleitores e à Justiça Eleitoral, que deverão se adaptar a esta passageira e excepcional remodelação de datas.

Quem já vinha se programando para se candidatar, observou o prazo de 6 meses de filiação partidária e fixação de domicílio eleitoral, condições básicas de elegibilidade. Inclusive com a nova data para o primeiro turno (15 de novembro de 2020) se escoou desde a promulgação da nova emenda constitucional, bem após os 6 meses retroativos. Assim, não há se falar em prejuízos concretos, fato que ensejará o insucesso de qualquer questionamento abstrato junto ao STF neste particular.

Quanto ao período de desincompatibilização para os mandatos legislativos e executivos também não há qualquer tipo de mácula viciante, porquanto o texto da nova emenda constitucional preserva o prazo de 4 meses para 15 de julho, afastando qualquer tipo de prejuízo concreto a quem intenciona mandato eletivo e deve desincompatibilizar-se 4 meses antes do pleito.

Nesse sentido, afasta-se a alegação de ofensa ao princípio da anualidade eleitoral, conquanto a Emenda Constitucional n. 107/2020, mesmo promulgada em período menor do que 1 ano da data do pleito, vem preservar justamente o que patrocina o art. 16 da Constituição Federal, que é a segurança jurídica, estabilidade e certeza de um período eleitoral hígido e, mais ainda, a manifestação democrática diante dos critérios informadores republicanos, vetores de temporalidade dos mandatos.

15.3 AS NOVAS DATAS EXCEPCIONAIS DAS ELEIÇÕES

O art. 1º da Emenda Constitucional n. 107/2020 estabeleceu o dia 15 de novembro de 2020 para a ocorrência do primeiro turno das eleições, e também o dia 29 do mesmo mês para o segundo turno, onde houver. Aqui cabe uma observação importante, porque no calendário comum das eleições, regrado pelo art. 77 da Constituição Federal, o primeiro e segundo turnos se darão no primeiro e último domingo do mês de outubro do ano anterior à posse, surgindo neste momento um intervalo menor entre os turnos, com redução de uma semana, o que diminui o período de campanha eleitoral para aqueles que estarão na disputa em segundo turno. De fato, este encurtamento afasta a entrega de novas propostas diante da alteração do cenário eleitoral e conjugação de alianças eleitorais. Mas em toda legislação eleitoral não há parâmetros fixos que obriguem um intervalo mínimo, devendo o critério técnico de interpretação, a hermenêutica, caminhar em torno da razoabilidade.

Pois bem, o constituinte reformador procurou ao máximo minimizar os reflexos do encurtamento do calendário eleitoral, estabelecendo duas semanas para o segundo turno. E diante das novas ferramentas de campanha, mormente as redes sociais, o candidato está hodiernamente muito mais próximo do eleitor, facilitando a comunicação e divulgação de propostas, o que dá dinamicidade à ponte eleitor-candidato, verdadeira mutação do conceito material de prazo razoável. Dessa forma, ainda que o remédio seja um pouco amargo aos que estão no segundo turno, certamente não causará tanta dificuldade em face dos mecanismos mais rápidos aptos a levar a palavra do candidato ao eleitor.

Além disso, já com a ciência de redução deste prazo, os próprios candidatos já preparam-se com antecedência para uma nova realidade excepcional de intervalo. Mais ainda, adentrar no mês de dezembro com o segundo turno poderia comprometer em demasia as questões de preparo à diplomação e posse dos eleitos para os cargos majoritários, especialmente na formação da futura equipe de governo dos eleitos, que deve ser montada com cuidado, antecedência e preparo.

15.4 TRANSMISSÃO DE PROGRAMA APRESENTADO OU COMENTADO POR PRÉ-CANDIDATO

O art. 45 da Lei das Eleições (Lei n. 9.504/97), em especial o seu § 1º, menciona que a partir de 30 de junho do ano da eleição, é vedado, ainda, às emissoras transmitir programa apresentado ou comentado por pré-candidato, sob pena, no caso de sua escolha na convenção partidária, de imposição da multa prevista no § 2º e de cancelamento do registro da candidatura do beneficiário. Trata-se de vedação a patrocinar o princípio da paridade de armas (igualdade de chances) entre os futuros candidatos, conquanto não teria sentido alguém continuamente envolvido na mídia restar com o vínculo em detrimento daquele que não possui este privilégio. Assim, a legislação determina este afastamento.

Contudo, diante da alteração do cenário de datas, o art. 1º, § 1º, da Emenda Constitucional n. 107/2020 estabeleceu que este novo período será, diante da excepcionalidade, a partir do dia 11 de agosto de 2020.

Na verdade, o período de 45 dias para registro das candidaturas manteve-se intacto, antes 15 de agosto e agora 26 de setembro (como analisaremos a seguir), tanto na regra ordinária como na excepcional instituída pelo novo – transitório – regime jurídico. Portanto, o afastamento necessário dessas categorias de futuros candidatos seguiu um parâmetro uniforme, evitando quaisquer vantagens ou desvantagens.

Observe-se que aqui não estamos falando das "lives" autônomas nas redes sociais, devidamente permitidas no período de campanha nas redes sociais. O que a lei excluiu são as empresas televisivas ou de rádio (concessionárias), ou ainda que tenham programação regular e permanente nas redes sociais. A veiculação independente de vinculação a empresas, como, por exemplo, canais de YouTube, sem qualquer vínculo trabalhista ou empresarial, portanto, é método plural a todos de valerem-se da plataforma para veiculação de campanhas, não ferindo o princípio da igualdade da disputa e meios disponíveis.

15.5 O NOVO PERÍODO CONVENCIONAL

O art. 1º, § 2º, da Emenda Constitucional n. 107/2020 estabeleceu o novo período para as convenções partidárias, que vai de 31 de agosto até 16 de setembro de 2020, aproximando-se mais das datas das eleições, cujo período ordinário é de 20 de julho até 5 de agosto. Evidentemente que este novo período vale apenas para as eleições municipais de 2020. O ponto interessante deste tema é que o Tribunal Superior Eleitoral (TSE) já tinha decidido, mesmo antes da promulgação da nova Emenda Constitucional (4 de junho de 2020), que as convenções partidárias poderiam ser realizadas de maneira remota, conforme Consultas ns. 0600413-57, 0600460-31 e 0600479-37, da relatoria do Ministro Luis Felipe Salomão, sob argumento de que as convenções partidárias constituem etapa das mais relevantes do macroprocesso eleitoral, porquanto objetivam a escolha, no âmbito interno dos partidos políticos, dos pré-candidatos que virão a representar os ideais, as aspirações e os programas das legendas nas campanhas, lembrando que os arts. 7º e 8º da Lei das Eleições não prescrevem modalidade específica de formato, ou seja, se presencial ou virtual. De fato, negar a adoção do formato virtual equivaleria a ignorar a realidade enfrentada no combate à doença e, diante do Calendário Eleitoral, poderia inviabilizar etapa imprescindível à concretização de eleições democráticas e transparentes. Além disso, ficou definido também que os partidos têm autonomia para utilizar as ferramentas tecnológicas que entenderem mais adequadas para suas convenções.

Por conseguinte, já com a promulgação da nova norma, expressamente, no art. 1º, § 3º, inciso III, entende-se que os partidos possuem autonomia a realizar, por meio virtual, independentemente de qualquer disposição estatutária, convenções partidárias para a escolha de candidatos e formalização das convenções, bem como para a definição dos critérios de distribuição dos recursos do Fundo Especial de Financiamento de Campanha (FEFC), conhecido popularmente como Fundo Eleitoral.

Pois bem, valorizou-se neste tema, sobretudo, o princípio da autonomia partidária, do qual já falamos em capítulos anteriores, expressamente contemplado pelo art. 17 da Constituição Federal.

15.6 O ÚLTIMO DIA PARA REQUERER O REGISTRO DE CANDIDATURA

A nova data derradeira para solicitação e protocolo de registro de candidaturas majoritárias e proporcionais municipais à Justiça Eleitoral será o dia 26 de setembro de 2020, conforme disposto no art. 1º, § 2º, inciso III, da Emenda Constitucional n. 107/2020, e não mais o dia 15 de agosto. Há, assim uma extensão razoável do prazo, obedecendo-se a antecedência lógica do período convencional que falamos anteriormente. A questão do horário das 19 horas para protocolo ainda se acha em vigor, uma vez que a norma constitucional derivada reformadora foi clara ao fazer menção ao disposto no art. 11 da Lei n. 9.504/97, que claramente fala que todos os pedidos de registro devem estar concretizados até este horário.

Lembrem-se que aqui se trata apenas do pedido, não da data em que Justiça Eleitoral deve analisar todas as condições de elegibilidade, causas de inelegibilidade e requisitos de registrabilidade dos candidatos que disputam o pleito, que fica postergada para um período futuro, em que poderá ocorrer deferimento ou indeferimento do registro de candidatura. Aliás, é sempre bom lembrar que a Justiça Eleitoral deve publicar a relação dos solicitantes antes de decidir a viabilidade jurídica de cada candidatura, uma vez que o prazo para início de contagem dos 5 dias de ajuizamento da ação de impugnação ao registro da candidatura inicia-se da divulgação desta lista.

15.7 A PROPAGANDA ELEITORAL E SEU NOVO INTERVALO

A propaganda eleitoral, em tempo normais, tem seu termo inicial no dia 16 de agosto, inclusive na internet. Os comícios poderão acontecer até o dia 1º de outubro. A divulgação paga, na imprensa escrita, de propaganda eleitoral e a reprodução, na internet, de jornal impresso com propaganda relativa ao primeiro turno serão permitidas até o dia 2. Já a distribuição de santinhos e a realização de carreatas e passeatas podem ocorrer até 3 de outubro. O horário eleitoral gratuito no rádio e na televisão passa a ser veiculado de 28 de agosto a 1º de outubro. Isso seria o normal, mas, diante do que se passou a chamar de "novo normal", temos agora a regulação própria para as eleições de 2020, de que trata este capítulo, especialmente produzido para esta edição do livro, tudo a fim de orientar bem todos aqueles que militam no direito eleitoral.

Agora, com a excepcional norma, a propaganda eleitoral se dará a partir de 26 de setembro, inclusive na internet, nos moldes estabelecidos no art. 1º, § 2º, inciso III, da Emenda Constitucional n. 107/2020, ficando claro que os atos de propaganda eleitoral, por força do inciso VI do § 3º não poderão ser limitados pela legislação municipal ou pela Justiça Eleitoral, salvo se a decisão estiver fundamentada em prévio parecer técnico emitido por autoridade sanitária estadual ou nacional.

O que pretendeu aqui o legislador constitucional reformador foi impedir que autoridades municipais sanitárias influenciassem na questão da permissão da propaganda eleitoral, mesmo porque a eleição é municipal; todavia, evidente que a matéria que diz respeito à análise de propaganda eleitoral é de competência privativa da União, nos moldes do art. 22, inciso I, da Constituição Federal, cabendo ao legislador federal disciplinar a matéria eleitoral. Mas, diante da recente decisão do STF, reconhecendo a competência concorrente para todos os âmbitos federativos em questão de saúde pública (ADI 6431), o que certamente poderá acarretar algum tipo de reflexo sobre o tema, surge este impasse sobre o impedimento do legislador municipal, o que, ao nosso entender, até pode ser razoável, diante do fato de a eleição ser municipal, mas a questão é bem controvertida.

Agora, o que parece inadequado é o texto mencionado da emenda constitucional impedir que a Justiça Eleitoral possa decidir sobre esta questão, o que afeta o princípio da inafastabilidade da jurisdição. Assim, verdadeiramente inconstitucional neste particular. Ora, se a autoridade do Poder Judiciário eleitoral notar que aquela determinada propaganda fere questões de higiene e saúde pública, certamente poderá impedir sua viabilidade, nada podendo autorizar que a mão forte do Poder Judiciário impeça ilegalidades claras.

Quanto ao mais, os prazos de comícios, divulgação paga, na imprensa escrita, de propaganda eleitoral e a reprodução, na internet, de jornal impresso com propaganda e distribuição de santinhos e a realização de carreatas deverão seguir a compatibilidade da antecedência de dias, conforme estabelecido na eleição ordinária, sob pena de qualquer inovação ferir a legislação uniforme sobre o tema – Lei n. 9.504/97, que ainda permanece em vigor e deve ser aplicada no que for compatível a Emenda Constitucional n. 107/2020.

15.8 OS PLANOS DE MÍDIA

Conforme art. 52 da Lei n. 9.504/97, a partir do dia 15 de agosto do ano da eleição, a Justiça Eleitoral convocará os partidos e a representação das emissoras de televisão para elaborarem plano de mídia para o uso da parcela do horário eleitoral gratuito a que tenham direito, garantida a todos participação nos horários de maior e menor audiência. Acontece que também ocorreu, por obviedade das datas, alteração aqui, passando a data para 26 de setembro.

A distribuição do tempo de exibição da propaganda (em rede e em inserções) que cada partido ou coligação terá para seu respectivo candidato durante os dois turnos do pleito é muito importante. A situação detalha como será a sistemática de entrega das mídias contendo as peças de propaganda, de responsabilidade dos partidos e coligações. Estabelece também os prazos para entrega dessas mídias e a forma como se dará a distribuição dos sinais de tevê e de rádio. A situação ainda prevê a formação do grupo único de emissoras (pool) para a geração da propaganda gratuita, dispondo sobre a ordem de veiculação dos programas dos candidatos e alternância entre as candidaturas (rodízio). Geralmente o Tribunal Superior Eleitoral (TSE) emite a cada eleição uma resolução sobre o tema, para que tudo seja pormenorizado, a fim de que todos os partidos políticos que possuem a prerrogativa de propaganda eleitoral gratuita (os que foram atingidos pela cláusula de barreira ou desempenho ficam com este direito suspenso), viabilizando uma correta propaganda eleitoral, no rádio e na TV.

15.9 DIVULGAÇÃO E DISTRIBUIÇÃO DO FUNDO PARTIDÁRIO

Dia 27 de outubro de 2020, conforme estipula o art. 1º, § 1º, inciso VI da Emenda Constitucional n. 107/2020, é a data final para que os partidos políticos, as coligações eleitorais e os candidatos obrigatoriamente divulguem o relatório discriminando as transferências do Fundo Partidário, os recursos em dinheiro e os estimáveis em dinheiro recebidos. Sabemos que os partidos políticos, as coligações e os candidatos são obrigados, durante as campanhas eleitorais, a divulgar em sítio criado pela Justiça Eleitoral para esse fim na rede mundial de computadores (internet). Trata-se da transparência na devida prestação de contas das verbas do Fundo Partidário (aqui não se trata das verbas do Fundo Eleitoral de Financiamento de Campanha – FEFC, mas sim do Fundo Partidário, que alimenta as necessidades internas de cada partido político).

É o início da prestação de contas, que começa até mesmo antes do pleito eleitoral e se estenderá para depois das eleições; já estudamos e ainda veremos no próximo item as novas datas para a prestação de contas após os as eleições eleitorais, que todos serão obrigados a realizar.

15.10 PRESTAÇÃO DE CONTAS APÓS AS ELEIÇÕES E DIPLOMAÇÃO DOS ELEITOS

O período ordinário de prestação de contas que todo candidato deve cumprir é aquele estabelecido no art. 29, incisos III e IV, da Lei n. 9.504/97, sendo 30 dias após o primeiro turno e, para quem for para o segundo, até 20 dias após, devendo realizar de maneira conjunta, neste caso. Porém, com a promulgação da Emenda Constitucional n. 107/2020 tivemos alteração, fixando-se um período único até o dia 15 de dezembro de 2020 para primeiro e segundo turnos, sem qualquer separação. É o que dispõe o art. 1º, § 1º, inciso VII, da norma inovadora excepcional. Aqui o legislador constituinte derivado reformador estabeleceu também um critério uniforme para que todas as prestações de contas sejam apresentadas até uma única data, ao contrário do sistema comum, que será mantido nas eleições subsequentes. De fato, uma medida que acomoda os interesses de todos, acolhendo o tríduo até o dia da diplomação, uma vez que a ausência de prestação de contas, como já estudado, impede a diplomação dos eleitos. Todavia, é importante dizer que o art. 1º, § 3º, da Emenda Constitucional n. 107/2020 reza que a decisão de julgamento das contas pela Justiça Eleitoral deverá ocorrer até o dia 12 de fevereiro de 2021.

Outra questão é que a data da diplomação dos eleitos, segundo o art. 1º, § 3º, inciso V da Emenda Constitucional n. 107/2020, fica agora expressamente designada para o dia 18 de dezembro de 2020.

15.11 PRESERVAÇÃO DOS DEMAIS PRAZOS ELEITORAIS

O art. 1º, § 2º, da Emenda Constitucional n. 107/2020 estabelece de maneira expressa que todos os demais prazos fixados, tanto no Código Eleitoral, como na Lei n. 9.504/97, ficam preservados, devendo ser seguidas as linhas mestras normais do que já está estabelecido para esta eleição excepcional. É o caso, por exemplo, dos prazos para ajuizamento da ação de impugnação de registro da candidatura, que é de 5 dias após a divulgação da lista de inscritos para a eleição, assim como para a ação de investigação judicial eleitoral, que é até a data da diplomação, e também para promoção de ação de impugnação de mandato eletivo, que é de 15 dias da diplomação. Desta maneira, todo o organograma jurídico de combate a candidaturas inviáveis juridicamente e de abusos do poder econômico ou político, religioso ou de mídias ficam disponíveis aos seus legitimados de maneira a preservar a máquina de acesso.

O que deve ser dito é que o prazo para propositura da representação de que trata o art. 30-A da Lei n. 9.504/97 será contado da publicação da decisão que julgar as contas do candidato.

15.12 DESINCOMPATIBILIZAÇÕES

Para as eleições municipais, os prazos de desincompatibilização das pessoas que ocupam determinados cargos são distintos. A Lei Complementar n. 64/90 (Lei das Inelegibilidades) fixa 4 meses para os de Prefeito e Vice-Prefeito, conforme art. 1º, inciso IV, letras *a*, *b* e *c*, e para quem disputa a Câmara Municipal, conforme art. 1º, inciso VII, letras *a* e *b*, 6 meses. Pois bem, o art. 1º, § 3º, inciso IV, letras *a* e *b* da Emenda Constitucional n. 107/2020 tratou de cuidar das hipóteses. Para a eleição de 2020 ficou assim determinado: os prazos para desincompatibilização que na data da publicação da emenda constitucional estiverem a vencer serão computados considerando-se a nova data de realização das eleições de 2020, e os vencidos serão considerados precisos, vedada a reabertura. Pois bem, diante disso afirmamos que o prazo de 6 meses já foi escoado de plano, restando muito pouco tempo para o de 4 meses, que vence no dia 15 de julho de 2020.

15.13 POSSIBILIDADE DE NOVO ADIAMENTO DAS ELEIÇÕES

No caso de as condições sanitárias em um determinado município não permitirem a realização das eleições em 15 e 29 de novembro de 2020, o Congresso Nacional, a pedido do TSE, poderá designar novas datas, via Decreto-Legislativo, para a realização do pleito, tendo como data limite o dia 27 de dezembro de 2020, bem como dispor sobre as medidas necessárias à conclusão do processo eleitoral, observado o seguinte rito: até 10 (dez) dias antes da eleição, o Ministério Público Eleitoral na circunscrição do pleito poderá requerer ao Juiz Eleitoral, de forma fundamentada e instruída por manifestação da autoridade sanitária local, novo adiamento das eleições; o Juiz Eleitoral, verificando a existência de risco real à saúde, encaminhará o pedido ao TRE em até 48 (quarenta e oito) horas contadas do seu recebimento; o TRE, atestado o risco real à saúde pela autoridade sanitária estadual, encaminhará o pedido ao TSE no prazo de 48 (quarenta e oito horas); o TSE, diante da presença dos requisitos e após ouvir a autoridade sanitária nacional, submeterá o pedido ao Congresso Nacional, que também poderá agir de ofício, dando ciência do fato à Comissão Mista de que trata o art. 2º do Decreto Legislativo n. 6, de 20 de março de 2020, que é a legislação do Congresso Nacional que reconhece o estado de calamidade pública e cria comissão permanente para acompanhamento de todo trabalho neste período excepcional, diante da pandemia da Covid-19.

Neste caso, o TSE promoverá a adequação das resoluções que disciplinam o processo eleitoral de 2020 para esta nova realidade, mas de acordo com o Decreto legislativo do Congresso Nacional, ficando autorizado a promover ajustes nas normas referentes, bem como nos prazos para fiscalização e acompanhamento dos programas de computador utilizados nas urnas eletrônicas para os processos de votação, apuração e totalização, bem como de todas as fases do processo de votação, apuração das eleições e processamento eletrônico da totalização dos resultados, para adequá-los ao novo calendário eleitoral, à recepção dos votos, justificativas, auditoria e fiscalização no dia da eleição, inclusive no tocante ao horário de funcionamento das seções eleitorais e à distribuição dos eleitores no período, de forma a propiciar a melhor segurança sanitária possível de todos os participantes do processo eleitoral.

Vê-se, pois, que as eleições de 15 e 29 de novembro de 2020 ainda poderão receber novo adiamento em localidades determinadas em que a pandemia da Covid-19 ainda não estiver controlada, seguindo-se o rito estabelecido aqui. Porém, importante mencionar que agora o instrumento dequado para tanto será o Decreto legislativo do Congresso Nacional, vinculante à tomada de providências pelo TSE. Evidentemente a controvérsia estará instalada em hipótese de novo adiamento, mormente porque tudo isso não dará tempo razoável até a posse dos eleitos, marcada para o primeiro dia de janeiro, devendo assumir os substitutos constitucionalmente previstos, como o Presidente da Câmara Municipal, ou eventualmente o Juiz de Direito da cidade, conforme dispuser a lei local, até que o novo eleito possa assumir com tranquilidade o cargo majoritário. A grande dúvida restará quanto aos cargos proporcionais, mas, evidentemente, como em janeiro há recesso parlamentar, haverá um tempo mais largo à hipótese.

anexo I

Súmulas válidas do TSE

- **Súmula-TSE n. 2**

  Assinada e recebida a ficha de filiação partidária até o termo final do prazo fixado em lei, considera-se satisfeita a correspondente condição de elegibilidade, ainda que não tenha fluído, até a mesma data, o tríduo legal de impugnação.

- **Súmula-TSE n. 3**

  No processo de registro de candidatos, não tendo o juiz aberto prazo para o suprimento de defeito da instrução do pedido, pode o documento, cuja falta houver motivado o indeferimento, ser juntado com o recurso ordinário.

- **Súmula-TSE n. 4**

  Não havendo preferência entre candidatos que pretendam o registro da mesma variação nominal, defere-se o do que primeiro o tenha requerido.

- **Súmula-TSE n. 5**

  Serventuário de cartório, celetista, não se inclui na exigência do art. 1º, II, l, da LC n. 64/90.

- **Súmula-TSE n. 6**

  São inelegíveis para o cargo de Chefe do Executivo o cônjuge e os parentes, indicados no § 7º do art. 14 da Constituição Federal, do titular do mandato, salvo se este, reelegível, tenha falecido, renunciado ou se afastado definitivamente do cargo até seis meses antes do pleito.

- **Súmula-TSE n. 9**

A suspensão de direitos políticos decorrente de condenação criminal transitada em julgado cessa com o cumprimento ou a extinção da pena, independendo de reabilitação ou de prova de reparação dos danos.

- **Súmula-TSE n. 10**

No processo de registro de candidatos, quando a sentença for entregue em cartório antes de três dias contados da conclusão ao juiz, o prazo para o recurso ordinário, salvo intimação pessoal anterior, só se conta do termo final daquele tríduo.

- **Súmula-TSE n. 11**

No processo de registro de candidatos, o partido que não o impugnou não tem legitimidade para recorrer da sentença que o deferiu, salvo se se cuidar de matéria constitucional.

- **Súmula-TSE n. 12**

São inelegíveis, no município desmembrado, e ainda não instalado, o cônjuge e os parentes consanguíneos ou afins, até o segundo grau ou por adoção, do prefeito do município-mãe, ou de quem o tenha substituído, dentro dos seis meses anteriores ao pleito, salvo se já titular de mandato eletivo.

- **Súmula-TSE n. 13**

Não é auto-aplicável o § 9º do art. 14 da Constituição, com a redação da Emenda Constitucional de Revisão n. 4/94.

- **Súmula-TSE n. 15**

O exercício de mandato eletivo não é circunstância capaz, por si só, de comprovar a condição de alfabetizado do candidato.

- **Súmula-TSE n. 18**

Conquanto investido de poder de polícia, não tem legitimidade o juiz eleitoral para, de ofício, instaurar procedimento com a finalidade de impor multa pela veiculação de propaganda eleitoral em desacordo com a Lei n. 9.504/97.

- **Súmula-TSE n. 19**

O prazo de inelegibilidade decorrente da condenação por abuso do poder econômico ou político tem início no dia da eleição em que este se verificou e finda no dia de igual número no oitavo ano seguinte (art. 22, XIV, da LC n. 64/90).

- **Súmula-TSE n. 20**

A prova de filiação partidária daquele cujo nome não constou da lista de filiados de que trata o art. 19 da Lei n. 9.096/95, pode ser realizada por outros elementos de convicção, salvo quando se tratar de documentos produzidos unilateralmente, destituídos de fé pública.

- **Súmula-TSE n. 22**

Não cabe mandado de segurança contra decisão judicial recorrível, salvo situações de teratologia ou manifestamente ilegais.

- **Súmula-TSE n. 23**

Não cabe mandado de segurança contra decisão judicial transitada em julgado.

- **Súmula-TSE n. 24**

Não cabe recurso especial eleitoral para simples reexame do conjunto fático-probatório.

- **Súmula-TSE n. 25**

É indispensável o esgotamento das instâncias ordinárias para a interposição de recurso especial eleitoral.

- **Súmula-TSE n. 26**

É inadmissível o recurso que deixa de impugnar especificamente fundamento da decisão recorrida que é, por si só, suficiente para a manutenção desta.

- **Súmula-TSE n. 27**

É inadmissível recurso cuja deficiência de fundamentação impossibilite a compreensão da controvérsia.

- **Súmula-TSE n. 28**

A divergência jurisprudencial que fundamenta o recurso especial interposto com base na alínea *b* do inciso I do art. 276 do Código Eleitoral somente estará demonstrada mediante a realização de cotejo analítico e a existência de similitude fática entre os acórdãos paradigma e o aresto recorrido.

- **Súmula-TSE n. 29**

A divergência entre julgados do mesmo Tribunal não se presta a configurar dissídio jurisprudencial apto a fundamentar recurso especial eleitoral.

- **Súmula-TSE n. 30**

Não se conhece de recurso especial eleitoral por dissídio jurisprudencial, quando a decisão recorrida estiver em conformidade com a jurisprudência do Tribunal Superior Eleitoral.

- **Súmula-TSE n. 31**

Não cabe recurso especial eleitoral contra acórdão que decide sobre pedido de medida liminar.

- **Súmula-TSE n. 32**

É inadmissível recurso especial eleitoral por violação à legislação municipal ou estadual, ao Regimento Interno dos Tribunais Eleitorais ou às normas partidárias.

- **Súmula-TSE n. 33**

Somente é cabível ação rescisória de decisões do Tribunal Superior Eleitoral que versem sobre a incidência de causa de inelegibilidade.

- **Súmula-TSE n. 34**

Não compete ao Tribunal Superior Eleitoral processar e julgar mandado de segurança contra ato de membro de Tribunal Regional Eleitoral.

- **Súmula-TSE n. 35**

Não é cabível reclamação para arguir o descumprimento de resposta a consulta ou de ato normativo do Tribunal Superior Eleitoral.

- **Súmula-TSE n. 36**

Cabe recurso ordinário de acórdão de Tribunal Regional Eleitoral que decida sobre inelegibilidade, expedição ou anulação de diploma ou perda de mandato eletivo nas eleições federais ou estaduais (art. 121, § 4º, incisos III e IV, da Constituição Federal).

- **Súmula-TSE n. 37**

Compete originariamente ao Tribunal Superior Eleitoral processar e julgar recurso contra expedição de diploma envolvendo eleições federais ou estaduais.

- **Súmula-TSE n. 38**

  Nas ações que visem à cassação de registro, diploma ou mandato, há litisconsórcio passivo necessário entre o titular e o respectivo vice da chapa majoritária.

- **Súmula-TSE n. 39**

  Não há formação de litisconsórcio necessário em processos de registro de candidatura.

- **Súmula-TSE n. 40**

  O partido político não é litisconsorte passivo necessário em ações que visem à cassação de diploma.

- **Súmula-TSE n. 41**

  Não cabe à Justiça Eleitoral decidir sobre o acerto ou desacerto das decisões proferidas por outros Órgãos do Judiciário ou dos Tribunais de Contas que configurem causa de inelegibilidade.

- **Súmula-TSE n. 42**

  A decisão que julga não prestadas as contas de campanha impede o candidato de obter a certidão de quitação eleitoral durante o curso do mandato ao qual concorreu, persistindo esses efeitos, após esse período, até a efetiva apresentação das contas.

- **Súmula-TSE n. 43**

  As alterações fáticas ou jurídicas supervenientes ao registro que beneficiem o candidato, nos termos da parte final do art. 11, § 10, da Lei n. 9.504/97, também devem ser admitidas para as condições de elegibilidade.

- **Súmula-TSE n. 44**

  O disposto no art. 26-C da LC n. 64/90 não afasta o poder geral de cautela conferido ao magistrado pelo Código de Processo Civil.

- **Súmula-TSE n. 45**

  Nos processos de registro de candidatura, o Juiz Eleitoral pode conhecer de ofício da existência de causas de inelegibilidade ou da ausência de condição de elegibilidade, desde que resguardados o contraditório e a ampla defesa.

- **Súmula-TSE n. 46**

  É ilícita a prova colhida por meio da quebra do sigilo fiscal sem prévia e fundamentada autorização judicial, podendo o Ministério Público Eleitoral acessar diretamente apenas a relação dos doadores que excederam os limites legais, para os fins da representação cabível, em que poderá requerer, judicialmente e de forma individualizada, o acesso aos dados relativos aos rendimentos do doador.

- **Súmula-TSE n. 47**

A inelegibilidade superveniente que autoriza a interposição de recurso contra expedição de diploma, fundado no art. 262 do Código Eleitoral, é aquela de índole constitucional ou, se infraconstitucional, superveniente ao registro de candidatura, e que surge até a data do pleito.

- **Súmula-TSE n. 48**

A retirada da propaganda irregular, quando realizada em bem particular, não é capaz de elidir a multa prevista no art. 37, § 1º, da Lei n. 9.504/97.

- **Súmula-TSE n. 49**

O prazo de cinco dias, previsto no art. 3º da LC n. 64/90, para o Ministério Público impugnar o registro inicia-se com a publicação do edital, caso em que é excepcionada a regra que determina a sua intimação pessoal.

- **Súmula-TSE n. 50**

O pagamento da multa eleitoral pelo candidato ou a comprovação do cumprimento regular de seu parcelamento após o pedido de registro, mas antes do julgamento respectivo, afasta a ausência de quitação eleitoral.

- **Súmula-TSE n. 51**

O processo de registro de candidatura não é o meio adequado para se afastarem os eventuais vícios apurados no processo de prestação de contas de campanha ou partidárias.

- **Súmula-TSE n. 52**

Em registro de candidatura, não cabe examinar o acerto ou desacerto da decisão que examinou, em processo específico, a filiação partidária do eleitor.

- **Súmula-TSE n. 53**

O filiado a partido político, ainda que não seja candidato, possui legitimidade e interesse para impugnar pedido de registro de coligação partidária da qual é integrante, em razão de eventuais irregularidades havidas em convenção.

- **Súmula-TSE n. 54**

  A desincompatibilização de servidor público que possui cargo em comissão é de três meses antes do pleito e pressupõe a exoneração do cargo comissionado, e não apenas seu afastamento de fato.

- **Súmula-TSE n. 55**

  A Carteira Nacional de Habilitação gera a presunção da escolaridade necessária ao deferimento do registro de candidatura.

- **Súmula-TSE n. 56**

  A multa eleitoral constitui dívida ativa de natureza não tributária, submetendo-se ao prazo prescricional de 10 (dez) anos, nos moldes do art. 205 do Código Civil.

- **Súmula-TSE n. 57**

  A apresentação das contas de campanha é suficiente para a obtenção da quitação eleitoral, nos termos da nova redação conferida ao art. 11, § 7º, da Lei n. 9.504/97, pela Lei n. 12.034/2009.

- **Súmula-TSE n. 58**

  Não compete à Justiça Eleitoral, em processo de registro de candidatura, verificar a prescrição da pretensão punitiva ou executória do candidato e declarar a extinção da pena imposta pela Justiça Comum.

- **Súmula-TSE n. 59**

  O reconhecimento da prescrição da pretensão executória pela Justiça Comum não afasta a inelegibilidade prevista no art. 1º, I, *e*, da LC n. 64/90, porquanto não extingue os efeitos secundários da condenação.

- **Súmula-TSE n. 60**

  O prazo da causa de inelegibilidade prevista no art. 1º, I, e, da LC n. 64/90 deve ser contado a partir da data em que ocorrida a prescrição da pretensão executória e não do momento da sua declaração judicial.

- **Súmula-TSE n. 61**

  O prazo concernente à hipótese de inelegibilidade prevista no art. 1º, I, *e*, da LC n. 64/90 projeta-se por oito anos após o cumprimento da pena, seja ela privativa de liberdade, restritiva de direito ou multa.

- **Súmula-TSE n. 62**

Os limites do pedido são demarcados pelos fatos imputados na inicial, dos quais a parte se defende, e não pela capitulação legal atribuída pelo autor.

- **Súmula-TSE n. 63**

A execução fiscal de multa eleitoral só pode atingir os sócios se preenchidos os requisitos para a desconsideração da personalidade jurídica previstos no art. 50 do Código Civil, tendo em vista a natureza não tributária da dívida, observados, ainda, o contraditório e a ampla defesa.

- **Súmula-TSE n. 64**

Contra acórdão que discute, simultaneamente, condições de elegibilidade e de inelegibilidade, é cabível o recurso ordinário.

- **Súmula-TSE n. 65**

Considera-se tempestivo o recurso interposto antes da publicação da decisão recorrida.

- **Súmula-TSE n. 66**

A incidência do § 2º do art. 26-C da LC n. 64/90 não acarreta o imediato indeferimento do registro ou o cancelamento do diploma, sendo necessário o exame da presença de todos os requisitos essenciais à configuração da inelegibilidade, observados os princípios do contraditório e da ampla defesa.

- **Súmula-TSE n. 67**

A perda do mandato em razão da desfiliação partidária não se aplica aos candidatos eleitos pelo sistema majoritário.

- **Súmula-TSE n. 68**

A União é parte legítima para requerer a execução de astreintes, fixada por descumprimento de ordem judicial no âmbito da Justiça Eleitoral.

- **Súmula-TSE n. 69**

Os prazos de inelegibilidade previstos nas alíneas *j* e *h* do inciso I do art. 1º da LC n. 64/90 têm termo inicial no dia do primeiro turno da eleição e termo final no dia de igual número no oitavo ano seguinte.

- **Súmula-TSE n. 70**

  O encerramento do prazo de inelegibilidade antes do dia da eleição constitui fato superveniente que afasta a inelegibilidade, nos termos do art. 11, § 10, da Lei n. 9.504/97.

- **Súmula-TSE n. 71**

  Na hipótese de negativa de seguimento ao recurso especial e da consequente interposição de agravo, a parte deverá apresentar contrarrazões tanto ao agravo quanto ao recurso especial, dentro do mesmo tríduo legal.

- **Súmula-TSE n. 72**

  É inadmissível o recurso especial eleitoral quando a questão sucitada não foi debatida na decisão recorrida e não foi objeto de embargos de declaração.

Foram canceladas as Súmulas de ns. 1, 7, 8, 14, 16, 17 e 21.

anexo II

Resolução n. 23.478, de 10 de maio de 2016 – Brasília – DF

Estabelece diretrizes gerais para a aplicação da Lei n. 13.105, de 16 de março de 2015 – Novo Código de Processo Civil –, no âmbito da Justiça Eleitoral.

O Tribunal Superior Eleitoral, no uso das atribuições que lhe confere o art. 23, inciso IX, do Código Eleitoral, considerando a necessidade de disciplinar a aplicabilidade da Lei n. 13.105/2015, no âmbito da Justiça Eleitoral, resolve expedir a seguinte resolução:

Capítulo I – DISPOSIÇÕES GERAIS

Art. 1º A presente resolução dispõe sobre a aplicabilidade, no âmbito da Justiça Eleitoral, do Novo Código de Processo Civil – Lei n. 13.105, de 16 de março de 2015 –, que entrou em vigor no dia 18 de março de 2016.

Parágrafo único. As disposições contidas nesta Resolução não impedem que outras sejam estipuladas a partir da verificação de sua necessidade.

Art. 2º Em razão da especialidade da matéria, as ações, os procedimentos e os recursos eleitorais permanecem regidos pelas normas específicas previstas na legislação eleitoral e nas instruções do Tribunal Superior Eleitoral.

Parágrafo único. A aplicação das regras do Novo Código de Processo Civil tem caráter supletivo e subsidiário em relação aos feitos que tramitam na Justiça Eleitoral, desde que haja compatibilidade sistêmica.

Art. 3º Aplicam-se aos processos eleitorais o contido nos arts. 9º e 10 do Novo Código de Processo Civil (Lei n. 13.105/2015).

Art. 4º Os feitos eleitorais são gratuitos, não incidindo custas, preparo ou honorários (Lei n. 9.265/96, art. 1º).

Art. 5º Não se aplica aos feitos eleitorais o instituto do *Amicus Curiae* de que trata o art. 138 da Lei n. 13.105, de 2015.

Art. 6º Não se aplicam aos feitos eleitorais as regras relativas à conciliação ou mediação previstas nos arts. 165 e seguintes do Novo Código de Processo Civil.

Capítulo II – DOS PRAZOS

Art. 7º O disposto no art. 219 do Novo Código de Processo Civil não se aplica aos feitos eleitorais.

§ 1º Os prazos processuais, durante o período definido no calendário eleitoral, serão computados na forma do art. 16 da Lei Complementar n. 64, de 1990, não se suspendendo nos fins de semana ou feriados.

§ 2º Os prazos processuais, fora do período definido no calendário eleitoral, serão computados na forma do art. 224 do Novo Código de Processo Civil.

§ 3º Sempre que a lei eleitoral não fixar prazo especial, o recurso deverá ser interposto no prazo de 3 (três) dias, a teor do art. 258 do Código Eleitoral, não se aplicando os prazos previstos no Novo Código de Processo Civil.

Art. 8º O prazo de 30 (trinta) dias de que trata o art. 178 do Novo Código de Processo Civil não se aplica na Justiça Eleitoral.

Art. 9º Durante o período previsto no calendário eleitoral (Lei Complementar n. 64/90) não se aplica o prazo previsto no art. 234, § 2º, do Novo Código de Processo Civil (três dias), podendo a autoridade judiciária determinar a imediata busca e apreensão dos autos se, intimado, o advogado não os devolver.

Art. 11. A suspensão dos prazos processuais entre os dias 20 de dezembro e 20 de janeiro de que trata o art. 220 do Novo Código de Processo Civil aplica-se no âmbito dos cartórios eleitorais e dos tribunais regionais eleitorais.

Capítulo III – DOS ATOS PROCESSUAIS

Art. 12. Na Justiça Eleitoral não é admitida a autocomposição, não sendo aplicáveis as regras dos arts. 190 e 191 do Novo Código de Processo Civil.

Art. 12. As disposições previstas no art. 203, § 4º, do Novo Código de Processo Civil são aplicáveis aos feitos eleitorais.

Art. 13. A regra do art. 205, § 3º, do Novo Código de Processo Civil não se aplica aos processos que tramitem durante o período previsto no calendário eleitoral para os quais seja admitida a publicação em cartório, sessão ou a utilização de edital eletrônico (LC n. 64/90, arts. 8º, 9º e 11, § 2º; Lei n. 9.504/97, art. 94, § 5º).

Capítulo IV – DA TUTELA PROVISÓRIA

Art. 14. Os pedidos autônomos de tutela provisória serão autuados em classe própria.

Parágrafo único. Os pedidos apresentados de forma incidental em relação a feitos em tramitação serão encaminhados à autoridade judiciária competente, que determinará a sua juntada aos autos principais ou adotará as providências que entender cabíveis.

Capítulo V – DOS PROCURADORES

Art. 15. Durante o período definido no calendário eleitoral, a carga dos autos para obtenção de cópias no curso de prazo comum às partes, prevista no art. 107, § 3º, do Novo Código de Processo Civil, será automaticamente permitida pela serventia pelo prazo de 2 (duas) horas, cabendo à autoridade judiciária decidir sobre eventual pedido de extensão até o limite de 6 (seis) horas.

Capítulo VI – DA ORDEM DOS PROCESSOS NO TRIBUNAL

Art. 16. Nos Tribunais Eleitorais, o prazo para sustentação oral dos advogados das partes e do representante do Ministério Público será de:

I – 15 (quinze) minutos nos feitos originários (art. 937 do Novo Código de Processo Civil);

II – 10 (dez) minutos, nos recursos eleitorais (art. 272 do Código Eleitoral);

III – 20 (vinte) minutos no recurso contra expedição de diploma, (art. 272, parágrafo único, do Código Eleitoral).

Art. 17. Não se aplica, nos Tribunais Eleitorais, o quórum previsto no art. 941, § 2º, do Novo Código de Processo Civil (arts. 19, parágrafo único, e 28, § 4º, do Código Eleitoral).

Art. 18. Os julgamentos das ações originárias e dos recursos nos Tribunais Eleitorais, inclusive os agravos e embargos de declaração na hipótese do art. 1.024, § 1º, do Novo Código de Processo Civil, somente poderão ser realizados 24 horas após a publicação da pauta.

Parágrafo único: O disposto no *caput* não se aplica:

I – ao julgamento de *habeas corpus*; recurso em *habeas corpus*; tutela provisória; liminar em mandado de segurança; e, arguição de impedimento ou suspeição;

II – durante o período eleitoral, aos processos atinentes ao respectivo pleito;

III – às questões de ordem;

IV – à continuidade de julgamento de processos decorrentes da devolução tempestiva de pedido de vista;

V – aos feitos não apreciados cujo julgamento tiver sido expressamente adiado para a primeira sessão seguinte;

VI – aos embargos de declaração, quando julgados na sessão subsequente à respectiva oposição ou, se for o caso, à apresentação da manifestação do embargado;

VII – aos feitos administrativos, com exceção do pedido de registro de partido político;

VIII – às outras hipóteses previstas em lei ou nas resoluções do Tribunal Superior Eleitoral.

Capítulo VII – DOS RECURSOS

Art. 19. As decisões interlocutórias ou sem caráter definitivo proferidas nos feitos eleitorais são irrecorríveis de imediato por não estarem sujeitas à preclusão, ficando os eventuais inconformismos para posterior manifestação em recurso contra a decisão definitiva de mérito.

§ 1º O Juiz ou Tribunal conhecerá da matéria versada na decisão interlocutória como preliminar à decisão de mérito se as partes assim requererem em suas manifestações.

§ 2º O agravo contra decisão que inadmitir o recurso especial interposto contra decisão interlocutória será processado em autos suplementares, prosseguindo o curso da demanda nos autos principais.

Art. 20. A sistemática dos recursos repetitivos prevista nos arts. 1.036 a 1.042 do Novo Código de Processo Civil não se aplica aos feitos que versem ou possam ter reflexo sobre inelegibilidade, registro de candidatura, diplomação e resultado ou anulação de eleições.

Capítulo VIII – DISPOSIÇÕES FINAIS E TRANSITÓRIAS

Art. 21. Até que seja criada a nova classe processual prevista no art. 14 desta Resolução, os pedidos de tutela provisória serão autuados, no Processo Judicial Eletrônico, na classe de Ação Cautelar.

Art. 22. A oitiva de testemunhas e a sustentação oral por meio de videoconferência, previstas nos arts. 385, § 3º, 453, § 1º, 461, § 2º, e 937, § 4º, do Novo Código de Processo Civil, serão implantadas de acordo com a disponibilidade técnica de cada cartório ou Tribunal Eleitoral.

Art. 23. As disposições previstas nesta Resolução não prejudicam os atos processuais praticados antes da sua publicação.

Art. 24. Esta Resolução entra em vigor na data de sua publicação.

Brasília, 10 de maio de 2016. Publicada no *DJE* de 15-6-2016.

Ministro DIAS TOFFOLI, presidente e relator – Ministro GILMAR MENDES – Ministro LUIZ FUX – Ministro HERMAN BENJAMIN – Ministro NAPOLEÃO NUNES MAIA FILHO – Ministro HENRIQUE NEVES DA SILVA – Ministra LUCIANA LÓSSIO.

Referências bibliográficas

ABBOUD, Georges. *Processo constitucional brasileiro.* 3. ed. rev., atual. e ampl. São Paulo: Thomson Reuters Brasil, 2019.

ALEXY, Robert. *Conceito e validade do direito.* São Paulo: WMF Martins Fontes, 2009.

_______. *Dignidade humana, direitos sociais e não positivismo inclusivo.* Florianópolis: Qualis, 2015.

_______. *Teoria dos direitos fundamentais.* 2. ed. Trad. Virgílio Afonso da Silva. São Paulo: Malheiros, 2015.

ALMEIDA, Roberto Moreira de. *Curso de direito eleitoral.* 10. ed. Salvador: JusPodivm, 2016.

ÁVILA, Humberto. *Teoria dos princípios:* da definição à aplicação dos princípios jurídicos. 18 ed. rev. e atual. São Paulo: Malheiros, 2018.

BARROSO, Luís Roberto. *A dignidade da pessoa humana no direito constitucional contemporâneo:* a construção de um conceito jurídico à luz da jurisprudência mundial. 2ª reimp. Belo Horizonte: Fórum, 2013.

BASTOS, Celso Ribeiro. *Curso de teoria do Estado e ciência política.* 4. ed. São Paulo: Saraiva, 1999.

BIELSCHOWSKY, Raoni Macedo. *Democracia constitucional.* São Paulo: Saraiva, 2013.

BOBBIO, Norberto. *Teoria do ordenamento jurídico.* 2 ed. Trad. Ari Marcelo Solon. São Paulo: Edipro, 2014.

_______. *O positivismo jurídico:* lições de filosofia do direito. Compiladas por Nello Morra; Trad. e notas Márcio Pugliesi, Edson Bini, Carlos E. Rodrigues. São Paulo: Ícone, 2006.

BONAVIDES, Paulo. *Ciência política.* 19. ed. São Paulo: Malheiros, 2012.

_______. *Teoria geral do Estado.* 9. ed. São Paulo: Malheiros, 2012.

BORN, Rogério Carlos. *Direito eleitoral internacional e comunitário.* 2. ed. Curitiba: Juruá, 2012.

BRANCO, Paulo Gustavo Gonet. *Juízo de ponderação na jurisdição constitucional.* São Paulo: Saraiva, 2009.

BRITTO, Carlos Ayres. *O humanismo como categoria constitucional.* 2ª reimp. Belo Horizonte: Fórum, 2012.

BULOS, Uadi Lammêngo. *Curso de direito constitucional.* 5. ed. rev. e atual. São Paulo: Saraiva, 2010.

CAGGIANO, Monica Herman Salem. *Direito eleitoral e processual eleitoral* – Temas fundamentais. São Paulo: Revista dos Tribunais, 2012.

_______. Sufrágio. alistamento. A força do voto. In: GUILHERME, Walter de Almeida; KIM, Richard Pae; SILVEIRA, Vladimir Oliveira da (coord.). São Paulo: Revista dos Tribunais, 2013.

CANÇADO TRINDADE, Antônio Augusto. *A proteção internacional dos direitos humanos no limiar do novo século e as perspectivas brasileiras.* In: *Temas de política externa brasileira II.* 1994. v. 1.

CALIMAN, Auro Augusto. *Mandato parlamentar:* aquisição e perda antecipada. São Paulo: Atlas, 2005.

CÂNDIDO, Joel José. *Direito eleitoral brasileiro.* 16. ed. rev. atual. eampl. Bauru: Edipro, 2016.

CANOTILHO, José Joaquim Gomes. *Direito Constitucional e Teoria da Constituição.* 7. ed. Coimbra: Almedina, 2003.

CERQUEIRA, Thales Tácito. *Direito eleitoral esquematizado*, Editora Saraiva, São Paulo, 2012.

CLÈVE, Clèmerson Merlin. *Fidelidade partidária* e impeachment. 2. ed. Curitiba: Juruá, 2012.

CHIMENTI, Ricardo Cunha. *Direito eleitoral.* São Paulo. Elsevier. 2008.

COELHO, Inocêncio Mártires. Sobre o ativismo judicial: tópicos para reflexão. In: LEITE, George Salomão; NOVELINO, Marcelo; ROCHA, Lilian Rose Lemos (coords.). *Liberdade e fraternidade:* a contribuição de Ayres Britto para o direito. Salvador: JusPodivm, 2017.

COMPARATO, Fábio Konder. *A afirmação histórica dos direitos humanos.* 8. ed. São Paulo: Saraiva, 2013.

______. *Rumo à Justiça.* 2. ed. São Paulo: Saraiva, 2013.

CONCEIÇÃO, Tiago de Menezes. *Direitos políticos fundamentais e sua suspensão por condenações criminais e por improbidade administrativa.* 2. ed. Curitiba: Juruá, 2012.

CONEGLIAN, Olivar. *Propaganda eleitoral.* 5. ed. Curitiba: Juruá, 2012.

COSTA, Adriano Soares da. *Teoria da inelegibilidade e o direito processual eleitoral.* Belo Horizonte: Del Rey, 1998.

CUNHA, André Luiz Nogueira. *Direitos políticos:* representatividade, capacidade eleitoral e inelegibilidades. São Paulo. Juarez de Oliveira, 2004.

CUTRIM, Mirla Regina da Silva. Abuso do poder religioso: uma nova figura no direito eleitoral? Disponível em: <https://asmac.jusbrasil.com.br/noticias/2388379/abuso-do-poder-religioso-uma-nova-figura-no-direito-eleitoral>.

DALLARI, Dalmo de Abreu. *A Constituição na vida dos povos*: da idade média ao século XXI. 2. ed. São Paulo: Saraiva, 2013.

DIAS, Reinaldo. *Ciência política*. São Paulo: Atlas, 2008.

DINIZ, Maria Helena. *Conflito de normas*. São Paulo: Saraiva, 2014.

DWORKIN, Ronald. *O império do direito*. Trad. Jeferson Luiz Camargo. 3. ed. São Paulo: Martins Fontes, 2014.

______. *A raposa e o porco-espinho:* justiça e valor. Trad. Marcelo Brandão Cipolla. São Paulo: Editora WMF Martins Fontes, 2014.

ESMERALDO, Elmana Viana Lucena. *Processo eleitoral* – Sistematização das ações eleitorais. 3. ed. Leme-SP: Jh Mizuno. 2016.

FAFER, Celso. Variações sobre a justiça. *O Estado de S. Paulo*. Disponível em: <www.estadao.com.br/noticias/impressao,variacoes-sobre-a-justica,961646,0.htm>.

FARHAT, Saïd. *Dicionário parlamentar e político*. São Paulo: Melhoramentos. 1996.

FERNANDES, Leonardo de. Crimes eleitorais. Disponível em: <http://mpam.mp.br/attachments/article/3181/Crimes_Eleitorais_Por_Leonardo_Fernandes.pdf>

FREITAS, Juarez. *O controle dos atos administrativos e os princípios fundamentais*. 5. ed. rev. e ampl. São Paulo: Malheiros, 2013.

FERREIRA, Luiz Pinto. A suspensão dos direitos políticos e seus efeitos. *Revista de Direito Público*, São Paulo, v. 3, p. 56-61, 1968.

FERREIRA FILHO, Manoel Gonçalves. *Curso de direito constitucional*. 18. ed. São Paulo: Saraiva, 1990.

______. *Estado de direito e Constituição*. 3. ed. rev. e atual. São Paulo: Saraiva, 2004.

GOMES, Eduardo Biacchi; CASTRO, Carlos Alberto Ferreira de; PETRI, Juliana Lima. *Relações internacionais no direito constitucional do Mercosul*: a supranacionalidade e a questão da recepção dos tratados. In. BACELLAR FILHO, Romeu Felipe (Coord.). *Elementos de direito internacional público*. Barueri: Manole, 2003.

GOMES, José Jairo. *Crimes eleitorais e processo penal eleitoral*. 2. ed. São Paulo: Atlas, 2016.

______. *Direito eleitoral*. 14. ed. São Paulo: Atlas, 2018.

GOMES, Suzana de Camargo. *Crimes eleitorais*. São Paulo: Revista dos Tribunais, 2002.

GRAU, Eros Roberto. *O direito posto e o direito pressuposto*. São Paulo: Malheiros, 1996.

HÄBERLE, Peter. *Estado constitucional cooperativo*. Trad. Marcos Augusto Maliska e Elisete Antoniuk. Rio de Janeiro: Renovar, 2007.

JARDIM, Torquato. *Direito eleitoral positivo*. 2. ed. Brasília: Brasília Jurídica, 1998.

JOHNSTON, David. *Breve história da justiça*. Trad. Fernando Santos. São Paulo: Editora WMF Martins Fontes, 2018.

KELSEN, Hans; CAMPAGNOLO, Umberto. *Direito internacional e Estado soberano.* Org. Mario G. Losano; trad. Marcela Varejão. São Paulo: Martins Fontes, 2002.

KUFA, Amilton Augusto. O controle do poder religioso no processo eleitoral, à luz dos princípios constitucionais vigentes, como garantia do Estado Democrático de Direito. Disponível em: <http://www.impetus.com.br/atualizacao/download/1116/o-controle-do-poder-religioso-no-processo-eleitoral--a-luz-dos-principios-constitucionais-vigentes-como-garantia-do-estado-democratico-de-direito>.

LAFER, Celso. Variações sobre a justiça. *O Estado de S. Paulo*, São Paulo, 18 de novembro de 2012. Disponível em: <www.estadao.com.br/noticias/impesso,variacoes-sobre--a-justica-,961646,0.htm>. Acesso em: 3 dez. 2012.

______. Descaminhos do Mercosul. *O Estado de S. Paulo*, São Paulo, 19 de agosto de 2012. Disponível em: <www.estadao.com.br/noticias/impesso,descaminhos--do-mercosul-,918638,0.htm>. Acesso em: 5 dez. 2012.

LEMBO, Cláudio. *Ética e poder* – O regime democrático e a questão da corrupção política. São Paulo, Atlas, 2004.

LENZA, Pedro. *Direito constitucional esquematizado.* 12. ed. atual. e ampl. São Paulo: Saraiva, 2008.

LOCKE, John. *Segundo tratado sobre o governo.* Trad. Alex Marins. São Paulo: Martin Claret, 2010.

LORENZETTI, Ricardo Luis. *Teoria da decisão judicial:* fundamentos de direito. 2 ed. rev. e atual. Trad. Bruno Miragem. Notas: Claudia Lima Marques. São Paulo: Editora Revista dos Tribunais, 2010.

MARRAFON, Marco Aurélio. A questão da consciência histórica na obra "Verdade e Método" e suas implicações na (Teoria da) decisão judicial. In: STEIN, Ernildo; STRECK, Lenio (orgs.). *Hermenêutica e epistemologia:* 50 anos de verdade e método. 2. ed. rev. Porto Alegre: Livraria do Advogado Editora, 2015.

MARTINS, Ives Gandra da Silva. *Reflexões constitucionais sobre financiamento de campanhas eleitorais.* São Paulo, Altas, 2004.

MEZZETTI, Luca. Consolidamento della democrazia e ruollo della corruzione. In: ZILVETI, Fernando Aurelio; LOPES, Silva (coord.). *O regime democrático e a questão da corrupção política.* São Paulo: Atlas, 2004.

MONTORO, André Franco. *Introdução à ciência do direito.* 30. ed. rev. e atual. São Paulo: Revista dos Tribunais, 2013.

MORAES, *Alexandre de. Constituição do Brasil interpretada e legislação complementar.* São Paulo: Atlas, 2007.

MORAES, Alexandre de. *Direito constitucional.* São Paulo: Atlas, 2009.

MP PR – *Ministério Público Eleitoral recomenda a observância e fiscalização da liberdade de crença de todas as religiões nas eleições municipais de 2016*. Disponível em: <http://www.direito.mppr.mp.br/modules/noticias/makepdf.php?storyid=593>.

MÜLLER, Friedrich. *Quem é o povo?* A questão fundamental da Democracia. Trad. Peter Naumann. 3. ed. São Paulo: Max Limonad, 2003.

NERY JUNIOR, Nelson. A relação entre juristocracia e ativismo judicial: os direitos fundamentais em risco. In: ROSA, Alexandre Morais da et al. (orgs.). *Hermenêutica, constituição, decisão judicial:* estudos em homenagem ao professor Lenio Luiz Streck. Porto Alegre: Livraria do Advogado Editora, 2016.

NOVELINO, Marcelo. *Direito constitucional*. 5. ed. São Paulo: Método, 2011.

OLIVEIRA, Rafael Thomaz de. *Decisão judicial e o conceito de princípios:* a hermenêutica e a (in)determinação do direito. Porto Alegre: Livraria do Advogado Editora, 2008.

PAZZAGLINI FILHO, Marino. *Eleições municipais 2008*. São Paulo: Atlas, 2008.

PINHEIRO, Maria Cláudia Bucchianeri. Não se pode privar grupos religiosos da participação política. Disponível em: <http://www.gazetadopovo.com.br/vida-publica/justica-e-direito/entrevistas/nao-se-pode-privar-grupos-religiosos-da-participacao-politica-7rf4zp05go04vy1hkf66o0f9y>.

PINTO, Djalma. *Direito eleitoral*. Elegibilidade do direito brasileiro. São Paulo: Atlas, 2008.

PIOVESAN, Flávia. *Direitos humanos e o direito constitucional internacional*. 14. ed. rev. e atual. São Paulo: Saraiva, 2013.

PONTE, Antonio Carlos. *Crimes eleitorais*. São Paulo. Saraiva. 2008.

PRADO, Luiz Regis. *Bem jurídico-penal e Constituição*. 8. ed. Rio de Janeiro: Forense, 2019.

______. SANTOS, Diego Prezzi Santos. *Prisão preventiva:* a contramão da modernidade. Rio de Janeiro: Forense, 2018.

PRATES, Maria Clara. *Quem ganha com a nova regra eleitoral na disputa em 2016*. Disponível em: <http://www.em.com.br/app/noticia/politica/2016/07/18/interna_politica,784618/confira-quem-ganha-com-a-nova-regra-eleitoral-na-disputa-em-2016.shtml>.

RADMACHER, Earl D.; ALLEN, Ronald B.; HOUSE, H. Wayne. *O novo comentário bíblico Antigo Testamento*. Rio de Janeiro: Central Gospel, 2010.

RAMAYANA, Marcos. *Direito eleitoral*. 15. ed. Niterói: Impetus, 2016.

RAMOS, Dircêo Torrecillas. *O federalismo assimétrico*. 2. ed. Rio de Janeiro: Forense, 2000.

RAMOS, Gisela Gondin. *Princípios jurídicos*. Belo Horizonte: Fórum, 2012.

REALE, Miguel. *Lições preliminares de direito*. 27. ed. São Paulo: Saraiva, 2002.

______. *Fontes e modelos do direito:* para um novo paradigma hermenêutico. São Paulo: Saraiva, 1994.

Revista Consultor Jurídico. TSE começa a discutir limites da liberdade religiosa em eleição. Disponível em: <http://www.conjur.com.br/2016-mar-11/tse-comeca-discutir-limites-liberdade-religiosa-eleicao>.

RIBEIRO, Fávila. *Abuso do poder no direito eleitoral*. Rio de Janeiro: Forense, 1998.

ROBL FILHO, Ilton Norberto. *Conselho Nacional de Justiça Estado Democrático de Direito e* Accountability. São Paulo: Saraiva, 2013.

ROLLO, Alexandre Luis Mendonça. *Princípios de direito eleitoral e hermenêutica eleitoral*. In: GUILHERME, Walter de Almeida; KIM, Richard Pae; SILVEIRA, Vladimir Oliveira da (coord.). São Paulo: Revista dos Tribunais, 2013.

ROSAS, Roberto. *A corrupção eleitoral*. São Paulo: Atlas, 2004.

ROUSSEAU, Jean Jacques. *Do contrato social*. Trad. Pietro Nassetti. 3. ed. São Paulo: Martin Claret, 2010.

SALGADO, Eneida Desiree. *Princípios constitucionais estruturantes do direito eleitoral*. 2010. 345 f. Tese (Doutorado em Direito do Estado). Universidade Federal do Paraná. Paraná.

______. *Representação política e o modelo democrático brasileiro*. CLÈVE, Clèmerson Merlin (coord.) São Paulo: Revista dos Tribunais, 2014. Disponível em: <http://www.ninc.com.br/blog/2011/09/sistema-eleitoral-no-mercosul-sob-a-perspectiva-do-direito-brasileiro/>.

SALEME, Edson Ricardo. A transmutação dos elementos formadores do Estado: a afirmação do DIP. In: DERANI, Cristiane; COSTA, José Augusto Fontora (coord.). *Globalização e soberania*. 1. ed. 4ª reimp. Curitiba: Juruá, 2012.

SANSEVERINO, Francisco de Assis Ferreira. *Compra de votos:* análise à luz dos princípios democráticos. Porto Alegre: Verbo Jurídico, 2007.

SILVA, Alexandre Assunção e; ASSUNÇÃO, Magaly de Castro Macedo. Abuso do poder religioso nas eleições: desincompatibilização de sacerdotes e pastores. Disponível em: <https://jus.com.br/artigos/25860/a-desincompatibilizacao-dos-sacerdotes-e-o-abuso-do-poder-religioso-nas-eleicoes/2>.

SILVA, José Afonso da. *Aplicabilidade das normas constitucionais*. 7. ed. São Paulo: Malheiros, 2007.

_______. *Comentário contextual à Constituição*. 8. ed São Paulo: Malheiros, 2012.

_______. *Comentário contextual à Constituição*. 9. ed. São Paulo: Malheiros, 2014.

_______. *Curso de direito constitucional positivo*. 27. ed. São Paulo: Malheiros, 2006.

_______. *O constitucionalismo brasileiro:* evolução institucional. São Paulo: Malheiros, 2011.

SILVA, Marco Antonio da. O abuso do poder econômico como *causa petendi* da ação constitucional de impugnação de mandato eletivo. *Revista Jurídica Logos*, São Paulo, ano 8, p. 323-338, 2015.

______; NIARADI, George Augusto. Parlamento do Mercosul: perspectivas para a constituição de um direito eleitoral comunitário. *Revista Jurídica Logos*, São Paulo, n. 6, p. 154-172, 2013.

SIQUEIRA JR, Paulo Hamilton. In: GUILHERME, Walter de Almeida; KIM, Richard Pae; SILVEIRA, Vladimir Oliveira da (coord.). *A reforma política e o regime jurídico dos partidos políticos*. São Paulo: Revista dos Tribunais, 2013.

______. *Teoria do direito*. 3. ed. São Paulo: Saraiva, 2012.

______; OLIVEIRA, Miguel Augusto Machado de Oliveira. *Direitos humanos e cidadania*. 2. ed. rev. e atual. São Paulo: Revista dos Tribunais, 2009.

STOCO, Rui. *Legislação eleitoral interpretada*. Doutrina e jurisprudência. São Paulo: Revista dos Tribunais, 2004.

STRECK, Lenio Luiz. *Dicionário de hermenêutica:* quarenta temas fundamentais da teoria do direito à luz da crítica hermenêutica do direito. Belo Horizonte: Casa do Direito, 2017.

______, Lenio Luiz. *Dicionário de hermenêutica:* 50 verbetes fundamentais da teoria do direito à luz da crítica hermenêutica do direito. Belo Horizonte: Casa do Direito, 2020.

______. *Verdade e consenso:* Constituição, hermenêutica e teorias discursivas. 5. ed. rev. mod. e ampl. São Paulo: Saraiva, 2014.

______. *O que é isto* – decido conforme minha consciência? 6. ed., rev. e atual. Porto Alegre: Livraria do Advogado Editora, 2017.

______; TRINDADE, André Karam (orgs.). *Os modelos de juiz:* ensaios de direito e literatura. São Paulo: Atlas, 2019.

TAVARES, André Ramos. *O impacto da Lei Ficha Limpa nos tribunais:* breve relato e anotações. Ficha limpa impactos nos tribunais: tensões e confrontos. Coord. Monica Herman Caggiano. São Paulo: Revista dos Tribunais, 2012.

TELLES JÚNIOR, Goffredo. *Iniciação na ciência do direito*. 2. ed. São Paulo: Saraiva, 2002.

TELES, Ney Moura. *Direito eleitoral*. São Paulo: Atlas.

URBANO, Maria Benedita. *Curso de justiça constitucional:* evolução histórica e modelos do controlo da constitucionalidade. Coimbra: Almedina, 2012.

VAN CREVELD, Martin. *Ascenção e declínio do Estado*. Trad. Jussara Simões. São Paulo: Martins Fontes, 2004.

VELLOSO, Carlos Mário da Silva; AGRA, Walber de Moura. *Elementos de direito eleitoral*. 3. ed. São Paulo: Saraiva, 2012.

VOLPINI, Carla Ribeiro. *A cidadania da União Europeia*: uma nacionalidade como pressuposto de dupla nacionalidade. Disponível em: <http://www.conpedi.org.br/manaus/arquivos/anais/bh/carla_ribeiro_volpini.pdf>. Acesso em: 13 set. 2013.

VOLTAIRE. *O preço da justiça*. Trad. Ivone Castilho Benedetti. 2. ed. São Paulo: Martins Fontes, 2006.

WEBER, Max. *Os três tipos puros de dominação legítima*. Trad. Amélia Cohn e Gabriel Cohn. 7. ed. São Paulo: Ática, 2002.

WEIS, Carlos. *Direitos humanos contemporâneos*. 2. ed. São Paulo: Malheiros, 2012.

ZAVASCKI, Teori Albino. Direitos políticos – perda, suspensão e controle jurisdicional. *Revista Jurídica*, Porto Alegre, v. 201, p. 118-127, 1994.